Inhalt

Teil I
Erscheinungsbild sexueller Gewalt
gegen Mädchen und Jungen

Teil II
Ursachen sexueller Gewalt

Vorwort

Dieses Buch ist ein Produkt unserer Freundschaft und unserer langjährigen gemeinsamen Arbeit gegen sexuelle Gewalt. Allein hätte keine von uns die Belastungen der intensiven Auseinandersetzung mit dieser Thematik und die Anstrengungen, die das Schreiben eines Buches mit sich bringt, auf sich genommen. Das gemeinsame Arbeiten war ein wichtiger Rückhalt und hat uns – vor allem bei hitzigen Diskussionen – viel Spaß gemacht. Aus der ständigen Herausforderung, die eigenen Positionen zu überdenken, haben wir gelernt, von unterschiedlichen Auffassungen zu profitieren.

Anregung und Unterstützung erhielten wir zudem von vielen anderen Seiten: Eine wichtige Rolle spielte der Göttinger Frauen-Notruf. Die Diskussion innerhalb der Gruppe und die praktische Arbeit verstärkten unsere Motivation zur vertieften Beschäftigung mit sexueller Gewalt. Hier entwickelten sich auch viele der Fragen, denen wir in diesem Buch nachgegangen sind. Die Notruffrauen selbst gaben uns mit ihrer Entschlossenheit und Wärme, aber auch mit ihrer undogmatischen Lebensfreude (etwa bei nächtlichen Diskussionen über europäische Königshäuser) viel Kraft für die Arbeit.

Freundinnen und Freunde wurden nie müde, mit uns über sexuelle Gewalt zu diskutieren und sorgten für die notwendige Ablenkung. Unsere Mitbewohnerinnen zeigten zudem unendliche Toleranz dafür, daß wir uns die meiste Zeit hinter dem Computer vergruben – wenn sie auch immer wieder versuchten, uns mit köstlichen Mahlzeiten und vielerlei Tricks von der Arbeit wegzulocken...

Prof. Dr. Wolfgang Scholl hat unser Interesse an der Sozialpsychologie zu verantworten. Seine offene Diskussionsbereitschaft war eine wohltuende Abwechslung im knöchernen Wissenschaftsbetrieb und hat uns sehr geprägt. Er gab den Anstoß zur Veröffentlichung dieses Buches.

Daß es wirklich dazu gekommen ist, verdanken wir Beate Koglin, Lektorin beim Campus Verlag. Mit ihrer lebendigen, interessierten Art hat sie uns stets zu motivieren gewußt und gestaltete die Zusammenarbeit mit dem Verlag äußerst konstruktiv.

Antje Feldmann, Claudia Hartmann, Dagmar Hayen, Gotthard Scholz, Ute Enners und Stephan Amtsberg – die ersten Leserinnen und Leser unseres Manuskriptes – nahmen uns unsere Zweifel und halfen dabei, manch unverständliche Passage lesbar zu machen und das Buch von überflüssigem Ballast zu befreien. Dörthe Dürr stand uns mit holländischen Sprachkenntnissen und Kirsten Reimers mit juristischem Fachwissen zur Seite. Uwe Brockhaus meisterte die nicht einfache Aufgabe, unser Konterfei für die Buchankündigung auf Papier zu bannen und uns obendrein einen abwechslungsreichen Abend zu bescheren. Zum Gelingen des Buchprojektes haben schließlich auch unsere Eltern durch ihre finanzielle Unterstützung und ihr Interesse einen wesentlichen Beitrag geleistet.

Nicht zuletzt trugen eine wunderschöne Reise nach Indonesien, diverse historische Romane, Tennisübertragungen und Unmengen von Kaffee und Schokolade zu unserem Wohlbefinden und damit zur Fertigstellung dieses Buches bei.

Zwischen Ignorieren und Skandalisieren

»Schon wieder ein Buch zu sexueller Gewalt gegen Mädchen und Jungen?« mögen sich einige fragen. Nachdem sexueller Mißbrauch – wie es heute zumeist genannt wird – lange Zeit verschwiegen und verkannt war, wird seit einiger Zeit tatsächlich viel darüber geredet und geschrieben. Interessant, wenn auch wenig verwunderlich ist, daß sich Medien jeglicher Couleur dieser Thematik annehmen. Während die einen die gesellschaftliche oder gesundheitspolitische Bedeutung des Problems erkennen und ernsthaft um ein Verständnis bemüht sind, wittern andere eine skandalträchtige Mischung von »sex and crime«. Vor allem die Boulevardpresse schlachtet das Thema mit Horrorgeschichten über »Sex-Monster« und »Kinderschänder« für die eigenen Zwecke aus. So befinden wir uns heute in einer Situation, in der die Schar derer, die sexuelle Gewalt gegen Mädchen und Jungen nach wie vor ignorieren oder verharmlosen, immer noch groß ist, gleichzeitig aber mehr und mehr Menschen in der ein oder anderen Form auf das Problem aufmerksam werden.

Dennoch liegt bis zum heutigen Tag nur wenig gesichertes Wissen zu der Thematik vor. Daran haben auch die in den letzten Jahren zahlreich erschienenen Bücher kaum etwas geändert. Die meisten deutschen Veröffentlichungen beschränken sich auf Erfahrungsberichte Betroffener. Als solches ermöglichen sie zwar einen guten und wichtigen emotionalen Zugang, liefern jedoch zu wenig Fakten, als daß eine wirkliche Einschätzung des Problems und die fundierte Entwicklung von Handlungsstrategien möglich wären. Zudem gibt es in der BRD fast keine wissenschaftlichen Untersuchungen zu der Thematik, und die Ergebnisse amerikanischer Studien sind in der deutschen Öffentlichkeit kaum bekannt. Die verhängnisvolle Folge davon ist, daß sich althergebrachte stereotype Vorstellungen hartnäckig halten können und mehr noch, daß sogar neue Stereotype entstehen, die bedauerlicherweise selbst in Fachkreisen verbreitet sind. Als Konsequenz daraus werden noch immer nur die wenigsten der sexuellen Übergriffe aufgedeckt. Herrscht z.B.

die traditionelle Auffassung vor, sexuelle Gewalt werde vor allem von kranken Triebtätern verübt, die aus der Unterschicht kommen, dann werden Übergriffe, wie der Mißbrauch durch einen angesehenen Familienvater und Schuldirektor, die nicht in dieses Schema passen, kaum erkannt. Analog versperrt der neue Mythos, wonach die Täter meistens Vaterfiguren sind, den Blick auf andere Tätergruppen. Werden sexuelle Übergriffe trotz allem aufgedeckt, so kommt es aufgrund fehlender Konzepte häufig zu falschen Reaktionen – ein Kind wird z.B. überhastet und unvorbereitet aus der Familie genommen. Mangelndes Wissen und ein unangemessener Umgang mit der Problematik führen inzwischen dazu, daß immer häufiger der Vorwurf vom »Mißbrauch des Mißbrauchs« erhoben wird, der natürlich von Leuten, denen die Diskussion um sexuelle Gewalt nicht paßt, gerne und eifrig aufgegriffen wird.*

Neben dem Mangel an Wissen ist die Diskussion um sexuelle Gewalt gegen Kinder sehr durch die Emotionsgeladenheit des Themas belastet, was häufig durch die Art der Auseinandersetzung in den Medien noch verstärkt wird. Dabei heizt nicht nur die skandalisierende Darstellung in der Boulevardpresse die Stimmung an, auch seriöse Berichterstattungen tragen unserer Einschätzung nach sehr oft zu einer übermäßigen Emotionalisierung des Problems bei. So wird etwa in Fernsehdokumentationen allein durch die Auswahl nur sehr schwerer Fälle eine starke Betroffenheit erzielt, die in der Regel durch stilistische Mittel, wie getragene Musik oder Weichzeichnerbilder von besonders niedlichen Mädchen, noch verstärkt wird. Dadurch entsteht oft eine bleischwere Atmosphäre. Positiver Effekt dieser Darstellungsweise ist, daß sie kaum mehr Möglichkeiten offen läßt, das Problem zu verharmlosen oder als Kavaliersdelikt abzutun. Gleichzeitig führt sie jedoch bei Zuschauerinnen und Zuschauern eher zu lähmendem Entsetzen und Abwehr, als daß sie sie dazu ermutigt, sich weiter mit dem Thema zu beschäftigen. Wir wollen hier nicht für einen emotionslosen Umgang mit der Problematik plädieren. Das ist weder möglich noch sinnvoll. Angemessene Unterstützung Betroffener oder die Erforschung der Ursachen sexueller Gewalt erfordern jedoch eine gewisse emotionale Distanz.

Wir sind der Überzeugung, daß eine Skandalisierung dem Problem ebensowenig gerecht wird wie die nach wie vor verbreitete Ignoranz. Weder das Verlieren in Emotionen noch emotionslos betriebene Wissenschaftlichkeit verhelfen zu einer Lösung des Problems. Was not tut, ist eine Diskussion, die

---

* Ein besonders übles Beispiel hierfür ist das 1992 erschienene Buch von Katharina Rutschky *Erregte Aufklärung: Kindesmißbrauch: Fakten & Fiktionen,* welches zwar keinerlei Fakten vorzuweisen hat, an Polemik jedoch kaum zu überbieten ist.

von Fakten getragen ist, sich neuen Erkenntnissen öffnet und sich nicht scheut, unbequeme Fragen zu stellen. Dabei muß stets präsent sein, daß sexuelle Gewalt kein abstraktes Etwas ist, sondern Leid und Unrecht bedeutet, welches Kinder und Frauen tagtäglich erfahren.

Um eine solche Diskussion sind wir hier bemüht. Unser Ziel ist es, mit diesem Buch einen Beitrag zur *Fundierung und Versachlichung der Diskussion* zu leisten. Dazu werden wir zum einen wissenschaftliche Ergebnisse aus Untersuchungen zu sexueller Ausbeutung von Kindern zusammentragen, die in den letzten zwei Jahrzehnten durchgeführt wurden. Wenngleich es in der BRD bislang kaum Forschung zu sexueller Gewalt gegen Mädchen und Jungen gibt, sieht die Situation in den USA ganz anders aus. Da die Befunde aus den Vereinigten Staaten jedoch oft nur in Form von (wissenschaftlichen) Artikeln und in englischer Sprache vorliegen, sind sie in Deutschland für viele Interessierte schwer zugänglich und unverständlich. Eines unserer Anliegen ist es daher, diese Forschungsergebnisse für ein breites Publikum aufzuarbeiten und bekannt zu machen. Darüber hinaus wollen wir die Diskussion über die Ursachen sexueller Gewalt vorantreiben. Die Frage nach den Ursachen kommt in der öffentlichen Auseinandersetzung bislang zu kurz, und dabei sind die Antworten, die darauf gegeben werden, von entscheidender Bedeutung: Sie bestimmen, wie mit der Thematik umgegangen wird und ob es langfristig gelingen kann, das Problem einzudämmen.

Sexuelle Gewalt gegen Kinder wurde bis heute im wesentlichen aus vier Blickwinkeln betrachtet: aus der individualisierenden, der psychoanalytischen, der familientheoretischen und der feministischen Perspektive. Die *individualisierende Perspektive* stellt nicht im eigentlichen Sinne ein Theoriengebäude dar. Vielmehr fassen wir hierunter Ansätze zusammen, die sexuelle Gewaltakte als Einzelphänomene betrachten bzw. die Taten auf individuelle Charakteristika des Täters oder des Opfers zurückführen. Entsprechend beschränken sich die Untersuchungen zumeist auf die Erfassung einzelner Merkmale der Täter oder der Opfer, wie Schichtzugehörigkeit, psychische Gesundheit oder sexuelle Zufriedenheit. Erklärt werden die Taten dadurch, daß der Täter als »triebkrank« oder anderweitig psychisch gestört, als unterdurchschnittlich intelligent, sexuell frustriert, alkoholabhängig o.ä. beschrieben wird. Individualisierende Ansätze suchen oft auch nach der (Mit-) Schuld der Opfer und stehen für die Ansicht, die Opfer sexueller Gewalttaten hätten durch verführerisches oder provokatives Verhalten bzw. Kleidung die Tat hervorgerufen.

Der einflußreiche *psychoanalytische Ansatz* verbannt Berichte über sexuelle Gewalterfahrungen in der Kindheit in den Bereich der Phantasie und verleugnet damit sexuelle Gewalttaten gegen Mädchen und Jungen. Dabei war Freud zunächst einer der wenigen, die erkannten, daß viele Frauen in ihrer Kindheit sexuelle Gewalt erfahren haben.* Er sah darin die Ursache für spätere Neurosen und trug dieser Erkenntnis in seiner »Verführungstheorie« Rechnung. Aus persönlichen Gründen sowie unter öffentlichem Druck, revidierte er diese Theorie jedoch bald und ersetzte sie durch den Ödipuskomplex. Damit erklärte er die Berichte seiner Klientinnen als reine Phantasien, die dem unbewußten Wunsch der Mädchen nach sexuellen Kontakten mit dem eigenen Vater entsprangen. In dieser Tradition wird Frauen und Mädchen auch heute noch oft mit Skepsis begegnet, wenn sie von sexuellen Übergriffen berichten.

Neben der Psychoanalyse sind in Deutschland vor allem *familientheoretische Ansätze* von Bedeutung. Sie werden insbesondere von der Kinderschutzbewegung vertreten und betrachten sexuellen Mißbrauch im Kontext von Kindesmißhandlung und -vernachlässigung. Die Familientheorie beschränkt sich auf die Betrachtung und Analyse intrafamiliären Mißbrauchs. Dieser wird als Symptom eines gestörten Familiensystems angesehen. Damit verläßt die Familientheorie zwar den rein individuellen Blickwinkel und erweitert ihn auf ein soziales System, aber auch aus dieser Perspektive werden zentrale Aspekte des Problems übersehen oder mißachtet. So vernachlässigt diese Theorie etwa extrafamiliale sexuelle Gewalt, die den größten Anteil sexueller Gewalttaten gegen Mädchen und Jungen ausmacht, und kann diese auch nicht erklären. Außerdem ignoriert sie die (geschlechtsspezifischen) Unterschiede zur Kindesmißhandlung. Im Gegensatz zur Kindesmißhandlung und -vernachlässigung, von der Mädchen und Jungen etwa gleich häufig betroffen sind, werden Mädchen wesentlich häufiger Opfer sexueller Gewalt als Jungen. Noch krasser ist der Geschlechtsunterschied auf seiten der Täter und Täterinnen: Während es etwa genauso viele Frauen wie Männer sind, die Kinder mißhandeln (Kaiser 1977), sind sexuelle Gewalttäter fast immer Männer. Sexuelle Gewalt gegen Kinder ist eben nicht »Kindesmißhandlung plus Feminismus«, wie Rutschky (1992, 23) so zynisch behauptet.

Der *feministische Ansatz* schließlich nimmt seinen Ausgangspunkt in der Beobachtung, daß sexuelle Gewalt erstens extrem weit verbreitet ist und zweitens eine Gewalt ist, die in der Regel von Männern an Frauen und Mädchen verübt wird. Letzteres verweist auf die besondere Bedeutung des Faktors Geschlecht, und beides deutet auf eine gesellschaftliche Verankerung des Phänomens hin. Diese zentralen Aspekte werden in den traditionellen

---

* Ausführliche Darstellungen zum Beitrag Freuds, siehe z.B. Rush (1988); Rijnaarts (1988) oder Bange (1992).

Ansätzen vernachlässigt oder gar ignoriert. Daher ist die feministische Herangehensweise unserer Ansicht nach am besten geeignet, die Problematik zu erfassen, und deshalb soll sie in diesem Buch schwerpunktmäßig verfolgt werden. Ausgangspunkt und Basis unserer Analysen bildet die feministische Grundthese der wechselseitigen Beziehung zwischen sexueller Gewalt und patriarchaler Gesellschaft. Danach nehmen wir an, daß sexuelle Gewalt gegen Kinder und gegen erwachsene Frauen einerseits in dem herrschenden ungleichen Machtverhältnis zwischen Frauen und Männern begründet ist, d.h. Folge einer patriarchalen Gesellschaft ist, und andererseits selbst zur Aufrechterhaltung eben dieser patriarchalen Kultur beiträgt. Patriarchal sind solche Gesellschaften, in denen materielle Güter und Chancen zur Selbstverwirklichung systematisch nach dem biologischen Geschlecht zugunsten des Mannes verteilt werden. Mit der Prioritätensetzung auf die gesellschaftlichen Bezüge des Problems werden individuelle Faktoren keineswegs geleugnet, indes nur peripher betrachtet. Nach feministischer Auffassung sind sexuelle Ausbeutung von Mädchen sowie sexuelle Übergriffe auf erwachsene Frauen keine grundsätzlich unterschiedlichen Phänomene, sondern im wesentlichen verschiedene Ausformungen des gleichen Spektrums sexueller Gewalt. Diese Ansicht basiert auf der Erkenntnis, daß es sich bei beiden Formen sexueller Gewalt um ein geschlechtsspezifisches Phänomen handelt, wobei der Faktor Geschlecht gegenüber dem Faktor Lebensalter der wesentlichere ist. Außerdem besteht eine vergleichbare Diskrepanz zwischen den herrschenden Vorstellungen zum Bereich Vergewaltigung erwachsener Frauen und sexuellen Mißbrauchs an Kindern, den sogenannten Mythen, und der Realität. Dies führt zu einem ähnlichen gesellschaftlichen Umgang mit der Thematik: Sexuelle Gewalttaten werden nur selten aufgedeckt, die Täter werden von ihrer Verantwortung entlastet, die Opfer dagegen werden beschuldigt und erhalten keine ausreichende Unterstützung. Aus den genannten Gründen werden wir in diesem Buch an verschiedenen Stellen auch auf sexuelle Gewalt gegen erwachsene Frauen Bezug nehmen.

Neben der feministischen Perspektive erfolgen unsere Analysen zudem aus einem *sozialpsychologischen Blickwinkel* (s. Kap. 11). Die sozialpsychologische Herangehensweise erlaubt die Integration soziologischer und psychologischer Fragestellungen.

Im ersten Teil des Buches werden wir eine Fülle von Forschungsergebnissen analysieren und ein wissenschaftlich fundiertes Bild von den Erscheinungsformen sexueller Gewalt gegen Mädchen und Jungen zeichnen. Dabei wird hauptsächlich von sexueller Gewalt die Rede sein, die von Männern an Mädchen verübt wird. Dieser Fokus ist einerseits bewußt gewählt, da die

Konstellation »Mann-Mädchen« die häufigste und typische Form ist. Andererseits spiegelt er Beschränkungen des empirischen Materials wider: Über sexuellen Mißbrauch an Jungen und über weibliche Täterinnen ist bislang kaum geforscht worden, so daß nur wenige empirische Daten vorliegen und auch die Theoriebildung noch in den Anfängen steckt. Auf dem Hintergrund der Analyse des Erscheinungsbildes sexueller Ausbeutung von Mädchen und Jungen werden wir im anschließenden zweiten Teil auf die Frage nach den Ursachen sexueller Gewalt eingehen und die traditionellen Erklärungsansätze und das feministische Ursachenverständnis einander gegenüberstellen. Den Schwerpunkt bildet das »Drei-Perspektiven-Modell sexueller Ausbeutung«, welches die Dynamik sexueller Ausbeutung aus der Perspektive des Täters, des Opfers und des sozialen Umfeldes analysiert. In dem Modell sind verschiedenste theoretische Überlegungen sowie die im ersten Teil des Buches referierten empirischen Befunde mit Hilfe sozialpsychologischer Theorien zu einem umfassenden Ursachenmodell verdichtet.

Wir sind uns bewußt, daß wir mit unserem Ansatz, den wir als explizit feministisch bezeichnen, leicht ins Schußfeuer der Kritik von verschiedenen Seiten geraten können. Während einige Feministinnen die Auffassung vertreten, Wissenschaft könne gar nicht feministisch sein, wird von seiten traditioneller Wissenschaftlerinnen und Wissenschaftler dem feministischen Ansatz die Wissenschaftlichkeit abgesprochen. Begründet wird letzteres mit dem Vorwurf, die feministische Herangehensweise sei subjektiv und parteiergreifend. Wir halten dagegen, daß unser Ansatz dies nicht mehr oder weniger ist als andere wissenschaftliche Ausrichtungen. Im Gegensatz zur traditionellen Wissenschaft legen wir jedoch unsere Prämissen und Positionen offen. Damit wollen wir eine größtmögliche Transparenz und Einschätzbarkeit schaffen. Wissenschaft wird niemals im wertfreien Raum betrieben und kann deshalb auch niemals wirklich wertfrei sein. Gerade in der Forschungstradition zu sexueller Gewalt hat sich gezeigt, daß die vermeintlich unparteiliche und objektive Wissenschaft mit ihrer Akzeptanz weitverbreiteter Vorurteile über Mädchen und Frauen eine opferfeindliche Perspektive eingenommen und damit deutlich Partei ergriffen hat – und zwar für die Täter.* Mit ihrer Forschung aber erheben diese Wissenschaftlerinnen und Wissenschaftler Anspruch auf Objektivität und tragen häufig doch nur zur nicht hinterfragten Reproduktion herrschender Strukturen bei.

Als feministische Wissenschaftlerinnen ersetzen wir das Postulat der

---

* Genauere Analysen dazu siehe z.B. Rijnaarts (1988); Weis (1982); Schliermann, Endres & Dörsch (1989).

Wertfreiheit und Neutralität durch das der bewußten Parteilichkeit.* Damit vertreten wir weder einen bloßen Subjektivismus, noch verteufeln wir Subjektivität als Manko. Vielmehr sind wir uns ihrer bewußt und nutzen sie. In der Auseinandersetzung der Forscherin mit dem stets bestehenden eigenen Bezug zum Thema kann bereits ein erster wichtiger Erkenntnisschritt liegen. Gleichzeitig schafft sie die nötige Distanz zum Forschungsgegenstand. Die feministische Wissenschaft schätzt ebenso wie die etablierte den Wert empirischer Daten, erkennt aber auch deren Grenzen. Sie berücksichtigt deshalb – über die Abstraktion durch Zahlen hinaus – die Subjektivität der Forscherinnen und der »Beforschten«, d.h. ihre Ansichten, Gefühle, Erfahrungen und Bedürfnisse. Feministische Wissenschaft hat den Anspruch, nützlich zu sein. Sie will die in der etablierten Wissenschaft übliche »Sicht von oben« durch die »Sicht von unten« ersetzen. Das heißt in unserem Zusammenhang, Forschungsziel und -gegenstand explizit an den Bedürfnissen und Interessen der von sexueller Gewalt betroffenen Frauen und Kinder auszurichten und für sie Partei zu ergreifen. Sie selbst müssen zu Wort kommen, und vor allem: Ihr Wort muß zählen. Für unser Buch bedeutet dies etwa, daß wir nicht nur mit nüchternen Zahlen, sondern auch anhand vieler Fallbeispiele und Zitate versuchen, das Problem sexueller Gewalt zu veranschaulichen und zu analysieren. Um nützlich zu sein, darf Forschung nicht im Elfenbeinturm betrieben werden. Sie muß stets in Rückkopplung mit der Praxis erfolgen. Unsere praktische Rückkopplung findet durch unsere Mitarbeit im Göttinger FRAUEN-NOTRUF statt, den wir Anfang 1988 mit einer Gruppe von Frauen gegründet haben und in dem wir seit dieser Zeit tätig sind. Zielsetzung unserer Arbeit dort ist es, Frauen und Mädchen, die sexuelle Gewalt erfahren haben, wie auch deren Bezugspersonen zu unterstützen. Zudem wollen wir in der Öffentlichkeit ein angemessenes Bewußtsein für die Problematik schaffen und gegen die patriarchalen Ursachen sexueller Gewalt angehen. Leitlinie unserer wissenschaftlichen Fragestellungen und Überlegungen waren immer die Fragen und Probleme, die sich in der Notrufdiskussion, in Beratungen, Fortbildungen und der Öffentlichkeitsarbeit ergeben haben. Gleichzeitig sind dies die Foren, in denen wir die Nützlichkeit des von uns erarbeiteten Wissens überprüfen. Schon wieder ein Buch über sexuelle Gewalt? Wir hoffen, ein nützliches!

---

* Einen Überblick über die methodischen Postulate der sogenannten Frauenforschung oder Women's Studies verschafft Maria Mies (1984).

Teil I

Erscheinungsbild sexueller Gewalt gegen Mädchen und Jungen

1. Was ist sexuelle Gewalt?

Zwischen Nachpfeifen und Vergewaltigung

»Sexuelle Gewalttaten gegen Frauen und gegen Kinder sind schlimme Verbrechen, und die Opfer müssen dringend unterstützt werden!« Dieser Aussage stimmen vermutlich die meisten Menschen zu. Nur – *was* wird da eigentlich so eindeutig verurteilt? Wird bereits das »Hinterntätscheln« abgelehnt? Ist es sexuelle Gewalt, wenn ein Vater nackt mit seiner Tochter badet? Ist es eine Vergewaltigung, wenn ein Mann seine Ehefrau zum Geschlechtsverkehr zwingt und damit sein vermeintliches Recht einfordert? Antworten, die auf diese Fragen gegeben werden, sind ausschlaggebend dafür, wie auf die Vorfälle reagiert wird, ob sie ignoriert werden oder ob eine Notwendigkeit gesehen wird, in irgendeiner Weise einzugreifen. Um verstehen zu können, wie verschiedene Menschen auf sexuelle Gewalttaten reagieren (oder gerade nicht reagieren), ist es wichtig, ihre Vorstellungen davon zu kennen, denn diese bestimmen die Reaktionen. Verschiedene Vorstellungen sollen deshalb im folgenden sowohl hinsichtlich sexueller Gewalt gegen erwachsene Frauen als auch bezüglich sexueller Ausbeutung von Kindern genauer betrachtet werden.

Bei der Beurteilung eines Vorfalls als Akt sexueller Gewalt spielen verschiedenste Kriterien eine Rolle. Als besonders bedeutsam haben sich erwiesen: die Art der Handlungen, die Absicht des Täters, die Frage der Einwilligung, die Bewußtheit der Tat, Art und Ausmaß des Widerstandes, das Alter des Opfers oder Täters sowie die Art der Beziehung zwischen Opfer und Täter.

Art der Handlungen

Zunächst ist eine zentrale Frage, welche Handlungen grundsätzlich unter den Begriff sexuelle Gewalt fallen können. Ist schon das Betrachten der Brust unter bestimmten Umständen sexuelle Gewalt oder erst eine

Berührung der Genitalien oder vielleicht sogar nur der Geschlechtsverkehr? Wenn in der öffentlichen Diskussion von sexueller Gewalt gegen Kinder oder Frauen die Rede ist, dann wird fast ausschließlich auf vaginalen Geschlechtsverkehr Bezug genommen. In diesem Sinne ist beispielsweise ein Vater, der seine vier Töchter jahrelang mißbraucht hatte, der Überzeugung, daß nur der sexuelle Kontakt mit der Ältesten Sünde (= sexueller Mißbrauch) gewesen sei, denn nur mit ihr habe er Geschlechtsverkehr gehabt, nicht aber mit den anderen (persönliche Mitteilung). Dennoch scheint es allgemein nicht so zu sein, daß nur der unter bestimmten Umständen vollzogene Geschlechtsverkehr als sexuelle Gewalt eingestuft wird. In den USA hat Finkelhor (1984) Eltern danach gefragt, welche Handlungen ihrer Ansicht nach sexueller Mißbrauch sein können, und wir selbst (1991) haben die gleiche Frage an Frauen und Männer gestellt, die beruflich mit Kindern und Jugendlichen zu tun haben (genauere Angaben zu den Studien s. Kap. 2). In beiden Studien stellte sich heraus, daß die Befragten insgesamt ein sehr breites Spektrum von Handlungen als sexuellen Mißbrauch ansehen. Dabei wird eine Handlung um so eher als sexuell gewalttätig eingestuft, je massiver sie ist. Geschlechtsverkehr und Manipulation an den Genitalien werden deutlich als sexueller Mißbrauch bewertet, verbale Übergriffe und auch das Benutzen des Kindes als Objekt für sexuelle Photographien demgegenüber kaum. Die Uneinheitlichkeit der Definitionen spiegelt sich auch in den von uns analysierten Untersuchungen wider. In bezug auf die Handlungen unterscheiden sich die Begriffsbestimmungen im wesentlichen darin, ob nur Verhalten, welches irgendeine Form von Körperkontakt beinhaltet, als sexuelle Ausbeutung betrachtet wird (z.B. bei Russell 1986) oder ob z.B. auch »non-Kontakt«-Handlungen wie Exhibitionismus, »Spannen« und ähnliches darunter gefaßt werden (z.B. Finkelhor 1979). Die erste Bestimmung werden wir im folgenden als *enge,* die zweite als *weite* Definition sexueller Ausbeutung bezeichnen. Wir selbst vertreten eine weite Definition sexueller Gewalt.

Ein Vorfall kann in der Regel nicht allein aufgrund der Art der Handlung als sexuelle Gewalt eingestuft werden. Weitere Kriterien sind von Bedeutung.

Absicht des Täters

Hier geht es um die Frage, welchem Zweck eine Handlung dient und welches Ziel damit wirklich verfolgt wird. Nehmen wir das Beispiel eines erwachsenen Mannes, der die Brust eines pubertierenden Mädchens betastet. Ist er Arzt und führt diese Handlung im Rahmen einer Untersuchung durch, so wird sicherlich zunächst niemand an einen sexuellen Übergriff denken. Ist das Mädchen allerdings wegen eines verstauchten Knöchels zu ihm gekommen, besteht keinerlei medizinische Veranlassung, ihre Brust zu untersuchen, und der Verdacht eines sexuellen Mißbrauchs liegt wesentlich näher. Problematisch ist, daß die Absicht eines Handelnden manchmal schwer zu erschließen ist. Vor allem, wenn ein breites Spektrum von Handlungen als mögliche sexuelle Gewalttaten angesehen wird, kann im konkreten Fall die Schwierigkeit entstehen, eine Grenze zwischen Zuwendung oder Zärtlichkeit und sexueller Gewalt zu ziehen. Dieses Problem besteht nicht nur für Personen, die einen Vorfall von außen beobachten. Auch Betroffene sind sich zunächst oft unsicher, wie sie das Geschehen einordnen sollen, besonders, wenn sie noch sehr jung sind und die Täter ihre Übergriffe als Spiel, sexuelle Aufklärung o.ä. tarnen. Gerade bei sexuellem Mißbrauch sind die Täter oft sehr geschickt darin, ihre wahre Absicht zu verbergen (s. Kap. 7).

Frage nach der Einwilligung

Ein weiterer wichtiger Aspekt ist, ob die Handlungen mit Zustimmung der jeweiligen Frau oder des jeweiligen Kindes oder aber gegen deren Willen erfolgen. Im Zusammenhang mit sexuellem Mißbrauch an Mädchen und Jungen ist hier zu fragen, inwieweit Kinder Erwachsenen gegenüber überhaupt in der Lage sind, bewußt und freiwillig in sexuelle Handlungen einzuwilligen bzw. sie abzulehnen und die Ablehnung auch durchzusetzen. Aufgrund verschiedenster Ressourcen- bzw. Machtunterschiede sind ihre Möglichkeiten entsprechend zu handeln sehr begrenzt. Das Machtgefälle kann in einem Wissens- und Erfahrungsvorsprung der älteren Person (insbesondere in bezug auf Sexualität und kulturelles Wissen), in der Autorität der Erwachsenen gegenüber Kindern, in Machtverhältnissen zwischen den Geschlechtern oder in bestimmten Abhängigkeitsverhältnissen (z.B. zwischen Lehrer und Schülerin) bestehen. Derartige Machtdifferenzen können auch zwischen Gleichaltrigen bestehen. Wir sind daher der Auffassung, daß auch Kontakte zwischen Gleichaltrigen sexuell gewalttätiger Natur sein können.

Bei erwachsenen Frauen kann die Frage nach dem Konsens ebenfalls problematisch sein. Eine Ehefrau etwa, die glaubt, sie habe ihrem Mann durch das Eheversprechen jederzeit sexuell zur Verfügung zu stehen (wie es ja noch bis 1953 als »eheliche Pflicht« im bundesdeutschen Recht verankert war), kommt aufgrund dieser Vorstellung unter Umständen nicht auf die Idee, seine sexuellen Forderungen überhaupt in Frage stellen zu können. Subjektiv ist für sie die Möglichkeit, zwischen Zustimmung und Ablehnung wählen zu können, nicht existent.

Gewaltanwendung

Die Frage, inwieweit ein sexueller Kontakt nach dem Willen aller Beteiligten stattgefunden hat oder aber jemandem aufgezwungen worden ist und damit als sexuelle Gewalt bezeichnet werden kann, wird unter anderem daran gemessen, ob und wie der potentielle Täter Gewalt angedroht oder ausgeübt hat. Was aber wird unter Zwang oder Gewalt verstanden? Nur körperliche Gewalt oder auch psychischer Druck? Ist es Gewalt, wenn eine Frau von ihrem Ehemann finanziell abhängig ist und sich aus dieser Abhängigkeit heraus seinen sexuellen Forderungen fügt? Und was ist, wenn ein Mann einem kleinen Mädchen vormacht, mit ihr ein ganz normales Spiel zu spielen und ihr mit dieser Täuschung sexuelle Handlungen aufzudrängen vermag? Im Strafgesetz ist – zumindest im Hinblick auf erwachsene Frauen – die Androhung oder Ausübung von Gewalt eine notwendige Bedingung zur Erfüllung der Straftatbestände Vergewaltigung und sexuelle Nötigung. Auf den dort zugrundeliegenden Gewaltbegriff werden wir später genauer eingehen.

Widerstand

Neben der Gewaltanwendung wird von außen insbesondere Art und Ausmaß der (körperlichen) Gegenwehr einer Person herangezogen, um zu beurteilen, ob ein sexueller Kontakt mit oder gegen ihre Zustimmung erfolgt ist. Frauen stecken damit in einem Dilemma: Einerseits wird ihnen geraten, sich bei Vergewaltigungen nicht zu wehren – zudem lernen sie auch kaum, sich körperlich zur Wehr zu setzen –, andererseits wird aber genau dies von ihnen erwartet, wenn eine Situation als Vergewaltigung verstanden werden soll. In einer deutschen Repräsentativbefragung von Kurt Weis (1982) wurde dahingehend deutlich, daß eine Situation um so weniger als Vergewaltigung bezeichnet (und der Mann um so mehr von Schuld entlastet) wird, je weniger massiv der Widerstand der Frau war. Wehrt sich eine Frau körperlich und schreit um Hilfe, dann sehen es praktisch alle Befragten als Vergewaltigung an, wenn ein fremder Mann in einer unbelebten Straße eine Frau angreift und sie zum Geschlechtsverkehr zwingt. Gibt die Frau ihren Widerstand jedoch irgendwann auf, weil sie ihn als zwecklos erlebt, oder wehrt sie sich nicht, weil sie Angst hat, die Situation noch zu verschlimmern, sehen darin nur noch rund 85 % eine eindeutige Vergewaltigung (ebd., 46 f.). Schon bei Kindern – selbst bei ganz kleinen – spielt die Gegenwehr für die Einschätzung der Situation eine zentrale Rolle. Die oben erwähnte Untersuchung von Finkelhor (1984) ergab analog zu den Befunden von Weis: Je weniger deutlich sich ein Mädchen oder ein Junge zur Wehr setzt, desto weniger wird eine Mißbrauchshandlung als solche eingeschätzt.

Bewußtheit der Tat

Widerstand ist ein Zeichen der Ablehnung. Art und Ausmaß der Gegenwehr werden in der Regel als Maßstab dafür genommen, inwieweit ein Täter das »Nicht-Wollen« einer Frau oder eines Kindes erkennen konnte. Hierin spiegelt sich ein weiteres Problem bei der Einschätzung einer Situation wider: Ist ein Verhalten nur dann sexuelle Gewalt, wenn der Täter *bewußt* gegen den Willen der Betroffenen bzw. zu ihrem Schaden handelt? Akzeptiert man diese Prämisse, dann ergibt sich wiederum unausweichlich das Dilemma, diese Bewußtheit von außen zu erkennen und gegebenenfalls nachzuweisen. Genau dies fordert das Strafgesetz bei den Tatbeständen Vergewaltigung und sexuelle Nötigung. Danach muß der Täter deutlich erkennen können, daß das Opfer nicht in die sexuellen Handlungen einwilligt, damit der jeweilige Straftatbestand erfüllt ist. Jemandem nachzuweisen, ob ihm etwas bewußt war oder nicht, ist natürlich fast unmöglich. Welch verhängnisvolle Konsequenzen sich daraus für Frauen ergeben können, verdeutlicht folgender Artikel aus der Frankfurter Rundschau vom 18.7.1990:

Mann konnte nicht erkennen . . .

Gericht: Keine Gegenwehr, also auch keine Vergewaltigung

Von unserem Korrespondenten Reinhard Voss

KREFELD, 17. Juli. Die Zweite Große Strafkammer des Landgerichts Krefeld hat einen 36jährigen Mann vom Vorwurf der Vergewaltigung freigesprochen, der eine 52jährige Frau gegen ihren Willen zum Geschlechtsverkehr gezwungen hatte. Das Gericht begründete den Freispruch mit der „fehlenden Abwehrbereitschaft" des Opfers. Der angetrunkene Täter, der die Frau vor der Vergewaltigung in seiner Wohnung geschlagen hatte, habe aus „subjektiven Gründen" nicht erkennen können, daß die Frau mit dem befohlenen Geschlechtsverkehr nicht einverstanden gewesen sei, urteilten die Krefelder Richter. Weil sich die geängstigte Frau über eine längere Wegstrecke in die Wohnung des Täters ohne zu schreien oder zu schlagen hatte schleppen lassen, hatte auch der Staatsanwalt „objektiv" keine Widerstandshandlung des Opfers erkennen können. Das Gericht glaubte der Frau zwar, daß sie von dem Täter bedroht und geschlagen worden war. Das Gericht meinte auch, daß der Frau Unrecht geschehen sei. Die Kammer sprach den Angeklagten den-

noch „aus subjektiven Gründen" frei, weil ihm „nicht hinreichend erkennbar" gemacht worden sei, daß die Frau sich seinem Willen widersetzte. Sie folgte mit diesem Urteil nicht der Argumentation der Verteidigung, daß eine bloße von Angst diktierte Duldung eines Geschlechtsverkehrs noch längst kein Einverständnis sei.

Johann Schwarz, Pressedezernent des Krefelder Landgerichts, wunderte sich am Dienstag über das große Interesse der Journalisten an diesem Urteil. Daß mehr als ein Dutzend Redaktionen bei ihm wegen des Freispruchs angerufen hatten, wertete der Richter als einen Hinweis, „wie wenig gerichtserfahren die Zeitungen sind". Das Urteil sei nämlich in keiner Weise ungewöhnlich, meinte Schwarz. Es gäbe viele solche Fälle, in denen Männer freigesprochen würden. Die „Scheidelinie" in all diesen „überhaupt nicht außergewöhnlichen Fällen" sei die fehlende massive Gegenwehr der Frauen gegenüber den gewalttätigen Männern, wußte der Pressedezernent zu berichten.

Dieser »überhaupt nicht außergewöhnliche Fall« offenbart eine überaus frauenfeindliche Logik. Es wird nicht nach Anzeichen gesucht, an denen ein Mann erkennen konnte, daß eine Frau oder ein Kind sexuellen Kontakten zugestimmt hat, sondern nur, woran er eine eventuelle Ablehnung hätte erkennen können. Ein Mann scheint nach diesen Vorstellungen sogar grundsätzlich davon ausgehen zu dürfen, daß eine fremde Frau, die er überfällt, bedroht und körperlich mißhandelt, einverstanden ist, mit ihm sexuelle Handlungen zu vollziehen. Diese Logik bringt ein inhaftierter Vergewaltiger folgendermaßen auf den Punkt:

Man sollte einmal herausfinden oder festlegen, wo Vergewaltigung beginnt ... Denn ich finde, Vergewaltigung beginnt nicht dort, wo ein Mann einer Frau Gewalt antut oder sie zum Beischlaf zwingt. Primär ist, wie es dazu kommt. Ob eine Frau sich von Anfang an sträubt oder ob sie am Anfang einverstanden ist und die Verweigerung erst später kommt. Wenn eine Frau mit einem Mann mitgeht, gibt es keine Vergewaltigung mehr ... Wenn ich eine Zufallsbekannte frage, gehen wir noch zu mir, und ich küsse sie schon vorher, dann ist die Frau irgendwie bereit dazu, so ist das keine Vergewaltigung mehr. (in Godenzi 1991, 105)

Beziehung zwischen Opfer und Täter

Sexuelle Handlungen werden unterschiedlich beurteilt, je nachdem, zwischen welchen Personen sie stattfinden. Ein Vater, der seine Tochter auf den Mund küßt, wird anders beurteilt als ein Lehrer, der dieses bei einer Schülerin tut. Die Art der Beziehung bestimmt den gesellschaftlich »normalen« Umgang miteinander. Dies gilt für Erwachsene ebenso wie für Kinder. Im deutschen Strafrecht ist in diesem Sinne z.B. festgeschrieben, daß die Straftatbestände der Vergewaltigung und der sexuellen Nötigung nur dann erfüllt sind, wenn die beteiligten Personen nicht miteinander verheiratet sind.

Alter des Opfers oder/und des Täters

Es ist sinnvoll, sexuelle Ausbeutung von Kindern gegenüber sexueller Gewalt gegen erwachsene Frauen abzugrenzen. Die Dynamiken beider Phänomene weisen aufgrund der unterschiedlichen gesellschaftlichen Positionen von Kindern und Frauen – bei allen Gemeinsamkeiten – wichtige Unterschiede auf. Was eine Unterscheidung nach dem Alter betrifft, werden unter dem Begriff »sexueller Mißbrauch an Kindern« in der Regel Kinder vom Säuglingsalter bis zur Pubertät oder maximal bis zur Volljährigkeit erfaßt. In den von uns analysierten Studien wird die Obergrenze sehr unterschiedlich festgelegt, übersteigt jedoch (mit Ausnahme von Badgley u.a. 1984) niemals das 18. Lebensjahr. Einige Wissenschaftlerinnen und Wissenschaftler verbinden Altersgrenzen mit Altersdifferenzen. Danach wird eine Handlung nur dann als ausbeuterisch angesehen, wenn das Kind ein bestimmtes Alter hat und der Täter eine bestimmte Anzahl von Jahren – z.B. fünf Jahre – älter ist. Solche Festlegungen schließen eine Beurteilung von Kontakten unter Gleichaltrigen als sexuellen Mißbrauch aus. Aber auch diese können gewalttätiger Natur sein. In anderen Studien wird schließlich völlig auf eine Altersangabe verzichtet. Uns erscheint – abgesehen von forschungsmethodischen Erfordernissen – eine exakte Altersangabe weder möglich noch sinnvoll, denn Kinder und Jugendliche gleichen Alters können körperlich, psychisch und kognitiv auf einem sehr unterschiedlichen Entwicklungsniveau sein. Sinnvolle Grenzen können unserer Meinung nach grob mit der Pubertät und der Volljährigkeit gesetzt werden, da sich in diesen Altersbereichen entscheidende Änderungen in der psychosexuellen Entwicklung sowie hinsichtlich der gesellschaftlichen Position ergeben.

Sexuelle Gewalt als Machtphänomen

Neben den genannten Aspekten spielen bei der Beurteilung einer Situation als Moment sexueller Gewalterfahrung noch weitere Faktoren wie z.B. Kleidung oder sexuelles Vorleben des Opfers eine wichtige Rolle (Weis 1982). Ein gewaltsam erzwungener Geschlechtsverkehr wird z.B. dann nicht (bzw. seltener) als Vergewaltigung bezeichnet, wenn das Opfer alkoholisiert war, vermeintlich aufreizende Kleidung getragen oder sich verführerisch verhalten hat oder vorher mit unterschiedlichen Partnern sexuell aktiv gewesen ist.

Diesen und einigen der oben genannten Definitionskriterien ist gemeinsam, daß sie auf einer Vielzahl falscher Vorstellungen über sexuelle Gewalttaten – den sogenannten Mythen – basieren und sexuellen Mißbrauch an Kindern, Vergewaltigung und andere Formen sexueller Gewalt vorwiegend oder ausschließlich als ein sexuelles Problem betrachten (vergl. Kap. 10). Dies geht jedoch an den Realitäten vorbei. Hinter sexuellen Übergriffen steht meistens keine sexuelle Absicht! Vielmehr sind die Täter überwiegend bestrebt, Macht auszuüben, Wut oder Frustration abzulassen. Auf diesem Hintergrund erscheinen viele der Kriterien in einem anderen Licht. So wird die Argumentation hinfällig, daß ein Mann durch das verführerische Gebaren einer Frau oder eines Mädchens zur Tat gereizt worden sei oder daß er seine sexuellen Annäherungen sofort eingestellt hätte, wenn aus ihrem Widerstand erkennbar gewesen wäre, daß sie keine Lust auf Sex mit ihm hat. Der springende Punkt ist, daß es bei sexueller Gewalt meist eben nicht um »aus Versehen« gewaltsam erzwungene Sexualität geht, sondern eher um sexualisierte Gewalt. Wenn ein Mann merken *will*, daß eine Frau oder ein Mädchen den sexuellen Kontakt mit ihm ablehnt, dann *kann* er es auch merken. Selbst wenn sie nicht »Nein« sagt oder sich körperlich wehrt, sondern alles »nur« teilnahmslos über sich ergehen läßt. Die Täter wollen dies nur nicht merken. Und mehr noch: Sie erkennen durchaus, daß die betroffenen Frauen oder Kinder keinen Sex mit ihnen wollen, aber sie sind nicht bereit, diesen Willen zu achten. Ganz im Gegenteil geht es den Tätern meist ja gerade darum, den eigenen Willen durchzusetzen und ihn anderen aufzuzwingen. Es geht ihnen darum, Überlegenheit zu erleben und zu demonstrieren. Sexualität ist nur das Mittel dazu (vgl. Kap. 5). Sexuelle Gewalt ist primär ein Machtphänomen. Macht kann, wie gerade diskutiert, das Ziel sexueller Aggressionen sein. Gleichzeitig basiert die Ausübung sexueller Gewalt – auch wenn sexuelle Motive zugrunde liegen – stets auf Macht, genauer auf Machtunterschieden. Sexuelle Gewalt wird von Mächtigen an weniger Mächtigen verübt. Sie wird in der Regel verübt von Männern an Frauen und Kindern, vor allem an Mädchen. Sie wurzelt – wie wir später erörtern werden – in den in unserer Gesellschaft bestehenden Machtunterschieden zwischen Frauen und Männern sowie Kindern und Erwachsenen.

Wir wollen nun darlegen, was wir unter sexueller Gewalt verstehen. Wir verwenden den Terminus »sexuelle Gewalt« als Oberbegriff. Synonym gebrauchen wir auch den Begriff »sexuelle Ausbeutung«. Hierunter verstehen wir:

1. Eine Person wird von einer anderen als Objekt zur Befriedigung von bestimmten Bedürfnissen benutzt. Diese Bedürfnisse sind entweder sexueller Natur und/oder es sind nicht-sexuelle Bedürfnisse, die in sexualisierter Form ausgelegt werden (z.B. der Wunsch, Macht zu erleben, zu erniedrigen, sich selbst zu bestätigen o.ä.).
2. Dabei werden vor oder an der Person Handlungen vorgenommen oder von ihr verlangt, die kulturell mit Sexualität assoziiert sind. Dazu zählen nicht nur Handlungen, die im engeren Sinne sexuell sind, wie beispielsweise Berührungen der Geschlechtsorgane oder Geschlechtsverkehr, sondern auch solche, die in unserer Gesellschaft im weiteren Sinne mit Sexualität in Verbindung gebracht werden, wie z.B. anzügliche Bemerkungen, Nachpfeifen oder Nacktphotos.
3. Die Handlungen erfolgen unter Ausnutzung von Ressourcen- bzw. Machtunterschieden gegen den Willen der Person.

Unser Verständnis von sexueller Gewalt ist sehr weit gefaßt. Vergewaltigung und sexueller Mißbrauch an Kindern stellen danach Extrempunkte eines breiten Spektrums von möglichen sexuell gewalttätigen Vorfällen dar. Dieses Spektrum umfaßt sowohl körperliche sexuelle Angriffe als auch verbale und visuell vermittelte (Exhibitionismus, Zeigen von Pornographie, anzügliche Gesten, Nachpfeifen u.ä.). Unter Vergewaltigung verstehen wir – abweichend vom Strafgesetz – sämtliche Formen von Penetrationen, d.h. vaginale, anale oder orale Penetration sowie die Penetration mit dem Penis, mit Fingern oder Gegenständen, außerhalb wie innerhalb der Ehe. Sexueller Mißbrauch an Kindern bezeichnet sexuelle Gewalt, die von älteren oder gleichaltrigen Personen an Kindern ausgeübt wird. Eine exakte Altersgrenze setzen wir dabei nicht. Einige Beispiele mögen einen Eindruck davon vermitteln, worin sexuelle Gewalt gegen Mädchen und Jungen ihren Ausdruck finden kann (nach Enders 1990, 23 f.):

- Ein Schulbusfahrer bittet ein 7jähriges Mädchen, ihn zu »kratzen«, denn es jucke ihn so in der Hose und er müsse doch den Bus lenken .
- Ein 5jähriges Mädchen setzt sich beim Vater auf den Schoß. Nach einiger Zeit greift er ihr unter den Rock und streichelt sie an den Genitalien.
- Ein Großvater spielt mit Freunden Karten. Die 13jährige Enkelin reicht Brötchen herum. Der Großvater deutet auf ihre Brust und sagt zu den anderen: »Wird sie nicht proper?«
- Eine Mutter »untersucht« ihre 10jährige Tochter und steckt ihr Gegenstände in die Vagina.
- Ein guter Freund der Familie erklärt einem 13jährigen Jungen »wie Erwachsene Sex machen« und läßt sich von ihm zu »Demonstrationszwecken« sexuell befriedigen.
- Ein Sportlehrer greift den Schülerinnen der neunten Klasse recht »zufällig«, aber mit großer Regelmäßigkeit im Schwimmbad zwischen die Beine und an die Brust.
- Ein 6jähriger Junge wird von einer Gruppe Jugendlicher gezwungen, die Hose herunterzulassen. Anschließend »amüsieren« sich die Älteren über den kleinen Penis des Jungen.
- Ein Vater läuft in Gegenwart seiner beiden 8- und 13jährigen Töchter nackt durch die Wohnung.

Bei der letzten Situation werden sicherlich viele stutzen. Natürlich sehen wir dies nicht per se als sexuellen Mißbrauch an. Es kann genausogut Ausdruck für einen offenen Umgang mit Nacktheit und damit ein ganz natürliches Verhalten sein. Wir haben dieses Beispiel eingefügt, weil es sexuelle Gewalt sein *kann*. Es stellt einen Grenzfall dar, der gerade von außen schwer zu beurteilen ist. Im Einzelfall ist es notwendig, das Verhalten auf dem jeweiligen psychosozialen Hintergrund des Kindes zu sehen. Bei intrafamilialem Mißbrauch ist ausbeuterisches Verhalten oft dadurch gekennzeichnet, daß es gegen ansonsten herrschende Familiennormen verstößt. So kann es in einer Familie, in der Nacktheit und Sexualität tabuisiert sind, schon ein Mißbrauch sein, wenn der Vater sich vor seiner Tochter oder seinem Sohn nackt zeigt.

Die Tatsache, daß wir auch das Nachpfeifen oder den abschätzenden Blick als sexuelle Gewalt ansehen, ist immer wieder kritisiert worden. Viele Menschen können darin keinen Übergriff erkennen – »Das ist doch nur Bekundung von Interesse!« – oder finden es überzogen, eine solche »Lapalie« als sexuelle Gewalt zu bezeichnen. Wir halten dem entgegen, daß Nachpfeifen, »Hinterntätscheln« oder ähnliches nicht im luftleeren Raum stattfinden, sondern innerhalb einer Gesellschaft, in der diesen Gesten eine ganz bestimmte Bedeutung zukommt und in der geregelt ist, wer diese Gesten wem gegenüber ausführt. In der Regel sind es Männer, die nachpfeifen, die den Po »tätscheln«, die kritische Kommentare zum Körper abgeben, und es sind Frauen, denen nachgepfiffen wird, die angefaßt werden und deren Körper begutachtet wird. All das zeigt Frauen, welcher Wert ihnen in einer patriarchalen Gesellschaft wie der unseren beigemessen wird: Frauen werden vielfach auf ihren Körper reduziert, den Männer jederzeit begutachten, bewerten und benutzen dürfen. Die alltäglichen sexuellen Belästigungen sind zudem ein Beleg dafür, daß die Gefahr eines massiveren sexuellen Übergriffes durchaus real ist. Derartige Gesten sind somit Ausdruck eines Machtverhältnisses zwischen den Geschlechtern. Sie schränken Frauen in ihrer Entfaltungsfreiheit ein (vgl. Kap. 8). Welche Frau kennt es nicht, daß sie die Straßenseite wechselt, um sich nicht den Sprüchen von Bauarbeitern auszusetzen; daß sie sich im Café alleine unwohl fühlt oder es sogar verläßt, weil sie von Männern beobachtet oder angemacht wird; daß sie sich im Betrieb verkrampft und unsicher bewegt, weil männliche Kollegen anzügliche Witze erzählen oder ihre Arbeitsplätze mit pornographischen Bildern »schmücken«? Die vermeintlich harmlosen sexuellen Belästigungen bewirken, daß die aktuelle physische und psychische Selbstverwirklichung von Frauen geringer ist als sie potentiell sein könnte und stellen somit Faktoren struktureller Gewalt dar (vergl. Galtung 1975). Deshalb kann auch der Pfiff oder der anzügliche Spruch eine sexuell gewalttätige Äußerung sein.

Zusammenfassend sehen wir ein breites Spektrum von Handlungen als möglicherweise sexuell ausbeutend an. Zentral dabei ist, daß eine Person eine andere als Objekt zur Befriedigung sexueller oder sexualisierter Bedürfnisse benutzt. Die ausbeutende Person nutzt in dieser Situation Ressourcen- bzw.

Machtvorteile und handelt ohne Einwilligung der betroffenen Person. Mit diesem Verständnis von sexueller Gewalt unterscheiden wir uns deutlich von dem, was im Strafgesetz definiert wird. Da die juristischen Festlegungen eine wichtige Funktion für den gesellschaftlichen Umgang mit sexuellen Übergriffen haben, sollen sie im folgenden genauer betrachtet werden.

Gesetzliche Bestimmungen*

Was der Gesetzgeber unter sexuellen Gewalttaten versteht und welche Strafen er dafür vorsieht, ist im Strafgesetzbuch in den Paragraphen 174-184, den sogenannten »Straftaten gegen die sexuelle Selbstbestimmung«, festgelegt. Die wichtigsten Bestimmungen werden wir im folgenden darstellen und kommentieren. Zu Fragen möglicher rechtlicher Maßnahmen zum Schutz eines mißbrauchten Kindes sowie bezüglich eines Strafverfahrens sei auf die ausführlichen Erörterungen in Enders (1990) und Marquartd (1933) verwiesen. Mit Ausnahme des Exhibitionismus (§ 183) und der Verführung (§ 182, heute praktisch bedeutungslos, s.u.), sind alle Taten *Offizialdelikte*. Das heißt, die Polizei bzw. Staatsanwaltschaft ist verpflichtet, solche Delikte zu verfolgen, sobald sie davon Kenntnis hat – egal ob die oder der Betroffene damit einverstanden ist oder nicht. Daher kann es auch gegen den Willen einer vergewaltigten Frau oder eines sexuell ausgebeuteten Mädchens oder Jungen zu einem Prozeß kommen, in dem sie oder er verpflichtet ist, als Zeugin oder Zeuge auszusagen. Im Gegensatz zu Offizialdelikten werden *Antragsdelikte* nur dann strafrechtlich verfolgt, wenn die oder der Betroffene (bei Geschäftsunfähigen oder beschränkt Geschäftsfähigen die gesetzliche Vertretung) einen Strafantrag stellt.

Speziell für Minderjährige gelten die §§ 174 und 176 StGB § 176 »Sexueller Mißbrauch von Kindern« stellt jeglichen sexuellen Kontakt (einer volljährigen Person) mit Kindern unter 14 Jahren unter Strafe. Darunter fallen sowohl körperliche Berührungen mit sexueller Absicht, als auch das Zeigen pornographischer Darstellungen und eine entsprechende verbale Beeinflussung. Der § 174 »Sexueller Mißbrauch von Schutzbefohlenen« ahndet sexuelle Handlungen »von einiger Erheblichkeit« mit Kindern unter 16 Jahren, die zur Erziehung, Ausbildung oder Betreuung in der Lebensführung anvertraut sind. Die Altersgrenze wird auf 18 Jahre heraufgesetzt, wenn es sich um leibliche oder angenommene Kinder handelt oder die sexuellen Handlungen

---

* Wir danken Kirsten Reimers für die Überprüfung der Richtigkeit unserer Angaben.

unter Ausnutzung des Abhängigkeitsverhältnisses geschehen. Dabei muß es sich um ein Betreuungsverhältnis geistig sittlicher Art bzw. ein Obhutsverhältnis handeln (z.B. Lehrer).

Werden sexuelle Handlungen »mit Gewalt oder durch Drohung mit gegenwärtiger Gefahr für Leib oder Leben« erzwungen, so kommen unabhängig vom Alter des Opfers die §§ 177 und 178 StGB zur Anwendung. § 177 »Vergewaltigung« verbietet es, eine Frau mit Gewalt zum außerehelichen Beischlaf (das ist ausschließlich die Penetration mit dem Penis in die Vagina) zu zwingen. § 178 »Sexuelle Nötigung« ahndet gewaltsam erzwungene sexuelle Handlungen »von einiger Erheblichkeit«. Unter Gewalt wird in diesem Zusammenhang ausschließlich das Erleben von körperlichem, nicht aber von seelischem Zwang verstanden.

Der Strafrahmen für die einzelne Delikte bewegt sich – je nach dem, als wie schwer die sexuellen Übergriffe vom Gesetzgeber eingestuft werden – zwischen Geldstrafen und Höchststrafen von bis zu 15 Jahren Freiheitsentzug. Eine Vergewaltigung durch einen Mann, der dem Opfer bereits vor der Tat bekannt war, wird beispielsweise als minder schwer eingestuft und mit weniger Strafe belegt als eine Vergewaltigung durch einen Fremden. Von der jeweils angedrohten Höchststrafe ist auch die Verjährungsfrist abhängig, die mit dem Zeitpunkt der Tat (bei länger andauernden Gewaltbeziehungen mit der letzten Tat) beginnt. Sexueller Mißbrauch von Schutzbefohlenen (§ 174) kann bereits nach maximal fünf Jahren nicht mehr geahndet werden, sexueller Mißbrauch (§ 176) und sexuelle Nötigung (§ 178) verjähren maximal nach zehn Jahren. Lediglich besonders schwere Fälle von Vergewaltigung (§ 177), die mit einer Höchststrafe von mehr als zehn Jahren bedroht werden, können noch zwanzig Jahre später zur Anzeige gebracht werden.

Die Vielzahl der Paragraphen vermittelt zunächst den Anschein eines relativ umfassenden Schutzes der sexuellen Selbstbestimmung. Dieser Eindruck trügt jedoch. Ganz abgesehen davon, daß eine große Diskrepanz zwischen theoretischer Festlegung und praktischer Anwendung besteht (vergl. Kap. 9), werden bereits die Paragraphen selbst ihrem Anspruch nicht in befriedigendem Maße gerecht.

Zunächst zum § 176 »Sexueller Mißbrauch von Kindern«. Er ermöglicht zwar theoretisch, sexuelle Übergriffe auf Kinder unter 14 Jahren umfassend zu ahnden. Ein entscheidendes Problem besteht hier jedoch in der Verjährungsfrist. Viele – insbesondere sehr junge – Betroffene verdrängen die Gewalterfahrung und erinnern sich erst Jahre später wieder daran, wenn die Tat längst verjährt ist. Doch selbst wenn die Tat nicht vergessen wird, haben viele Kinder keine Möglichkeit, allein Anzeige zu erstatten und ein juristisches Verfahren durchzustehen, vor allem dann, wenn sie innerhalb der Familie mißbraucht werden. Warten sie aber, bis sie unabhängiger und eventuell volljährig sind, ist die Verjährungsfrist häufig schon verstrichen. Zum Problem der Verjährungsfrist gibt es allerdings zur Zeit konkrete Diskussionen um Gesetzesänderungen.

Beim § 174 »Sexueller Mißbrauch von Schutzbefohlenen« bestehen mehrere Unzulänglichkeiten. Zum einen fallen nur ganz bestimmte Abhängigkeitsverhältnisse in den Gültigkeitsbereich dieses Paragraphen. Mißbraucht z.B. ein Fahrlehrer oder Arzt eine Jugendliche oder einen Jugendlichen unter Ausnutzung der bestehenden Abhängigkeit, ist dies *kein* Abhängigkeitsverhältnis im Sinne des Paragraphen, und die Tat ist nur dann strafbar, und zwar als Vergewaltigung oder sexuelle Nötigung, wenn das Tatbestandsmerkmal der Gewaltanwendung gegeben ist (s.u.). Handelt es sich bei dem Täter um den Lehrherrn der Jugendlichen, ist der strafrechtliche Schutz nach dem § 174 daran geknüpft, daß der Lehrherr direkt weisungsbefugt ist. Außerdem müssen die sexuellen Handlungen unter für die oder den Schutzbefohlenen erkennbaren Drohungen erfolgen (z.B. Verlust des Arbeitsplatzes). Eine solche Festlegung ist realitätsfern, denn eine Auszubildende oder ein Auszubildender nimmt in einem Betrieb im Vergleich zu den meisten anderen Mitarbeiterinnen und Mitarbeitern eine untergeordnete Stellung ein und kann dadurch von vielen Personen unter Druck gesetzt werden – auch von solchen, die nicht ihre direkten Vorgesetzten sind. Der § 174 wie auch der § 178 »Sexuelle Nötigung« verlangen außerdem, daß es zu sexuellen Handlungen »von einiger Erheblichkeit« gekommen ist. Das ist ein sehr schwammiger Begriff, der, nach Einschätzung von Holzbecher u.a. (1991), von den Gerichten sehr eng ausgelegt wird:

So sieht der Bundesgerichtshof in dem »massiven Anfassen der Brust eines Mädchens über den Kleidern« ebensowenig eine sexuelle Handlung wie in einem »leidenschaftlichen Zungenkuß«, bei dem der Täter mit beiden Händen den Kiefer des Opfers auseinandergehalten hatte. Auch andere »sexuelle Zudringlichkeiten«, wie ein flüchtiger Griff an die Außenseite des Oberschenkels, das Umfassen der Hüfte oder Streicheln des Körpers ohne Berührung des Geschlechtsteils, sowie das Küssen auf Gesicht und Hals sollen nach der Rechtsprechung nicht von einiger Erheblichkeit sein. (Ebd., 337 f.)

Wie wenig es dem Gesetzgeber um das sexuelle Selbstbestimmungsrecht der Frau geht, zeigt sich besonders in den §§ 177 »Vergewaltigung« und 178 »Sexuelle Nötigung«.* Beide Paragraphen gelten nur für *außereheliche* sexuelle Gewalttaten. Das Gesetz spricht Frauen innerhalb der Ehe also das Verfügungsrecht über die eigene Sexualität ab! Ehemännern wird hingegen ein se-

---

* Eine gute Kritik hierzu findet sich bei Teubner (1987).

xuelles Nutzungsrecht am Körper ihrer Frauen zugebilligt. Festgeschrieben und geschützt wird damit die Institution Ehe und das tradierte Besitzrecht des Ehemannes – nicht aber die Würde der Frau. In Deutschland gibt es noch immer keine konkreten Vorhaben, Vergewaltigung und sexuelle Nötigung innerhalb der Ehe unter Strafe zu stellen, obwohl dies immer mal wieder diskutiert wird. Die BRD ist damit neben Finnland, Griechenland und Irland das einzige europäische Land, in dem sexuelle Gewalt in der Ehe explizit aus den Strafvorschriften ausgenommen ist (s. Godenzi 1991).

Auch die extrem eingeschränkte Definition, die der Gesetzgeber für den Straftatbestand der Vergewaltigung vornimmt, verdeutlicht sein geringes Interesse am Schutz der sexuellen Selbstbestimmung. Der § 177 StGB stellt nur die gewaltsame vaginale Penetration mit dem Penis unter Strafe. Alle anderen sexuellen Übergriffe »von einiger Erheblichkeit« fallen demgegenüber unter den Straftatbestand der sexuellen Nötigung (§ 178 StGB) und sind mit einer niedrigeren Strafe belegt. Damit wird ignoriert, daß das Einführen von Fingern, Flaschen, Stöcken oder anderen Gegenständen sowie erzwungene orale oder anale Penetrationen eine ebenso schmerzhafte Verwundung der persönlichen Integrität eines Mädchens oder einer Frau darstellen wie der aufgenötigte penil-vaginale Geschlechtsverkehr. In einer solchen Gesetzgebung ist die alte Tradition spürbar, wonach der Beischlaf als Zeichen der Inbesitznahme einer Frau oder eines Mädchens gewertet wird und eine Vergewaltigung entsprechend ein Eigentumsdelikt unter Männern ist, ein »Vergehen an der Reinheit oder Keuschheit des männlichen Besitzes« (Brownmiller 1987, 288).

Zu kritisieren ist ferner das Tatbestandsmerkmal »Gewalt oder Drohung mit gegenwärtiger Gefahr für Leib oder Leben«, welches dem Vergewaltigungs- und Nötigungsparagraphen zugrunde liegt, denn es ist für den Schutz der Selbstbestimmung völlig ungeeignet. Es kommt für den Schutz der Selbstbestimmung nicht darauf an, auf welche Weise der Wille einer Frau oder der eines Kindes mißachtet wird, sondern entscheidend für strafwürdiges Verhalten muß sein, ob eine Handlung gegen den Willen eines anderen Menschen erfolgt. Davon abgesehen wird der Gewaltbegriff in der Praxis viel zu eng ausgelegt. Unter Gewalt wird in diesem Rahmen nur unmittelbarer und körperlicher Zwang zugelassen. Demgegenüber wird Gewalt z.B. beim allgemeinen Nötigungstatbestand (§ 240 StGB) wesentlich weiter gefaßt.

Während beispielsweise im Fall eines Sitzstreikes als Nötigungsmittel bereits die psychische Einwirkung der Streikenden auf den Genötigten als Nötigungsmittel für ausreichend angesehen wird (z.B. durch lautes Schreien, Johlen oder einfaches Blockieren), setzt der Gewaltbegriff der §§ 177 ff. StGB erhebliche körperliche Gegenwehr des Opfers voraus ... Keine körperliche Gewaltanwendung soll bei einem Festhalten im Auto vorliegen, oder wenn es dem Täter gelingt, einer nach einer Vergewaltigung bereits erschöpften Frau die Beine ohne größere Kraftanstrengung zu spreizen. Damit wird fraglich, ob bestimmte Formen der Freiheitsbeeinträchtigung, zum Beispiel das Einschließen eines Menschen, die Fahrt an abgelegene Stellen, die erhebliche körperliche Überlegenheit des Täters oder die Blockaden von Fluchtmöglichkeiten als »Gewalt« ausreichen, wenn die Frau auf Widerstand verzichtet, weil die Gegenwehr als zwecklos eingeschätzt wird. (Holzbecher u.a. 1991, 335 f.)

An dem oben angeführten Beispiel (»Mann konnte nicht erkennen...«) dürfte bereits deutlich geworden sein, daß die Forderung des *subjektiven* Tatbestandes, also daß dem Täter die Ablehnung der sexuellen Handlungen durch die Frau bewußt gewesen sein muß, willkürlichen Interpretationen Tür und Tor öffnet. Da wir diese Frage bereits oben diskutiert haben, hier nur noch eine Äußerung des Bundesgerichtshofes, die für sich spricht:

Wenn eine Frau dem Verlangen eines Mannes lediglich mit Worten, sei es auch »eindeutig« widerspricht, sich aber gegen das Ansinnen nicht körperlich wehrt, so wird der Mann in der Regel annehmen und *annehmen dürfen*, daß sie trotz des geäußerten Widerspruchs mit seinem Verhalten letzten Endes einverstanden ist. (BGH 1 StR 359/55 [GA 56, 317]; zit. nach Abel 1988, 36; Hervorhebung v.d.Verf.)

Kritik üben wir auch an dem sogenannten »minderschweren Fall«, der in den §§ 177 und 178 StGB definiert wird. Als »minder schwer« werden meist Fälle eingestuft, wo Täter und Opfer sich vor der Tat kannten, der Täter (angeblich) eine echte Liebesbeziehung anstrebte, Alkohol im Zusammenhang mit der Tat konsumiert worden war, das Verhalten des Opfers aus Sicht des Täters Hoffnung auf »freiwillige Hingabe« machte oder das Opfer eine Prostituierte war. Es ist nicht einzusehen, warum der Übergriff in solchen Situationen einen weniger massiven Eingriff in die sexuelle Selbstbestimmung darstellen soll – und nichts anderes wird mit der Bezeichnung nahegelegt. Zudem werden »minderschwere Fälle« geringer bestraft, was bei Prozessen dazu führt, daß der Verteidiger des Angeklagten alles tut, um dem Opfer eine Mitschuld zuzuschreiben (provokatives Verhalten oder Kleidung, wechselnde Männerbekanntschaften u.ä.).

Insgesamt wird deutlich, daß die gesetzlichen Bestimmungen ihrem Anspruch auf Schutz der sexuellen Selbstbestimmung für Frauen und Kinder nicht gerecht werden.

2. Die Forschungssituation

In den folgenden Kapiteln werden wir auf der Grundlage einer Vielzahl wissenschaftlicher Untersuchungen ein Bild der Erscheinungsformen sexueller Gewalt gegen Mädchen und Jungen zeichnen. Um die dargestellten Ergebnisse besser einschätzen zu können, gehen wir in diesem Kapitel zunächst kurz auf den Stand der Forschung ein, diskutieren methodische Probleme und stellen einige wichtige Studien vor, auf die wir uns immer wieder beziehen werden.

Stand der Forschung

Man sollte meinen, sexueller Mißbrauch an Kindern sei ein wissenschaftlich gut erfaßtes Phänomen. Immerhin ist es von hoher gesellschaftlicher Brisanz und wird seit Mitte der 80er Jahre in der Öffentlichkeit breit diskutiert. Die Forschungsrealität sieht jedoch leider ganz anders aus. Lediglich in den USA existiert eine Reihe großangelegter Studien zu sexueller Gewalt gegen Mädchen (und seltener Jungen). In der europäischen Wissenschaft hat das Thema demgegenüber noch keine angemessene Behandlung erfahren.

Für den *deutschen Raum* liegt bislang keine repräsentative Dunkelfeld-Studie zu den Charakteristika sexueller Ausbeutung von Kindern vor.* Die einzige größere Dunkelfeld-Untersuchung wurde von Dirk Bange (1992) mit Studentinnen und Studenten durchgeführt (auf die Studie von Bange

---

* In Dunkelfeld-Studien zu sexueller Gewalt wird versucht herauszufinden, wieviel Prozent aller Personen einer bestimmten Bevölkerungsgruppe von sexueller Gewalt betroffen sind und welche Charakteristika das Phänomen dort aufweist. Idealerweise werden solche Studien an Stichproben durchgeführt, die repräsentativ für die jeweilige Gesellschaft sind. Da dies sehr aufwendig ist, werden aus praktischen Erwägungen oft studentische Stichproben genommen.

werden wir in diesem Kapitel noch genauer eingehen). Darüber hinaus gibt es unseres Wissens nach nur Studien, die sich entweder auf klinische Stich-proben oder auf angezeigte Fälle beziehen und damit hoch selektive Ergeb-nisse liefern.* Dazu zählen zwei Studien, die im Auftrag des Bundesministe-riums für Jugend, Familie, Frauen und Gesundheit durchgeführt wurden. In der einen wurde die Arbeit einer Beratungsstelle zu sexuellem Mißbrauch an Kindern ausgewertet (Vorabveröffentlichung BMJFFG 1989). In der ande-ren erhoben Mitarbeiterinnen der Katholischen Sozialethischen Arbeitsstelle e.V. in Hamm Daten von verschiedenen Einrichtungen der psycho-sozialen Versorgung, die mit sexueller Ausbeutung von Kindern konfrontiert sind. Beide Studien sind inzwischen abgeschlossen, unseres Wissens nach aber noch nicht veröffentlicht. Ferner sind die häufig zitierten Untersuchungen von Baurmann (1983) und Maisch (1968) zu nennen. Ihre Ergebnisse bezie-hen sich nur auf angezeigte bzw. verurteilte Fälle. Maisch zeichnet sich zu-dem durch eine deutlich frauen- und opferfeindliche Perspektive aus. Insge-samt ist somit die deutsche Forschungssituation bezüglich sexueller Gewalt gegen Kinder als völlig unzureichend zu bezeichnen.

Im restlichen *europäischen Raum* sieht es insgesamt nicht viel besser aus. Eine Ausnahme bildet die bemerkenswerte niederländische Untersuchung von Nel Draijer (1988). Diese Studie ist insofern besonders interessant, als sie zum einen an einer repräsentativen Stichprobe durchgeführt wurde und zum anderen parallel zu einer großen amerikanischen Erhebung konzipiert worden ist (Diana Russell 1984 und 1986). Leider ist sehr schwer an die Un-tersuchungsergebnisse heranzukommen. Zudem sind sie – abgesehen von ei-nem kurzen deutschen Artikel (Draijer 1990) – bislang nur in holländischer Sprache publiziert.**

Deutlich besser stellt sich die Forschungssituation in den *USA* dar, wo schon seit Jahren eine Vielzahl von Befunden vorliegen. Diese sind allerdings im deutschen Raum noch immer wenig bekannt. Unser Anliegen ist es des-halb, sie in diesem Buch aufzuarbeiten und mit ihrer Hilfe eine wissenschaft-lich fundierte Beschreibung und Einschätzung sexuellen Mißbrauchs zu lie-fern. Dazu werden wir, soweit es uns sinnvoll erscheint, auch auf Ergebnisse der Vergewaltigungsforschung zurückgreifen. Eine Einschätzung aufgrund US-amerikanischer Studien ist unserer Ansicht nach aus folgenden Gründen möglich:

---

* Klinische Stichproben setzen sich aus Personen zusammen, die sich z.B. bei Beratungsstellen oder auf eine Zeitungsannonce hin selbst als Opfer sexueller Gewalt gemeldet haben.
** Dank Dörthe Dürr, die sich für und mit uns durch den niederländischen Text arbeitete, konnten wir auch auf Draijers Befunde zurückgreifen.

- Die amerikanische und deutsche Kultur sind einander in vielen Bereichen sehr ähnlich.
- Im Bereich der Vergewaltigung zeigte sich, daß amerikanische und europäische Untersuchungen in wichtigen Punkten zu vergleichbaren Ergebnissen kamen (vergl. z.B. Weis 1982; Costin & Schwarz 1987).
- Die wenige westeuropäische Forschung, die es zu sexueller Gewalt gegen Kinder gibt, kommt zu ähnlichen Ergebnissen wie die amerikanische (z.B. Draijer 1988; BMJFFG 1989; Kinderschutzzentrum Kiel 1989; Bange 1992).
- In der praktischen Arbeit zu sexueller Gewalt bestätigten sich die Ergebnisse aus den USA in der BRD.

Doch auch in der amerikanischen Forschungslandschaft sind noch zahlreiche Lücken zu finden. Bislang konzentrierte sich die Forschung im wesentlichen auf intrafamiliale sexuelle Ausbeutung von Mädchen, vor allem durch eine Vaterfigur. Zu bekannten aber nicht verwandten Tätern liegen bisher kaum Ergebnisse vor, obwohl diese, wie wir später zeigen werden, die größte Tätergruppe stellen. Jungen als Opfer sexueller Gewalt rücken erst seit einigen Jahren ins Blickfeld der Aufmerksamkeit, und entsprechend gibt es auch hierzu bislang wenig Daten. Ähnlich verhält es sich auch mit Täterinnen. Auch wenn sie, wie es zur Zeit aussieht, nur einen kleinen Anteil an der Gesamttätergruppe stellen, müssen sie dennoch ernst genommen werden. Zu wenig systematisch erfaßt wurden weiterhin die Dynamiken sexueller Gewalt, der Umgang von Personen aus dem Umfeld von Tätern oder Opfern mit dem Problem sowie die Einstellungen und das Wissen über sexuelle Gewalt. Auch Zusammenhänge zwischen sexueller Gewalt gegen Kinder und gegen Frauen fanden bisher kaum wissenschaftliche Beachtung. Gleiches gilt für die Verbindung zwischen sexueller Ausbeutung und verschiedenen Einstellungsvariablen (z.B. zu Sexualität, Gewalt, Frauen und Männern oder ähnliches). Ein Mangel herrscht aber nicht nur an empirischen Daten. Noch dürftiger sieht es im Bereich der Theoriebildung aus. Bis heute gibt es hier kaum systematische und übergreifende Ansätze. All diese Lücken und Verzerrungen spiegeln sich zwangsläufig in unserem Buch.

Methodische Betrachtungen

Der Versuch, verschiedene wissenschaftliche Ergebnisse zu vergleichen und sie zu verallgemeinern, birgt eine Reihe von Schwierigkeiten. Einige dieser Probleme wollen wir jetzt kurz ansprechen. Gleichzeitig sollen nachfolgend einige Begriffe erläutert werden, die später immer wieder auftauchen werden.

Art der Stichprobe

Zunächst stellt sich die Frage, an welcher Stichprobe (oder auch an welchem Sample) die Daten erhoben worden sind. Wir unterscheiden zwischen drei verschiedenen Stichprobenarten:

Klinische Stichproben setzen sich zumeist aus Personen zusammen, die wegen sexueller Gewalt oder anderer Symptombilder in medizinischen oder beraterischen Einrichtungen vorstellig geworden sind. Eine entsprechende Untersuchung sieht etwa so aus, daß alle Fälle von sexuellem Mißbrauch, die in den letzten Jahren in einer Beratungsstelle bekannt geworden sind, auf ihre Charakteristika untersucht werden (z.B. BMJFFG 1989). Eine andere Möglichkeit ist z.B., daß in einer Klinik für eßgestörte oder alkoholabhängige Frauen ermittelt wird, wieviele der Patientinnen in ihrer Kindheit sexuelle Gewalterfahrungen hatten.

Samples mit angezeigten Fällen liegen Fälle, die der Polizei innerhalb eines bestimmten Zeitraumes bekannt geworden sind, zugrunde (z.B. Baumann 1983). Stichproben mit verurteilten Tätern beinhalten entsprechend Personen, die wegen einer sexuellen Gewalttat angezeigt und verurteilt worden sind.

Allgemeinbevölkerungsstichproben bezeichnen Gruppen ganz »normaler« Menschen, bei denen zunächst unbekannt ist, ob und in welcher Weise sie mit sexueller Gewalt zu tun haben bzw. hatten. Sie werden also nicht danach ausgesucht, ob sie wegen sexueller Gewalt oder anderer Probleme bekannt geworden sind. Eine sehr beliebte, weil leicht zu ziehende Stichprobe dieser Art bilden Studentinnen und Studenten (z.B. Finkelhor 1979; Bange 1992). Um herauszufinden, wie verbreitet sexuelle Gewalt in der Gesamtbevölkerung ist und welche Charakteristika (z.B. Art des Bekanntschaftsgrades zwischen Opfer und Täter) wie häufig vertreten sind, sollten idealerweise repräsentative Allgemeinbevölkerungsstichproben gezogen werden. Damit sind Gruppen von Personen gemeint, die hinsichtlich verschiedener Variablen, wie z.B. Alter, Geschlecht, Bildung etc., in etwa der Verteilung in der Gesamtbevölkerung entsprechen. Solche Stichproben zu ziehen ist aufwendig und teuer, so daß es nur wenige Untersuchungen dieser Art gibt (z.B. repräsentativ für Kanada: Badgley u.a. 1984; für die USA: Finkelhor, Hotaling, Lewis & Smith 1990; für San Francisco: Russell 1984 und 1986; für die Niederlande: Draijer 1988).

Dem überwiegenden Teil der Untersuchungen zu sexueller Gewalt liegen klinische Gruppen oder angezeigte Fälle zugrunde. Studien mit Tätern wurden fast immer an inhaftierten Tätern durchgeführt. Vergleichende Untersuchungen zeigen, daß diese Gruppen ganz spezifische Charakteristika aufweisen, so daß Verallgemeinerungen kaum zulässig sind.* Dies wird aber dennoch immer wieder getan, was häufig zu einer Festigung bzw. Etablierung von Stereotypen führt. Dazu ein Beispiel, auf das wir später noch ausführlicher zu sprechen kommen: Mitarbeiterinnen von Beratungsstellen zu sexueller Gewalt haben immer wieder die Beobachtung gemacht, daß in rund Dreiviertel aller Fälle, mit denen sie konfrontiert sind, die Täter Vaterfiguren sind. Daraus wurde der Schluß gezogen, die Täter seien meistens Väter. Nun zeigt sich aber in Allgemeinbevölkerungsstichproben, daß hier nicht einmal zehn Prozent aller Täter Väter sind. Dieses Ergebnis legt nahe, daß tatsächlich weniger als zehn Prozent Vaterfiguren sind, in diesen Fällen aber, im Vergleich zu anderen, wesentlich häufiger Hilfe in Beratungsstellen gesucht wird.

Bezüglich der Stichproben gibt es ein weiteres Problem: die Stichprobengrößen. Untersuchungsgruppen von fünf, zehn oder zwanzig Personen sind in diesem Bereich keine Seltenheit. Untersuchungen mit großen und vor allem repräsentativen Stichproben sind dagegen eine Rarität. Strenggenommen lassen aber nur solche Erhebungen Verallgemeinerungen zu.

Untersuchungsmethoden

Unterschiedliche Ergebnisse sind oft auch auf verschiedene Untersuchungs- oder Erhebungsmethoden zurückzuführen. Im wesentlichen kommen in diesem Bereich drei Methoden zur Anwendung: Fragebögen, persönliche Interviews und Telefon-Interviews. Zentrale Differenzen zwischen verschiedenen Studien bestehen weiterhin in der Art und der Anzahl der jeweils verwendeten Fragen zu dem Themenbereich. Der tabubesetzte, scham- und schmerzgeladene Themenbereich sexueller Gewalt scheint besonders anfällig für Ergebnisverzerrungen zu sein. Insgesamt zeigt sich, daß Betroffene um so bereitwilliger von Erfahrungen sexueller Gewalt berichten, je vertrauensvoller und stützender die Atmosphäre der Untersuchungssituation ist.

Definition des Untersuchungsgegenstandes

Neben der Erhebungsmethode und der Auswahl der Stichprobe ist es von wesentlicher Bedeutung, was in verschiedenen Studien unter sexueller Aus-

---

* Zum Vergleich der Charakteristika angezeigter versus nicht angezeigter Fälle siehe Finkelhor (1979).

beutung verstanden wird (vergl. Haugaard & Emery 1989). Wie bereits oben dargestellt, unterscheiden sich die Definitionen von sexueller Ausbeutung in verschiedenen Untersuchungen z.T. erheblich. So können Ergebnisse sehr unterschiedlich ausfallen, je nachdem, ob sich die Erhebung auf Verhalten beschränkt, welches Körperkontakt beinhaltet (enge Definition), oder ob auch verbale bzw. visuell vermittelte Übergriffe einbezogen werden (weite Definition). Ein anderer wichtiger Punkt ist die Annahme von Altersgrenzen bei den Beteiligten und von Mindestaltersdifferenzen zwischen Täter (Täterin) und Opfer. Diese werden in verschiedenen Studien sehr unterschiedlich gesetzt. Eine Folge ist z.B., daß in einigen Studien sexueller Mißbrauch durch Gleichaltrige mit erfaßt wird (z.B. Russell, Bange) und in anderen nicht (z.B. Finkelhor). Soweit einige methodische Überlegungen. Wir werden einzelne Aspekte an verschiedenen Stellen wieder aufgreifen und diskutieren.

Wichtige Studien

In den folgenden Kapiteln werden wir die Ergebnisse einer Vielzahl von Studien referieren, deren Inhalt und Durchführung wir unmöglich ausführlich darstellen können. Um einen Eindruck davon zu vermitteln, wie in diesem Bereich geforscht wird, werden deshalb im folgenden beispielhaft einige Untersuchungen vorgestellt. Speziell auf diese Untersuchungen werden wir uns im folgenden häufig beziehen, da sie – abgesehen von unserer eigenen – auf sehr großen Stichproben basieren. Die Erhebung von Russell und Finkelhor sind aufgrund der sorgfältigen Planung, Durchführung und Publikation beispielhaft in diesem Bereich. Die Untersuchung von Bange stellt, wie gesagt, die bislang einzige große deutsche Studie dar.

Diana Russell führte 1978 in San Francisco eine großangelegte Studie durch (Publikationen u.a. 1984 und 1986). Sie verfolgte das Ziel, Daten zum Ausmaß und Erscheinungsbild sexueller Gewalt gegen Frauen und Mädchen zu sammeln. Russels Daten basieren auf einer engen Definition von sexuellem Mißbrauch, d.h. sie analysiert nur Handlungen mit Körperkontakt. Dabei differenziert sie zwischen intra- und extrafamilialem Mißbrauch. Intrafamilialer sexueller Mißbrauch beinhaltet danach zum einen jede Form sexuellen Körperkontaktes zwischen Verwandten, sofern zwischen diesen eine mindestens fünfjährige Altersdifferenz besteht. Zum anderen fällt ungewollter sexueller Körperkontakt zwischen verwandten Gleichaltrigen darunter. Extrafamiliale sexuelle Ausbeutung wird für Mädchen, die jünger als

14 sind, definiert als jede ungewollte sexuelle Erfahrung mit einer nicht verwandten Person. Für Mädchen, die 14 bis 17 Jahre alt sind, wird nur jede versuchte oder vollendete Vergewaltigung als Mißbrauch gewertet. Als Methode wählte Russell das Interview, welches von sorgfältig dafür geschulten
Interviewerinnen durchgeführt wurde. Die zufällig gezogene Stichprobe von
930 Frauen über 18 Jahren ist für San Francisco repräsentativ. Die Untersuchung von Russell werten wir als die bisher beste in diesem Bereich. Die
Studien von Gail Wyatt (1985, Los Angeles) und Nel Draijer (1988, 1990
Niederlande) sind bezüglich Methodik und Definition des Untersuchungs-
gegenstandes der Untersuchung von Russell vergleichbar angelegt und
durchgeführt, jedoch leider nicht so gut publiziert.

David Finkelhor hat zwei größere Untersuchungen durchgeführt und war
an einer dritten beteiligt. In seiner 1979 veröffentlichten Studie befragte er in
New England 796 Sozialwissenschafts-Studentinnen und -Studenten (530
Frauen, 266 Männer) zu sexueller Aufklärung und Werten sowie ihren sexuellen Erfahrungen in der Kindheit. Die Stichprobe entstammte vorwiegend
weißen, intakten Mittelschichtsfamilien aus Kleinstädten und muß somit als
hoch selektiv bezeichnet werden (d.h. die Studie erlaubt nur Aussagen über
eine sehr spezielle Bevölkerungsgruppe). Finkelhor unterscheidet hier zwischen sexueller Viktimisierung und Inzest. Unter Inzest versteht er *jeden* sexuellen Kontakt zwischen Verwandten. Inzest kann viktimisierend sein,
muß es aber nicht.* Als Viktimisierung werden sexuelle Kontakte bezeichnet, bei denen zwischen den beteiligten Personen eine fünfjährige Altersdifferenz (wenn das Opfer unter 13 ist) bzw. eine zehnjährige Altersdifferenz
(wenn das Opfer 13-16 Jahre alt ist) besteht. Im Gegensatz zu Russell vertritt
Finkelhor eine weite Definition, d.h. er zählt auch nicht-körperliche sexuelle
Kontakte wie z.B. Exhibitionismus zur sexuellen Viktimisierung. Allerdings
schließt er sexuelle Ausbeutung durch Gleichaltrige per definitionem aus. In
der Untersuchung kam ein Fragebogen mit 600 Fragen zur Anwendung. Die
Rücklaufquote war mit 92 % sehr hoch.

In der sogenannten *Boston Studie,* die Finkelhor 1981 durchführte (1984
veröffentlicht), wählte er eine Bostoner Zufallsstichprobe von 700 Haushal-
ten aus, in denen es ein Kind zwischen 6 und 14 Jahren gab. Mit 512 Eltern
(334 Frauen, 187 Männer) wurden Interviews durchgeführt. Dabei wurde erfaßt, was sie über das Problemfeld sexueller Kindesausbeutung denken und
wissen. Mit dieser Fragestellung ist die *Boston Studie* unseres Wissens nach
bisher einzigartig. Peripher wurde hier auch nach eigenen Erfahrungen mit

---

* Der Begriff »viktimisieren« bedeutet, jemanden zum Opfer machen, in diesem Zusammenhang also an jemandem eine sexuelle Gewalttat verüben.

sexueller Ausbeutung gefragt. Dabei wurden jedoch nur solche Erfahrungen, die die Befragten selbst als sexuellen Mißbrauch (sexual abuse) bezeichneten, weiteren Analysen unterzogen. Voruntersuchungen von Russell zeigen, daß auf diese Weise ein großer Teil tatsächlicher Ausbeutungshandlungen unberücksichtigt bleibt. Das bedeutet, daß Finkelhors Ergebnisse in diesem Bereich vermutlich eine deutliche Unterschätzung des Problems darstellen.

Finkelhor war darüber hinaus 1985 an der Durchführung einer US-weiten Repräsentativbefragung beteiligt (Finkelhor, Hotaling, Lewis & Smith 1990). 1481 Frauen und 1145 Männer über 18 Jahren wurden in halbstündigen Telefoninterviews zu ihren Einstellungen und ihrem Wissen bezüglich sexueller Ausbeutung befragt. Eigene sexuelle Erfahrungen in der Kindheit wurden mit vier sehr allgemeinen Fragen erfaßt. Als sexueller Mißbrauch (sexual abuse) galt hier auch das, was die Befragten selbst als solchen ansahen. In die Definition gehen auch Gleichaltrigen-Kontakte und nicht-körperliche Handlungen ein, sofern sie von den Befragten als sexueller Mißbrauch berichtet wurden. Sowohl aufgrund der Untersuchungssituation (Telefoninterview) als auch wegen der wenig differenzierten Art der Erfassung sexuell ausbeuterischer Erfahrungen sollten die Ergebnisse dieser Studie vorsichtig bewertet werden.

Dirk Bange veröffentlichte 1992 die Ergebnisse einer Untersuchung, die er mit 518 Studentinnen und 343 Studenten der Universität Dortmund durchgeführt hat. Mittels Fragebogen wurden Ausmaß, Umstände und mögliche Folgen sexueller Gewalterfahrungen in der Kindheit erfaßt. Den Daten liegt eine weite Definition zugrunde. Bange bezeichnet jede sexuelle Handlung als Mißbrauch, in der ein Täter seine Macht- und Autoritätsposition ausnutzt, um ein Mädchen oder einen Jungen gegen ihren bzw. seinen Willen oder aufgrund ihrer bzw. seiner Unterlegenheit zu sexuellen Handlungen zu zwingen. Entgegen der engen Definition wurden jedoch vor allem Handlungen mit Körperkontakt erfaßt. Die Studie berücksichtigt auch Kontakte zwischen Gleichaltrigen.

Wir selbst haben 1991 im Rahmen unserer Diplomarbeit eine Untersuchung durchgeführt, die inhaltlich und zum Teil auch methodisch an die *Boston Studie* von Finkelhor angelehnt ist und damit einige vorsichtige Vergleiche zwischen Deutschland und den USA erlaubt. Unsere Daten basieren auf den Angaben von 144 Frauen und 52 Männern, die beruflich mit Kindern und Jugendlichen arbeiten (vor allem ErzieherInnen und LehrerInnen). Mittels eines Fragebogens haben wir zum einen erfaßt, welche Vorstellungen und welches Wissen dieser Personenkreis über sexuelle Ausbeutung hat. Zum anderen wurde erhoben, welche Erfahrungen die Befragten im Umgang mit sexuellem Mißbrauch haben. In einer einzigen, sehr offenen Frage ging es außerdem um die eigenen Mißbrauchserfahrungen der Befragten.

Auf die drei Untersuchungen, die Michael Baurmann (1983/1985) im Auftrag des Bundeskriminalamtes durchgeführt hat, wird sehr häufig Bezug genommen. Dennoch haben wir sie in unseren Analysen weitgehend ausgeschlossen. Dies vor allem, weil sich sämtliche Daten auf angezeigte oder verhandelte Fälle beziehen und damit einen extrem eingeschränkten Gültigkeitsbereich besitzen (s.o.). Zudem erlaubt es die von Baurmann vorgelegte Ergebnisdarstellung meist nicht, differenzierte Aussagen zu einzelnen Straftatbeständen zu treffen. Insbesondere kann kaum zwischen sexueller Ausbeutung von Kindern und sexueller Gewalt gegen erwachsene Frauen unterschieden werden.

3. Das Ausmaß sexueller Gewalt

In der Broschüre »Angst lähmt. Aufklärung hilft«, 1987 vom Innenministerium des Landes Baden-Württemberg herausgegeben, wird – basierend auf Analysen und Überlegungen von Baurmann – behauptet:

In den Medien werden Sexualverbrechen nicht selten dramatisiert – besonders, wenn Kinder betroffen sind. Dadurch entsteht bei besorgten Eltern der Eindruck, Sexualdelikte ereigneten sich sehr häufig. Tatsache ist aber, daß diese Straftaten sehr selten sind und meist ohne körperliche Gewalt verlaufen.

Erst sehr langsam scheint sich auf staatlicher Seite ein Problembewußtsein über sexuelle Gewalt gegen Mädchen und Jungen zu entwickeln. Noch Mitte der 80er Jahre lag der Bundes- und den Landesregierungen kaum Wissen zu der Problematik vor, wie ihre Antworten auf entsprechende Anfragen der Grünen deutlich zeigen.* Lakonisch heißt es immer wieder: »Hierzu liegen der Bundesregierung keine Angaben vor.« Die Niedersächsische Landesregierung geht z.B. davon aus, »daß sexueller Mißbrauch in der Familie eine Ausnahme darstellt« (Landesbeauftragte für Frauenfragen der Nieders. Landesregierung 1986). Der Mythos, sexuelle Gewalt gegen Frauen und Kinder sei selten, scheint bis heute weit verbreitet zu sein. Er drückt sich z.B. darin aus, daß wir im Göttinger Frauen-Notruf immer wieder verwundert gefragt werden, ob sich eine Institution speziell zu diesem Thema in einer Stadt von der Größe Göttingens (ca. 130 000 Einwohnerinnen und Einwohner) denn überhaupt lohne. Soviel könne hier doch gar nicht passieren. Ähnlich auch die Äußerung eines hiesigen Politikers, der ebenfalls die Notwendigkeit unserer Einrichtung bezweifelte und meinte, all die vergewaltigten Frauen könnten auch gerne bei ihm anrufen, er würde ihnen schon helfen ... Die falsche Vorstellung, sexuelle Gewalt geschehe nur vereinzelt, wurzelt in der Auffassung, daß sexuelle Übergriffe nur an bestimmten Mädchen und Frau-

---

* Landesbeauftragte für Frauenfragen der Niedersächsischen Landesregierung (1986) bzw. BMJFG (1985).

en (jungen, hübschen, provokativen o.ä.), in bestimmten Situationen (nachts, allein auf der Straße) und von bestimmten Männern (fremden Triebtätern) verübt werden. Da solche Konstellationen nicht so oft vorkommen, muß folglich sexuelle Gewalt auch selten sein. Immer wieder wird auch argumentiert, man selbst kenne keine oder kaum Betroffene oder gar Täter, was doch aber der Fall sein müsse, wenn diese Gewalttaten wirklich so zahlreich geschähen. Daß Opfer und erst recht Täter bemüht sind, diese Verbrechen geheimzuhalten, wird nicht erkannt. Die Verleugnung sexueller Gewalt gipfelt im Fall der Vergewaltigung nicht selten in der Frage, ob es eine »echte« Vergewaltigung durch einen einzelnen Mann überhaupt geben könne. So wenig, wie sich ein Faden in ein Nadelöhr einfädeln lasse, wenn die Nadel nicht still hält – so die These – so wenig könne auch eine Frau, die sich wirklich wehrt, vergewaltigt werden. In der Studie von Kurt Weis (1982) stimmten in diesem Sinne knapp ein Viertel der Befragten der Behauptung zu, »eine Frau könne von einem Mann nur dann vergewaltigt werden, wenn sie sich nicht genügend wehre« (S. 54). Dieses Vorurteil über die »technische Unmöglichkeit« einer Vergewaltigung halten selbst manche Ärzte für richtig (Siebel u.a. 1971 in ebd.).

Im Bereich der sexuellen Gewalt gegen Kinder scheinen sich die Vorstellungen indes zu wandeln. In Finkelhors (1984) und unserer eigenen Untersuchung (1991) offenbarte bspw. der Großteil der Befragten, daß sie sich der weiten Verbreitung sexuellen Mißbrauchs durchaus bewußt seien, wenn sie auch das reale Ausmaß noch unterschätzten. Auch in den Medien wird von einem großen Ausmaß sexueller Ausbeutung von Kindern berichtet.

Sexuelle Gewalt gegen Mädchen und Jungen

Wie groß ist nun das reale Ausmaß sexueller Gewalt?

Expertinnen schätzen, daß jährlich 300 000 Kinder von sexueller Gewalt betroffen sind (Gleichstellungsstelle des Landkreises Göttingen 1991).

So oder ähnlich werden wir seit einigen Jahren in Berichten verschiedenster Herkunft über die Verbreitung sexueller Ausbeutung von Kindern informiert. Mit schöner Regelmäßigkeit ist immer wieder die Zahl von 300 000 Mädchen und Jungen pro Jahr zu lesen und zu hören. Die »ExpertInnen« werden nur selten genauer benannt. Manchmal heißt es aber auch »nach Zahlen der Caritas ...« (Frankfurter Rundschau, 11.10.89) oder »laut Schätzungen des Bundeskriminalamtes ...« (Schnürschuh-Theater 1988, ähnlich auch Wildwasser Marburg 1988). Soweit wir es nachvollziehen können, geht diese Angabe auf Kavemann & Lohstöter (1984) zurück. In ihrem Buch »Väter als Täter« – einer der ersten deutschen Veröffentlichungen zum Thema sexuelle Gewalt gegen Mädchen – errechnen die Autorinnen die Zahl von 300 000 auf der Grundlage von Dunkelzifferschätzungen von Baurmann vom BKA. Diese Zahl ist nicht nur sehr spekulativ, sie wird heute auch – wie im obigen Beispiel – unreflektiert auf das wiedervereinigte Deutschland übertragen, obwohl sie nur auf die alten Bundesländer bezogen ist.

Wie kommt man auf solche Zahlen? In der Diskussion darum, wieviele Personen Opfer einer sexuellen Gewalttat geworden sind, gibt es zwei Arten von Angaben: Die Inzidenz und die Prävalenz. Die Aussage »300 000 pro Jahr« bezeichnet die sogenannte Inzidenz. Das bedeutet, hier wird geschätzt, wieviele (neue) Fälle innerhalb eines bestimmten Zeitraumes (hier eines Jahres) auftreten. Eine andere Art der Schätzung ist die Prävalenz. Hier wird betrachtet, welcher Anteil einer bestimmten Personengruppe irgendwann zum Opfer wird, also z.B. welcher Prozentsatz von Mädchen und Jungen während ihrer gesamten Kindheit und Jugend Opfer eines sexuellen Übergriffes wird. Wir halten diese Form der Schätzung für die wesentlich aussagekräftigere, und auch die meisten Studien verfolgen diese Fragestellung. Wir werden uns deshalb im folgenden hauptsächlich auf die Frage der Prävalenz beschränken. Da wir aber immer wieder mit Inzidenzzahlen wie den 300 000 konfrontiert werden, vorher noch einige Anmerkungen dazu, worauf solche Schätzungen beruhen.

Solange keine wissenschaftlichen Untersuchungen vorliegen – wie es in der BRD der Fall ist – sind die einzigen Angaben über die (jährliche) Häufigkeit sexueller Gewalttaten in den Statistiken der Kriminalpolizei über angezeigte Fälle zu finden. Die Polizeiliche Kriminalstatistik (Bundeskriminalamt 1992) weist z.B. für das Jahr 1991 eine Gesamtzahl polizeilich bekanntgewordener minderjähriger Opfer im Sinne der §§ 174, 176, 177 und 178 StGB von knapp 20 000 aus. Hierbei fehlen allerdings für die §§ 174, 177 und 178 die Zahlen aus den neuen Bundesländern, die nicht gesondert ausgewiesen wurden. Die Zahl der polizeilich bekanntgewordenen Taten darf jedoch nicht mit dem tatsächlichen Ausmaß sexueller Gewalt gleichgesetzt werden, denn gerade bei sexuellen Straftaten ist mit einer sehr hohen Dunkelziffer zu rechnen. In den Untersuchungen von Russell (1986) und Bange (1992) zeigte sich, daß im Schnitt lediglich einer von 20 bzw. einer von 50 Fällen zur Anzeige gelangte (Dunkelziffer von 1:20 bzw. 1:50). Den Schätzungen von Baurmann vom BKA, nach denen Kavemann & Lohstöter die Zahl von 300 000 Kindern pro Jahr berechnet haben, liegen unseres Wissens keine größeren Dunkelfeldstudien zugrunde, so daß ihr wissenschaftlicher

Wert in Frage gestellt werden muß. Multiplizieren wir die Anzahl der polizeilich bekannten Opfer (20 000) mit der Dunkelziffer aus Russells Untersuchung (1:20), dann ergibt sich die Zahl von rund 400 000 Kindern. Nehmen wir Banges Ergebnis (1:50), so sind es sogar 1 000 000 Betroffene pro Jahr. Russells Angaben stellen sicherlich eine Unterschätzung dar, denn diese Zahl wurde – im Gegensatz zu Banges – nur anhand von weiblichen Betroffenen errechnet, die Dunkelziffer bei betroffenen Jungen ist vermutlich aber deutlich größer. Wir wollen diese Zahlenspielerei nicht weitertreiben. Uns ging es nur darum zu zeigen, daß die Nennung von 300 000 Betroffenen relativ willkürlich ist und die reale Inzidenz möglicherweise erheblich höher liegt.

Die Prävalenz sexueller Ausbeutung von Mädchen und Jungen

Wenden wir uns nun der Frage zu, wieviel Prozent aller Mädchen und Jungen in ihrer Kindheit sexuelle Gewalt erfahren. In der nachfolgenden Tabelle haben wir eine Reihe von Studien zusammengestellt, die sich mit der Frage der Prävalenz beschäftigen. Dabei sind nur solche Studien berücksichtigt, deren methodische Konzeption aussagekräftige Ergebnisse erwarten läßt. Alle Untersuchungen wurden mit Erwachsenen durchgeführt, die in bezug auf ihre Kindheitserfahrungen befragt wurden. Aus der Tabelle ist ersichtlich, welche Stichprobe jeweils untersucht wurde und welche Methode dabei zur Anwendung gelangte. Die Ergebnisse sind ferner danach differenziert, ob der jeweiligen Untersuchung eine weite oder enge Definition sexueller Gewalt zugrunde lag und ob gegebenenfalls weitere Kriterien (z.B. Gewaltanwendung) in der Definition eine Rolle spielten. Zur Erinnerung: Eine enge Definition schließt alle Handlungen, die keinen Körperkontakt beinhalten, aus. Weite Definitionen beziehen hingegen auch Non-Kontakt-Handlungen mit ein. Eine gesonderte Spalte gibt an, ob sexuelle Gewalthandlungen unter Gleichaltrigen berücksichtigt wurden oder nicht.

Aus nachstehender Tabelle wird deutlich, daß die Ergebnisse der großen Prävalenz-Studien erheblich streuen. Im letzten Kapitel haben wir bereits angedeutet, daß die Unterschiedlichkeit von Forschungsergebnissen auf verschiedene methodische Konzeptionen der Studien zurückzuführen sein kann. Darauf wollen wir hier am Beispiel der Prävalenz ausführlicher eingehen. Auch wenn dies mühsam zu lesen sein mag, halten wir es für notwendig, um Leserinnen und Lesern, die mit wissenschaftlichen Daten nicht vertraut sind, einen Eindruck davon zu vermitteln, wie die vermeintlich objektiven Zahlen interpretiert werden können. Außerdem werden in den folgenden Kapiteln die einzelnen Tabellen nicht mehr in dieser Ausführlichkeit diskutiert werden, so daß wir hier auch verdeutlichen wollen, auf welche Weise wir unsere Schlußfolgerungen ziehen.

Tabelle 1
Prävalenz sexueller Gewalt gegen Mädchen und Jungen

Studie	Stichprobenart	Anteil der Betroffenen (in %) unter den befragten				Alter bis einschl.	auch Gleichaltrige?	Anmerkungen
		Frauen weite Definition	enge Definition	Männern weite Definition	enge Definition			
Fragebogen								
1) Finkelhor (1979)	College-Studentinnen New England	19	–	9	–	12 (5JD)[1] 16 (10JD)	nein	
2) Bange (1992)	StudentInnen, BRD	25	–	8	–	16	ja	eher enge Definition
3a) Collings (1991)	Studenten, Südafrika	–	–	30	–	17	ja	sehr weite Definition
3b) –		–	–	21	–	12 (5JD) 16 (10JD)	nein	
3c)		–	–	–	7	12 (5JD) 16 (10JD)	nein	bis 12: Täter mind. 16 bis 16: + Gewaltanwendung
4a) Fromuth & Burkhard (1987)[2]	Studenten	–	–	20	–	12 (5JD) 16 (10JD)	nein	
4b)		–	–	–	8	12 (5JD) 16 (10JD)	nein	bis 12: Täter mind. 16 bis 16: + Gewaltanwendung
5) Fromuth (1983)[3]	Studentinnen, Alabama	22	–	–	–	12 (5JD) 16 (10JD)	nein	Täter mind. 16
6) Levett (1989)	Studentinnen, Südafrika	44	–	–	–	17	ja	
7a) Badgley u.a. (1984)	Allgemeinbevölkerung, repräsentativ f. Kanada	54	34[4]	31	22[4]	21 (!)		
7b)		34[5]	–	13[4]	–	17		
Telefon-Interview								
8) Finkelhor u.a. (1990)	Allgemeinbevölkerung, repräsentativ für die USA	27	–	16	–	18	ja	es wurde nach »sexual abuse« gefragt
Persönliches Interview								
9a) Russell (1984, 1986)	Allgemeinbevölkerung, repräsentativ für San Francisco	54	38	–	–	17	ja	Familie: ungewollt o. 5JD extrafam. 14: ungewollt 13: nur Vergewaltigung
9b)		59	43	–	–	17	ja	Sample im Alter dem an Wyatts Studie angeglichen
10) Wyatt (1985)	Allgemeinbevölkerung, repräsentativ für Los Angeles	62	45	–	–	17	ja	5JD oder Zwang
11) Draijer (1988)	Allgemeinbevölkerung, repräsentativ für d. Niederlande	–	34	–	–	15 (!)	?	

1 In dieser Untersuchung wurden als sexuelle Ausbeutung nur Handlungen zwischen Personen verstanden, die aus verschiedenen Altersgruppen kamen. Wenn das Opfer 12 Jahre oder jünger war, mußte der Täter mindestens fünf Jahre älter sein (5JD bedeutet 5 Jahre Altersdifferenz). Entsprechend mußte der Täter bei älteren Opfern (zwischen 13 und 16 Jahren) mindestens zehn Jahre älter sein.
2 nach Collings (1991)
3 nach Peters, Wyatt & Finkelhor (1986)
4 nach nach Painter (1986)
5 nach Peters u.a. (1986)

Sexuelle Ausbeutung von Mädchen

Betrachtet man die Ergebnisse der Untersuchungen, so zeigen selbst die niedrigsten Zahlen, daß sexuelle Übergriffe auf Mädchen weit verbreitet sind. Wir kommen zu dem Schluß, daß (entsprechend einer engen bzw. weiten Definition) 30 % bis 50 % aller Mädchen vor Erreichen der Volljährigkeit sexuell mißbraucht werden. Wie kommen wir zu diesem Urteil?

Die aussagekräftigsten Daten liefern unserer Meinung nach die Studien von Russell, Wyatt und Draijer, denn sie sind von allen am sorgfältigsten und umfassendsten angelegt. Allen drei Erhebungen liegen (jeweils für unterschiedliche Regionen) repräsentative Stichproben von Frauen aus der Allgemeinbevölkerung zugrunde. Sie verwenden enge Definitionen von sexuellem Mißbrauch. Russell und Wyatt erfassen und publizieren zusätzlich den Anteil der Frauen, die nach einer weiten Begriffsbestimmung sexuelle Gewalt erfahren haben. Die Daten dieser beiden Studien stimmen weitgehend überein, vor allem wenn man bei Russell nur die Frauen der Untersuchungsgruppe betrachtet, die die gleiche Altersgruppe wie die von Wyatt untersuchten umfassen (9b). Russells Daten sind dann nur noch um zwei bzw. drei Prozentpunkte niedriger als Wyatts. Diese Differenz läßt sich möglicherweise auf Definitionsunterschiede zurückführen, da Russells Verständnis von sexuellem Mißbrauch noch etwas enger ist als Wyatts. Die Tatsache, daß Draijers Ergebnis etwas geringer ausfällt als die anderen, beruht vermutlich darauf, daß sie nur Gewalterfahrungen bis zum einschließlich 15. Lebensjahr betrachtet, während die anderen beiden Forscherinnen auch das 16. und 17. Lebensjahr miteinbeziehen. Die Ergebnisse aller anderen Untersuchungen fallen deutlich niedriger aus, auch die von Badgley u.a. (1984) (7a und b), die auf den ersten Blick sehr ähnlich aussehen. Die relativ hohen Zahlen kommen hier aber nur dadurch zustande, daß die AutorInnen keine klare Altersobergrenze festlegen. Peters u.a. haben diese Daten für die Gruppe der unter 18jährigen berechnet (7b) und kommen dabei zu erheblich niedrigeren Zahlen.

Wie kommt es, daß alle anderen Ergebnisse von Russells, Wyatts und Draijers Daten so deutlich und in unterschiedlichem Ausmaß nach unten abweichen? Zunächst ist dies zweifellos auf unterschiedliche Begriffsbestimmungen zurückzuführen. So setzen beispielsweise die Studien 1, 2 und 5 die obere Altersgrenze bei 16 Jahren fest. Bei Finkelhor (1) und Fromuth (5) werden zusätzlich noch Altersdifferenzen von fünf (Opfer jünger als 13) bzw. zehn Jahren (Opfer jünger als 17) zwischen Täter und Opfer gefordert, um eine Handlung als sexuellen Mißbrauch zu bezeichnen. Fromuth geht sogar soweit, Täter unter 16 Jahren generell auszuklammern. Sexuelle Gewalt unter gleichaltrigen Kindern und Jugendlichen wird damit per definitionem ausgeschlossen. Russell (1986) ermittelte jedoch für intrafamiale Ausbeutung, daß in 15 % der Fälle der Altersunterschied zwischen Täter und Opfer weniger als fünf Jahre betrug. Ergebnisunterschiede können weiterhin im Sample begründet sein. Vier der sechs anderen Studien, in denen Frauen befragt wurden, liegt eine rein studentische Stichprobe zugrunde. Möglicherweise unterscheidet sich diese Subgruppe der Bevölkerung in ihren Erfahrungen vom Bevölkerungsdurchschnitt. Eine wichtige Rolle spielt ferner die Erhebungsmethode. Studien, in denen Daten mittels eines persönlichen Interviews erhoben wurden, offenbaren bei Frauen höhere Prävalenzraten. Da im persönlichen Interview eine soziale Beziehung, und mehr noch, ein Vertrauensverhältnis entstehen kann, könnte hier die Bereitschaft zur Offenbarung von schmerzlichen oder peinlichen Erfahrungen größer sein als bei der Verwendung von Fragebögen. Voraussetzung dafür ist allerdings eine sorgfältige Auswahl und Schulung der Interviewerinnen, wie es in den Studien 9 bis 11 erfolgt ist. Die Interviewerinnen sind dann in der Lage, einfühlsam auf die Befragten einzugehen. Unter Umständen erleben diese in dem Interview zum ersten Mal, daß jemand offen für das Problem ist, ihnen zuhört, glaubt und damit umgehen kann. Dadurch wird auch das Vertrauen in die Untersuchung gestärkt und die Dringlichkeit der Thematik verdeutlicht. Wir vermuten außerdem, daß die Tatsache, daß in allen drei Studien ausschließlich Frauen als Interviewerinnen eingesetzt worden sind, einen Beitrag zu einer größeren Offenbarungsbereitschaft geleistet hat. Betroffene – die ja zumeist Gewalt durch Männer erfahren haben – berichten diese Erfahrung sicherlich eher einer Frau als einem Mann. Nicht zuletzt scheinen die Art und die Anzahl der Fragen, mit denen die Gewalterfahrungen erhoben werden, von entscheidender Bedeutung zu sein (vergl. Peters u.a. 1986). Es zeigt sich, daß die Offenbarungsraten um so höher sind, je zahlreicher und je spezifischer die Fragen sind. Eine größere Anzahl von Fragen ermöglicht ein langsames Erinnern und verdeutlicht, daß die Untersucherin ein wirkliches Interesse an der Antwort hat. Gleichzeitig werden verschiedene Stichworte genannt, unter denen eine sexuelle Gewalterfahrung im Gedächtnis abgespeichert sein kann. Dabei erweist es sich als sinnvoll, anstelle von allgemein kategorisierenden Fragen, wie »sind Sie als Kind sexuell mißbraucht worden?«, konkrete und handlungsspezifische Fragen zu stellen, wie z.B. bei Russell: »Bevor Sie 14 Jahre alt waren, hat jemals jemand Ihre Brust oder Ihre Geschlechtsteile gegen Ihren Willen berührt oder versucht, dies zu tun?« (1986, 23). Zwar benennen auch Finkelhor u.a. (1990) konkretere Handlungen, schränken die Frage dann aber ein auf »Erfahrungen, die sie heute als sexuellen Mißbrauch bezeichnen würden«. Hier stellt sich das Problem, daß die Befragten nicht unbedingt die Definition der UntersucherInnen teilen und die Frage auf dem Hitnergrund ihrer eigenen Definition beantworten, die den UntersucherInnen nicht bekannt ist. Schließlich übt auch die Wahl der Wörter einen entscheidenden Einfluß aus. Russell (1986, 24) stellte fest, daß sie von doppelt soviel Vergewaltigungen erfuhr, wenn sie den Befragten die Umschreibung des (gesetzlichen) Begriffs präsentierte, als wenn sie den Begriff »Vergewaltigung« verwendete (ähnlich auch Baier, Rosenzweig & Whipple 1991). Eine Diskrepanz kann auch zwischen dem bestehen, was eine Person theoretisch als sexuelle Gewalt bezeichnet und wie sie konkrete (eigene) Erfahrungen bewertet. Dazu ein Beispiel aus unserer Untersuchung: Eine Teilnehmerin antwortet auf die Frage, ob es sexueller Mißbrauch sei, wenn ein Kind Zungenküsse von einer erwachsenen Person bekäme, mit einem deutlichen »Ja«. Später berichtet sie bei der Frage nach selbst erlebten sexuellen Übergriffen in der Kindheit von einem Zungenkuß durch den Großvater und fügt zweifelnd an: »Falls dies dazu [zu den sexuellen Übergriffen] gerechnet werden kann.«

Es würde zu weit führen, für jede Studie genau zu diskutieren, welche Faktoren jeweils dazu beigetragen haben könnten, daß geringere Prävalenzraten als in den Erhebungen 9 bis 11 ermittelt wurden. Exemplarisch soll aber kurz die Untersuchung von Bange (1992) betrachtet werden, da sie die einzige größere deutsche Dunkelfeldstudie ist. Auch Banges Daten unterschätzen unseres und seines Erachtens den realen Anteil sexuell ausgebeuteter Kinder. Er verwendet eine studentische Stichprobe, und seine Definition von sexueller Ausbeutung schließt nur das 16., nicht aber – wie bei Russell und Wyatt – auch das 17. Lebensjahr ein. Er verwendet einen Fragebogen als Erhebungsinstrument. Bange hat einen weiten Begriff von sexueller Gewalt, erfaßt aber mit seinem Fragebogen vor allem Handlungen mit Körperkontakt, also eher einen engen Bereich von Handlungen. Entsprechend ist mit 11 % bei den Frauen und 9 % bei den Männern der Anteil der Erfahrungen ohne Körperkontakt relativ gering. Bange weist außerdem darauf hin, daß zusätzlich zu den 25 % der Frauen und 8 % der Männer, die ausführliche Angaben zu sexuellen Mißbrauchserfahrungen machen, weitere 10 % der Studentinnen und 7 % der Studenten bei der Frage nach »unangenehmen sexuellen Erlebnissen in Ihrer Kindheit« mindestens eine der Fragen mit »Ja« beantworten, später aber keine weiteren Angaben dazu machen. Bange hat diese Angaben deshalb aus der Bewertung ausgeschlossen. Würden sie jedoch mitberechnet, so könnte von 35 % mißbrauchten Frauen bzw. 15 % mißbrauchten Männern ausgegangen werden. Berücksichtigen wir dabei, daß es sich hier eher um eine enge Definition handelt, so weichen die Daten letztlich nicht mehr so wesentlich von denen von Draijer, Russell und Wyatt ab.

Davon ausgehend, daß die Untersuchungen von Russell, Wyatt und Draijer am sorgfältigsten angelegt sind und den befragten Frauen die besten Möglichkeiten bieten, ihre Gewalterfahrungen zu offenbaren, kann angenommen werden, daß ihre Ergebnisse am ehesten die realen Verhältnisse widerspiegeln. Doch selbst diese Daten stellen vermutlich noch eine Unterschätzung dar. Dafür gibt es verschiedene Gründe. Sexuelle Gewalterfahrungen in der (frühen) Kindheit werden von Betroffenen oft völlig aus dem Bewußtsein verdrängt, so daß sie sich später nicht ohne weiteres daran erinnern können. Einigen Frauen wird es vermutlich selbst in diesem Untersuchungssetting zu unangenehm sein, über ihre Erfahrungen zu reden, weil diese zu schmerzhaft oder schambesetzt sind oder einfach nur, um nicht alte Gefühle wieder heraufzubeschwören.

Nehmen wir die Ergebnisse von Russell, Wyatt und Draijer als Schätzungsgrundlage, dann kommen wir zu dem Schluß, daß mindestens 50 %, d.h. wenigstens jedes zweite Mädchen vor Erreichen der Volljährigkeit im Sinne der weiten Definition sexuell ausgebeutet wird. Etwa 40 %, d.h. jedes zweite bis dritte Mädchen, wird vor Erreichen der Volljährigkeit körperlich sexuell angegriffen (enge Definition). Nach Schätzungen von Russell, Wyatt & Peters (1986, zit. nach Russell 1986, 69) und Draijer werden dabei – nach einer engen Definition – zwischen 16 % und 20 % aller Frauen in ihrer Kindheit innerhalb der Familie sexuell ausgebeutet. Dieser Schätzung folgend, ist also jede fünfte bis sechste Frau von intrafamilialem Mißbrauch betroffen (vgl. Kap. 5).

Sexuelle Ausbeutung von Jungen

Wie sieht es bei den Jungen aus? Hier ist es wesentlich schwieriger, klare Aussagen zu treffen. Insgesamt liegen deutlich weniger Daten vor, und diese sind zur Zeit noch schwerer zu interpretieren. So ist bislang kaum etwas über die Offenbarungsbereitschaft von Männern bekannt. Collings (1991) vermutet z.B., daß in Prävalenzuntersuchungen mit Männern andere Methoden effektiv sind als in Untersuchungen mit Frauen. Männer zeigen – so seine Annahme – im Gegensatz zu Frauen eine größere Bereitschaft von eigenen Erfahrungen zu berichten, wenn die Erhebungsmethode anonymer ist (z.B. Fragebogen oder Telefoninterview). Aufgrund der mageren Datenlage können wir hier nur eine grobe Einschätzung des Problems leisten. Studien belegen zunächst eindeutig, daß sexuelle Übergriffe auf Jungen keine Einzelfälle darstellen. Nach einer engen Definition werden rund 8 % aller Jungen, d.h. jeder zwölfte bis dreizehnte, Opfer körperlicher sexueller Angriffe. In diese Schätzung gehen auch die Ergebnisse von Bange mit ein, da er fast ausschließlich Kontakt-Handlungen erfaßt; die Zahl von Badgley u.a. berücksichtigen wir wegen der fehlenden Altersgrenze nicht. Studien mit weiten Definitionen ermitteln zwischen 9 % und 30 % sexuell mißbrauchter Jungen. Vermuten wir, daß die reale Zahl irgendwo dazwischen liegt, so können wir bislang davon ausgehen, daß rund 20 % aller Jungen, d.h. ungefähr jeder fünfte, mindestens einen körperlichen oder nicht körperlichen sexuellen Übergriff in seiner Kindheit und Jugend erlebt.

Sexuelle Gewalt gegen Frauen

Sexuelle Gewalterfahrungen gehören zum Leben eines großen Teils von Mädchen und auch sehr vieler Jungen. Während jedoch für Jungen die Wahrscheinlichkeit zum Opfer sexueller Übergriffe zu werden mit zunehmendem Alter geringer wird, ändert sich an der Situation von Mädchen kaum etwas. Ein Mädchen bzw. eine Frau ist ihr Leben lang mit der Drohung sexueller Übergriffe konfrontiert. Jede Frau erlebt sexuelle Belästigungen wie Exhibitionismus, Telefonterror, obszöne Sprüche, Pfiffe und ähnliches, und jede Frau kennt die Angst vor Vergewaltigung und kann mehr oder weniger gut damit leben. Um die alltägliche Präsenz des Problems sexueller Gewalt für Mädchen und Frauen zu verdeutlichen, wollen wir hier noch einige Zahlen zu sexueller Gewalt im Erwachsenenalter nennen.

In Russells Untersuchung (1984) berichteten 44 % aller befragten Frauen, daß sie nach dem 20. Lebensjahr Opfer mindestens einer versuchten oder vollendeten Vergewaltigung geworden seien. Etwa die Hälfte dieser Frauen hatte mehr als eine solche Erfahrung. Die Studie offenbart ein großes Maß an sexueller Gewalt in der Ehe. 14 % der Frauen, die jemals verheiratet waren, berichteten von mindestens einer versuchten oder vollendeten Vergewaltigung durch den Ehemann. Diese Zahl entspricht jedoch noch einer Unterschätzung des realen Ausmaßes, da viele Frauen erzwungenen Sex durch den Ehemann nicht als Gewalttat ansehen. Auch die Untersuchung von Godenzi (1991) in der Schweiz verdeutlicht, daß Vergewaltigungen in der Ehe zum traurigen Alltag gehören.

Zwei einander vergleichbar angelegte Studien in den USA von Koss, Gidycz & Wisniewki (1987) und in Neuseeland von Gavey (1991) untersuchten sexuelle Gewalterfahrungen von Studentinnen. Betrachtet wurde der Zeitraum vom 14. Lebensjahr bis zum Zeitpunkt der Untersuchung (im Schnitt sieben bis acht Jahre). In beiden Erhebungen hatte jeweils mehr als die Hälfte aller befragten Frauen innerhalb dieser Zeitspanne mindestens einen massiven körperlichen sexuellen Übergriff erfahren. Rund ein Viertel wurde Opfer einer versuchten oder vollendeten Vergewaltigung. Diese Zahlen unterscheiden sich verständlicherweise von den oben genannten Daten Russells, da diese einen viel größeren Lebensabschnitt umfassen. Auch verschiedene Inzidenzuntersuchungen an Studentinnen bestätigen das hohe Ausmaß sexueller Gewalt gegen Frauen (z.B. Kanin & Kirkpatrick 1957; Warshaw 1988 in Hess 1989). Sexuelle Gewalt gegen Mädchen und Frauen ist nicht auf bestimmte Lebensräume wie dunkle Parks o.ä. beschränkt. Übergriffe finden fast überall und zu allen Zeiten statt, zu Hause, bei Freunden und Bekannten, in öffentlichen Gebäuden und an öffentlichen Plätzen. Auch an ihrem Arbeitsplatz erfahren Frauen sexuelle Übergriffe (siehe z.B. Plogstedt 1987; Holzbecher, Braszeit, Müller & Plogstedt 1991).

Fazit: Sexuelle Gewalt ist alltäglich

Die referierten Zahlen sprechen für sich und lassen nur einen Schluß zu: Sexuelle Gewalt – vor allem gegen Mädchen und Frauen – stellt in unserer Gesellschaft nicht die Ausnahme, sondern vielmehr die Regel dar. Davon ausgehend, daß
- bereits jedes zweite Mädchen vor Erreichen der Volljährigkeit sexuelle Übergriffe erfährt, davon jede zweite bis dritte einen körperlichen sexuellen Angriff;
- fast jede zweite Frau im Erwachsenenalter mindestens eine Vergewaltigung oder einen solchen Versuch erlebt;
- zusätzlich ein mindestens ebenso großer Prozentsatz von Frauen Opfer anderer körperlicher sexueller Übergriffe wird,

ist festzuhalten, daß die überwiegende Mehrheit aller Frauen mindestens einmal in ihrem Leben körperlich sexuell angegriffen wird. Viele erfahren mehrfache Übergriffe. Dabei sind weniger massive sexuelle Übergriffe wie Exhibitionismus, Telefonterror und ähnliches noch nicht einmal mitgerechnet. Diese Formen von Gewalt erlebt *jede* Frau. Die Zahlen weisen außerdem darauf hin, daß jede und jeder von uns auch Opfer von schweren sexuellen Gewalttaten kennt, auch wenn dies den meisten nicht bewußt ist.

Und die Zahl der Täter?*

Die hohen Opferzahlen legen nahe, daß es auch viele Täter geben muß. Zwar hat ein Täter häufig mehrere Opfer, gleichzeitig werden aber auch die Opfer nicht selten von verschiedenen Tätern sexuell ausgebeutet. Wir wollen im folgenden Überlegungen dazu anstellen, wie groß der Anteil der Männer (und Frauen) ist, die sexuelle Gewalt verüben. Bei dieser Schätzung stützen wir uns auf drei Datenquellen: (1) Opferzahlen bzw. die Täter-Opfer-Relation, (2) Selbstbekenntnisse von Männern und (3) Studien, in denen Männer befragt wurden, wie hoch sie die Wahrscheinlichkeit einschätzen, selbst zu vergewaltigen oder sexuelle Kontakte mit Kindern einzugehen. Es ist natürlich eine heikle Angelegenheit, Männer danach zu fragen, ob sie schon einmal sexuelle Gewalttaten verübt haben bzw. für wie wahrscheinlich sie es halten, das selbst einmal zu tun. Wir haben erwartet, daß die Bereitschaft zu derartigen Selbstbekenntnissen sehr gering ist, insbesondere in Studien, welche direkt Begriffe wie »Vergewaltigung« verwenden. Immerhin handelt es sich hierbei um schwere Verbrechen. Um so mehr erstaunen uns die Ergebnisse der folgenden Untersuchungen. Wir gehen davon aus, daß sie eher Unterschätzungen darstellen, da es mit Sicherheit auch eine Reihe von Männern gibt, die ihre Taten und Haltungen nicht so ohne weiteres zugeben. Außerdem gilt es zu bedenken, daß alle zitierten Untersuchungen mit Studenten durchgeführt wurden, die im Durchschnitt etwa Anfang 20 waren. Eine Befragung älterer Männer würde – sofern sie ehrlich antworteten – vermutlich deutlich höhere Zahlen ergeben, da ein längerer Zeitraum, in dem sie zu Tätern werden konnten, umfaßt wäre.

Selbstbekenntnisse

Robin Warshaw (1988, in Hess 1989) fragte Studenten, ob und welche Formen sexueller Gewalt sie im vergangenen Jahr verübt hätten. Die 2 971 Männer gestanden ca. 1 700 (!) sexuelle Gewalttaten: 187 vollendete Vergewaltigungen, je 327 versuchte Vergewaltigungen und sexuelle Nötigungen sowie 854 andere aufgezwungene Sexualkontakte. Bezogen auf die Dauer ihrer Studienzeit gaben in einer Untersuchung von Kanin & Kirkpatrick (1957) 26 % der befragten Studenten zu, mindestens einmal versucht zu haben, eine Frau mit Gewalt zum Geschlechtsverkehr zu zwingen. Zu vergleichbaren

---

* Wie wir im 5. Kapitel darlegen werden, sind es fast immer Männer, die sexuelle Gewalttaten verüben. Die folgenden Überlegungen beschränken sich deshalb im wesentlichen auf Männer, und folglich verwenden wir auch die männliche Bezeichnung.

Ergebnissen kommen auch Koss u.a. (1987). In ihrer Untersuchung gab jeder vierte Student zu, zwischen seinem 14. Lebensjahr und dem Untersuchungszeitpunkt (ein Zeitraum von im Schnitt sieben Jahren) mindestens einen körperlichen sexuellen Übergriff begangen zu haben. Allein 8 % von ihnen haben eine Frau vergewaltigt oder dies zumindest versucht.

In Gaveys (1991) neuseeländischer Untersuchung gestanden 14 % der Männer, seit ihrem 14. Lebensjahr über einen Zeitraum von rund sechs Jahren mindestens eine sexuelle Gewalttat verübt zu haben. In einer früheren Studie von Koss, Leonard, Beezley & Oros (1985) berichteten insgesamt 32 % der befragten 1 846 Studenten von sexuell aggressiven Verhaltensweisen gegenüber Frauen: 4 % von ihnen hatten unter der Drohung oder Anwendung körperlicher Gewalt eine Frau zu oraler, analer oder vaginaler Penetration gezwungen; 5 % nötigten Frauen verschiedene Formen sexuellen Kontaktes auf (Küssen, Petting bis hin zur versuchten Vergewaltigung) oder hatten dies zumindest versucht und 23 % nötigten eine Frau mit extremem verbalem Druck zum Geschlechtsverkehr (z.B. durch falsche Versprechungen, beharrliches Fordern oder die Drohung, die Beziehung zu beenden). Interessanterweise waren die Männer, die die massivste Form sexueller Gewalt verübt hatten, im Schnitt älter als alle anderen. Dies könnte heißen, daß Männer, die sexuelle Gewalt verüben, die Intensität der Übergriffe mit der Zeit steigern und bereit sind, zu immer härteren Mitteln zu greifen. Ein Grund dafür könnte sein, daß sie bei früheren sexuellen Aggressionen gelernt haben, daß »es ihnen etwas bringt« und sie keine negativen Konsequenzen zu fürchten haben. Alle Täter waren mit ihren Opfern bekannt.

Zusammenfassend gibt in verschiedenen Studien etwa ein Viertel der relativ jungen Studenten zu, bereits mindestens einmal einen sexuellen Übergriff auf eine Frau verübt zu haben.

Hinsichtlich sexueller Gewalt gegen Kinder liegt eine Studie von Fromuth, Burkhart & Jones (1991) vor. Sie befragten 582 Studenten aus Psychologiekursen zweier US-amerikanischer Colleges nach sexuellen Kontakten mit Kindern. Die Untersuchungsteilnehmer waren im Durchschnitt 20 Jahre alt. Als Mißbrauch wurden alle Kontakte mit Kindern unter 13 gewertet, bei denen die Männer selbst schon 16 Jahre oder älter waren und die Kinder mindestens 5 Jahre jünger. Bei Kindern zwischen 13 und 16 mußten die Täter mindestens zehn Jahre älter sein. Nach diesen Kriterien wurden Kontakte von 3 % der Männer als sexueller Mißbrauch eingestuft. Einige Männer hatten mehrere Kinder mißbraucht. Die AutorInnen gehen aus verschiedenen Gründen davon aus, daß diese Zahl eine Unterschätzung darstellt. Erstens muß bei sozial unerwünschtem Verhalten immer mit einer geringeren Offenbarungsneigung gerechnet werden. Zweitens erfaßt der Fragebogen nur ei-

nen begrenzten Zeitausschnitt, denn die Befragten sind noch sehr jung und
es werden keine Übergriffe vor dem 16. Lebensjahr erfaßt. Drittens – so
möchten wir ergänzen – werden aufgrund der geforderten Altersdifferenzen
auch keine gewalttätigen Kontakte unter Gleichaltrigen erhoben.

Selbstangegebene Wahrscheinlichkeit

Untersuchungen, in denen Männer einschätzen sollten, für wie wahrscheinlich sie es halten, selbst eine Frau mit Gewalt zu sexuellen Handlungen zu
zwingen, sind inzwischen in größerer Zahl durchgeführt worden. Beispielhaft wollen wir eine solche Untersuchung darstellen (nach Russell 1984):
Malamuth, Haber & Feshbach (1980) baten 53 männliche Studenten, eine
»Vergewaltigungs-Geschichte« (rape story) zu lesen. Die Tat in dieser Geschichte wird nicht nur eindeutig als Vergewaltigung benannt, das Beispiel
läßt auch kaum eine andere Interpretation zu. Hier ein Ausschnitt:

Bill holte Susan schnell ein und bot ihr an, sie zu ihrem Auto zu begleiten. Susan
lehnte höflich ab, worüber Bill sehr wütend wurde. »Für wen zum Teufel hält sich
diese Hure, mich einfach abblitzen zu lassen«, dachte Bill, während er in seine Tasche
griff und ein Schweizer Armee-Messer herausholte. Mit der linken Hand setzte er ihr
das Messer an die Kehle. »Wenn Du versuchst davonzulaufen, stech' ich zu« sagte
Bill. Susan nickte, die Augen voller Angst (S. 124; zitiert nach Russell 1984, 63).*

Im folgenden wird der Verlauf der Vergewaltigung beschrieben. Es werden
sexuelle Gewalttaten dargestellt, denen sich das Opfer die ganze Zeit über
deutlich widersetzt. Sofern den Befragten zugesichert wurde, sie könnten sicher sein, nicht bestraft zu werden, äußerten 53 % (!) von ihnen die Ansicht,
daß sie in einer entsprechenden Situation möglicherweise selbst vergewaltigen würden. Ein Fünftel schätzte die Wahrscheinlichkeit zu vergewaltigen
mit 50 % relativ hoch ein. Ohne die Zusicherung der Straffreiheit gaben nur
17 % eine gewisse Möglichkeit an, selbst zum Vergewaltiger zu werden. Dieses Ergebnis weist darauf hin, welch fatalen Effekt es hat, daß sexuelle Gewalttäter in unserem Lande kaum gerichtlich verfolgt werden (vgl. Kap. 9),
geschweige denn soziale Ächtung erfahren. Ähnliche Untersuchungen wurden mehrfach, vor allem mit College-Studenten, repliziert (z.B. Tieger 1981;
Check & Malamuth 1983; Malamuth 1981). Im Schnitt gaben etwa 35 % eine
gewisse Wahrscheinlichkeit an, zu vergewaltigen. Werden Männer nicht nur
direkt nach der Wahrscheinlichkeit zu vergewaltigen gefragt, sondern auch
danach, wie wahrscheinlich es ist, daß sie einer Frau gegen ihren Willen ir-

---

* Alle Zitate aus der englischsprachigen Literatur wurden von den Autorinnen übersetzt.

gendeinen sexuellen Kontakt aufzwingen würden, dann ist der Prozentsatz derjenigen, die dies für möglich halten, natürlich größer. In der Untersuchung von Briere, Malamuth & Ceniti (1981) bspw. gaben in diesem Sinne 60 % der befragten Männer eine Wahrscheinlichkeit an. Bei Malamuth (1988) waren es 40 %.

Uns ist nur eine Studie bekannt, in der Männer auch danach gefragt wurden, wie wahrscheinlich es sei, daß sie sexuelle Kontakte zu Kindern eingehen würden, wenn sie sicher sein könnten, nicht bestraft zu werden (Briere & Runtz 1989). Von den 193 befragten Studenten hielten dies 7 % für möglich. Es bestand zudem ein positiver Zusammenhang zwischen der selbst angegebenen Wahrscheinlichkeit, sexuelle Kontakte zu Kindern aufzunehmen, und der selbst angegebenen Wahrscheinlichkeit, erwachsene Frauen zu vergewaltigen. Natürlich darf die hypothetisch angegebene Möglichkeit, sexuelle Gewalt zu verüben, nicht mit tatsächlichem Verhalten gleichgesetzt werden. Theoretisch spricht jedoch einiges dafür, daß ein erheblicher Teil der Männer, die es als wahrscheinlich ansehen, selbst sexuelle Übergriffe zu verüben, dies auch tatsächlich tun (werden). Ihre Hemmschwelle zu sexuell aggressivem Verhalten ist herabgesetzt, sie haben ähnliche frauenfeindliche, sexuelle Gewalt begünstigende Einstellungen wie tatsächliche Täter, und empirisch bestehen Zusammenhänge zwischen der selbstangegebenen Wahrscheinlichkeit und der realen Ausübung sexueller Gewalt (vergl. Kap. 6).

Täter-Opfer-Relation

Eine weitere Möglichkeit, den Prozentsatz der Männer (und Frauen) zu schätzen, die sexuelle Übergriffe verüben, besteht darin, die Opfer-Prävalenz zugrunde zu legen. Wir haben geschätzt, daß mindestens jede zweite Frau irgendwann in ihrem Leben körperliche sexuelle Übergriffe erlebt. Wird eine Täter-Opfer-Relation von 1:1 angenommen und der geringe Prozentsatz weiblicher Täterinnen vernachlässigt, hieße das, daß mindestens jeder zweite Mann wenigstens einmal in seinem Leben einen körperlichen sexuellen Übergriff verübt. Eine Täter-Opfer-Relation von 1:1 scheint jedoch nicht realistisch zu sein. Es muß davon ausgegangen werden, daß einerseits einige Täter mehrere Opfer haben und andererseits einige Opfer durch verschiedene Täter sexuelle Gewalt erfahren. Zu diesen Verhältnissen liegen uns jedoch kaum empirische Daten vor. In Russels (1984) Untersuchung gaben 44 % der befragten Frauen an, eine oder mehrere versuchte oder vollendete Vergewaltigungen erfahren zu haben (s.o.). Im Durchschnitt hatten diese Frauen zwei solcher Erlebnisse mit verschiedenen Tätern. Bezogen auf intrafamiliale Ausbeutung kann nach ihrer Studie gesagt werden, daß mindestens ein Drittel aller Täter mehrere Mädchen (und Jungen) aus einer Familie ausbeutet. Rund 16 % aller Opfer intrafamilialer Ausbeutung werden von mehr als einem Verwandten mißbraucht. Aus diesen Zahlen können jedoch aufgrund der unterschiedlichen Dynamiken kaum Schlußfolgerungen für extrafamiliale sexuelle Ausbeutung gezogen werden. Untersuchungen mit Mißbrauchstätern offenbaren, daß ein Täter je nach Delikt durchschnittlich zwei (intrafamiliale Ausbeutung) bis 200 (Exhibitionismus) Opfer hat (Abel, Becker, Murphy & Flanagan 1979, in Renvoize 1982, 90 ff.). Tendenziell scheint die Zahl der Opfer größer zu sein als die Zahl der Täter.

Zusammenfassend gibt rund jeder dritte männliche Student an, mit einiger Wahrscheinlichkeit in bestimmten Situationen selbst sexuelle Gewalt auszuüben. Etwa jeder vierte Student gesteht, bereits mindestens einmal einen sexuellen Übergriff auf eine Frau verübt zu haben. Eine Schätzung der Täterprävalenz nach einer 1:1 Relation zwischen Tätern und Opfern überschätzt vermutlich die Anzahl der Täter. Danach wären 50-75 % aller Männer sexuelle Gewalttäter. Nach diesen Überlegungen schätzen wir, daß etwa jeder vierte bis fünfte Mann wenigstens einmal in seinem Leben einen massiveren sexuellen Übergriff verübt.

Wieviele von ihnen beuten Kinder sexuell aus? Die Datenbasis zur Beantwortung dieser Frage ist erheblich dünner, so daß die Schätzung recht spekulativ ist. 7 % der Befragten einer studentischen Stichprobe gaben eine gewisse Wahrscheinlichkeit an, Kinder sexuell zu mißbrauchen, und 3 % gestanden, dies bereits getan zu haben. Weiterhin gehen wir davon aus, daß rund 40 % der Mädchen und 10 % der Jungen körperlich sexuell ausgebeutet werden. Auf diesem Hintergrund nehmen wir an, daß etwa jeder zehnte Mann wenigstens einmal in seinem Leben einen sexuellen Übergriff auf ein Mädchen oder einen Jungen verübt.

Frauen stellen bei sexueller Ausbeutung von Kindern rund 4 % und bei sexueller Gewalt gegen Erwachsene rund 1 % aller Täter und Täterinnen (Russell 1984). Bei angezeigten Fällen sind die Zahlen weit geringer (vergl. Bundeskriminalamt). Stellen wir diese Zahlen in Relation zu unserer Täterprävalenzschätzung, dann nehmen wir an, daß weniger als 1 % aller Frauen körperliche sexuelle Übergriffe gegen Kinder verüben. Die in diesem Kapitel diskutierten Ergebnisse legen die, sicher erschreckende, Schlußfolgerung nahe, daß nicht nur jede und jeder von uns Opfer von sexuellen Gewalttaten kennt, sondern auch Täter. Meist jedoch, ohne das Verbrechen zu erahnen.

4. Die Opfer

In diesem Abschnitt betrachten wir Ergebnisse zu soziodemographischen und psychosozialen Merkmalen der Opfer sexueller Ausbeutung. Weitere Aspekte, die den sozialen Hintergrund der Opfer betreffen, werden wir im sechsten Kapitel darstellen.

Soziodemographische Merkmale

Geschlecht

Lange Zeit wurde mit dem Begriff sexueller Mißbrauch zumeist ein weibliches Opfer assoziiert. Gleichzeitig gab es auch immer Menschen, die behaupteten, Mädchen und Jungen seien von dieser Form von Gewalt in gleichem Ausmaß betroffen (z.B. Kempe & Kempe 1984; Plummer 1984; beides in Finkelhor & Baron 1986).

Aus der Analyse der Verbreitung sexueller Gewalt wurde bereits deutlich, daß Mädchen erheblich häufiger Opfer sexueller Übergriffe werden als Jungen. Nach den Prävalenzschätzungen erfahren etwa zwei- bis viermal so viele Mädchen wie Jungen sexuelle Gewalt. In diese Richtung deuten auch Untersuchungen mit Zufallsstichproben aus der Allgemeinbevölkerung. Im Durchschnitt finden sich dort rund 70 % weibliche und 30 % männliche Opfer (Badgley u.a. 1984; Finkelhor 1979, 1984 und 1990; s.a. Finkelhor & Baron 1986). In der neuen deutschen Studie von Bange (1992) waren Frauen gut dreimal so häufig von sexueller Gewalt in der Kindheit betroffen wie Männer. Auffällig ist, daß in klinischen Stichproben der Jungenanteil um gut 10 % niedriger ist als in Allgemeinbevölkerungssamples. Dies könnte darin begründet liegen, daß sexuell ausgebeutete Jungen relativ seltener schwere Folgen von der Ausbeutung davontragen als Mädchen oder aber, daß sie seltener professionelle Hilfe erhalten. Gründe dafür, daß sexueller Mißbrauch an Jungen weniger an die Öffentlichkeit gelangt, könnten sein:

- Sexuelle Gewalt gegen Jungen ist bislang kaum im Bewußtsein (auch professioneller HelferInnen) verankert. Dies kann zum einen eine geringere Entdeckungsrate durch außenstehende Personen zur Folge haben. Zum anderen kann es bedeuten, daß betroffene Jungen größere Schwierigkeiten haben, sich selbst als mißbraucht zu verstehen.
- Die traditionelle männliche Geschlechtsrolle schreibt Jungen vor, mit ihren Problemen allein fertig zu werden, so daß ausgebeutete Jungen sich eventuell seltener selbst Hilfe suchen.
- Jungen, die einen sexuellen Angriff durch einen Mann öffentlich machen, müssen in der Regel gegen das Stigma der Homosexualität ankämpfen.

Aus diesen Gründen sehen wir die Ergebnisse aus Studien mit klinischen Samples als Unterschätzung des Anteils mißbrauchter Jungen an.

Insgesamt belegen die Untersuchungsergebnisse eindeutig, daß für Mädchen ein wesentlich größeres Risiko besteht, Opfer sexueller Übergriffe zu werden als für Jungen. Gleichzeitig wird aber deutlich, daß auch für Jungen die Bedrohung durch sexuelle Gewalt erheblich ist. Dieser Tatsache muß endlich in Wissenschaft, Öffentlichkeit und Einrichtungen der psychosozialen Versorgung gebührend Rechnung getragen werden.

Alter

Häufig wird davon ausgegangen, Mädchen würden besonders in der Pubertät sexuell mißbraucht, wo »die sich entwickelnde oder bereits entwickelte weibliche Körperform ... zum Anreiz für den Täter« wird (Maisch 1968, 133). Auch in unserer Untersuchung war ein großer Teil der Befragten der Meinung, sexuell mißbrauchte Kinder befänden sich zumeist in der Pubertät. Dieses Pubertätsstereotyp wird durch die von uns ausgewerteten Studien eindeutig widerlegt (vergl. Tabelle 2).

Tabelle 2
Alter der Betroffenen

Studie		Mädchen			Jungen	
	Alters-durchschnitt	% jünger als 13	% jünger als 7	Alters-durchschnitt	% jünger als 13	% jünger als 7
Allgemeinbevölkerung						
Finkelhor (1979)	10	84	14	11	68	8
Bange (1992)	11	69	8	12	72	7
Finkelhor u.a. (1990)	10	78	14	10	69	12
Badgley u.a. (1984)		39[1]	9		39[1]	12
Draijer (1988)	11	46	12			
Klinische Stichproben[2]						
Kercher & McShane (1984)	11	58	19	11	55	7
Tzeng & Schwarzin (1990)		53	19[3]		75	31[3]
		53	18[3]		71	23[3]
Pierce & Pierce (1985)	11			9		
DeJong u.a. (1983)	10			9		

1 Bis einschließlich des 13. Lebensjahres.
2 Die Altersangaben in klinischen Stichproben beziehen sich zumeist auf das Alter zum Zeitpunkt der Aufdeckung des Mißbrauchs und nicht auf das Alter zu Beginn der Ausbeutungshandlungen.
3 Diese Angaben gelten bis einschließlich 5 Jahre.

Der Großteil der Kinder – mindestens 60 % – wird vor der Pubertät ausgebeutet. Das Durchschnittsalter liegt zwischen zehn und elf Jahren. Nach den bislang vorliegenden Daten scheint es keine Altersunterschiede zwischen Mädchen und Jungen zum Zeitpunkt des sexuellen Übergriffs zu geben. Nicht nur Kinder, die kurz vor der Pubertät stehen, werden sexuell ausgebeutet. Auch ganz junge Kinder, selbst Säuglinge, werden Opfer sexueller Übergriffe. In Studien mit Allgemeinbevölkerungssamples sind durchschnittlich wenigstens 10 % der Opfer unter sieben Jahre alt. In klinischen Stichproben ist der Prozentsatz noch um ca. zehn Prozentpunkte höher (siehe auch Kinderschutzzentrum Kiel 1989; Muram & Weatherford 1988). Dabei fällt auf, daß der (relative) Anteil von jüngeren Jungen hier im Vergleich zu den Mädchen deutlich größer ist. Fraglich ist jedoch, woran das liegt, denn die Zahlen aus den Allgemeinbevölkerungsstichproben lassen nicht vermuten, daß Jungen insgesamt in jüngerem Alter als Mädchen sexuelle Gewalt erfahren. Möglich wäre z.B., daß Jungen in diesem Alter noch nicht so sehr den männlichen Anspruch verinnerlicht haben, allein mit Problemen fertig werden zu müssen und deshalb eher bereit sind, sich Unterstützung zu holen. Bei älteren Jungen spielt sicherlich auch stärker die Angst eine Rolle, als homosexuell stigmatisiert zu werden.

Wir vermuten, daß sexuelle Ausbeutung von Kleinkindern aufgrund fehlender Erinnerung der Betroffenen in Befragungen der Allgemeinbevölkerung insgesamt eher unterrepräsentiert ist. Wie realistisch ihr Anteil durch klinische Samples eingeschätzt werden kann, ist schwer zu sagen. Einerseits wenden sich kleine Kinder nicht selbständig an Beratungsstellen, so daß sie auf die Unterstützung von Personen ihres sozialen Umfeldes angewiesen sind. Darüber hinaus wird sexueller Mißbrauch von kleinen Kindern seltener als solcher definiert (Finkelhor 1984, 114 f.) und eventuell seltener wahrgenommen. Dieser Argumentation folgend, müßte der Anteil der Kleinkinder auch in klinischen Samples unterrepräsentiert sein. Andererseits kann vermutet werden, daß, wenn der Mißbrauch eines kleinen Kindes aufgedeckt und als solcher definiert worden ist, eine größere Bereitschaft besteht, professionelle Hilfe in Anspruch zu nehmen als bei älteren Kindern. Danach wären in klinischen Samples kleine Kinder relativ zu älteren überrepräsentiert.

Zusammenfassend halten wir fest, daß Kinder jeden Alters sexuell ausgebeutet werden, und zwar der größere Teil vor der Pubertät. Das bedeutet, daß Personen, die Kontakt zu Kindern haben, bei jedem Alter wachsam für derartige Übergriffe sein müssen. Entsprechend sollte auch eine präventive Arbeit mit Kindern frühzeitig einsetzen.

Psychosoziale Merkmale

Die Erfassung psychosozialer Merkmale, die ein Opfer schon vor der Tat kennzeichneten und die möglicherweise das Risiko der Opferwerdung erhöht haben, ist schwierig. Es gibt – verständlicherweise – keine Untersuchungen von Kindern, bevor und nachdem sie ausgebeutet worden sind. Studien mit bereits mißbrauchten Kindern bergen die Schwierigkeit, Charakteristika, welche schon vor der Ausbeutung bestanden haben könnten, von solchen zu unterscheiden, die sich als direkte oder indirekte Folge davon entwickelt haben. Eine solche Differenzierung ist in der Vergangenheit oft unterlassen worden, was vielfach zu einem Mißverstehen der Situation der Betroffenen führte. So wurden und werden Eigenheiten mißbrauchter Mädchen – wie z.B. sexualisierte Verhaltensweisen – nicht als

Auswirkung des Mißbrauchs, sondern im Gegenteil als dessen Ursache interpretiert (vergl. Kap. 8). Die Konsequenz ist nicht nur, daß den Mädchen die Schuld zugeschrieben wird, es wird auch vermutet, sie hätten die sexuellen Handlungen gewollt, es hätte ihnen Spaß gemacht und somit hätte der Vorfall auch keinen Schaden angerichtet (z.B. Hauptmann 1975). Solchen fatalen Umkehrschlüssen leistet der auf Freud zurückgehende Mythos des verführerischen Kindes Vorschub. Mißbrauchte Mädchen (und Jungen) werden aber nicht nur als besonders verführerisch oder attraktiv beschrieben, sondern auch – im Widerspruch dazu – als unterdurchschnittlich intelligent bis schwachsinnig, verwahrlost, kontaktgestört und aus unteren Schichten der Gesellschaft stammend (Hauptmann 1975, nach Literaturauswertung).

Derartige Mythen werden, wie gesagt, oft fälschlicherweise mit den psychischen Störungen, die erwiesenermaßen als Folge sexueller Ausbeutung entstehen können (vgl. Kap. 8), »belegt«. Das Bild des verwahrlosten Unterschicht-Kindes wird zudem durch die nach wie vor bestehende größere soziale Kontrolle in unteren Schichten aufrechterhalten. Menschen leben hier in der Regel auf engerem Raum zusammen und kommen häufiger mit Polizei und anderen Behörden in Kontakt, weshalb Mißbrauchsfälle eher aufgedeckt werden können. Erst in der neuen Fachliteratur ist die Erkenntnis gereift, daß sexueller Mißbrauch in gehobenen Kreisen einfach leichter geheimzuhalten ist (z.B. Rijnaarts 1988). Unterschichttäter werden aber nicht nur häufiger angezeigt, sie werden im Vergleich zu Tätern aus höheren sozialen Schichten auch häufiger verurteilt (s. Kap. 9). Infolge dessen werden – obwohl sexuelle Ausbeutung in allen Schichten verübt wird! – mehr Fälle aus unteren sozialen Schichten bekannt. Allein das große Ausmaß sexueller Übergriffe auf Kinder legt nahe, daß diese nicht alle ungewöhnlich attraktiv und verführerisch oder anderweitig auffällig sein können. Dem Mythos, es betreffe vor allem weniger intelligente Kinder, sind die Untersuchungen mit Studentinnen und Studenten entgegenzuhalten, unter denen sich ebenfalls eine große Zahl von Mißbrauchsopfern befindet. Dieser Personengruppe kann kaum pauschal die intellektuelle Leistungsfähigkeit abgesprochen werden. Weiterhin entspricht es sicherlich nicht der Realität, davon auszugehen, Studentinnen und Studenten seien häufig verwahrlost.

So gibt es also keinerlei Besonderheiten, die Mißbrauchsopfer *vor* der Tat aufweisen? Auch das ist nicht richtig. Eine andere Vermutung über Unterschiede zwischen sexuell ausgebeuteten und nicht ausgebeuteten Kindern scheint sich zu bestätigen: die Annahme, daß sexuell ausgebeutete Mädchen und Jungen häufig emotional depriviert sind, das bedeutet, sich einsam fühlen und hungrig nach Zuneigung und Anerkennung sind. Außerdem haben diese Kinder eher wenig Ressourcen, sich gegen den Übergriff zur Wehr zu setzen. Dies darf indes nicht damit gleichgesetzt werden, daß sie schwere psychische Störungen haben oder sozial auffällig sind! Draijer (1990) ermittelte, daß sexuell mißbrauchte Mädchen wesentlich häufiger von ihren Eltern abgelehnt wurden als andere (ähnliches finden auch Finkelhor 1979; Finkelhor u.a. 1990; Herman & Hirschman 1981a). Die Eltern waren außerdem durch Krankheit, emotionale Labilität, Depression oder Drogenabhängigkeit für ihre Kinder emotional kaum zugänglich. Solche Kinder sind bedürftig nach Zuwendung, haben vermutlich weniger Möglichkeiten, Selbstvertrauen und Selbstsicherheit zu entwickeln und können wenig Hilfe von ihren Eltern erwarten. Eine Betroffene schildert:

Ich glaube, wenn ich viel mehr Wärme bekommen hätte zu Hause, dann hätte mein Großvater überhaupt keine Chance gehabt mich anzufassen. Ich hätte einfach ein ganz anderes Selbstwertgefühl gehabt, mit dieser Wärme und diesem Gefühl, da ist jemand, der für dich sorgt und der hinter dir steht. Aber dieses Gefühl hatte ich eben nicht. Und ich glaube, darum sind wir einfach empfänglich für solche Erlebnisse. Daß wir das schon ausstrahlen: Da ist jemand, der ist hungrig nach Zärtlichkeit und Wärme. Und das wird dann wirklich ausgenutzt (in *Tatort Familie*, 23.04.90, 3 Sat).

Auch Bange (1992) fand, daß zumindest die Studentinnen, die innerhalb der Familie ausgebeutet wurden, deutlich häufiger aus sogenannten »broken home-Situationen« kamen als andere. Weiterhin stellte er fest, daß die Studentinnen und Studenten mit Mißbrauchserfahrungen die Beziehung ihrer Eltern als wesentlich schlechter einschätzten als Mitstudierende ohne entsprechende Erfahrungen. Für die Frauen gilt dieser Zusammenhang unabhängig davon, ob sie innerhalb der Familie oder durch eine andere bekannte Person ausgebeutet wurden. Wie neuere Täterbefragungen zeigen, machen Täter sich diese Faktoren bewußt zunutze, indem sie gezielt solche Mädchen und Jungen als Opfer auswählen, die ein emotionales Defizit aufweisen (vgl. Kap. 8). Täter schildern auch, daß besonders Kinder, die schon einmal einen sexuellen Übergriff erfahren haben, leichte Opfer seien.

Abschließend sei deutlich darauf hingewiesen, daß die hier referierten Ergebnisse keineswegs bedeuten, daß alle Kinder, die sexuell ausgebeutet werden, emotional zuwendungsbedürftig sind oder aus schwierigen familiären Verhältnissen kommen. Auch glückliche und zufriedene Kinder können zu Opfern sexueller Gewalt werden, denn Täter haben auch andere Auswahlkriterien, wie z.B. die leichte Zugriffsmöglichkeit auf ein Kind. Ein Kind kann zum Opfer werden, nur weil es zufällig in einem bestimmten Kindergarten ist, weil es Schwester oder Bruder, Nichte oder Neffe, Schülerin oder Schüler, Nachbarskind usw. eines Täters ist.

5. Die Täter

Unter dem Stichwort »Kinderschändung« haben wir in einem Wörterbuch der Psychologie (Sury 1974, 253) folgende Begriffsbestimmung gefunden:

Sexueller Mißbrauch von Kindern und Halbwüchsigen infolge Verzögerung der sexuellen Reifung, Hypersexualität, »Kopplung des pädagogischen Eros mit dem Sexualtrieb« sowie als Ersatzbefriedigung mangels Gelegenheit (d.h. auch wegen Impotenz). Täter sind Schwachsinnige, Infantile, Psychopathen, Senile und entsprechender Verführung besonders ausgesetzte Gesunde (Lehrer und Jugendführer). Nicht selten liegt auch aktive Verführung durch die Opfer vor.

Prägnanter können Stereotype zu Tat, Tätern, Opfern und Ursachen sexueller Gewalt kaum formuliert werden. In diesem Kapitel soll beleuchtet werden, was es mit derartigen Ansichten über Täter und (soweit Daten vorliegen) Täterinnen auf sich hat. Wir werden uns damit beschäftigen, wer die Täter (und Täterinnen) sind und welche besonderen Merkmale sie aufweisen.

Soziodemographische Merkmale

Geschlecht

Kern der feministischen Analyse sexueller Gewalt ist die Annahme, daß sexuelle Gewalt gegen Frauen und Kinder hauptsächlich von Männern verübt wird. Was sexuelle Übergriffe auf erwachsene Frauen betrifft, werden die meisten Menschen dieser Behauptung sicherlich zustimmen. Hinsichtlich sexueller Ausbeutung von Kindern jedoch wird häufig Widerspruch laut. Einerseits zeichnen zwar die gängigen Klischees über Kindesmißbraucher – der fremde, mit Süßigkeiten lockende Triebtäter oder der Vater – das Bild eines männlichen Täters. Andererseits aber glauben z.B. drei Viertel der von uns Befragten, daß 20-50 % der TäterInnen weiblichen Geschlechts sind. Ebenso wird in der Wissenschaft die Ansicht vertreten, daß Frauen einen beträchtlichen Teil der TäterInnen stellen, so z.B. von dem Gefängnispsychologen Groth (1979) und dem Soziologen Plummer (1981, beide in Russell 1984, 215). Was sagen wissenschaftliche Untersuchungen dazu? Alle von uns analysierten Studien zeigen deutlich, daß sexueller Mißbrauch an Mädchen und Jungen fast immer von Männern begangen wird (Tab. 3).

Tabelle 3
Prozentanteil männlicher Täter an allen TäterInnen

Studie	bei Mädchen	bei Jungen	nicht differenziert
Allgemeinbevölkerung			
Finkelhor (1979)	94	84	90[1]
Finkelhor (1984)	100	85	97
Finkelhor u.a. (1990)	98	83	
Russell (1986)	96		
Wyatt (1985)			
Afroamerikanerinnen	97		
Weiße Amerikanerinnen	100		
Draijer (1988)	99		
Bange (1992)	99	93	98[2]
Badgley u.a. (1984)			97
Klinische Stichprobe			
Conte & Berliner (1981)			95
Burgess u.a. (1980)	100		
Kercher & McShane (1984)			97
BMJFFG (1989)	99		
Bei der Polizei angezeigte Fälle			
Baurmann (1985)			100
Bundeskriminalamt (1991)			
Anzeigen nach § 176, Gesamt BRD			93

1 Eigene Berechnung nach Finkelhor (1984), Tab. 11-2, S. 187.
2 Eigene Berechnung nach Bange (o.J.) S. 25.

Aus der Tabelle wird ersichtlich, daß bei Mädchen gut 98 % (Streubreite 94-100 %) und bei Jungen etwa 86 % (Streubreite 83-98 %) der TäterInnen männlichen Geschlechts sind. Der Anteil von Frauen an allen TäterInnen beträgt rund 4 % (Streubreite 0-10 %). Nach gründlichen Analysen von Russell und Finkelhor (in: Russell 1984 und Finkelhor 1984) sowie Wakefield & Underwager (1991) ist anzunehmen, daß der in den Studien gefundene geringe Anteil ausbeutender Frauen der Realität entspricht und nicht etwa ein methodisches Artefakt darstellt. Das heißt, sexuelle Gewalt wird vor allem von Männern ausgeübt, während die Opfer zum überwiegenden Teil weiblich sind. Geschlecht ist ein wichtiger Faktor des Problems. Gründe dafür, warum die Täter überwiegend männlich sind und Frauen eher zu den Opfern zählen, werden im Laufe des Buches deutlich werden.

Die Tatsache, daß Mädchen und Jungen meistens von Männern sexuell ausgebeutet werden, darf nicht dazu verleiten, die Täterinnen zu ignorieren oder ihre Taten weniger ernst zu nehmen. Denn die Studien zeigen ebenso deutlich: Es gibt sexuellen Mißbrauch durch Frauen. Bislang ist darüber allerdings erst sehr wenig bekannt. Wakefield & Underwager (1991) äußern aufgrund ihrer umfangreichen Literaturanalyse die Vermutung, daß sich die Umstände von sexueller Ausbeutung durch Frauen von denen männlicher Täter unterscheiden. Frauen würden z.B. die Gewalttat oft gemeinsam mit einem dominanten Mann durchführen und dabei selbst nur eine untergeordnete Rolle spielen. Außerdem berichteten Männer, die in retrospektiven Studien nach sexuellen Kontakten in Kindheit und Jugend gefragt wurden, oft von Erfahrungen mit älteren Frauen, die zwar unter die jeweilige Definition von sexuellem Mißbrauch fallen, von den Männern selbst aber als freiwillig und selbst initiiert beschrieben werden. Diese Männer fühlen sich zumeist nicht viktimisiert. Da die Täter vorwiegend Männer sind, beziehen sich die folgenden Ausführungen hauptsächlich auf männliche Täter. Daher verzichten wir in diesem Zusammenhang auf den Begriff »Täterinnen« und verwenden ihn nur, wenn wir uns explizit auf Frauen beziehen.

Alter

Das Bild des »dirty old man« – des »schmutzigen alten Mannes« – der im Gebüsch am Spielplatz kleinen Mädchen auflauert, hat lange Zeit das Bild des typischen Mißbrauchers geprägt. Auch das oben zitierte Wörterbuch der Psychologie beschreibt die Täter (u.a.) als »senil«. Was sagen Untersuchungen dazu? Unter den 1991 bei der Polizei angezeigten Fällen von sexuellem Mißbrauch (§ 176 StGB, BRD einschließlich neue Länder) waren rund 20 % der Beschuldigten jünger als 21 Jahre (Bundeskriminalamt 1991). Verschiedene wissenschaftliche Untersuchungen zeigen, daß die Täter im wesentlichen unter 40 Jahren und meist Anfang bis Mitte dreißig sind (z.B. Russell 1986; Courtois 1982; Kercher & McShane 1984; Finkelhor 1979 und Bange 1992). Viele Erhebungen legen in ihren Definitionen von sexueller Ausbeutung bestimmte Altersdifferenzen fest und berücksichtigen dadurch keine ausbeuterischen Kontakte unter Gleichaltrigen. Ohne die Festsetzung solcher Grenzen werden aber z.T. erhebliche Prozentsätze sexuell gewalttätiger Beziehungen unter Gleichaltrigen ermittelt. Untersuchungen, die sexuelle Gewalt durch Gleichaltrige per definitionem ausschließen, führen folglich zu einer Unterschätzung der Prävalenz, insbesondere bei Jungen. So sind bei Russell (1986) in den Fällen von intrafamilialer Ausbeutung 15 % der Täter weniger als fünf Jahre älter als das Opfer. Gordon (1990) ermittelt zudem in seiner Analyse der Los Angeles Times Poll-Daten, daß Jungen relativ häufiger als Mädchen von einem Gleichaltrigen sexuelle Gewalt erfahren: Bei 20 % der betroffenen Jungen, aber nur bei 10 % der Mädchen war der Täter bis zu fünf Jahre älter. Auch Bange (1992) fand einen hohen Gleichaltrigen-Anteil und eine entsprechende Differenz zwischen Mädchen und Jungen. 43 % der betroffenen Männer und 28 % der betroffenen Frauen berichteten, daß der sexuelle Übergriff durch eine Person verübt wurde, die weniger als fünf Jahre älter war. Männer über 50 stellten nur rund 10 % der Aggressoren.

Bekanntschaftsgrad zwischen Täter und Opfer

Auf die Frage, was sie unter sexuellem Mißbrauch an Kindern verstehe, antwortet eine Frau in unserer Untersuchung:

Väter, die ihre Töchter sexuell belästigen. Krankhafte Triebtäter, die ihre Opfer auf Kinderspielplätzen oder dem Schulweg der Kinder suchen.

Damit äußert sie zwei gängige Klischees bezüglich des Bekanntschaftsgrades zwischen Opfer und Täter. Bis vor gar nicht langer Zeit war die Vorstellung vorherrschend, Mißbraucher seien in der Regel Fremde. Dieses Stereotyp wird in den letzten Jahren durch ein zweites abgelöst oder – wie im obigen Beispiel – ergänzt, welches Väter als hauptsächliche Täter bezeichnet. In Informationssendungen der letzten Jahre werden vor allem Väter bzw. Vaterfiguren als Täter dargestellt (z.B. *Mona Lisa*, 22.4.1990, ZDF; *Tatort Familie*, 23.4.1990, 3SAT; *Grenzerfahrung*, 21.5.1990, WEST 3). Desgleichen konzentriert sich die Literatur auf diesen Täterkreis. Leider tragen auch immer wieder Fachleute dazu bei, dieses Klischee aufzubauen und aufrechtzuerhalten. Rosemarie Steinhage z.B. vertritt in ihren Veröffentlichungen (z.B. 1992) und Vorträgen beharrlich die Ansicht, daß rund 75 % aller Täter Väter bzw.

Vaterfiguren (Stiefväter, Lebenspartner der Mutter u.ä.) seien. Auch die Teilnehmerinnen und Teilnehmer unserer Studie waren der Überzeugung, daß vor allem Väter mißbrauchen. Entsprechend gingen sie davon aus, daß der größte Teil der Täter (53 %) mit dem Opfer verwandt sei. Weiterhin sind nach ihren Schätzungen 31 % der Täter Bekannte und 16 % Fremde.

Wir werden im folgenden besonders ausführlich darauf eingehen und begründen, in welchem Bekanntschaftsverhältnis Täter und Opfer zueinander stehen, denn in unseren Vorträgen und Fortbildungsveranstaltungen haben wir immer wieder die Erfahrung gemacht, daß sich die Stereotype in diesem Bereich gerade auch bei Fachleuten besonders hartnäckig halten und den sachlichen Informationen viel Widerstand entgegengebracht wird. Falsche Vorstellungen zu der Identität der Täter ziehen in der interventiven Arbeit jedoch oftmals fatale Folgen nach sich. So haben wir es bspw. erlebt, daß ein Mißbrauchsverdacht ganz fallengelassen wurde, als sich herausstellte, daß der Täter nicht der Vater war. Der Gedanke, daß auch ein Onkel, Lehrer oder Nachbar der Täter sein könne, kam nicht auf. In Tabelle 4 sind eine Reihe von Untersuchungsergebnissen zu den Anteilen verschiedener Tätergruppen (fremd, bekannt, verwandt) zusammengestellt. Die gleichen Ergebnisse sind in Abb. 1 als Durchschnittswerte (Mädchen und Jungen) graphisch veranschaulicht.

Tabelle 4
Bekanntschaftsgrad zwischen Täter und Opfer
– Prozentanteil an allen Tätern –

Studie	Fremde	Bekannte	Verwandte
Allgemeinbevölkerung			
Mädchen			
Finkelhor (1979)	24	33	43
Finkelhor u.a. (1990)	21	50[1]	29
Russell (1984, 1986)	11	60	29
Wyatt (1985)			
Afro-Amerikanerinnen	37	34	29
Weiße Amerikanerinnen	51	30	19
Bange (1992)			
weite Definition	28	50	22
enge Definition	19	56	25
Jungen			
Finkelhor (1979)	30	53	17

Studie	Fremde	Bekannte	Verwandte
Finkelhor u.a. (1990)	40	49[2]	11
Bange (1992)			
weite Definition	36	46	18
enge Definition	31	50	19
Mädchen und Jungen			
Finkelhor (1984)	33	35	32
Badgley u.a. (1984)	18	61	21
Klinische Stichprobe			
Mädchen			
Mrazek, Lynch & Bentovim (1982)	26	31	43
Kercher & McShane (1984)			55
BMJFFG (1989)[3]	10[9]	26[9]	65[9]
Jungen			
Kercher & McShane (1984)			26
Mädchen und Jungen			
Kercher & McShane (1984)			52
Muram & Weatherford (1988)[4]	2	30	57
Conte & Berliner (1981)[5]	8	42	47
Kinderschutzzentrum Kiel (1989)[6]	6	33[9]	61
National Hospital Survey[7]	18	41	41
National Child Protective Survey[7]	1	30	70
Bei der Polizei angezeigte Fälle			
Mädchen und Jungen			
National Police Force Survey[7]	36	48	16
Baurmann (1983)			
angezeigte Fälle[8]	63	21	11
verurteilte Fälle	6	69	25

1 Bei 9 % hiervon ist unklar, ob verwandt oder nicht.
2 Bei 5 % hiervon ist unklar, ob verwandt oder nicht.
3 Nur die zu Beratungsbeginn aufgedeckten Fälle. Grobe Rechnung, da Zahlen nicht exakt ablesbar.
4 Bei 11,7 % Täteridentität unbekannt.
5 3 % fehlen.
6 7,5 % Sonstige, die aber offensichtlich dem Kind bekannt sind.
7 Angaben nach Badgley u.a. (1984, S. 217, Tabelle 7.3).
8 Bei 5,2 % keine Angaben.
9 Eigene Berechnung.

Abbildung 1
Bekanntschaftsgrad zwischen Täter und Opfer
(Mädchen und Jungen)

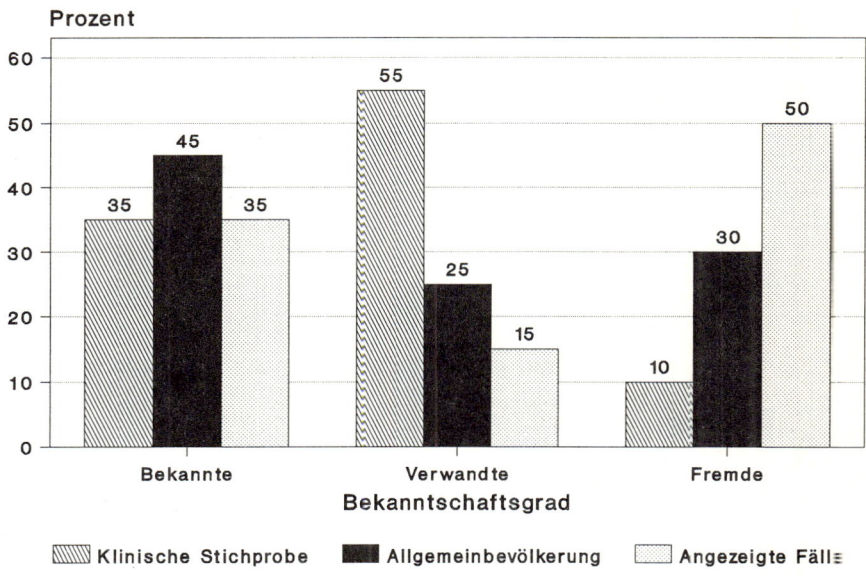

Tabelle 4 und Abbildung 1 verdeutlichen, daß die Ergebnisse je nach zugrundeliegender Stichprobenart sehr unterschiedlich sind. Im Vergleich zu Studien mit der Allgemeinbevölkerung sind in klinischen Stichproben Verwandte deutlich überrepräsentiert, Fremde und Bekannte klar unterrepräsentiert. Den genau entgegengesetzten Trend finden wir bei den polizeilich bekanntgewordenen Fällen.* Dort sind fremde Täter überproportional häufig vertreten, Bekannte und Verwandte jedoch unterrepräsentiert. Wie diese Unterschiede erklärt werden können und welche Untersuchungen die Realität am besten abbilden, haben wir in unseren Ausführungen zur Methodik (s. Kap. 2) deutlich gemacht. Eine Mittelung der Allgemeinbevölkerungsdaten, jeweils für Mädchen und Jungen, führt uns zu folgender Schätzung der realen Täteranteile in der Bevölkerung (vgl. Abb. 2).

---

* Hierbei haben wir nur die angezeigten, nicht aber die verurteilten Fälle berücksichtigt.

Abbildung 2
Schätzung der realen Täteranteile (Allgemeinbevölkerung)

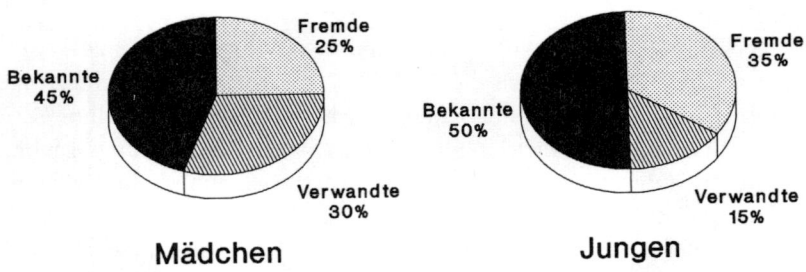

Wie aus Abb. 2 ersichtlich ist, wird – entgegen beiden Stereotypen – der deutlich größte Teil der Mädchen und Jungen (ca. 45 % bzw. 50 %) von bekannten Personen mißbraucht, die nicht zur Familie gehören. Ansonsten ist bei den betroffenen Jungen mit rund 35 % die Wahrscheinlichkeit größer als bei den betroffenen Mädchen (rund 25 %), daß sie sexuelle Übergriffe von einem Fremden erfahren. Demgegenüber werden Mädchen (mit ca. 30 %) deutlich häufiger von Familienmitgliedern ausgebeutet als Jungen (15 %). Diese Schätzungen mögen um einige Prozentpunkte zu hoch oder niedrig sein. Die Studien belegen jedoch eindeutig, daß es drei große, ernstzunehmende Tätergruppen gibt.

Welche Personenkreise verbergen sich hinter den Kategorien »bekannt« und »verwandt«? Beim derzeitigen Stand der Forschung kann für die bekannten, nicht verwandten Täter leider noch keine genauere Differenzierung vorgenommen werden. Diese Mißbraucher können sowohl dem Kind sehr vertraute Männer (und gelegentlich Frauen) als auch entfernte Bekannte sein. Dazu zählen Freunde der Familie, Lehrer, Nachbarn, Ärzte, Verkäufer, Jugendgruppenleiter, Pastoren etc. In Russells Studie sind von allen extrafamilialen Tätern 42 % entfernte und 41 % nahe oder vertraute Bekannte des Opfers (1983, 139).* Zu Tätern, die mit dem Kind verwandt sind, können differenzierte Aussagen gemacht werden, insbesondere was sexuelle Gewalt durch Väter betrifft.

---

* Die Zahlen addieren sich nicht zu 100 %, da zur Gruppe der extrafamilialen TäterInnen auch Fremde zählen. Es sei zudem daran erinnert, daß sich Russels Ergebnisse nur auf weibliche Opfer beziehen.

Intrafamiliale sexuelle Ausbeutung

Auf intrafamiliale sexuelle Ausbeutung wird in Öffentlichkeit und Wissenschaft besonderes Gewicht gelegt. Soweit es sich dabei um die Kernfamilie handelt, halten wir dies für *einen* sinnvollen Schwerpunkt, denn es ist davon auszugehen, daß diese Form des Mißbrauchs besonderen Dynamiken unterliegt. Nach Russell (1986), Wyatt & Peters (1986, zitiert nach Russell 1986, 70) und Draijer (1990) werden etwa 16-20 % aller Frauen nach einer engen Definition innerhalb der Familie sexuell ausgebeutet. Nach Finkelhor (1979, u.a. 1990) sind es nach einer weiten Definition gut 8 %. Forschungsergebnisse zeigen, daß einige Opfer sowohl innerhalb als auch außerhalb der Familie ausgebeutet werden (Draijer 1990). Auch auf seiten der Täter stellte sich heraus, daß einige innerhalb und außerhalb der Familie mißbrauchen (s. Kap. 7). Wir sehen es daher als zweckmäßiger an, zwischen Mißbrauch durch mehr oder weniger vertraute Personen zu differenzieren. Abbildung 3 zeigt graphisch, welche Anteile verschiedene verwandte Mißbrauchergruppen von allen Tätern stellen, wobei jeweils die zu weiblichen Opfern vorliegenden Daten aus Allgemeinbevölkerungs- und Klinischen Stichproben gemittelt sind.*

Die folgende Abbildung zeigt, welche Prozentanteile verschiedene verwandte Tätergruppen bezogen auf die gesamte Gruppe der verwandten Täter ausmachen. Sie basiert auf den gemittelten, nur auf Mädchen bezogenen Daten aus der Allgemeinbevölkerung (Bange 1992; Draijer 1988; Finkelhor u.a. 1990; Russell 1984, 1986 und Wyatt 1985 [eigene Berechnung]).

---

* Es ist insgesamt sehr schwierig, die Studien zum Tätertyp zu vergleichen. Einerseits beschränken sich einige Studien nur auf intrafamiliäre Ausbeutung, andere beziehen aber auch extrafamiliäre ein. Andererseits differenzieren verschiedene Veröffentlichungen nicht zwischen weiblichen und männlichen TäterInnen und/oder Mädchen und Jungen als Opfern. Eine weitere Schwierigkeit ist, daß in einigen Untersuchungen der Prozentsatz eines Tätertypus an allen Tätern angegeben wird, während in anderen der Anteil an Opfern verzeichnet ist, die von einer bestimmten Tätergruppe ausgebeutet werden. Diese Zahlen stimmen aber nur dann überein, wenn alle Betroffenen nur von einem Täter ausgebeutet worden sind. Angenommen, in einer Stichprobe von 80 Frauen werden alle von ihren Vätern ausgebeutet und 20 zusätzlich noch von Bekannten, so sind zwar 100 % der Frauen von sexueller Ausbeutung durch den Vater betroffen, aber nur 80 % aller bekanntgewordenen Täter sind Väter.

Abbildung 3
Prozentanteil verwandter Tätergruppen von allen Tätern
(Mädchen)

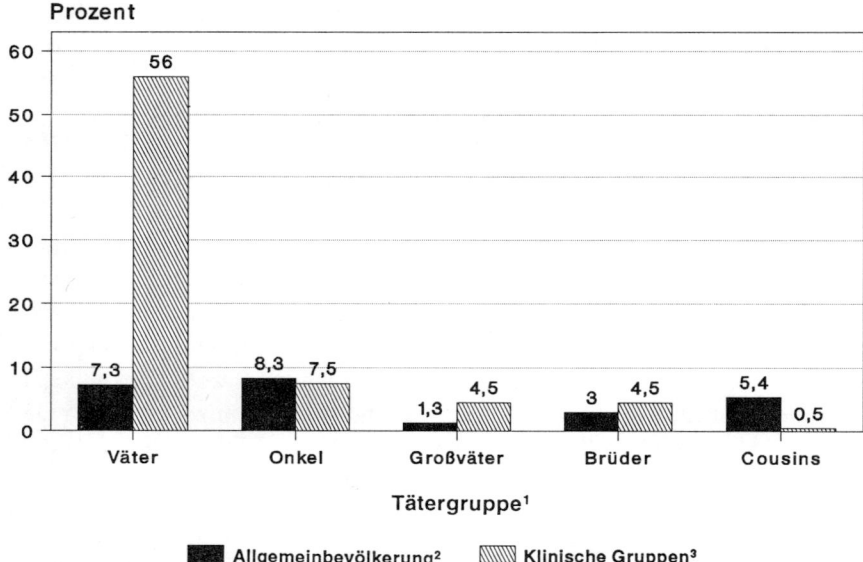

1 Dazu zählen auch Stief-, Adoptiv- und Pflegeväter sowie Lebenspartner der Mutter.
2 Allgemeinbevölkerungsdaten nach Finkelhor u.a. 1990, Russell 1984, 1986, Wyatt 1985. In Finkelhors Veröffentlichung ist leider nicht zwischen weiblichen und männlichen Verwandten differenziert. Da in dieser Untersuchung nur 1 % der TäterInnen bei Mädchen weiblich sind, haben wir seine Angaben vereinfachend auf männliche Täter reduziert.
3 Klinische Daten nach BMJFFG (1989; eigene Berechnung) und Wildwasser (1991).

Das Balkendiagramm (Abb. 3) offenbart, daß sich je nach Stichprobenart unterschiedliche Verteilungen der Tätertypen finden. Es zeigt eindrucksvoll, daß in klinischen Stichproben Vaterfiguren massiv überrepräsentiert sind. Bei den anderen Tätern sind keine derart großen Differenzen zu finden. Es scheint also allein der überproportionale Anteil von Vaterfiguren zu sein, der in klinischen Stichproben zu der hohen Rate verwandter Täter führt. Dies liegt vermutlich wesentlich in der besonders traumatisierenden Dynamik dieser Form sexueller Ausbeutung begründet. In der Überrepräsentanz von Mißbrauch durch Vaterfiguren in klinischen Einrichtungen ist auch der Schlüssel für die falsche Vorstellung vieler Praktikerinnen zu sehen, wonach die Täter fast immer Väter sind. In ihrer Arbeit werden sie hauptsächlich mit dieser Mißbrauchskonstellation konfrontiert.

Abbildung 4
Prozentanteile einzelner Tätergruppen – nur Verwandte
(Sample Allgemeinbevölkerung)[1]

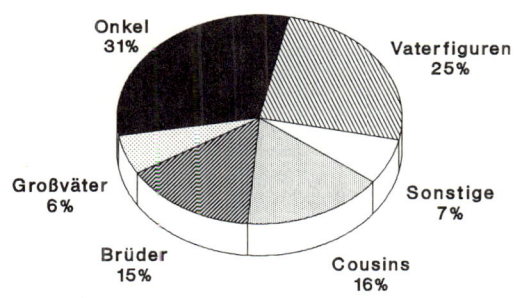

1 Allgemeinbevölkerungsdaten nach Finkelhor u.a. 1990, Russell 1984, 1986 und Wyatt 1985; in Finkelhors Veröffentlichung ist leider nicht zwischen weiblichen und männlichen Verwandten differenziert. Da in dieser Untersuchung nur 1 % der TäterInnen bei Mädchen weiblich sind, haben wir seine Angaben vereinfachend auf männliche Täter reduziert.

Nach Allgemeinbevölkerungssamples bilden Onkel und Vaterfiguren unter den Verwandten zwei etwa gleich große Tätergruppen. Zusammen machen sie etwas mehr als die Hälfte aller verwandten Täter aus (vergl. Abb. 4). Vaterfiguren stellen rund 7 % aller Mißbrauchstäter und nicht, wie z.B. von Steinhage behauptet, 75 % (vergl. Abb. 3). Von allen verwandten Tätern bilden sie ein Viertel (vergl. Abb. 4). Nach verschiedenen Untersuchungen sind in der Gesamtbevölkerung rund 3 % aller Frauen von sexueller Gewalt durch den Vater betroffen (vergl. Russell 1986; Draijer 1990; Finkelhor 1979;Finkelhor u.a. 1990 und Bange 1992). Väter sind zwar eine bedeutsame Tätergruppe, die oftmals vorgenommene Gleichsetzung Täter = Väter ist aber falsch.

Sexueller Mißbrauch durch Onkel hat in der Öffentlichkeit bislang nur wenig Beachtung gefunden. Mit rund 8 % aller Täter (vergl. Abb. 3) bzw. 31 % aller ausbeutenden Verwandten (vergl. Abb. 4) stellen sie jedoch einen anscheinend noch größeren Täterprozentsatz als die Vaterfiguren. Jeder dritte verwandte Mißbraucher und jeder elfte von allen Tätern ist ein Onkel. Nach Russells (1984, 1986) und Draijers (1990) Schätzungen wird von allen Frauen etwa jede zwanzigste (5 %) von einem Onkel sexuell mißbraucht. Weiterhin geht auch von anderen männlichen Verwandten wie Großvätern, Brüdern oder Cousins eine Gefährdung für Mädchen aus (zur Ausbeutung durch Brüder s.a. Loredo 1982). Sie stellen ein gutes Drittel aller Verwandten und etwa 10 % aller TäterInnen.

Aber auch die Ausbeutung durch weibliche Verwandte darf nicht außer acht gelassen werden, selbst wenn ihr Anteil nur gering ist. In Russells Studie (1986) waren rund 5 % aller verwandten TäterInnen weiblichen Gechlechts. Dies entspricht einem Anteil von ca. 1 % an allen TäterInnen. Draijer (1990) fand unter 1054 befragten Frauen zwei, die von weiblichen Verwandten ausgebeutet worden waren.

Psychosoziale Merkmale

Mißbrauchstäter werden häufig als in irgendeiner Weise psychisch beeinträchtigt oder auffällig typisiert. Man betitelt sie als psychopathisch, minderbegabt, sexuell frustriert, senil, alkoholabhängig, einsam usw. Diese Charakterisierungen sind geeignet, die Verantwortung des Täters für seine Tat herabzusetzen oder ihn zu entschuldigen. Gleichzeitig sind es zumeist Faktoren, die das Problem individualisieren.

Die meisten Untersuchungen zu Tätermerkmalen wurden entsprechend dieser Vorannahmen gestaltet. Zum überwiegenden Teil wurden die Studien zudem mit inhaftierten Tätern durchgeführt, was zu einer doppelten Selektivität führt: Nach Stereotypen ausgewählte Variablen wurden an Personen untersucht, die wahrscheinlich genau aufgrund dieser Stereotype als Täter erkannt und verurteilt worden sind.* Erhebungen wurden außerdem oft mit unseres Erachtens zweifelhaften Methoden wie dem MMPI (einem Persönlichkeitsfragebogen) oder projektiven Testverfahren durchgeführt, die willkürlichen und stereotypen Interpretationen Tür und Tor öffnen (verschiedene Beispiele in Araji & Finkelhor 1986, 94 ff.). Untersuchungen zu Täterinnen gibt es bislang kaum, und wenn, dann haben sie eher den Charakter von Einzelfallstudien (eine Analyse verschiedener Studien zu Täterinnen s. Wakefield & Underwager 1991).

Das Bild des gestörten Täters

Das zu Anfang des Kapitels zitierte Beispiel kennzeichnet Mißbrauchstäter u.a. als »Schwachsinnige, Infantile, Psychopathen, Senile«. In diesem Sinne ist auch in einer Informationsbroschüre für Eltern, die von Krankenkassen

---

* Wie wir zeigen werden, ist die Wahrscheinlichkeit, daß der »nette, normale, angesehene« Mittelschichtsmann verurteilt wird, sehr gering.

verteilt wird, zu lesen, daß sexuelle Gewalttaten meist von Menschen verübt werden, die »krankhaft veranlagt, geistig zurückgeblieben, dem Altersschwachsinn verfallen, noch jung und in Verwahrlosung aufgewachsen, der Hemmungslosigkeit verfallen« sind (zit. nach Steinhage 1987, 12). Solche Charakterisierungen bilden insgesamt den Tenor der älteren Literatur (vergl. Literaturauswertungen in Finkelhor 1979; Rijnaarts 1988; Russell 1984) und scheinen den Vorstellungen der Allgemeinbevölkerung zu entsprechen. In der Bostoner Untersuchung von Finkelhor (1984, 94) sehen knapp zwei Drittel der befragten Eltern unabhängig von ihrer Ausbildung oder sozialen Schicht »Geisteskrankheit« als Tatursache an. In unserer Untersuchung geht ebenfalls die Mehrheit der Teilnehmerinnen und Teilnehmer davon aus, daß Menschen, die Kinder sexuell mißbrauchen, meistens schwer psychisch gestört sind.

Empirisch sind diese Annahmen nicht haltbar. Selbst Studien mit inhaftierten Tätern können diese Annahmen – abgesehen von wenigen Ausnahmen – nicht bestätigen (verschiedene Studien in Araji & Finkelhor 1986, 115). Inhaftierte Täter stellen vermutlich eine Subgruppe mit einer größeren Häufigkeit psychischer Auffälligkeiten dar. Darauf verweist bspw. eine Untersuchung von Osborne u.a. (1988), nach der die Bereitschaft, einen sozial attraktiven Täter anzuzeigen, der ein Kind (sexuell) mißhandelt hat, deutlich geringer ist als bei einem sozial unattraktiven Täter. Studien mit unentdeckten sexuellen Gewalttätern gibt es bislang kaum, und unter den wenigen existierenden ist uns nur eine bekannt, die sich auf Männer bezieht, deren Taten sich gegen Kinder richteten (Fromuth, Burkhard & Jones 1991). Das Ergebnis zeigt, daß zwischen sexuell gewalttätigen Männern und anderen Männern im Ausmaß psychopathischer Störungen keine Unterschiede bestehen. Dasselbe geht auch aus Untersuchungen mit Tätern, deren Übergriffe sich gegen erwachsene Frauen richteten, hervor (Koss u.a. 1985 und Koss & Dinero 1988). Nicht zuletzt legt allein eine Betrachtung des enormen Ausmaßes sexueller Gewalt gegen Frauen, Mädchen und Jungen nahe, daß nicht so viele Männer psychisch stark gestört sein können.

Die Täter sind meist also keine psychisch schwer gestörten oder intellektuell minderbemittelten Männer. Sind sie demnach psychisch und sozial vollkommen unauffällig? Häufig wird die Ansicht vertreten, die Täter seien – wenn schon nicht psychopathisch – so doch sozial inkompetent, kontaktgestört, abhängig, beruflich erfolglos und mit einem niedrigen Selbstwertgefühl ausgestattet. Diese Charakterisierungen kennzeichnen die Täter abermals als Außenseiter der Gesellschaft. Sie entwerfen das Bild eines Mannes, der »gar nicht anders kann«, weil er weder die Attraktivität besitzt noch über die Möglichkeiten verfügt, Frauen zu freiwilligen sexuellen Kontakten zu

bewegen. Wer kann sich denn auch schon vorstellen, daß der freundliche
Lehrer, der ein angesehener Familienvater ist und offensichtlich eine gute
Ehe führt, sich nebenbei im Kinderschutzbund engagiert und einen großen
Bekanntenkreis hat, seine Schülerinnen und seine eigenen Kinder sexuell
ausbeutet?

In der neueren Literatur sind allerdings immer häufiger genau solche Beschreibungen der Täter als sozial bestens integriert zu lesen. Danach sind die
Täter meist unauffällig, gut angepaßt, sympathisch, attraktiv, fleißig und
fähige Arbeitskräfte ... (z.B. Rijnaarts 1988; Finkelhor 1979; Herman & Hirschman 1981a). Fromuth, Burkhart & Jones (1991) fanden in ihrer Studie mit
(unentdeckten!) adoleszenten Mißbrauchstätern keine Bestätigung für die
These, daß diese Männer Einzelgängertypen (loners) sind. Auch die Erfahrungen von Frauen und Männern, die sich an Beratungsstellen wenden und
die in wissenschaftlichen Untersuchungen von ihren Gewalterfahrungen berichten, offenbaren, daß die Täter keine Außenseiter der Gesellschaft sind:

Der Leiter dieser Pfadfindergruppe war ein Mann, der bei uns im gleichen Haus ge-
wohnt hat. Er hatte Medizin studiert, seine Doktorarbeit fertig und war deswegen
sehr angesehen. Er war an sich sehr sympathisch, freundlich und nett und für meine
Eltern, als Leiter der Jugendgruppe, eine Vertrauensperson. Sie kannten ihn eben, er
wohnte ja im gleichen Haus. (Männliches Opfer in Glöer & Schmiedeskamp-Böhler
1990, 40)

Solche Personen sind zunächst über jeden Verdacht erhaben, und das schützt
sie. In der letzten Zeit ist eine Reihe von Fällen bekannt geworden, wo bspw.
Erzieher und Heimleiter über Jahre hinweg viele Kinder ausbeuteten, bevor
die Fälle bekannt wurden (Frankfurter Rundschau vom 1.6.89 und 20.3.92;
s. auch Kap. 7). Selbst die katholische Kirche hat inzwischen einen Handlungsbedarf erkannt und öffentlich zugegeben, daß etliche Fälle sexueller
Ausbeutung von Kindern durch Priester vorgekommen sind. Ein Junge, der
in physisch und psychisch besonders brutaler Weise von einer Ordens-
schwester und von einem Pastor mißbraucht worden war, äußert seine Verwirrung darüber:

Erstens tat es weh und zweitens konnte ich es nicht unter einen Hut kriegen, daß jemand, der das Credo singt im Hochamt, wo wir jeden Sonntag hin mußten, solche
Sachen mit mir veranstaltete. (in Glöer & Schmiedeskamp-Böhler 1990, 94)

Die Anerkennung der Realität, daß ein Großteil der Täter sozial angepaßte,
im Alltag unauffällige Männer aus allen Lebensbereichen von Kindern sind,
birgt zusammen mit der hohen Vorkommenshäufigkeit sexueller Gewalttaten einen sozialen Sprengstoff, der noch immer durch die Verschleierung der
Tatsachen in Schach gehalten wird. Hinzu kommt, daß das Faktum, daß die

Täter ganz normale Durchschnittsmänner sind, nicht in das Welt- und Menschenbild paßt und daher nur schwer akzeptiert werden kann. In unseren Fortbildungen hören wir immer wieder Äußerungen wie: »Allein, daß jemand so etwas tut, ist doch schon ein Zeichen dafür, daß er krank sein muß!«. Wie bedrohlich es ist, daß die Täter keine Monster sind – auch wenn ihre Taten dies nahelegen (Enders 1990, 102), veranschaulicht der Bericht des Psychotherapeuten Richard Snowdon (1982), der mit einer Gruppe von Männern gearbeitet hat, die ihre Töchter sexuell mißbraucht haben:

> Als sie anfingen zu sprechen, konnte ich nicht genug darüber staunen, daß sie ganz normale, berufstätige Männer waren, durchschnittliche Mitglieder der Gesellschaft. Sie erinnerten mich an Männer, die ich aus meinem Leben kannte [...] Und am schlimmsten war, daß Dave, den ich auf Anhieb mochte, mich an mich selbst erinnerte [...] Was sie sagten, erschien mir abwechselnd verrückt und ärgerlich oder krank und pathetisch. Aber immer klang es vertraut. Ich hielt mich selbst für einen netten Jungen, der nie in der Lage wäre, so etwas zu tun. Ich wollte, daß sie sich von mir unterschieden, so verschieden wie möglich. Doch wenn ich hörte, wie sie von ihrer Kindheit sprachen oder von ihrer Zeit als Teenager, konnte ich immer weniger leugnen, daß wir viel gemeinsam hatten (zit. nach Kavemann & Lohstöter 1984, 96 f.).

Der Täter ist kein kranker Mann, zumindest nicht »kranker« als die Gesellschaft, in der er lebt. Die Ausübung sexueller Gewalt durch Männer ist eher ein an die männliche Geschlechtsrolle überangepaßtes, »normales« Verhalten als eine kranke, abweichende Handlung. Das ist jedoch nicht gleichbedeutend damit, daß alle Männer Täter sind – wenn auch tatsächlich sehr viele von ihnen. Wir werden später (in Kap. 6) zeigen, daß sich Männer, die massive sexuelle Gewalt verüben, sehr wohl von Männern unterscheiden, die dies nicht (oder weniger massiv) tun – allerdings ganz anders, als die meisten Menschen glauben.

Die Rolle von Alkohol

Im Zusammenhang mit sexuellen Übergriffen wird häufig davon berichtet, daß der Täter alkoholabhängig ist oder zumindest während der Tat angetrunken war. Renvoize (1982) und Herman & Hirschman (1981) erwähnen Studien mit bekanntgewordenen Tätern, die in Fällen von intrafamiliärem Mißbrauch einen Anteil von mindestens einem Drittel Alkoholiker unter den Tätern ermittelten. Auch in Fällen, wo die Täter keine Suchtkranken sind, scheint Alkohol in den Ausbeutungssituationen häufig eine Rolle zu spielen. Gebhard u.a. (1965) z.B. entnehmen ihrer Untersuchung mit inhaftierten Tätern, daß diese um so häufiger bei der Tat alkoholisiert waren, je größer das durch ihre Handlungen verletzte Tabu war. Interessanterweise wird die Verbindung zwischen Drogenkonsum und Gewaltausübung zumeist als selbstverständlich hingenommen, sowohl in der Forschung als bspw. auch in Gerichtsverfahren. Man nimmt an, daß der Alkohol enthemmt und es dadurch zur Tat kommt. Dem ist erstens entgegenzuhalten, daß sexuelle Gewalttaten keine »Spontanausbrüche« sind, sondern in der Regel im voraus geplant werden (s. Kap. 7). Zweitens gilt es zu fragen, warum eine Enthemmung zu sexueller Gewalt gegen Frauen und Kinder führen sollte. Enthemmt werden kann nur etwas, das vorher gehemmt war, also auch im nüchternen Zustand bereits existierte. Die Frage nach den Ursachen sexueller Gewalt muß also bereits dort ansetzen. Wir gehen davon aus, daß die patriarchale Gesellschaft in Männern eine Bereitschaft zur Ausübung sexueller Gewalt schafft und daß gleichzeitig kulturelle Werte und Normen sexueller Gewaltausübung entgegenstehen. Drogenkonsum kann in diesem Sinne dazu beitragen, moralische Bedenken zu überwinden. Dahingehend berichten Herman & Hirschman (1981a, 76, bezugnehmend auf Rada u.a. 1978), daß Täter »auf vorsichtiges Nachfragen oft zugeben, daß sie trinken, um Mut für den Angriff zu sammeln«. Gleichzeitig kann Alkoholkonsum dem Täter dazu dienen, die Tat vor sich selbst, dem Opfer und anderen zu rechtfertigen (»Ich war betrunken, ich konnte nichts dafür!«; vgl. auch Kap. 6.).

Sexualität: »... was macht ein Mann, der keine Frau hat?«

Die Kriminalpolizei veröffentlichte 1976 eine Aufklärungsbroschüre für Kinder mit dem Titel »Hab keine Angst«. Darin wird die Menschheit in gute und böse Menschen eingeteilt:

Reden wir erstmal über die guten. Zwei davon sind alte Bekannte. Daß sie gut sind, siehst du daran, daß man sogar Tage nach ihnen benannt hat. Muttertag, Vatertag [...] Von allen Erwachsenen sind die Eltern die besten. Sie haben dich lieb. Sie haben sich lieb. Wenn Vater und Mutter sich lieb haben, dann hat das auch mit etwas zu tun, wovon du sicher schon gehört hast, mit Sex. Sex ist immer für zwei. Für Frau und Mann. Aber was macht ein Mann, der keine Frau hat? Er macht sich, wenn er böse ist, an Jungen und Mädchen heran [...] Nun sind aber nicht alle guten Erwachsenen gut zu erkennen wie Vater und Mutter [...] (zit. nach Lohstöter 1985, 62)*

Dieses Zitat verdeutlicht eine weit verbreitete Annahme – die Auffassung, die Täter seien sexuell unbefriedigt oder frustriert und würden sich Kindern als Ersatz für sexuelle Kontakte mit erwachsenen Frauen zuwenden. Nach

---

* Diese Broschüre wurde auch zehn Jahre später noch verteilt (vergl. BMJFG 1985, 9).

dieser Anschauung haben die Mißbraucher Probleme, sexuelle Beziehungen mit Gleichaltrigen einzugehen oder »bekommen« nicht genügend Sex von ihren Partnerinnen. Häufig wird auch angenommen, sie hätten einen stärkeren oder krankhaften Sexualtrieb (»Triebtäter«). In unserer Untersuchung glaubten drei Viertel der Befragten, sexuelle Ausbeutung von Kindern sei auf solcherlei sexuelle Probleme zurückzuführen. Erklärungen dieser Art führen nicht nur zur Individualisierung des Problems und zu einer Entlastung des Täters von seiner persönlichen Verantwortung, sie reduzieren sexuelle Gewalt auch auf ein rein sexuelles Problem.

Hier gilt es zunächst einmal zu klären, inwieweit es überhaupt sexuelle Motive sind, die den Anstoß zu sexuellen Gewalttaten geben. Groth, Burgess & Holmstrom (1977, 1239) kommen bei ihrer Analyse der Aussagen von 133 Vergewaltigern und 92 Opfern zu dem Schluß, daß Vergewaltigung primär Ausdruck von Machtinteressen oder von Wut und Ärger ist. Ihrer Ansicht nach war Sex in keinem der Vergewaltigungsfälle das Hauptmotiv des Täters, vielmehr habe Sex immer im Dienste anderer, nicht-sexueller Bedürfnisse gestanden (s.a. Groth & Birnbaum 1979). Vergleichbares kristallisiert sich auch aus den Interviews, die Godenzi (1991) mit Vergewaltigern und Opfern sexueller Gewalt durchgeführt hat, heraus. Die Opfer waren, je bekannter und vertrauter ihnen der gewaltausübende Mann war, der Ansicht, die Männer hätten aus dem Verlangen nach Macht und Kontrolle gehandelt. Die Aussagen der Täter offenbaren ebenfalls Macht, Wut und Rache, aber auch (nicht-sexuelle) Frustration als Hauptmotive. Hinsichtlich sexuellen Mißbrauchs an Kindern deuten die Befunde von Gary Wenet in die gleiche Richtung (1980, persönliche Mitteilung, in Renvoize 1982). Dort stellten sich Ärger und (nicht-sexuelle) Frustration als Hauptmotivation adoleszenter Mißbrauchstäter heraus.

Bei der Frage, inwieweit sexuelle Gewalt ein sexuelles Problem ist, sind auch Studien interessant, die den Zusammenhang zwischen der Konfrontation mit sexuellen und/oder gewalttätigen Situationen und sexueller Erregung erfassen. In solchen Untersuchungen werden Versuchspersonen mit Video- oder Tonbandaufzeichnungen konfrontiert, die entweder einvernehmliche Sexualkontakte, erzwungene Sexualkontakte oder gewalttätige Handlungen ohne sexuelle Komponente darstellen. Währenddessen wird die Penisschwellung der Teilnehmer als Indikator für das Ausmaß ihrer sexuellen Erregung gemessen. Die Untersuchungen dokumentieren, daß ein erheblicher Anteil von Männern durch gewalttätige Darstellungen sexuell erregt wird. Malamuth (1985) z.B. fand bei einer studentischen Stichprobe:

- rund 10 % der Männer wurden durch die Darstellung extremer, blutrünstiger Gewalt, die kaum sexuelle Komponenten enthielt, sexuell erregt;

- rund 20-30 % wurden durch die Darstellung einer Vergewaltigung stark sexuell erregt, bei der das Opfer zu keinem Zeitpunkt irgendwelche Anzeichen von Erregung, sondern nur Abscheu zeigte;
- rund 50-60 % wurden durch die Darstellung einer Vergewaltigung sexuell erregt, in der das Opfer letzten Endes selbst sexuelle Erregung zeigte.

Insbesondere Männer, die selbst eine hohe Wahrscheinlichkeit zu vergewaltigen angeben, werden durch sexuell gewalttätige Darstellungen sexuell erregt (Malamuth & Check 1983). Untersuchungen zu sexueller Erregung, in denen Mißbrauchstätern sexuelle und/oder gewalttätige Situationen mit Kindern präsentiert wurden, ergaben, daß zumindest bestimmte Tätergruppen stark auf die Darstellung gewalttätiger sexueller Kontakte mit Kindern reagierten (vergl. Abel, Becker, Murphy & Flanagan 1979 in Renvoize 1982, 94 sowie Earls 1988).

Die Bedeutung, die andere als sexuelle Motive bei sexueller Gewalt haben, offenbart sich auch bei der Betrachtung nicht-gewalttätiger männlicher Sexualität. Sexualität, Männlichkeit und Macht sind eng miteinander verbunden. Für Männer ist Sex ein wichtiges Mittel, sich ihre Männlichkeit zu bestätigen:

Durch den Sex identifiziere ich mich mit mir als Mann; der Sex verleiht mir die volle Zugehörigkeit zu meiner Spezies und zu meiner Welt. Ohne Sex wäre ich für mich kein ganzer Mann.

So bringt es ein von Shere Hite befragter Mann auf den Punkt (1982, Bd. 1, 336)*. Durch Sex, insbesondere durch Geschlechtsverkehr (s.u.) wird die Männlichkeit nicht nur durch den Nachweis von Potenz gestärkt, sondern vor allem auch dadurch, daß Sex ein Zeichen der Macht ist – und Macht ist ein zentrales Attribut der männlichen Geschlechtsrolle.

Ich muß zugeben, daß für mich Geschlechtsverkehr mit einem zusätzlichen Gefühl der Macht über die Frau verbunden ist, wie bei einem Herrn und seinem Sklaven; er bedeutet für mich, daß ich ihren ganzen Widerstand gebrochen habe. (Ebd., 339)

Auf diesem Hintergrund ist Sexualität nicht zufällig das Mittel zur Ausübung von Gewalt. Bedeutsam ist in diesem Zusammenhang, daß der Geschlechtsverkehr traditionsgemäß ein Zeichen der Inbesitznahme einer Frau oder eines Kindes und damit deutlicher Ausdruck von Macht ist (vgl. Brownmiller 1987 und Rush 1988).

Wenn schon der in Zuneigung und gegenseitiger Achtung vollzogene Ge-

---

* Shere Hite führte in den 70er Jahren in den USA zwei große Befragungen zum sexuellen Erleben der Frau (1976, 3019 Frauen) und des Mannes (1978, 6994 Männer) durch.

schlechtsverkehr stark mit Gefühlen von Macht verbunden ist, um wieviel größer muß das Machterleben dann sein, wenn es gelingt, ihn gegen den Willen einer anderen Person durchzusetzen. Der Schritt, Geschlechtsverkehr gewaltsam zu erzwingen, um sich und anderen die männliche Überlegenheit zu demonstrieren, liegt nahe. So ist die Ausübung sexueller Gewalt und insbesondere Vergewaltigung unter anderem in der engen Verbindung zwischen Männlichkeit, Sexualität und Machterleben verwurzelt. Eine Vergewaltigung kann für einen Mann ein legitimer Weg sein, sich selbst seine Macht und damit auch seine Männlichkeit zu beweisen – wie die folgende Aussage eines Vergewaltigers verdeutlicht:

Das Erschrecken der Frauen hat auf mich eine Wirkung, ich bin dann ganz anders. Es ging mir nicht um Sex, sondern darum, diese Frau zu erniedrigen. Dieses Erzwingen löst bei mir etwas aus – daß ich irgendwie ein Mann bin praktisch. (in Godenzi 1992, 96)

Sexuelle Gewalt wird zum Herrschaftsinstrument. Überschreiten Frauen in der ein oder anderen Form den ihnen zugestandenen Spielraum der traditionellen Frauenrolle, dann wird die Vergewaltigung zum Mittel, sie in ihre Grenzen zu weisen. In diesem Sinne legt ein von Hite befragter Mann offen dar:

Es gibt ein paar Frauen, die ich gerne zur Bestrafung dafür, daß sie solche Zicken sind, vergewaltigt hätte. (in Hite 1982, Bd. 2, 218)

Derartige Strafaktionen spielen sich nicht nur in der Phantasie ab, sondern auch in der Realität. So holt sich ein Mann nach einem Streit mit seiner Freundin – sie gab ihm »Widerworte« – seine Freunde zur Unterstützung und gemeinsam vergewaltigten sie die Frau stundenlang (persönliche Mitteilung). Bei den Hell's Angels ist die Strafvergewaltigung institutionalisiert. Sie strafen eine Frau, die ihren Freund verlassen will oder verraten hat, im festgelegten Zeremoniell: Sie wird ausgezogen, am Boden festgehalten und vor den Augen der anderen »Rockerbräute« von den ranghöheren Männern der Bande vergewaltigt (Brownmiller 1987, 213 f.).

Zusammenfassend: Zur Frage, ob es wirklich sexuelle Motive sind, die der Ausübung sexueller Gewalt zugrunde liegen, weisen die referierten Ergebnisse darauf hin, daß es sich bei sexueller Gewalt zum überwiegenden Teil um sexualisierte Gewalt handelt, d.h. den Tätern geht es darum, Macht auszuüben, Wut abzulassen und Aggressionen auszuagieren. Sexualität ist lediglich das Mittel dazu. Das Verhalten kann aber auch ursprünglich durch sexuelle Erregung motiviert sein, und Gewalt stellt das Mittel zur Erreichung dieses Ziels dar. Insofern kann es sich bei sexueller Gewalt auch um gewalttätige Sexualität handeln.

Betrachten wir nun aber jene Täter genauer, bei denen (auch) eine sexuelle Motivation eine Rolle spielt, so müssen vor allem zwei Fragen geklärt werden. Erstens: Sind diese Männer wirklich sexuell frustriert? Zweitens: Wenn sie tatsächlich sexuell frustriert sind, wie kommt es dann, daß sie sich mit Gewalt Befriedigung verschaffen, und warum sind Kinder für sie adäquate »PartnerInnen«? Zur ersten Frage. Es gibt Untersuchungen, die zeigen, daß zumindest einige Mißbraucher Probleme mit der Sexualität mit erwachsenen Frauen haben (z.B. in Araji & Finkelhor 1986). Dies spricht zunächst für die These, daß Täter sich ersatzweise anderen Personengruppen zuwenden. Auf der anderen Seite liegen Ergebnisse vor, die zeigen, daß Mißbraucher sexuelle Kontakte mit einem Kind zusätzlich zu anderen sexuellen Beziehungen haben und nicht statt dessen (Groth & Birnbaum 1979; Herman & Hirschman 1981a; vergl. Russell 1984). So stellten etwa Gebhard u.a. (1965) fest, daß inhaftierte sexuelle Gewalttäter in der Regel nicht weniger sexuelle Beziehungen zu erwachsenen Frauen haben als Männer einer Kontrollgruppe. Auch eine Studie, die Abel, Becker, Murphy & Flanagan (1979) in der oben beschriebenen Art mit sexuellen Gewalttätern durchgeführt haben, verdeutlicht, daß Kinder für die Täter keine »Ausweichobjekte« sind. Es zeigte sich, daß Mißbraucher auf die Darstellung eines sexuellen Kontaktes mit einem achtjährigen Mädchen mit einer deutlich stärkeren Erektion reagierten als auf die Darstellung eines entsprechenden Kontaktes mit einer erwachsenen Frau. Das heißt, diese Männer haben ein ganz spezifisches Interesse an Mädchen und nutzen diese nicht als Ersatzobjekte für erwachsene Frauen. Doch – um zur zweiten Frage zu kommen – gehen wir einmal davon aus, daß zumindest einige Täter tatsächlich sexuell frustriert sind. Welche Schlüsse dürften daraus gezogen werden? Ähnlich wie beim Alkohol wird auch hier oft die scheinbar zwingende Verknüpfung »mangelnde sexuelle Möglichkeiten und/oder starker Trieb führt zu sexueller Gewalt« gesehen und nur selten hinterfragt. Dabei könnte doch ein Mann, der wirklich »zu wenig Sex« hat (was immer das heißen mag), sein Problem durch Masturbation lösen. Statt dessen werden sexuelle Übergriffe als quasi Naturgesetzen folgende, logische Konsequenzen sexueller Frustration betrachtet. Dieser Vorstellung liegt die implizite Annahme zugrunde, daß Männer Sex – und zwar nicht irgendwelchen Sex, sondern »richtigen« Sex, d.h. möglichst Geschlechtsverkehr – brauchen:

Gott gibt den Männern diesen Trieb, der durch nichts zu bändigen ist, außer durch das Eindringen in die Vagina,

meint in diesem Sinne ein von Hite befragter Mann (1982, Bd. 1, 337). Männern wird gleichsam ein Recht auf sexuelle Befriedigung durch Frauen zugestanden – Frauen hingegen wird die Pflicht zugeschoben, Männern sexuell zu Diensten zu sein.

Sie gehört *mir,* ich habe das Recht auf Orgasmus durch Koitus. Gott gab mir dieses Recht, als er die Frauen für die Männer erschuf, und deshalb sollte es für einen Mann nicht notwendig sein, zu masturbieren, um zum Orgasmus zu kommen. Auch wenn das sexuelle Verlangen nicht gegenseitig ist. Er sollte seinen Orgasmus immer nur durch eine Frau erzielen [...], und es ist die Pflicht der Frauen, ihm dabei jederzeit behilflich zu sein. (Männlicher Befragter; Hite 1982, Bd. 2, 220; Hervorh. im Orig.)

Das Recht des Ehemannes auf die sexuellen Dienste seiner Ehefrau, die dieser Mann als von Gott gegeben ansieht, ist in unserem Lande in gewisser Weise auch rechtlich festgeschrieben. Bis zur Eherechtsreform 1953 war innerhalb der formalen Regelung der ehelichen Lebensgemeinschaft eine sogenannte »eheliche (sprich weibliche) Pflicht« zum Geschlechtsverkehr festgelegt. Dieser Pflichtgrundsatz besteht im heutigen Eherecht zwar nicht mehr, im Strafgesetz, genauer in den »Straftaten gegen die sexuelle Selbstbestimmung«, ist er jedoch – indirekt – noch immer enthalten. Die §§ 177 und 178 StGB nehmen eheliche Vergewaltigung und eheliche sexuelle Nötigung explizit aus dem Kanon strafbarer Handlungen heraus. Das heißt im Klartext: Ein Ehemann ist auch heute noch berechtigt, von »seiner« Frau sexuelle Dienste zu verlangen – selbst gegen ihren ausdrücklichen Willen! Dieses Recht wird von vielen Männern auch auf »ihre« Kinder ausgedehnt:

Sie ist meine Tochter, und das gibt mir das Recht, mit ihr zu machen, was ich will. (Kavemann & Lohstöter 1984, 100)

Während Männer in unserer Gesellschaft also als sexuell enorm triebhaft und potent angesehen werden und ihnen ein Recht auf weibliche sexuelle Dienste zugestanden wird, welches sie nötigenfalls mit Gewalt einfordern dürfen, werden Frauen entsprechende Bedürfnisse und Rechte nicht zugeschrieben. Schnell ist man bei der Hand, sexuelle Übergriffe mit der sexuellen Frustration des Täters zu erklären und zu entschuldigen – aber kaum einmal wird die Frage formuliert, warum Frauen, die doch sicherlich mindestens ebenso häufig wie Männer sexuell frustriert sind, sich fast nie mit Gewalt Befriedigung verschaffen. Statt dessen kommt die Verantwortung von Frauen zur Sprache, die Bedürfnisse der Männer zu befriedigen. »Seine« Ehefrau oder Freundin trägt die Hauptverantwortung für seine sexuelle Versorgung. Zur Not müssen aber auch andere Personen zur Verfügung stehen: andere bekannte oder fremde Frauen, Prostituierte, Mädchen oder Jungen.

So wird in der öffentlichen wie wissenschaftlichen Diskussion – besonders wenn es um die Frage der sexuellen Frustration des Täters geht – der Blickwinkel und damit auch die Verantwortung verschoben: weg vom Täter und hin zu den Frauen aus seinem Umfeld. Von der »kastrierenden« Mutter aus der Psychoanalyse über die Ehefrau, die ihren Mann sexuell vernachlässigt, bis hin zum Opfer, welches den Täter verführt. Da wird zum Beispiel konstatiert, daß Frauen, die sich ihrem Mann verweigern, die sexuelle Energie des Mannes in Richtung der Tochter dirigieren (Lustig, Dresser, Spellman & Murray 1966, 34; nach Rijnaarts 1988, 178). Die Frau, die dem Mann nicht zur Verfügung steht, verursacht seine »sexuelle Not« und wird damit zur Schuldigen, wenn er sexuelle Übergriffe begeht (vergl. ebd.). Bei Herbert Maisch (1968, 135 f.) klingt das folgendermaßen: Ein »vierunddreißigjähriger, beruflich tadellos beurteilter Mann, der für seine Familie vorbildlich [sorgt]«, leidet unter »schwerster Ehezerrüttung«, die seine »schwer verwahrloste, mehrfach straffällige, promiscue lebende Ehefrau« verschuldet hat. Er »flüchtet« in den Alkohol und begeht als direkte Folge von Ehezerrüttung und Alkoholeinfluß »in einer Nacht mehrmals Notzucht an seiner Stieftochter, obwohl sich diese heftig zur Wehr [setzt]«. Für Maisch ist es eine wahrhaft »menschlich einfühlbare Situation«, wenn ein »vierunddreißigjähriger Familienvater«, der zwar früher häufig straffällig war, heute aber »sozial tadellos angepaßt« ist, der kaum Sex von seiner »leicht erregbaren, stets kränklichen Frau« bekommt, sich seiner Stieftochter zuwendet und sich diese Beziehung »in der Folgezeit zu einer echten Liebestragödie ausweitet.«*

Solche Vorstellungen propagieren das verdrehte Bild des Mannes als »unkontrolliertes Triebtier« und basieren auf der frauenverachtenden Prämisse, daß eine (Ehe-)Frau ihrem Mann jederzeit sexuell zu Diensten stehen muß. Dieser Logik folgend werden Frauen in die Pflicht genommen, dem Täter zu »helfen«. Ein familiendynamischer Therapieplan zum Problem sexueller Ausbeutung durch den Vater strebt als »wünschenswertestes Ergebnis« folgendes an: »Zweimal die Woche Sex mit der Ehefrau« und »Fordere von Deiner Frau einmal am Tag Zuwendung ein« (Justice & Justice 1979, 247; in Kavemann & Lohstöter 1985, 86 f.). Ganz abgesehen davon, daß wir den Erfolg einer solchen »Therapie« anzweifeln, fragen wir uns, wieviel Lust auf Zuwendung und Sex eine Frau wohl hat, deren Mann ihre Kinder sexuell ausgebeutet hat. Trotzdem wird sie für seine »Heilung« in die Pflicht genommen.

Zusammenfassend halten wir fest, daß sexuellen Gewalttaten meistens Machtmotive und weniger sexuelle Motive zugrunde liegen. Es gibt bislang

---

* Maisch ist übrigens auch heute noch als Gutachter in Prozessen tätig, vor einiger Zeit z.B. beim Prozeß gegen Matthias Rust (»Kremlflieger«), der eine Krankenschwester, die sich seinen Annäherungsversuchen widersetzte, lebensgefährlich verletzte.

keine schlüssigen Belege für die Annahme, Mißbraucher seien in der Regel sexuell frustriert. Selbst wenn dies aber zuträfe, so wäre damit noch in keiner Weise der mögliche Zusammenhang zwischen sexuellen Problemen und sexueller Gewalt erklärt.

Einstellungen und Werte

Die Befunde, wonach die Täter weder psychisch oder sozial auffällig sind noch besondere sexuelle Probleme haben, werden vielfach dahingehend mißgedeutet, daß sich die Täter in keiner Weise von Nicht-Tätern unterscheiden. Dieser Schluß ist jedoch falsch, denn es gibt Unterschiede – nur sind diese ganz anderer Art, als gemeinhin vermutet wird: Studien mit inhaftierten sowie unentdeckten Tätern zeigen, daß Täter im Vergleich zu Männern, die keine (massiveren) sexuellen Übergriffe verübt haben, in der Regel nicht negativ von vorherrschenden Normen abweichen, sondern die für unsere Gesellschaft charakteristischen sexistischen Vorstellungen und Werte im Gegenteil besonders deutlich vertreten. Sexistische Vorstellungen sind Meinungen und Grundhaltungen, die die Vormachtstellung und Höherwertigkeit des Männlichen propagieren. Auf diese Befunde gehen wir im 6. Kapitel näher ein.

Eigene (sexuelle) Gewalterfahrungen

Nach den Analysen von Araji & Finkelhor (1986) ist eines der konsistentesten Ergebnisse der Täterforschung der Befund, daß mißbrauchende Männer in ihrer Kindheit überproportional häufig selbst Opfer sexueller oder körperlicher Gewalt waren. Der Prozentsatz der Täter, die selbst als Kind (sexuell) viktimisiert wurden, schwankt zwischen 30 % und 57 %.* Zum Vergleich: Wir haben die Prävalenz sexueller Ausbeutung von Jungen, je nach Definition, auf 8-20 % geschätzt. Koss & Dinero (1988) fanden, daß der Zusammenhang zwischen sexueller Gewalterfahrung in der Kindheit und der Ausübung sexueller Gewalt auch für diejenigen (unentdeckten!) Täter galt, deren Angriffe sich gegen erwachsene Frauen richteten. Wichtig ist, sich bewußt zu sein, daß dieser Zusammenhang bereits bei sehr jungen Tätern be-

---

* Studien: z.B. Faller (1989a), Fromuth u.a. (1991), Groth (1979), Johnson (1989), Koss & Dinero (1988) und Wenet (in Renvoize 1982). Literaturauswertung in Finkelhor (1984) und Russell (1984).

steht (Fromuth u.a. 1991; Johnson 1989). Das heißt, in der praktischen Arbeit mit Kindern und Jugendlichen, die sexuelle Übergriffe verübt haben, muß stets die Möglichkeit in Betracht gezogen werden, daß sie selbst ähnliche Erfahrungen gemacht haben. Gleiches gilt natürlich auch für die Arbeit mit erwachsenen Tätern.

Zur Frage, wie der Zusammenhang zwischen eigener sexueller Gewalterfahrung und Gewaltausübung erklärt werden kann, sind verschiedene Überlegungen angestellt worden (s. Araji & Finkelhor 1986). Im Sinne eines Wiederholungszwanges wird z.B. davon ausgegangen, daß das eigene Kindheitstrauma wieder inszeniert wird, um es zu bewältigen. Wir selbst sehen Lernprozesse als wesentlich an. Die Opfer könnten bspw. gelernt haben, sexuelle Erregung mit sexuellen Erwachsenen-Kind Kontakten in Verbindung zu bringen, so daß sie selbst als Erwachsene von Kindern angeregt werden (Konditionierungsprozesse). Wichtig ist ferner der Prozeß des »Lernens am Modell«. Ein Kind, welches erlebt, daß Erwachsene sich Kindern gegenüber in sexueller Weise verhalten, lernt, daß dies eine mögliche und für den Erwachsenen offensichtlich attraktive Verhaltensweise zwischen Erwachsenen und Kindern ist. Dazu ist es, wie im folgenden Beispiel, nicht einmal nötig, die sexuelle Gewalt am eigenen Leib zu erfahren. Ein Mann, dessen Vater in seinem Beisein ganz offen die beiden Schwestern sexuell belästigte, berichtet:

Wissen Sie, ich haßte meinen Vater dafür, ich konnte es nicht ertragen. Aber als ich von zu Hause auszog, löschte ich es aus meinem Gedächtnis, heiratete und bekam selbst Kinder. Eines Tages besuchte ich meinen Vater und er nahm meine Tochter [...] und zog sie auf seinen Schoß. Ich fühlte mich unbehaglich, aber ich sagte nichts. Dann begann er, ihr Bein zu streicheln und fuhr mit der Hand unter ihren Rock. Direkt vor meinen Augen! Ich war empört! Ich kann Ihnen nicht sagen, wie ich mich gefühlt habe! Ich riß sie von ihm weg und machte einen Heidenkrach [...] Ich kam nie wieder, habe ihn nie wieder gesehen. Und jetzt, jetzt tue ich genau das gleiche mit meiner eigenen Tochter. Ich kann es einfach nicht lassen. (in Renvoize 1982, 73)

Es ist wichtig, sich bewußt zu sein, daß die eigene sexuelle Viktimisierung nicht der einzige Faktor ist, der bei der Täterwerdung eine Rolle spielt. Wäre der Zusammenhang so einfach und klar, dann müßte es viel mehr weibliche (als männliche) TäterInnen geben, denn Mädchen werden ja viel häufiger als Jungen Opfer sexueller Gewalt. Es liegt uns sehr am Herzen zu betonen, daß nicht jeder Junge, der sexuelle Gewalt erlebt hat, zwangsläufig zum Täter wird! Diese Annahme führt zu einer fatalen Stigmatisierung der Opfer, die niemandem nutzt, für betroffene Jungen aber sehr schädlich ist. Dazu ein Beispiel: In einem Faltblatt »Informationen für Jungen«, herausgegeben von Wildwasser Wiesbaden e.V. (1990), werden Jungen zunächst darüber in

Kenntnis gesetzt, daß Mädchen und Jungen zu Opfern sexueller Gewalt werden können. Sie erfahren, daß sie daran keine Schuld tragen und daß sexueller Mißbrauch für Mädchen und Jungen sehr schlimm ist. Weiter heißt es: »Durch den sexuellen Mißbrauch werden Jungen jedoch auch häufig später selbst zum Täter. Um das zu verhindern, ist es wichtig, daß Jungen ihre Scham überwinden und die Mißbrauchserlebnisse nicht verschweigen.« Wir waren entsetzt angesichts dieser unverhüllten Drohung im Sinne von ›Tu was, oder du wirst selbst ein Täter!« Sexuell ausgebeutete Jungen haben genauso wie mißbrauchte Mädchen ein Anrecht auf Unterstützung und Zuwendung – und zwar, weil sie Opfer sind! Natürlich kann dies gleichzeitig präventiv zur Verhinderung weiterer sexueller Gewalt beitragen, sollte aber nicht das primäre Ziel der Intervention sein. Wie schlimm die Angst zum Täter zu werden für einen Betroffenen sein kann, verdeutlicht folgendes Beispiel:

Was für mich aber am allerschrecklichsten ist, ist die Angst, daß ich genau dasselbe mit meinen oder mit anderen Kindern machen könnte. Ich glaube, wenn mir das passieren sollte, das wäre der einzige Punkt, wo ich sofort Selbstmord begehen würde. Das würde ich nicht aushalten. (in Glöer & Schmiedeskamp-Böhler 1990, 63)

6. Sozialer und familiärer Kontext

In diesem Kapitel werden Merkmale des sozialen und familiären Umfeldes von Opfern und Tätern sexueller Ausbeutung analysiert, wobei sich wiederum ein großer Teil der Daten auf intrafamilialen sexuellen Mißbrauch beschränkt. Die hier diskutierten Faktoren geben nicht nur weiteren Aufschluß über die Täter und Opfer sexuellen Mißbrauchs, sondern auch über die Ursachen sexueller Gewalt.

Sozialer Kontext

Schicht, Subpopulation und soziale Isolation

Bei sexueller Ausbeutung von Kindern wird häufig vermutet, daß Täter und Opfer meistens aus unteren sozialen Schichten stammen. Diese Annahme findet scheinbare Bestätigung, wenn lediglich Männer betrachtet werden, die wegen sexueller Gewaltdelikte angezeigt oder verurteilt worden sind (verschiedene Untersuchungen in Hauptmann 1975; Finkelhor 1979 und Finkelhor & Baron 1986). Untersuchungen an weniger selektiven Stichproben zeigen demgegenüber keine bedeutsamen und konsistenten Schichtunterschiede (Finkelhor 1979; Russell 1986; Draijer 1988). Zwischen Schichtzugehörigkeit und sexuellem Mißbrauch scheint *kein* Zusammenhang zu bestehen. Diese Annahme findet auch Bange (1992) für den deutschen Raum bestätigt.

Die Forschungsergebnisse zu subkulturellen Unterschieden sind bislang inkonsistent und lassen kaum Interpretationen zu. Ein vereinzeltes Ergebnis ist z.B. der Befund von Bange (1992), wonach Studentinnen, die von intrafamilialer Ausbeutung betroffen waren, in einem im Vergleich zu nicht betroffenen Frauen sehr religiösen Familienklima aufgewachsen sind. Wir halten es für sehr wahrscheinlich, daß in verschiedenen Subgruppen der Gesellschaft ein unterschiedliches Ausmaß von sexueller Gewalt anzutreffen ist. Verschiedene religiöse oder politische Gruppen unterscheiden sich in ihren Werte- und Normensystemen – etwa in bezug auf Geschlechtsrollen oder Sexualität –, und diese stehen in Zusammenhang mit der Ausübung von sexueller Gewalt.

In vielen – vor allem älteren – Theorien (vgl. Russell 1984) wird angenommen, intrafamiliale sexuelle Ausbeutung geschehe gehäuft in sozial isolierten Familien, d.h. in Familien, die nach außen wenig Kontakte haben. Dies wird unter anderem im Sinne einer übermäßigen Abgrenzung einer Familie gegenüber der Umwelt sowie dem Fehlen enger Kontakte von Kindern und Jugendlichen zu Gleichaltrigen verstanden. Studien, die die Annahme der extremen Außenabgrenzung überprüfen, sind uns nicht bekannt, so daß eine empirisch fundierte Beurteilung nicht möglich ist. Der Erklärungswert der These wird allerdings bereits durch den Befund in Frage gestellt, daß einige Opfer wie einige Täter innerhalb und außerhalb der Familie betroffen sind bzw. sexuell mißbrauchen. Die Vorstellung der übermäßigen Abgrenzung ist Kerngedanke familientheoretischer Erklärungsansätze, welche wir in Kapitel 10 in ihren Grundzügen darstellen. Die Annahme, daß besonders solche Kinder gefährdet sind, sexuell mißbraucht zu werden, die wenig Kontakt zu Gleichaltrigen haben – seien es Geschwister, Freundinnen oder Freunde – kann nach drei Studien als bestätigt betrachtet werden (Finkelhor 1984; Fromuth 1983 und Peters 1984; die letzten beiden in Finkelhor & Baron 1986, 72). Sofern soziale Isolation von Familien tatsächlich häufiger zu sexueller Ausbeutung führen sollte, könnte dies an fehlender sozialer Kontrolle durch andere Personen liegen. Zudem sind Kinder und Jugendliche, die wenig freundschaftliche Beziehungen haben, vermutlich bedürftig nach Kontakt und Freundschaft und damit ein leichteres Opfer. Ein Kind mit wenig Kontakten zur Außenwelt hat außerdem weniger Ressourcen, sich gegen einen Mißbrauch zur Wehr zu setzen. Soziale Isolation kann aber auch Folge sexueller Ausbeutung sein, wenn z.B. ein Vater, der seine Tochter ausbeutet, sie und den Rest der Familie systematisch von der Umwelt isoliert, um eine Entdeckung der Tat zu verhindern.

Patriarchale Gesellschaft

Empirische Befunde sowie theoretische Überlegungen weisen darauf hin, daß weniger die Lokalisation einzelner Personen oder Familien innerhalb unseres sozialen Gefüges für sexuelle Gewalt bedeutsam sind, als vielmehr die übergeordnete gesellschaftliche Struktur selbst und das damit verbundene Werte- und Normensystem. Konkret haben sich zahlreiche Zusammenhänge zwischen dem Ausmaß sexueller Gewalt gegen Mädchen und Frauen einerseits und verschiedensten Kennzeichen einer patriarchalen Gesellschaft andererseits ergeben. Diese werden im folgenden dargestellt und diskutiert. Sie reflektieren die Kernaussagen des feministischen Verständnisses sexueller Gewalt. Da zum Bereich sexueller Ausbeutung von Kindern im Unterschied zu sexueller Gewalt gegen erwachsene Frauen erst verhältnismäßig wenig gesichertes Datenmaterial existiert, die vorliegenden Befunde aber in die gleiche Richtung weisen und sehr viele Gemeinsamkeiten zwischen den beiden Problemfeldern bestehen, beziehen wir im folgenden auch Studien mit ein, die sexuelle Gewalt gegen erwachsene Frauen betreffen. Bevor wir uns aber den empirischen Ergebnissen zuwenden, sollen zunächst einige wichtige Merkmale patriarchaler Systeme skizziert werden.

Kennzeichen einer patriarchalen Gesellschaft

Patriarchale Gesellschaften wie die unsere sind durch einen institutionalisierten ungleichen Status der Geschlechter, verbunden mit einem weltanschaulich formulierten »Glauben an die Höherwertigkeit des männlichen und die Minderwertigkeit des weiblichen Geschlechts« (Schenk 1979, 129) gekennzeichnet. Männer dominieren über Frauen. Systematisch werden gesellschaftliche Ressourcen, soziale Rollen und Chancen zur Selbstverwirklichung nach dem biologischen Geschlecht zugunsten des Mannes verteilt (Frauenhandlexikon 1983, 216; Lerner 1991). In einem Patriarchat können Mädchen und Frauen offen diskriminiert werden, z.B. indem ihnen der Zugang zu Bildung oder bestimmten Berufen erschwert oder das Wahlrecht verwehrt wird. Die Sicherung männlicher Herrschaft kann aber auch subtil verankert sein. Man denke hier z.B. an die Abweisung von Bewerberinnen, weil ihnen auch bei gleicher Qualifikation oft nicht die gleiche Kompetenz zugesprochen wird wie ihren männlichen Kollegen.

Zentrales Merkmal eines Patriarchats ist die in Ehe und Familie institutionalisierte geschlechtsspezifische Arbeitsteilung zwischen Frauen und Männern. Während Frauen weitgehend die unbezahlte Reproduktionsarbeit (Essenkochen, Waschen, Putzen, Kinderaufziehen etc.) leisten, liegen im Zuständigkeitsbereich des Mannes die Produktion von Gütern und Dienstleistungen, d.h. Berufstätigkeit und Gelderwerb. Frauen verfügen aufgrund der Arbeitsteilung insgesamt über weniger materielle Ressourcen und besetzen seltener Schlüsselpositionen gesellschaftlicher Macht.

Die unterschiedlichen Positionen, die Frauen und Männer in unserer

Gesellschaft innehaben, spiegeln sich in bestimmten Vorstellungen über das Wesen von Frauen und Männern wider. Mädchen und Frauen gelten danach u.a. als gefühlvoll, abhängig, passiv und schwach, Jungen und Männer dagegen als unabhängig, aktiv, stark, dominant, aggressiv und kompetent.* Mit diesen stereotypen Bildern gehen entsprechende Erwartungen an das Verhalten von Mädchen und Jungen, von Frauen und Männern einher. Diese Verhaltenserwartungen bilden die traditionelle Geschlechtsrolle. Gemäß ihrer gesellschaftlichen Position und der Stereotype ist die weibliche Rolle durch Abhängigkeit und Unterordnung in Relation zu Männern gekennzeichnet, die männliche durch Dominanz. Geschlechtsrollen(-Stereotype) prägen Selbstbilder, Wahrnehmung und Verhalten der Menschen. Sie eröffnen Jungen und Männern im Kontext struktureller Vorteile mehr Handlungsmöglichkeiten als Mädchen und Frauen. Sie prädestinieren Männer dazu, eigene Ziele selbstsicher und notfalls aggressiv zu verfolgen und Frauen, sensibel die Wünsche anderer zu erspüren und sich ihnen unterzuordnen. Darin ist die Ausübung sexueller Gewalt durch Männer und die Opferwerdung von Mädchen und Frauen angelegt. Die traditionellen Geschlechtsrollen repräsentieren die patriarchale Gesellschaftsordnung und stellen das Bindeglied zwischen Gesellschaft und Individuum dar (theoretisch vgl. Berger & Luckmann 1989 und Stryker & Statham 1985).

Die Ideologie der Herrschaft und Überlegenheit des Mannes sowie die damit verbundenen diskriminierenden Praktiken werden als Sexismus bezeichnet. Der Begriff »Sexismus« ist in der deutschen Sprache etwas irreführend, da der Wortbestandteil »Sex« die Assoziation von Sexualität und sexueller Diskriminierung hervorruft. Im Englischen wird mit »Sex« jedoch das »biologische Geschlecht« bezeichnet, so daß mit »Sexismus« die Diskriminierung nach dem Geschlecht gemeint ist. Die sexistischen Ideologien sind in Gesetzen, in Religionen, in Mythen und Vorstellungen einer Gesellschaft manifestiert. Sexistische Praktiken kommen in allen Formen der Diskriminierung von Frauen und Mädchen zum Ausdruck, sei es, daß ihren Äußerungen weniger Aufmerksamkeit geschenkt oder Wert beigemessen wird, daß sie bei beruflichen Beförderungen übergangen oder daß sie von Männern mißhandelt und sexuell ausgebeutet werden.

---

* Z.B. Broverman u.a. (1972); Neuendorff-Bub (1979); Zahlmann-Willenbacher (1979).

Sexuelle Gewalt und patriarchale Gesellschaftsstruktur

Die in der feministischen Theorie angenommenen Zusammenhänge zwischen patriarchaler Gesellschaftsstruktur und sexueller Gewalt finden empirische Bestätigung. So fand etwa die Sozialanthropologin Peggy Sanday (1981) in ihrer kulturvergleichenden Analyse von 156 Naturvölkern (tribal societies), daß Vergewaltigung ein fester Bestandteil derjenigen Kulturen ist, die durch männliche Dominanz, Trennung der Geschlechter und interpersonale Gewalt gekennzeichnet sind. Vergewaltigungen kamen u.a. in den Kulturen häufiger vor, in denen

- eine Ideologie männlicher Härte und Aggressivität vertreten wurde;
- Frauen weniger an politischen Entscheidungen partizipierten;
- Frauen insgesamt weniger Macht und Autorität hatten;
- Frauen und Männer strukturell getrennt waren (z.B. unterschiedliche Wohn- oder Arbeitsbereiche);
- Väter nicht an der Kindererziehung beteiligt waren;
- die Beziehungen von Vätern zu ihren Töchtern gleichgültig, distanziert, kalt und streng waren;
- generell ein hohes Maß interpersonaler Gewalt vorherrschte.

Faktoren, die nach Sandays Befunden sexuelle Gewalt zu begünstigen scheinen, sind im wesentlichen auch für unsere Gesellschaft charakteristisch. Ihr Einfluß wird für unseren Kulturkreis durch die Analysen von Baron & Straus (1987) und Herman & Hirschman (1981a) bestätigt. Baron & Straus (1987) verglichen die 50 Staaten der USA nach folgenden Variablen:

- Vergewaltigungsrate (angezeigte Fälle);
- Ungleichheit der Geschlechter hinsichtlich rechtlicher, ökonomischer und politischer Aspekte (von 100 möglichen Punkten (= absolute Gleichheit) wurden maximal 60 erzielt!);
- Verbreitung pornographischer Magazine;
- Legitimation von Gewalt (z.B. Rate der verhängten Todesstrafen, gesetzliche Verankerung der Prügelstrafe);
- soziale Desorganisation, gesellschaftliche Instabilität (Scheidungsraten, Alleinerziehende, geographische Mobilität u.ä.);
- Kontrollvariablen (Alter, Rasse, Arbeitslosigkeit, ökonomische Gleichheit, Bevölkerungsdichte u.ä.).

Baron & Straus fanden unter anderem heraus, daß die Vergewaltigungsraten mit der Ungleichheit der Geschlechter ansteigen. Gleiches gilt für die Verbreitung pornographischer Magazine. Vereinfacht ausgedrückt heißt das, daß Vergewaltigungen um so häufiger sind, je ungleicher das Machtverhältnis von Frauen und Männern zugunsten der Männer ist und je größer die Verbreitung pornographischer Magazine ist. Gemäß dieser Studie steigen Vergewaltigungsraten zudem mit allgemeiner sozialer Ungleichheit an. Dieser Effekt könnte darin begründet sein, daß soziale Ungleichheit generell das gesellschaftliche Gewaltpotential vergrößert. Wer von oben getreten wird, tritt nach unten weiter.

Judith Herman und Lisa Hirschman (1981a) verglichen die Struktur von 60 Familien, in denen Väter ihre Töchter mit Körperkontakt (»offener Inzest«, 40 Familien) oder ohne Körperkontakt (»verdeckter Inzest«) sexuell ausgebeutet hatten. Alle Familien waren traditionell patriarchal organisiert, d.h. sie waren im Sinne geschlechtsspezifischer Arbeitsteilung strukturiert und an traditionellen Geschlechtsrollen und konservativen Einstellungen orientiert. Die beiden Gruppen unterschieden sich nicht qualitativ, sondern nur quantitativ: »Offene Inzest-Familien« waren noch patriarchaler organisiert als »verdeckte Inzest-Familien«. Das relativ größere Ausmaß patriarchaler Orientierung der »offenen Inzest-Familien« kam in der noch schwächeren und machtloseren Position der Mütter in diesen Familien zum Ausdruck. Die Mütter der Familien, in denen es zu weniger massiven Formen sexueller Ausbeutung kam, waren gesünder, selbstsicherer, sozial weniger isoliert und hatten weniger Kinder. Die Autorinnen vermuten, daß es stärkeren Müttern eher möglich ist, ihre Kinder zu schützen, so daß der Täter die sexuelle Ausbeutung nicht bis zum äußersten steigern kann. »Der ›offene Inzest‹ markiert nur den Endpunkt eines Kontinuums – eine Übertreibung patriarchaler Familiennormen, nicht aber eine Abweichung davon« (ebd., 110).

Die Bedeutung der Beteiligung der Väter an der Kindererziehung wird auch durch die Analysen Sandays (1981, s.o.) sowie einer Studie von Parker & Parker (1986) belegt. Eine Gruppe von 56 Vätern, die ihre Töchter mißbraucht hatten, unterschied sich von einer parallel untersuchten Gruppe von 56 Vätern, von denen kein sexueller Mißbrauch bekannt war, nur darin, daß sie sich weniger an der Pflege und Erziehung ihrer Kinder beteiligt hatten. Dieser Befund läßt vermuten, daß der weitgehend fehlende Kontakt von Vätern zu ihren Kindern die Entstehung sexueller Gewalt begünstigt. Dies ist in Anbetracht der auch heute noch vorherrschenden geschlechtsspezifischen Arbeitsteilung – der Mann verdient das Geld, die Frau versorgt den Haushalt und die Kinder – ein alarmierender Befund.

Auf die fatalen Auswirkungen geschlechtsspezifischer Arbeitsteilung weist auch die Untersuchung von Lisak und Roth (in Lisak 1991) hin. Sie verglichen unentdeckte Vergewaltiger mit Männern, die keine sexuelle Gewalt ausgeübt hatten. Die Familien, aus denen die Vergewaltiger stammten, entsprachen eher dem traditionellen patriarchalen Familienmuster. Die Mütter der beiden Gruppen unterschieden sich dahingehend, daß die Mütter der Vergewaltiger seltener berufstätig waren als die der Kontrollgruppe. Deutliche Unterschiede bestanden auch in Hinblick auf die Väter. Die Vergewaltiger hatten eine wesentlich schlechtere Beziehung zu ihren Vätern als die nicht gewalttätigen Untersuchungsteilnehmer. Sie beschrieben ihre Väter als körperlich und emotional distanzierter und als gewalttätiger. Je schlechter die Beziehung zum Vater war, um so feindseliger waren die Männer Frauen gegenüber eingestellt, um so eher waren sexuelle Kontakte von Dominanzbedürfnissen motiviert und um so mehr entsprachen die Männer dem traditionellen Männerbild. Dies sind Faktoren, von denen wiederholt gezeigt wurde, daß sie mit der Ausübung sexueller Gewalt in Zusammenhang stehen. Diese Untersuchung belegt eindrücklich, wie wichtig eine Beteiligung von Vätern an der Erziehung ihrer Söhne bzw. eine emotionale Beziehung zu ihnen ist. Jungen müssen die Möglichkeit haben, ihre männliche Identität durch eine positive Identifikation mit einer männlichen Bezugsperson aufbauen zu können. Söhne müssen von ihren Vätern lernen, daß auch Jungen und Männer alles andere als dominant oder gar aggressiv sein können und dürfen, nämlich warmherzig, gefühlvoll, sensibel oder schwach.

Die institutionalisierte Ungleichheit der Geschlechter begünstigt sexuelle Gewalt in verschiedener Weise. Sie hat zur Folge, daß Frauen nicht nur strukturell niedrigere Positionen einnehmen, sondern im Vergleich zum männlichen Geschlecht auch niedriger bewertet und weniger wertgeschätzt werden. Eine solche Herabwürdigung und negative Stigmatisierung ist stets ein zentrales, Gewalt erleichterndes und förderndes Element innerhalb der Diskriminierung einer bestimmten Gruppe von Menschen, seien es Schwarze, AusländerInnen, »Asoziale« oder eben Mädchen und Frauen.

Die geschlechtsspezifische Arbeitsteilung stellt eine wesentliche Grundlage für die Verdinglichung der weiblichen Sexualität dar. Aufgrund der in traditionellen heterosexuellen Beziehungen meist bestehenden ökonomischen Abhängigkeit von Frauen wird ihre Sexualität zur Ware, die sie zusammen mit verschiedenen Reproduktionsleistungen gegen ökonomische Lebenssicherung und Status von seiten des Mannes tauschen.* Eine Frau erzählt:

Mein Mann hat schon gelegentlich damit gedroht, kein Geld herauszurücken oder Gefälligkeiten einzustellen – mir das oder jenes nicht zu erlauben –, wenn ich nicht mit ihm Sex mache (Hite 1988, 413).

---

* Zum Tauschcharakter der Ehe finden sich bei Rolf Butzmühlen (1978) eingehende Analysen. Theoretisch ist eine Einbettung in die Theorien des sozialen Austausches fruchtbar, die an dieser Stelle jedoch zu weit führen würde. Einen guten Überblick über die Austauschtheorien bringt Mikula (1985).

Die Objektivierung der Frau im Bereich der Sexualität erleichtert es Männern, sich sexuelle »Dienste« eines Mädchens oder einer Frau wie eine Ware zu nehmen – mit oder ohne »Gegenleistung«. Sie ist darüber hinaus die Grundlage dafür, daß Männern in mancherlei Hinsicht ein Eigentums- oder Verfügungsrecht über die weibliche Sexualität zugesprochen wird.* Dieses vermeintliche Recht auf sexuelle Dienste von Frauen und zum Teil auch von Mädchen kann Männern als Rechtfertigung zur Ausübung sexueller Gewalt dienen und unterminiert moralische Skrupel.

Die patriarchale Gesellschaft begünstigt sexuelle Gewalt weiterhin dadurch, daß sie weibliche Personen im Vergleich zu männlichen mit weniger materiellen und ideellen Handlungsressourcen ausstattet (ökonomische Abhängigkeit, niedrigere und mit weniger Macht ausgestattete soziale Positionen, tradierte männliche Verfügungsgewalt, Verdinglichung der weiblichen Sexualität, Handlungsautonomie beschränkende weibliche Geschlechtsrolle etc.). Die Überlegenheit an Ressourcen erleichtert es Männern gegenüber Frauen und Kindern sowie Erwachsenen gegenüber Kindern, Macht auszuüben und Sex zu erzwingen (wobei auch das Machtgefälle zwischen Erwachsenen und Kindern zum Teil einen patriarchalen Ursprung hat). Gegen den Willen eines anderen Menschen die eigenen Interessen behaupten, einen Menschen wie ein Ding benutzen – das kann nur, wer mächtiger ist, wer über mehr Mittel verfügt, die er (oder sie) einsetzen kann, um das eigene Ziel durchzusetzen. Die relative Unterlegenheit an Ressourcen erschwert es Frauen und Kindern, sich gegen sexuelle Übergriffe zu wehren. Sie erschwert es z.B. auch Müttern, gegen ihren mißbrauchenden Ehemann für ihre sexuell ausgebeuteten Kinder Partei zu ergreifen (vgl. Kap. 9).

Die patriarchale Gesellschaft leistet sexueller Gewalt schließlich auch dadurch Vorschub, daß sie die Grundlage sexistischer, individueller Handlungsdispositionen ist. Die in allen Bereichen der Gesellschaft manifestierte Geschlechtshierarchie wird von den Menschen als sexistische Vorstellungswelt verinnerlicht und prägt ihre Selbstbilder, ihre Wahrnehmungen und ihr Verhalten.** Von besonderer Bedeutung sind hier neben der bereits ange-

---

* Zum historisch verankerten Eigentums- und Verfügungsrecht des Mannes über die Sexualität und Lebenszusammenhänge seiner Ehefrau und Kinder siehe insbesondere die kulturhistorischen Analysen von Lerner (1991) und Rush (1988); rechtshistorische Analysen Gerhard (1990) und Schröder (1983). Daß viele Männer nach wie vor eine derartige Verfügungsgewalt beanspruchen, wird z.B. in den Interviews, die Godenzi (1991) mit sexuellen Gewalttätern führte und in den Aussagen von Frauen, die im Göttinger Frauenhaus Zuflucht gesucht haben, deutlich (Frauenhaus e.V., 1987).

** Theoretische Fundierungen dieser These finden sich im Symbolischen Interaktionismus (empfehlenswert und leicht zu lesen ist der Überblicksartikel von Stryker 1976; weiterhin Stryker & Statham 1985; McCall & Simmons 1966/1978 sowie Berger & Luckmann 1966/1989).

sprochenen gesellschaftlichen Verdinglichung weiblicher Sexualität und der tradierten Verfügungsrechte des Mannes die traditionellen Geschlechtsrollen sowie zahlreiche falsche Vorstellungen über sexuelle Gewalt gegen Kinder und Frauen, die sogenannten Mythen. Diese sind eng mit den traditionellen Geschlechtsrollen verbunden und damit fest in der patriarchalen Gesellschaft verankert.* Einige der Mythen, wie z.B. die Annahme, sexuelle Gewalt sei selten oder werde von Triebtätern verübt, haben wir in den vorangegangenen Kapiteln bereits vorgestellt. Ähnliche Mythen, wie sie zu sexuellem Mißbrauch an Kindern bestehen, herrschen auch hinsichtlich sexueller Gewalt gegen erwachsene Frauen vor.** Die Mythen über sexuelle Gewalt

– negieren das Ausmaß sexueller Gewalt,
– negieren die Tat als solche,
– negieren die »Normalität« des Täters,
– entschuldigen Tat und Täter,
– beschuldigen das Opfer der Tat.

Diese Mythen sind weit verbreitet und werden sowohl von Männern als auch von Frauen geteilt.

Sexuelle Gewalt, Geschlechtsrollen und Mythen

Etliche empirische Ergebnisse belegen einen Zusammenhang zwischen der Orientierung an traditionellen Geschlechtsrollen sowie der Akzeptanz der Mythen einerseits und sexueller Gewalt andererseits. Sie stehen in Zusammenhang mit

– opferfeindlichen (und täterfreundlichen) Reaktionen, die nicht nur die Ausübung sexueller Gewalt erleichtern, sondern auch effektivem Widerstand des Opfers und einer angemessenen Unterstützung des Opfers entgegenstehen;
– der Ausübung sexueller Gewalt durch Männer und
– der Favorisierung und Anwendung ineffektiver Widerstandsstrategien von seiten des Opfers.

---

* Empirische Befunde zum Zusammenhang zwischen der Orientierung an traditionellen Geschlechtsrollen und der Akzeptanz von Vergewaltigungsmythen siehe für die BRD: Weis (1982); Schwarz & Brand (1983); Schwarz, Scheuring, Schellenberg, Lammers & Brand (1985); Costin & Schwarz (1987); Krahé (1988); USA, Israel und England: Feild (1978); Burt (1980); Costin (1985); Costin & Schwarz (1987).

** Empirische Ergebnisse zur Mythenakzeptanz für den deutschen Raum z.B. Weis (1982) und Costin & Schwarz (1987); Untersuchungsergebnisse aus den USA insbesondere Feild (1978); Burt (1980); Tieger (1981); Briere, Malamuth & Check (1985); ländervergleichend (USA, England, Israel und BRD) Costin & Schwarz (1987).

Opferfeindliche und täterfreundliche Reaktionen

Personen mit traditioneller Geschlechtsrollen-Orientierung bzw. hoher Mythenakzeptanz beurteilen Schilderungen sexueller Gewalt im Vergleich zu Personen mit wenig traditioneller Gechlechtsrollen-Orientierung bzw. niedrigerer Mythenakzeptanz zuungunsten des Opfers und zugunsten des Täters. Sie

– haben eine geringere Bereitschaft, erzwungene sexuelle Kontakte als Vergewaltigung zu definieren (Rollen: Klemmack & Klemmack 1976; Weis 1982; Shotland & Goodstein 1983; Mythen: Burt & Albin 1981). Mit der Enge der Vergewaltigungsdefinition sinkt die Bereitschaft zur Bestrafung des Täters (Burt & Albin 1981);
– zeigen eine Tendenz, die Tat zu bagatellisieren (traditionelle männliche Rolle: Tieger 1981; Quackenbush 1989; Mythen: Quackenbush 1989). Mit der Bagatellisierung der Tat sinkt die Bereitschaft zur Bestrafung des Täters (Quackenbush 1989);
– haben eine geringere Bereitschaft, einer vergewaltigten Frau zu glauben (traditionelle männliche Rolle: Tieger 1981; Mythen: Burt & Albin 1981);
– nehmen eine vergewaltigte Frau negativer wahr (traditionelle männliche Rolle: Quackenbush 1989; Mythen: Burt & Albin 1981). Die Frau wird als unsympathisch und unmoralisch wahrgenommen, ihr wird weniger Respekt und Mitgefühl entgegengebracht. Mit der negativen Wahrnehmung des Opfers sinkt die Bereitschaft zur Bestrafung des Täters (Burt & Albin 1981);
– haben eine positivere Haltung zum Vergewaltiger (Rollen: Weis 1982; Mythen: Burt & Albin 1981; Quackenbush 1989);
– schreiben vergewaltigten Frauen mehr Schuld/Verantwortung zu (Rollen: Klemmack & Klemmack 1976; Thornton, Ryckman & Robbins 1982; Weis 1982; Acock & Ireland 1983; Howells u.a. 1984; Mythen: Schwarz 1987; Krahé 1988; Quackenbush 1989; Horn 1990);
– entlasten den Täter von der Verantwortung (traditionelle männliche Rolle und Mythen: Quackenbush 1989);
– stehen tendenziell einer Anzeige des Täters negativ gegenüber (Rollen: Weis 1982) und haben eine geringere Bereitschaft, den Täter zu bestrafen (Mythen: Burt & Albin 1981).

Bei den Ergebnissen zum Einfluß der traditionellen Geschlechtsrollen ist es erforderlich, zwischen der Orientierung an der männlichen und der an der weiblichen Rolle zu differenzieren. Befunde von Tieger (1981) und Quackenbush (1989) deuten darauf hin, daß bei Männern und Frauen das

Vorherrschen stereotyp männlicher Eigenschaften mit einer Reihe von Einstellungen und Wahrnehmungen verbunden ist, die sexuelle Gewalt begünstigen. Im Gegensatz dazu stehen das gleichgewichtige Vorkommen männlicher und weiblicher Qualitäten (Androgynität) und mehr noch das Vorherrschen stereotyp weiblicher Charakteristika der Ausübung oder Toleranz sexueller Gewalt entgegen. Sie erhöhen etwa die Wahrscheinlichkeit der Parteinahme für das Opfer (ernst nehmen, nicht bagatellisieren, Mitgefühl, Verantwortungszuschreibung an den Täter). Hier wird einer der Gründe deutlich, warum Frauen soviel seltener zu Täterinnen werden als Männer.

Die hier angeführten Befunde verdeutlichen, in welche Richtungen die konventionellen Geschlechtsrollen und Mythen das Verhalten lenken. Als weithin akzeptierte Rechtfertigungen erleichtern sie aus Sicht des Täters die Tat und minimieren seine Kosten. Bagatellisieren, Schuldzuschreibung an das Opfer und Verständnis und Milde für den Täter stehen einer interventiven Parteinahme für das Opfer im Wege (vergl. Kap. 9). Sie erschweren gleichzeitig psychisch den Widerstand seitens des Opfers und erhöhen durch die negativen Reaktionen des Umfeldes den psychischen Aufwand und die Kosten von Widerstand. Das alles leistet der Existenz sexueller Gewalt Vorschub.

Ausübung sexueller Gewalt

Männer mit traditioneller Gechlechtsrollen-Orientierung bzw. hoher Mythenakzeptanz haben im Vergleich zu Männern mit wenig traditioneller Geschlechtsrollen-Orientierung bzw. niedrigerer Mythenaktzeptanz eine höhere Bereitschaft, sexuelle Gewalt auszüben. Diese Aussage beruht zum einen auf Studien, in denen Männer nach der Wahrscheinlichkeit gefragt wurden, selbst sexuelle Übergriffe zu verüben und zum anderen auf Befragungen von Tätern.

In verschiedenen Studien halten es etwa die Hälfte der befragten Männer theoretisch für möglich, daß sie eine Frau gegen ihren Willen zu sexuellen Handlungen zwingen bzw. sie vergewaltigen würden. Zwischen der selbst angegebenen Wahrscheinlichkeit zu vergewaltigen und der selbst eingeschätzten Wahrscheinlichkeit, sexuelle Kontakte zu Kindern aufzunehmen, besteht ein positiver Zusammenhang (Briere & Runtz 1989). Die hypothetische Wahrscheinlichkeit, sexuelle Übergriffe zu verüben, steigt mit der Akzeptanz der Mythen und der Orientierung an traditionellen Geschlechtsrollen an.* Mit der

---

* Rollen: Malamuth, Haber & Feshbach (1980); Tieger (1981); Check & Malamuth (1983); Briere & Runtz (1989) (bezogen auf sexuelle Gewalt gegen Kinder). Mythen: Briere, Malamuth & Ceniti (1981); Tieger (1981); Malamuth (1988); Quackenbush (1989); Hamilton & Yee (1990).

Orientierung an traditionellen Geschlechtsrollen und der Akzeptanz der Mythen steigt bei Männern indes nicht nur hypothetisch, sondern auch tatsächlich die Wahrscheinlichkeit der Ausübung sexueller Gewalt. In verschiedenen Untersuchungen zeigte sich, daß traditionell eingestellte Männer mehr sexuelle Übergriffe verübt hatten, als Männer, die weniger stark am traditionellen Männerstereotyp orientiert waren (Muehlenhard & Linton 1987; Koss, Leonhard, Beezley & Oros 1985; Muehlenhard & Falcon 1990). Dabei scheint ein direkter Zusammenhang zwischen dem Ausmaß der Traditionalität und der Massivität der Übergriffe zu bestehen: je stereotyper die Einstellungen gegenüber Frauen und ihren Rechten, desto massiver die Übergriffe (Hull & Burke 1991; Koss, Leonhard, Beezley & Oros 1985). Sexuelle Gewalttäter vertreten darüber hinaus mit hoher Wahrscheinlichkeit auch die Mythen über sexuelle Gewalt. So unterschieden sich adoleszente Mißbrauchstäter in der Studie von Fromuth, Burkhart & Jones (1991) nur darin von den Nicht-Tätern, daß sie als Kind häufiger selbst sexuell ausgebeutet worden waren und daß sie den Vergewaltigungsmythen stärker anhingen. Pollock & Hashmall (1991) bzw. Scully & Marolla (1984) und Godenzi (1991) fanden, daß Mißbraucher bzw. Vergewaltiger ihre Tat mit Rückgriff auf die Mythen zu rechtfertigen suchten (s.u.). Feild (1978) schließlich ermittelte, daß Vergewaltiger die Vergewaltigungsmythen im Vergleich zu anderen Gruppen besonders stark vertreten. Zudem scheint, wie auch bei der Geschlechtsrollen-Orientierung, ein direkter Zusammenhang zwischen der Massivität der Übergriffe und der Stärke der Mythenakzeptanz zu bestehen: je größer die Mythenakzeptanz, desto massiver die Übergriffe (Malamuth 1988; Koss, Leonhard, Beezley & Oros 1985).

Auf Unterschiede in den Einstellungen von Mißbrauchern und Vergewaltigern deutet die Untersuchung von Stermac & Segal (1989) hin. Die Autorinnen haben Einstellungen von 20 verurteilten Mißbrauchern und 17 Vergewaltigern, sowie von PolizistInnen, PraktikerInnen, JuristInnen und LaiInnen (insgesamt 149) zu vorgegebenen Mißbrauchsfällen verglichen. Die Überzeugungen der Mißbraucher unterschieden sich deutlich von denen aller (!) anderen Gruppen. Sie sahen eine größere freiwillige Beteiligung des Kindes, glaubten eher, daß dem Kind der Sex Spaß gemacht habe und schrieben dem Täter weniger Verantwortung zu. Die Mißbraucher hatten die Mythen, die zur Vergewaltigung erwachsener Frauen bestehen, auf Kinder übertragen. Die Männer, die »nur« wegen Vergewaltigung erwachsener Frauen verurteilt worden sind, hatten diesen Schritt dagegen nicht vollzogen. Während sie nach anderen Untersuchungen durchaus die Vergewaltigungsmythen akzeptieren (s.o.), unterschieden sie sich bei Stermac & Segal hinsichtlich der Beurteilung sexueller Gewalt gegen Kinder nicht von den anderen Gruppen. Vergewaltigungsmythen werden also mit großer Wahrscheinlichkeit von allen Männern, die sexuelle Übergriffe auf Frauen oder Kinder verübt haben, akzeptiert. Mißbraucher sind zudem durch besonders auf Kinder zugeschnittene Mythen gekennzeichnet.

Koss & Dinero (1988) und Malamuth (1988) fanden ferner, daß Männer um so massivere sexuelle Übergriffe verübt hatten, je stärker sie interpersonale Gewalt akzeptieren. Burt (1980) vermutet, daß die traditionellen Geschlechtsrollen-Stereotype die Voraussetzung dafür sind, daß Frauen überhaupt als Zielscheibe sexueller Übergriffe in Frage kommen und daß die Akzeptanz interpersonaler Gewalt das gewalttätige Handeln an sich erleichtert. Koss & Dinero (1988) ermittelten außerdem, daß die sexuell aggressiveren Männer häufiger Pornos wie *Playboy* oder *Penthouse* konsumierten und sich eher in einem sozialen Umfeld bewegten, in welchem ein sexualisiertes Bild von Frauen vorherrschte.

Die referierten Untersuchungen belegen Zusammenhänge zwischen sexueller Aggression und sexistischen Vorstellungen, sagen aber weder über die Richtung des Zusammenhanges etwas aus, noch erlauben sie die Schlußfolgerung, daß jeder Mann, der sexistische Einstellungen vertritt, ein Täter ist. Wir können daraus nur schließen, daß erstens Täter eine sexistische Grundhaltung aufweisen und zweitens, daß sexistisch eingestellte Männer wahrscheinlicher sexuelle Gewalt verüben als Männer, die weniger sexistisch eingestellt sind oder eine egalitäre Haltung haben. Nicht jeder Mann ist ein potentieller Täter, sondern jeder sexistische Mann! (Wobei sich allerdings die Frage stellt, wieviele Männer nicht sexistisch sind ...) Was die Richtung des Zusammenhanges angeht, liegt es einerseits nahe, daß die Ausübung sexueller Gewalt zu einer verstärkten Akzeptanz sexistischer Vorstellungen führt, da das eigene Tun mit ihrer Hilfe gerechtfertigt und damit das Gewissen beruhigt werden kann. Wir sind darüber hinaus der Überzeugung, daß die Mythen bereits im Vorfeld der Tat von Bedeutung sind und das Ausüben sexueller Gewalt erleichtern oder gar erst ermöglichen. Schauen wir uns dazu einmal beispielhaft einige Erklärungen an, die Täter im Zusammenhang mit ihrem sexuell gewalttätigen Verhalten abgeben: Täter erklären, die Übergriffe seien:

Folge ihres männlichen Triebes:

Ich war so verrückt nach dir, daß ich mich nicht kontrollieren konnte. (Vater nach dem Bericht seiner Tochter, die er sexuell ausbeutete; in Renvoize 1982, 18);

gar nichts Schlimmes:

Die Gesellschaft würde es verurteilen, aber wenn er ehrlich sei, könne er nichts Schlechtes darin sehen. (Mißbrauchender Vater, in Armstrong 1985, 50);

Sexualaufklärung:

[...] er antwortete, daß er nichts Merkwürdiges dabei fände, da wir uns doch so gern hätten [...] Er sagte auch, daß es wichtig sei, daß er mir etwas über Sexualität beibrächte, jetzt wo ich dabei war, erwachsen zu werden. (Als Kind mißbrauchte Frau über Vater, in Leick 1986, 49);

nur zu ihrem Besten:

Das war seine Geschichte: Er habe bemerkt, daß ich sehr triebhaft sei [...] Deshalb habe er gemeint, er müsse sich um mich kümmern, weil ich sonst mit allen Jungen in der Nachbarschaft herummachen und eines Tages vielleicht mit einem unehelichen Kind nach Hause kommen würde. (Als Kind mißbrauchte Frau über Vater; in Armstrong 1985, 238 f.);

sein Recht:

Er sagte zu mir, du mußt mich tun lassen, was ich will, weil ich dich gemacht habe und du mir gehörst. (Als Kind mißbrauchte Frau über Vater; in ebd., 237);

ihre Pflicht:

Für die Frau war es eine Vergewaltigung, für mich nicht. [...] in der Ehe hat man halt gewisse Pflichten. (Vergewaltiger, in Godenzi 1991, 52);

die natürlichste Sache der Welt und außerdem genau das, was die Frauen eigentlich wollen:

Frauen wollen aufreizen. Gleich wie der Köder beim Fischen. Aufreizende Weib sein, Miniröcke, Ausschnitt [...], da muß einem ja irgend etwas passieren, wenn man ein ganz normaler Mann ist. Es gibt gewisse Kategorien von Frauen, die gepackt werden wollen. Männliche Zurückhaltung wird als Schwäche ausgelegt. (Vergewaltiger in ebd., 48)

Nathan Pollock & Judith Hashmall (1991) entdeckten in den Erklärungen, die Männer für den Mißbrauch an Kindern abgaben, eine hierarchische Struktur von Rechtfertigungen. Ihren Analysen liegen die Krankenakten von 86 verurteilten und in psychiatrischer Behandlung befindlichen Mißbrauchstätern zugrunde.

Von der obersten bis zur untersten Ebene haben wir: (1) Verleugnung der Sache an sich, »Es ist nichts passiert«, (2) Verleugnung der Verantwortung, »Es ist etwas passiert, aber es ging nicht von mir aus« (3) Verleugnung des sexuellen Charakters, »Es ist etwas passiert und es ging von mir aus, aber es war nichts Sexuelles«; (4) Verleugnung des Unrechts, »Es ist etwas passiert und es ging von mir aus und es war etwas Sexuelles und ein Unrecht, aber es geschah aufgrund ›mildernder Umstände‹« (ebd., 57).

Mit den mildernden Umständen sind dabei situationale und psychische Faktoren wie finanzielle Probleme, Alkoholgenuß, sexuelle Frustration, Angst vor Frauen und ähnliches gemeint. Es ist deutlich, daß die Entschuldigungen der Täter durch Mythen über sexuelle Gewalt genährt sind.

Wir kommen zu dem Schluß, daß die Mythen nicht erst nach der Tat als Rechtfertigung von Bedeutung sind, sondern bereits im Vorfeld. Menschen handeln aufgrund der Bedeutungen, die sie ihrer Umwelt, ihrem Tun und sich selbst zuschreiben, also aufgrund ihrer Vorstellungen, Meinungen, Werte und Selbstbilder.* Glaubt ein Mann, er brauche unbedingt Sex, er könne nicht anders und er habe das Recht, sich dazu bei Frauen und Kindern zu »bedienen«; glaubt er, er tue nichts Schlimmes und Kinder wollten Sex mit Erwachsenen – dann können diese Vorstellungen die Motivation zu sexuellen Kontakten mit Kindern steigern, moralische Bedenken abbauen, psychische Kosten verringern und den individuellen Nutzen, den der Täter aus seinem Tun zieht, vergrößern, kurz: sie können die Ausübung sexueller Gewalt begünstigen. Entscheidend ist dabei das Verhältnis zwischen Vorstellungen, die der Tat entgegenstehen (z.B. »Es ist ein Unrecht«) und solchen, die sie rechtfertigen oder begünstigen. Derartige Vorstellungen bezeichnen wir als tathemmende bzw. tatbegünstigende Repräsentationen (vgl. Kap. 11).

Handlungsrechtfertigungen im Sinne der Mythen sind unseres Erachtens innerhalb der Dynamik sexueller Gewalt nicht nur aus der Perspektive des Täters, sondern auch aus der Perspektive des sozialen Umfeldes bedeutsam. Personen, die mit sexuellem Mißbrauch konfrontiert werden, können das Unterlassen einer Intervention prinzipiell mit den gleichen Erklärungen rechtfertigen, die auch der Täter heranzieht. Sie definieren die Tat nicht als solche oder verleugnen sie:

Junge Mädchen können sich so vieles ausdenken. (Mutter über die vom Stiefvater sexuell ausgebeutete Tochter; in Leick 1986, 44)

Begreifen sie, daß etwas passiert ist und daß ein Eingreifen grundsätzlich erforderlich ist, können sie ihr Nichtstun damit rechtfertigen, daß sie dafür nicht zuständig oder nicht verantwortlich sind. Unsere Kultur stellt dazu beispielsweise die Norm bereit, daß man sich nicht in fremde (Familien-) Angelegenheiten einmischen soll.

---

* Zur handlungsleitenden Funktion von Rechtfertigungen siehe Backman (1985).

[...] na ja, weißt Du, wir glauben, das ist eine Familienangelegenheit, und die Polizei geht das nichts an. (Polizisten bei der Anzeigenerstattung nach dem Bericht eines Opfers; in Armstrong 1985, 73)

Widerstand

Aus der Perspektive des Opfers hemmen die gleichen Auffassungen, die der Täter zur Rechtfertigung der Tat und das Umfeld zur Rechtfertigung des Nicht-Eingreifens heranziehen können, potentiellen Widerstand. Wenn ein Kind nicht begreift, was geschieht, kann es das Verhalten nicht eindeutig im Sinne von Abwehr organisieren. Gleiches gilt für eine Frau, die der festen Überzeugung ist, ihr Ehemann habe ein Recht auf Sex und sei es auch gegen ihren Willen. Kulturell verankerte Rechtfertigungen, die Widerstand eines Opfers begünstigen, wie z.B. »Ich habe jederzeit und jedem gegenüber das Recht, Berührungen und sexuelle Handlungen abzulehnen« oder (für Kinder) »Auch Erwachsenen gegenüber muß ich nicht immer gehorchen«, existieren demgegenüber nur vergleichsweise wenige.

Mit der Orientierung an traditionellen Geschlechtsrollen und der Mythenakzeptanz sinkt die Wahrscheinlichkeit erfolgreicher Abwehr sexueller Übergriffe. Personen, die an traditionellen Geschlechtsrollen orientiert sind und Mythen akzeptieren, haben eine geringere Bereitschaft, erzwungene sexuelle Kontakte als Vergewaltigung zu definieren. Wird eine sexuell gewalttätige Situation jedoch nicht (frühzeitig) als solche definiert, sinkt die Wahrscheinlichkeit erfolgreichen Widerstandes. In diesem Sinne fand Bart (1981) heraus, daß Frauen sich eher effektiv gegen einen Vergewaltigungsversuch wehren konnten, wenn die Situation dem Stereotyp der Vergewaltigung entsprach, d.h. wenn die Frauen die Situation relativ schnell und eindeutig als Vergewaltigung klassifizieren konnten. Betrachten wir zur Veranschaulichung den Fall eines Mädchens, das im Rahmen einer ärztlichen Untersuchung mißbraucht wird. Unsere Kultur liefert für diese Situation zunächst das Definitionsmuster »medizinische Untersuchung«. Darin sind die Rollen der Patientin und des Arztes mit dem dazugehörigen Verhaltensrepertoire festgeschrieben. Das heißt, das Mädchen sieht den Mann vor allem als Arzt und erwartet entsprechendes Verhalten von ihm. Sie wird ihm das Recht zusprechen, von ihr zu verlangen, sich auszuziehen, sie wird ihren nackten Körper betrachten und sich berühren lassen. Sie wird davon ausgehen, daß das, was er tut, medizinisch notwendig ist, daß er ihr helfen will und daß sie (zumal als Kind einem Erwachsenen gegenüber) seinen Aufforderungen Folge leisten sollte. Diese Erwartungen färben ihre gesamte Wahrnehmung der Situation. Vielleicht wird ihr – je nach Art des Übergriffs – das Geschehen ergendwann merkwürdig vorkommen, und sie wird sich unsicher sein, was gerade geschieht. Ist dies noch eine medizinische Untersuchung oder etwas anderes? Die Uneindeutigkeit der Situationsdefinition führt zu einer Verhaltensunsicherheit. Soll sie sich so verhalten, wie es bei einer medizinischen Untersuchung erwartet wird, oder so, wie bei – wie bei was? Als was soll sie die Situation definieren, wenn nicht als Untersuchung? Unsere Gesellschaft stellt für sexuelle Belästigungen oder Übergriffe kaum adäquate Definitionen bereit. Die einzig klare Definition scheint die der überfallartigen Vergewaltigung durch einen Fremden zu sein – und selbst die ist für die Mehrzahl der Vergewaltigungen realitätsfern. Aber auch, wenn dem Mädchen deutlich wird, daß der Arzt den ihm im Rahmen einer medizinischen Untersuchung zugestandenen Verhaltensspielraum überschritten hat, wird es ihr wahrscheinlich schwer fallen, die neue Situation klar zu definieren, und die Verhaltensunsicherheit wird bleiben. Erst wenn sie erfaßt, daß der Arzt weniger in der Rolle als Mediziner, als vielmehr in der Rolle als Mann handelt und etwas tut, was ihm nicht zusteht, wird sie sich gegen seine Übergriffe wehren können. Gegenwehr setzt allerdings bis zu einem gewissen Grad voraus, daß sie dem Mann die Verantwortung für das Handeln zuschreibt und sich selbst nicht schuldig fühlt. Dem stehen jedoch einmal mehr die Mythen entgegen. Je eindeutiger sie das Geschehen als sexuelle Gewalt klassifizieren und benennen kann, um so eher wird sie sich wehren oder Hilfe von außen holen können.*

Die Orientierung an bzw. die Existenz von traditionellen Geschlechtsrollen und die Verbreitung der Mythen erschwert nicht nur die korrekte Einordnung sexuell gewalttätiger Situationen, sie führt auch zu der Empfehlung, Favorisierung und Anwendung inadäquater Vorsichtsmaßnahmen sowie wenig effektiver, nicht aggressiver Widerstandsstrategien. Getreu der schwachen weiblichen Rolle und dem Stereotyp des fremden Täters wird Mädchen und Frauen empfohlen, sich nicht aus dem Kreis ihrer vertrauten Männer zu entfernen und sich deren Schutz anzuvertrauen. Ein schlechter Ratschlag, denn Bekannte sind in den meisten Fällen die Täter. Frauen wird geraten, sich bei sexuellen Angriffen tunlichst nicht massiv zu wehren. Dies provoziere den Täter zu noch mehr Gewalt und erhöhe für sie selbst das Risiko. Beten oder ruhig mit dem Täter sprechen sei das Beste. Ähnliches empfehlen Vergewaltiger: In einer Gewaltsituation sollte das Mädchen oder die Frau vernünftig, freundlich und wohlwollend auf den Täter einreden, ihn ablen-

---

* Die Bedeutung, die der Definition der Situation für (zwischen-)menschliches Handeln zukommt, ist im Symbolischen Interaktionismus theoretisch ausgearbeitet (Stryker 1976; Stryker & Statham 1985; McCall & Simmons 1966/1978; Berger & Luckmann 1966/1989).

ken und liebkosen, seine Männlichkeit loben – bloß nicht schreien oder mit Gegengewalt reagieren (Godenzi 1991). Verständnisvoll auf den Mann eingehen, reden und zuhören – das entspricht der weiblichen Rolle.

Vergewaltigte Frauen raten ihren Geschlechtsgenossinnen indes genau das Gegenteil: Aus der Rolle fallen und gegen sexuelle Aggressionen körperlichen Widerstand leisten (Godenzi 1991). Untersuchungsergebnisse geben ihnen Recht. Die Studien strafen konventionelle Empfehlungen Lügen und zeigen relativ übereinstimmend, daß Frauen, die sich wehren, mit höherer Wahrscheinlichkeit weniger massive Übergriffe erleiden bzw. mit geringerer Wahrscheinlichkeit eine vollendete Vergewaltigung erfahren. Tendenziell ist dabei die Gefahr einer Verletzung nicht größer, im Gegenteil reduzierte Widerstand in manchen Fällen sogar das Verletzungsrisiko.* Auch sexuell mißbrauchte Kinder können sich gegen sexuelle Übergriffe durchaus effektiv zur Wehr setzen – obwohl ihre Möglichkeiten im Vergleich zu Erwachsenen natürlich eingeschränkt sind. Russell (1986) ermittelte, daß immerhin 66 % der von ihr interviewten Frauen als Kinder mit verschiedensten Strategien verhindern konnten, daß der Mißbrauch auf ein intensiveres Niveau überging. Je energischer und vielfältiger sich ein Opfer wehrt, um so größer ist die Wahrscheinlichkeit erfolgreicher Abwehr (Bart & O'Brian 1984; Ullmann & Knight 1991). Dabei haben sich lautstarkes Schreien und körperlicher Widerstand als die effektivsten Widerstandsstrategien erwiesen.

Frauen müssen heikle Stellen im Gesicht des Mannes treffen, seine Augen zerkratzen, ihn beißen. Nach dem ersten Schlag müssen sie abhauen. Frauen müssen sich körperlich fit halten. Sie brauchen sich deshalb nicht zu schämen. (Sexuell angegriffene Frau, in Godenzi 1991, 76)

Aggressiv, konfrontativ und (körperlich) stark zu sein, wie es adäquater Widerstand erfordert, paßt nicht zum konventionellen Frauenbild. Das ist nicht das, was Mädchen und Frauen in unserer Gesellschaft üblicherweise lernen. Die traditionellen Geschlechtsrollen verhindern, daß Mädchen und Frauen die Handlungskompetenzen erwerben, die sie für erfolgversprechende Gegenwehr benötigen. Die im Sinne der Geschlechtsrollen »typisch weibliche« und entsprechend auch vielfach empfohlene Taktik des Redens ist nur selten erfolgversprechend (Bart 1981; Bart & O'Brian 1984; Godenzi 1991).

Die deutlichen Zusammenhänge zwischen sexueller Gewalt auf der einen Seite und geschlechtsspezifischer Arbeitsteilung, traditionellen Geschlechtsrollen und den Mythen über sexuelle Gewalt auf der anderen Seite belegen

---

* Literaturauswertung Kleck & Sayles (1990); einzelne Studien z.B.: Quinsey & Upfold (1985); Atkeson, Calhoun & Morris (1989); Kleck & Sayles (1990); Godenzi (1991); Ullmann & Knight (1991).

die tiefe Verwurzelung sexueller Gewalt in der patriarchalen Kultur. Indem diese geschlechtsspezifische Handlungsspielräume und objektive Handlungsmöglichkeiten schafft bzw. begrenzt, bildet sie den Grundstock und Handlungsrahmen für sexuelle Gewalt.

Familiärer Kontext

Im folgenden gehen wir der Frage nach, ob die Familien, aus denen ausgebeutete Mädchen und Jungen bzw. die Täter kommen, irgendwelche Besonderheiten aufweisen.

Familienklima

Zunächst zur Frage, ob das Familienklima, in welchem Kinder aufwachsen, einen Einfluß darauf hat, ob sie – innerhalb oder außerhalb der Familie – sexuell mißbraucht werden. In der Studie von Finkelhor u.a. (1990) stieg die Wahrscheinlichkeit, Opfer sexueller Ausbeutung zu sein, bei Befragten, die aus unglücklichen Familien stammten, um mehr als das zweifache an. Diese Variable erwies sich als stärkster Risikofaktor. Draijer (1990) stellte in ihrer Untersuchung fest, daß »sexuell mißbrauchte Frauen aus Multi-Problem-Familien stammen, in denen der sexuelle Mißbrauch mit anderen Formen der Mißhandlung und Vernachlässigung einherging« (S. 66). Sie entdeckte, daß bedeutend mehr Mädchen, die sexuelle Gewalt in der Familie erfahren hatten, auch von ihren Eltern abgelehnt oder körperlich mißhandelt wurden als andere Mädchen. Verschiedene Studien (in Finkelhor & Baron 1986, 74 ff.) belegen weiterhin, daß eine schlechte Beziehung des Kindes zur Mutter bzw. zu den Eltern in deutlichem Zusammenhang zu der Wahrscheinlichkeit, sexuell mißbraucht zu werden, steht. Finkelhor & Baron ermittelten zudem, daß auch eine unglückliche Beziehung zwischen den Eltern das Risiko für die Kinder erhöht. In der Untersuchung von 1979 fand Finkelhor, daß eine unglückliche Ehe der Eltern und »Eltern, die wenig gegenseitige Zuneigung zeigen« das Risiko um gut ein Viertel erhöhen. Bei Mrazek u.a. (1982) bestanden in jedem vierten Mißbrauchsfall schlechte eheliche Beziehungen. Auch die von Bange (1992) befragten mißbrauchten Studentinnen erlebten die Ehe ihrer Eltern als deutlich unglücklicher als die nicht mißbrauchten Frauen. Dies galt insbesondere für diejenigen, die Gewalt von einem Verwandten erfahren hatten. Keine der von Herman & Hirschman (1981a) befragten Frauen, die als Kind vom Vater ausgebeutet worden waren, vertrat die Ansicht, daß ihre Eltern eine glückliche Ehe führten. Die schlechte Beziehung scheint dabei wesentlich auf das Konto der Männer zu gehen: Jede zweite Befragte erlebte ihren Vater als gewalttätig; jede Dritte berichtet, daß er übermäßig viel Alkohol konsumierte.

Wie können diese Befunde erklärt werden? Ein Kind, welches eine schlechte Beziehung zu den Eltern hat oder unglücklich in ihrer bzw. seiner Familie ist, sucht oft nach Anerkennung und Zuwendung und hat weniger Möglichkeiten, ein positives Selbstwertgefühl und Selbstbewußtsein zu entwickeln. Die Kinder sind zudem häufig weniger gut beaufsichtigt und erleben größere Verlassenheitsängste. Finkelhor (1979, 118 f.) führt außerdem an, daß Kinder in konflikthaften Familiensituationen widersprüchliche Botschaften über Sexualität erhalten und daher hinsichtlich sexueller Werte und angemessener Verhaltensweisen verunsichert sind. Alle diese Faktoren machen es einem Täter zum einen leicht, ein Kind durch Aufmerksamkeit und scheinbares Interesse zu »ködern«. Zum anderen ist das Mädchen oder der Junge auch einfacher unter Druck zu setzen, weil ein stützendes soziales Netz fehlt. Einschränkend gilt es zu bedenken, daß ein schlechtes Familienklima nicht nur Ursache sexueller Ausbeutung sein kann, sondern auch die Folge davon. Ein Mädchen, welches von ihrem Bruder oder Vater mißbraucht wird, erlebt die Familie sicherlich allein schon deshalb als nicht besonders glücklich. Finkelhor u.a. (1990) sind diesem Problem nachgegangen und haben versucht, zwischen Kindern, die ihre Familie möglicherweise nur infolge der Ausbeutung als unglücklich bezeichneten und solchen, bei denen es mit größerer Wahrscheinlichkeit eine Ursache darstellte, zu differenzieren. Sie taten dies, indem sie eine Gruppe von Kindern, die innerhalb der Familie ausgebeutet worden waren mit solchen verglichen, die von Personen außerhalb der Familie sexueller Gewalt erlebt hatten. Bei letzteren ist es unwahrscheinlicher, daß sie das Familienleben infolge der Ausbeutungserfahrung als unglücklich erlebten. Es stellte sich heraus, daß in beiden Fällen die Familiensituation ein starker Prädiktor war. Sie werten dies als Indiz dafür, daß das Familienklima tatsächlich ein ursächlicher Faktor für sexuelle Gewalt ist. In diesem Zusammenhang liefern Long & Jackson (1991) einen weiteren interessanten Befund. Sie verglichen drei Gruppen von Frauen hinsichtlich verschiedener familiärer Charakteristika: Eine Gruppe hatte keine sexuellen Gewalterfahrungen, die Frauen der zweiten Gruppe waren einmal Opfer sexuellen Mißbrauchs geworden und die Frauen der dritten Gruppe hatten mehrfache Ausbeutungserfahrungen. Long & Jackson fanden heraus, daß sich die Familien der nicht mißbrauchten und der einmalig mißbrauchten Frauen kaum unterschieden, beide sich jedoch deutlich von den Familien der mehrfach ausgebeuteten Frauen abhoben. Letztere erlebten ein wesentlich schlechteres Familienklima. Die Autorinnen ziehen daraus den Schluß, daß das Funktionieren einer Familie nicht unbedingt damit in Zusammenhang steht, ob eine Frau sexuelle Gewalt erfährt, wohl aber damit, ob sie wiederholt mißbraucht wird.

Zusammenfassend scheint uns der Schluß zulässig, daß Kinder, die ihr Familienleben als unglücklich erleben, die eine schlechte Beziehung zu ihren Eltern haben bzw. deren Eltern eine unglückliche Partnerschaft führen, gefährdeter sind, sexuelle Ausbeutung zu erfahren. Für die Praxis bedeutet dies, daß Mädchen und Jungen möglicherweise in familiären Krisensituationen (z.B. Trennung, Scheidung) besonders gefährdet sind, so daß ihr soziales Umfeld dieses Risiko verstärkt in Betracht ziehen muß. In Krisensituationen bedürfen Kinder – auch im Sinne der Prävention vor sexuellen Übergriffen – besonderer Unterstützung und Zuneigung.

Unvollständige und Stiefvaterfamilien

Neben dem Familienklima spielt auch die Familienkonstellation eine Rolle für die Gefährdung eines Mädchens oder Jungen. Für Jungen liegt uns nur ein Ergebnis vor, welches besagt, daß sie am meisten gefährdet sind, wenn sie mit zwei nicht biologischen Elternteilen oder nur mit ihrer Mutter zusammenleben (Finkelhor u.a. 1990). Das Viktimisierungsrisiko steigt von 15 % in der Gesamtstichprobe auf 33 % bzw. 27 % an. Hinsichtlich der Mädchen zeigt die gleiche Untersuchung, daß sie gefährdeter sind, wenn sie nicht mit beiden natürlichen Eltern zusammenleben. Das Risiko, sexuelle Gewalt zu erleben, erhöht sich von 27 % im Gesamtsample auf 35 % (Kind lebt alleine mit der Mutter) bis hin zu 50 % (Kind lebt alleine mit dem Vater). Draijer (1990) ermittelte, »daß Mädchen, die vor ihrem 12. Lebensjahr längere Zeit einen Elternteil oder beide Eltern entbehren mußten, signifikant häufiger sexuell mißbraucht wurden« (S. 65). Herman & Hirschman (1981b) fanden in ihrer Stichprobe, daß 38 % der Frauen, die (vom Vater) sexuell mißbraucht worden waren, in ihrer Kindheit für einige Zeit von der Mutter getrennt waren. Keine der Frauen aus der anderen Gruppe (kein offener Mißbrauch fand statt) hatte ähnliches erlebt. Dieses Resultat bestätigt auch Finkelhor (1984): Mädchen, die zeitweise ohne ihre Mutter gelebt hatten, erfuhren dreimal so häufig sexuelle Gewalt wie andere. Für Mädchen wird die Gefahr, sexuelle Übergriffe zu erleben, besonders auch durch die Tatsache, einen Stiefvater zu haben, gesteigert. Dies zeigt sich durchgängig in vielen Studien. Einen Stiefvater zu haben, erwies sich bei Finkelhor (1984) als der größte Risikofaktor für Mädchen. Die Gefahr, sexuelle Ausbeutung (nicht nur durch den Stiefvater selbst) zu erfahren, wurde dadurch mehr als verdoppelt. Achtmal häufiger wurden in Russells (1986) Untersuchung Mädchen, die mit einem Stiefvater lebten, von diesem mißbraucht, verglichen mit Mädchen, die mit einem biologischen Vater zusammenlebten. Parker & Parker (1986) fanden bei dem Vergleich einer Gruppe von Vätern, die ihre Töchter sexuell ausgebeutet hatten mit einer Gruppe von Vätern, die nicht als Mißbraucher bekannt geworden waren (je 56), daß in der ersten 46 % Stiefväter waren, während es in der zweiten nur 17 % waren.

Wie können diese Faktoren erklärt werden? Zum einen kann jede Veränderung der Familiensituation die Beaufsichtigung der Kinder vermindern und die emotionale Bedürftigkeit eines Mädchens oder Jungen steigern. Möglicherweise werden sie gleichzeitig durch Verlassenheitsängste verletzbarer. Wir sind der Ansicht, daß aus dem größeren Risiko von Mädchen außerhalb der »üblichen« Familienform nicht der Schluß gezogen werden darf, die traditionelle Familie sei der sicherste Ort für sie. Immerhin erfährt auch in dieser »herkömmlichen« Konstellation ein erheblicher Teil aller Mädchen sexuelle Gewalt – bei Finkelhor u.a. (1990) ist es z.B. jedes vierte. Wir gehen außerdem davon aus, daß die größere Gefährdung der Mädchen und Jungen in den anderen Konstellationen u.a. darin mitbegründet liegt, daß es in unserer Gesellschaft nahezu unmöglich für eine alleinerziehende Mutter ist, gleichzeitig ihren Unterhalt zu verdienen und sich in ausreichendem Maße um die Kinder zu kümmern. Bleibt die Frau ohne Partner und muß allein den Unterhalt finanzieren, so hat sie wenig Zeit, sich um das Kind zu kümmern. Geht sie neue Beziehungen zu Männern ein, so besteht das Risiko, daß diese oder deren Freunde ihr Kind ausbeuten. Die größere Gefährdung durch die Existenz eines Stiefvaters könnte in den Fällen, wo der Stiefvater selbst der Täter ist, darin begründet liegen, daß hier das Inzest-Tabu schwächer ist. Wolfe & Wolfe (persönliche Mitteilung in Renvoize 1982, 87) berichten sogar, sie hätten viele Stiefväter erlebt, von denen sie annehmen, sie hätten ihre Ehefrauen wegen ihrer Kinder geheiratet. Die Ergebnisse von Parker & Parker (1986) legen nahe, daß »die Beteiligung des Vaters in der frühen Sozialisation der Töchter« (S. 531) eine wichtige Rolle dafür spielt, ob er zum Mißbraucher wird oder nicht. Sie nehmen an, daß eine enge Bindung *(bonding)* des Vaters an das Kind Mißbrauch verhindert. Diese Bindung sei um so geringer, je weniger er an der Kindererziehung beteiligt sei. Stiefväter sind nun zwangsläufig weniger involviert, da sie erst später in die Familie kommen. Die Vorstellung, daß Väter, die mehr in die Welt ihrer Kinder integriert sind, seltener zu Mißbrauchern werden, vertreten auch Herman & Hirschman (1981a). Aufgrund der vorherrschenden geschlechtsspezifischen

Arbeitsteilung sind Väter in einer patriarchalen Gesellschaft im allgemeinen wenig an der Erziehung ihrer Kinder beteiligt. Nach den vorangegangenen Überlegungen impliziert dies, daß in einem großen Teil aller Familien das »bonding« zwischen Vätern und Kindern als tathemmender Faktor fehlt. Mädchen, die einen Stiefvater haben, sind aber nicht nur durch diesen direkt gefährdet, sondern auch durch andere Männer. Dieses können Freunde und Bekannte sein, die der Stiefvater ins Haus bringt, oder auch die Männer, die die Mutter kennenlernt, bevor sie wieder heiratet. Die Bedeutung der Abwesenheit der Mutter diskutieren wir im folgenden Abschnitt.

Zusammenfassend sei festgehalten, daß Mädchen, die über längere Zeit während ihrer Kindheit einen oder beide Elternteile entbehren, mehr als andere gefährdet sind, sexuelle Gewalt zu erfahren. Auch für Jungen scheint ein ähnlicher Zusammenhang zu bestehen. Für Mädchen stellt insbesondere die Existenz eines Stiefvaters ein Risiko dar.

Charakteristika der Mütter

Mütter sexuell ausgebeuteter Kinder spielen in einem großen Teil der Literatur eine zentrale Rolle. Da sich das Hauptaugenmerk der meisten Veröffentlichungen auf sexuelle Ausbeutung eines Mädchens durch eine Vaterfigur richtet, sind die Mütter hier in der Regel gleichzeitig die Partnerinnen der Täter. Dabei beschränkt sich die Diskussion meist auf den Vorwurf, diese Mütter hätten ihren Mann nicht ausreichend sexuell befriedigt, so daß er sich der Tochter quasi als Ersatz zugewendet habe. Diese Unterstellung gipfelt zum Teil in der Behauptung, Mütter würden diesen Prozeß stillschweigend tolerieren oder ihn gar – um sich ihrer »sexuellen Pflichten« zu entledigen – aktiv vorantreiben. Damit wird die Schuld vom Täter genommen und Frauen zugeschoben (s. die Ausführungen zu familientheoretischen Ansätzen in Kapitel 10). Abgesehen von dieser Diskussion fällt auf, daß kaum empirische Daten über die Mütter mißbrauchter Mädchen, geschweige denn Jungen vorliegen. Einige der wenigen vorliegenden Ergebnisse sind bereits angesprochen worden. So scheinen Eltern, die für das Kind wenig verfügbar sind, sowie eine schlechte Beziehung zu den Eltern, das Risiko, sexuelle Gewalt zu erfahren, für Mädchen und Jungen zu erhöhen. Bezogen auf Mädchen zeigte sich außerdem, daß sie gefährdeter sind, wenn sie längere Zeit von der Mutter getrennt leben oder die Mutter viele Kinder hat. Weiterhin scheint Krankheit der Mutter einen Risikofaktor für Mädchen darzustellen. Bei Finkelhor (1979) führte dieser Faktor für Mädchen fast zu einer Verdoppelung des Risikos, sexuelle Gewalt zu erfahren (35 % zu 19 %). In der Untersuchung von Herman & Hirschman (1981a) war jede zweite Mutter der Mißbrauchsgruppe sehr krank, während dies in der Vergleichsgruppe nur bei jeder siebten der Fall war.* Ein größeres Risiko scheint auch für Mädchen zu bestehen, deren Mütter nur geringe Bildung haben oder deren Bildungsstand sich erheblich von dem des Ehemannes unterscheidet. Bei Finkelhor (1984) z.B. stieg das Mißbrauchsrisiko auf das Doppelte an (von 19 % auf 38 %), wenn die Mütter nur ein geringes Bildungsniveau hatten. Noch gravierender wirkte sich allerdings ein großer Bildungsunterschied zwischen den Eltern aus. Im Extremfall (Vater High-School-Abschluß, Mutter keinen High-School-Abschluß), stieg die Ausbeutungsgefahr für Mädchen von 19 % auf 44 %. Dieses Ergebnis findet auch Tormes bestätigt (1968, in Herman & Hirschman 1981a, 48). Mädchen, deren Mütter berufstätig sind, scheinen nicht mehr gefährdet zu sein als andere (Finkelhor 1979; Russell 1986).

Wir erklären die Befunde mit Bezug auf Herman & Hirschman (1981a, 47 ff.) damit, daß es das Fehlen einer starken, kompetenten und schützenden Mutter ist, was das Risiko für Mädchen steigert, zum Opfer sexueller Ausbeutung zu werden. Herman & Hirschman schätzen die Situation der Mütter, deren Kinder von ihrem Mann sexuell mißbraucht worden sind, folgendermaßen ein:

Finanziell abhängig, sozial isoliert, bei schlechter Gesundheit und belastet mit vielen kleinen Kindern, befanden sich diese Mütter nicht in der Position, sich gegen die Vorherrschaft der Ehemänner aufzulehnen oder sich derem Mißbrauch zu widersetzen. (Ebd., 78)

Mütter, die schwach sind, können ihre Kinder nicht beschützen, denn häufig sind sie nicht einmal in der Lage, sich selbst zu schützen. Sie geben ihren Töchtern ein schlechtes Vorbild ab, indem sie ihnen vermitteln, daß eine Frau gegenüber einem Mann wehrlos ist. Die in unserer Gesellschaft vorherrschende relative Machtlosigkeit von Frauen und Müttern wird so an nachfolgende Generationen weitergegeben und stellt einen Faktor im Ursachengefüge sexueller Ausbeutung von Kindern dar. Doch selbst wenn eine Mutter die Aufgabe, ihre Kinder zu beschützen, nicht erfüllen kann, so ist sie dennoch nicht die Verantwortliche für die sexuelle Ausbeutung. Es ist eine Verdrehung der Tatsachen, den Frauen die Verantwortung für die Gewalttaten ihrer Männer zuzuschieben. Was sagt das über männliches Verhalten und männliche Sexualität aus, wenn junge Mädchen in ihrem eigenen Heim mit ihren eigenen Verwandten gefährdet sind, solange sie nicht eine erwachsene Frau um sich haben, die sie beschützt? Egal wie eine Mutter sich verhält, die

---

* Genauere Angaben zu dieser Studie sind im 6. Kapitel zu finden.

Verantwortung für sexuelle Gewalttaten liegt beim Täter. Wird Frauen die Schuld zugeschoben, so heißt das nichts anderes, als Männern die Fähigkeit abzusprechen, Verantwortung für ihr eigenes Handeln zu tragen. In bezug auf die Mütter sollte nicht mehr länger nur betrachtet werden, was sie vielleicht falsch gemacht haben, wenn es zu sexuellem Mißbrauch gekommen ist. Vielmehr ist es dringend erforderlich zu ergründen, was eine Mutter tun kann, damit es gar nicht erst dazu kommt, bzw. wie sie sich verhalten sollte, falls ihr Kind doch zum Opfer eines Übergriffs geworden ist. Ein Mädchen oder ein Junge kann nämlich selbst dann Opfer sexueller Gewalt werden, wenn die Mutter »alles richtig macht«. Erfährt ein Kind sexuelle Gewalt, heißt das nicht zwangsläufig, daß irgendetwas in der Mutter-Kind-Beziehung nicht stimmt.

Zusammenfassend halten wir fest, daß Mütter zum Schutz ihrer Kinder vor sexueller Gewalt beitragen können (und sollten), aber keinesfalls die Verantwortung für die Übergriffe selbst tragen. Der beste Schutz für ein Kind scheint dabei eine starke, selbstbewußte und gesunde Mutter zu sein, die ein gutes Verhältnis zu ihren Kindern hat. Im Umgang mit Betroffenen ist es wichtig, die Mutter als Beschützerin des Mädchens oder Jungen zu gewinnen und sie in dieser Rolle zu unterstützen (vgl. Kap. 9).

Charakteristika nicht-mißbrauchender Väter

Gerne hätten wir an dieser Stelle die Ergebnisse aus Studien zu der Bedeutung von nicht-mißbrauchenden Vätern im Zusammenhang mit sexueller Gewalt gegen Kinder zusammengefaßt. Dies ist uns aber leider unmöglich, da Väter in Forschung und Theorie fast nur als Täter, kaum aber in anderen Rollen auftauchen. Mit der Frage nach dem Einfluß des nicht-mißbrauchenden Vaters auf das Risiko seines Kindes, zum Opfer sexueller Gewalt zu werden, hat sich unseres Wissens bislang niemand eingehend beschäftigt. Wie Draijer (1990, 66) so treffend feststellt: »Die Bedeutung eines liebevollen und schützenden Vaters in der Theorie und Forschung zur Mißbrauchsproblematik [fehlt] fast vollständig.« Offensichtlich wird die Verantwortung zum Schutz der Kinder allein der Mutter zugeschrieben. So können wir zu nicht-mißbrauchenden Vätern kaum mehr feststellen, als daß eine schlechte Beziehung zu den Kindern sowie konservative Familienwerte des Vaters (Finkelhor 1979; Bange 1992) das Viktimisierungsrisiko der Kinder vergrößern.

Zur Bedeutung der Väter noch ein paar knappe theoretische Überlegungen: Väter üben ebenso wie Mütter einen entscheidenden Einfluß auf das psychische Wohlbefinden und das Selbstwertgefühl ihrer Töchter und Söhne aus. Emotionale Deprivation, die für Kinder das Viktimisierungsrisiko erhöht (s. Kap. 4), geht auch auf das Konto der Väter. Im Hinblick auf sexuelle Gewalt ist vor allem die große Verantwortung bedeutsam, die Väter dafür tragen, welches Selbstverständnis ein Mädchen von sich als Mädchen und in bezug auf das männliche Geschlecht entwickelt. Ein Vater kann seiner Tochter vermitteln, daß Männer gegenüber Frauen übermächtig sind, daß sich Mädchen und Frauen einem Mann unterzuordnen haben – und damit dazu beitragen, aus ihr ein »leichtes Opfer« zu machen. Er kann ihr aber auch verdeutlichen, daß sie als Mädchen oder Frau eine starke und dem männlichen Geschlecht gleichgestellte Persönlichkeit ist. Ein Mädchen, das derart Achtung von seiten des Vaters erfährt, läuft weniger Gefahr, der Gewalt eines anderen Mannes zu unterliegen. Für Jungen ist der Vater als Rollenmodell hoch bedeutsam. Der Vater zeigt dem Sohn, was es bedeutet, »Mann« zu sein und welches Verhalten von einem Mann erwartet wird. In diesem Sinne übt er unseres Erachtens einen wichtigen Einfluß darauf aus, ob sein Sohn einmal zu einem Täter wird. Empirische Bestätigung dafür liefern die bereits angesprochenen Ergebnisse von Lisak & Roth (in Lisak 1991), wonach Vergewaltiger eine deutlich schlechtere Beziehung zu ihren Vätern hatten als Nicht-Täter.

7. Die Tat

Was genau passiert eigentlich bei sexueller Ausbeutung von Kindern, und wie kommt es dazu? Wir wollen im folgenden analysieren, worin die Übergriffe bestehen, wie lange sie andauern und wo sie stattfinden. Weiterhin werden wir uns schwerpunktmäßig damit beschäftigen, wie die Täter es anstellen, ein Mädchen oder einen Jungen in eine Mißbrauchsbeziehung zu verwickeln. Abschließend betrachten wir die Reaktionen der Betroffenen.

An dieser Stelle noch ein Hinweis: Einen guten Einblick in die Dynamiken von sexuellen Ausbeutungshandlungen bieten oft Romane und Erfahrungsberichte zu der Thematik. Wir haben festgestellt, daß es besonders einigen JugendbuchautorInnen gelungen ist, typische Mißbrauchsbeziehungen einfühlsam darzustellen und gleichzeitig ein Buch zu schreiben, bei dem das Lesen Spaß bereitet (was bei der Thematik nicht einfach ist!). Sehr empfehlenswert finden wir z.B. das Jugendbuch *Nele. Ein Mädchen ist nicht zu gebrauchen* von Margret Steenfatt.

Die Übergriffe

Art der Übergriffe

Sexueller Mißbrauch ist häufig mit der Vorstellung von gewaltsam erzwungenem Geschlechtsverkehr verknüpft. Reißerische Berichte in der Boulevardpresse, aber auch viele ernstzunehmende Fernsehsendungen, vermitteln den Eindruck, daß dies die häufigste Form sexueller Ausbeutung sei. Ist dem tatsächlich so?

Studien und Erfahrungsberichte zeigen, daß die Handlungen, mit denen Männer Kinder sexuell ausbeuten, ein weites Spektrum umfassen. Von außen kann es deshalb manchmal schwer sein, die Grenze zwischen liebevoller Zu-

wendung und offenem Umgang mit Sexualität auf der einen Seite und sexuellen Übergriffen auf der anderen Seite zu bestimmen. Die Bandbreite sexuell ausbeuterischer Handlungen wird in vielen Fallbeispielen, z.B. in Armstrong (1985), Russell (1986), Glöer & Schmiedeskamp-Böhler (1990) und
Enders (1990) deutlich: Die Täter verfolgen und beobachten Mädchen und
Jungen beim Ausziehen, Waschen etc. Sie streicheln sie intensiv, besonders
an Brust und Genitalien. Sie drängen ihnen (Zungen-)Küsse auf und machen
anzügliche Bemerkungen und Andeutungen. Mädchen und Jungen müssen
vor Tätern posieren, sich selbst masturbieren, Pornos und sexuelle Handlungen anderer betrachten. Sie werden genötigt, die Täter manuell oder oral zu
befriedigen; werden anal, oral oder vaginal penetriert, mit Fingern, Gegenständen und dem Penis. Kinder werden gezwungen, auf Täter zu urinieren
und zu ertragen, daß diese auf sie urinieren ...

Wir haben versucht, Schätzungen darüber anzustellen, welche dieser
Handlungen wie häufig vorkommen. Dazu haben wir die Daten verschiedener Studien nach dem Schema, welches Russell (1984 und 1986) erstellt hat,
kategorisiert. Danach unterscheiden wir drei Ebenen der Intensität* sexuellen Mißbrauchs. Unter sehr intensivem sexuellem Mißbrauch werden versuchte und durchgeführte vaginale, anale und orale Penetration sowie Cunnilingus, Fellatio und Analingus gefaßt.** Zum intensiven sexuellen
Mißbrauch zählen versuchte und vollendete Berührungen der unbekleideten
Brüste und Genitalien, Penetration mit dem Finger und simulierter Geschlechtsverkehr (Schenkelverkehr). Unter weniger intensiven sexuellen
Mißbrauch fallen schließlich sexuelle Berührungen des bekleideten Kindes
und sexuelle Küsse. In diese Kategorie beziehen wir auch die von Russell
nicht berücksichtigten sexuellen Übergriffe ohne Körperkontakt mit ein.
Aus der Analyse verschiedener neuerer Untersuchungen an Allgemeinbevölkerungsstichproben*** ziehen wir den Schluß, daß auf jede dieser Kategorien etwa ein Drittel der Handlungen entfällt. Die Untersuchungen demonstrieren, daß zwar Geschlechtsverkehr nicht – wie häufig angenommen
wird – die häufigste Form des Mißbrauchs ist, daß aber dennoch der überwiegende Teil der sexuell ausgebeuteten Kinder massive körperliche Übergriffe erfährt: In jedem dritten Fall kommt es zu vaginaler und analer Penetration mit dem Penis sowie Cunnilingus, Fellatio und Analingus (»sehr

---

* Russell verwendet die Begriffe »seriousness« (1984, 191) bzw. »severity« (1986, 99).
** Cunnilingus: sexuelle Stimulierung des weiblichen Geschlechtsorgans mit dem Mund; Fellatio: sexuelle Stimulierung des Penis mit dem Mund; Analingus: Stimulierung des Anus
mit dem Mund.
*** Russell (1984), Draijer (1988, 1990), Wyatt (1985), Finkelhor (1984), Finkelhor u.a. (1990)
und Bange (1992).

intensiv«). Ein weiteres Drittel der Übergriffe besteht aus Berührungen der nackten Genitalien und Brüste der Mädchen bzw. Jungen, Penetration mit dem Finger und simuliertem Geschlechtsverkehr (»intensiv«). Dabei zeigt ein Vergleich verschiedener Stichprobenarten, daß sich in klinischen Stichproben deutlich höhere Anteile sehr intensiver Handlungen finden als in Stichproben aus der Allgemeinbevölkerung (Kercher & McShane 1984; Conte & Berliner 1981; DeJong u.a. 1983). Eine Ursache hierfür könnte sein, daß die traumatisierende Wirkung sexueller Ausbeutung tendenziell mit der Intensität des Übergriffes ansteigt (Russell 1986; Draijer 1990). Die Studien von Draijer (1990), Kercher & McShane (1984) und Wyatt (1985) liefern außerdem Hinweise darauf, daß mit zunehmender Enge der Beziehung die Intensität der Übergriffe ansteigt. Immer wieder wird auch von einer Steigerung der Handlungen im Verlauf von länger andauernden Ausbeutungsbeziehungen und mit dem Älterwerden eines Kindes berichtet (z.B. Herman & Hirschman 1981; Sgroi u.a. 1982; Steinhage 1987a). In diesem Zusammenhang möchten wir schon einmal darauf hinweisen, daß von der Intensität der Handlungen im Einzelfall *nicht* auf die Schwere der Folgen für die betroffenen Kinder geschlossen werden kann. Auch wenn tendenziell die massiven Handlungen schlimmere Folgen haben, können auch »weniger intensive« Handlungen schwerwiegende Folgen nach sich ziehen (vgl. Kap. 8).

Dauer und Häufigkeit der Übergriffe

War früher zu sexuellem Mißbrauch die Vorstellung des fremden Triebtäters vorherrschend, dem ein Kind einmalig zum Opfer fiel, so kann man heute aus Büchern, Zeitungs- und Fernsehberichten den Eindruck gewinnen, es handele sich immer um ein langandauerndes Geschehen. Auch die überwiegende Mehrheit der Befragten in unserer Untersuchung (ca. 75 %) äußerte die Ansicht, daß es meist zu wiederholten Handlungen zwischen den gleichen Personen käme. Beide Vorstellungen sind aber falsch bzw. treffen nur für bestimmte Konstellationen zu.

Nach Untersuchungen an der Allgemeinbevölkerung (Finkelhor 1979; Finkelhor u.a. 1990; Wyatt 1985, Bange 1992) sind etwa 70 % aller Ausbeutungsfälle von Mädchen und Jungen inner- und außerhalb der Familie einmalige Übergriffe. Sexueller Mißbrauch innerhalb der Familie scheint jedoch seltener nur ein einziges Mal stattzufinden als extrafamiliale Ausbeutung. So fanden Russell (1986) und Draijer (1988) für intrafamilialen Mißbrauch von Mädchen nur ca. 40 % einmalige Handlungen. Wir interpretieren dieses Ergebnis dahingehend, daß Mädchen und Jungen, die außerhalb der Familie mißbraucht werden, effektiver Widerstand leisten können (s.u.). Abermals weichen die Zahlen aus klinischen Studien von der eben angestellten Schätzung ab. Hier fand sich für innerfamilialen Mißbrauch übereinstimmend eine Zahl von nur 17 % einmaligen Handlungen (Herman & Hirschman 1981a; Harborview, in Renvoize 1982; Conte & Berliner 1981). In klinischen Stichproben scheinen sich demnach überproportional viele Opfer wiederholter Übergriffe zu befinden. Die geringere Zahl einmaliger Fälle läßt sich mit Sicherheit dadurch erklären, daß länger andauernde Mißbrauchsbeziehungen für die Betroffenen meist traumatisierender sind und sie deshalb relativ häufiger Hilfe in klinischen Einrichtungen suchen (vgl. Renvoize 1982, 29). Sie hängen vermutlich auch mit der Identität des Täters zusammen. In Beratungsstellen suchen besonders viele Opfer von Vater-Tochter-Übergriffen Hilfe. Väter sind eine Tätergruppe, die in der Regel über einen längeren Zeitraum ausbeutet: Bei Bange kam es in zehn der elf Vater-Tochter-Fälle zu wiederholten Übergriffen, die zumeist über mehrere Jahre andauerten.

Insgesamt erstreckt sich ein großer Teil der Mehrfachtaten über eine lange Zeitspanne. Finkelhor (1979) errechnete, daß der Mißbrauch im Durchschnitt – d.h. inklusive der einmaligen Vorfälle – 31 Wochen, das sind etwa sieben Monate, andauerte. Ähnliches zeigen auch die Daten zu intrafamilialer Ausbeutung. In Banges Untersuchung waren 44 % der Frauen länger als ein Jahr von einem Verwandten mißbraucht worden. In Russells Studie (1986) bestanden 28 % aller intrafamiliären Ausbeutungsbeziehungen länger als zwei Jahre. Draijer (1988) ermittelte eine durchschnittliche Dauer der Mehrfachtaten von 3,8 Jahren. Faller (1989b) fand bei der Betrachtung von verschiedenen Vatertypen (biologische sowie Stiefväter u.a. Vaterfiguren), daß diese ihre Taten im Durchschnitt über 2,7 Jahre hinweg begingen. Solche Ergebnisse zeigen, daß Mehrfachtaten oft über einen sehr langen Zeitraum hinweg verübt werden. Eine andere Frage ist, zu wie vielen Übergriffen es innerhalb dieser Zeiträume kommt. Hierzu liegen nur wenig Ergebnisse vor. Draijer stellte fest, daß es in ca. einem Drittel aller intrafamilialen Ausbeutungsfälle zu mehrmaligen Übergriffen innerhalb eines Monats bis hin zu täglichen Übergriffen kam. Die von Faller untersuchten Vaterfiguren verübten im Durchschnitt rund 30 Übergriffe in durchschnittlich 2,7 Jahren, das entspricht etwa einem Übergriff pro Monat.

Zusätzlich ist davon auszugehen, daß ein größerer Teil der Kinder von mehreren Tätern sexuell ausgebeutet wird. Unter den von Russell (1986) befragten Frauen wurden 16 % aller von intrafamilialer Ausbeutung Betroffenen von mehr als einem Verwandten ausgebeutet; das sind 2,6 % aller befragten Frauen (eigene Berechnung nach ebd., 154). Dabei ist noch kein Fall

extrafamilialer Ausbeutung berücksichtigt. Draijer (1990, 65) entdeckte, daß
»Mädchen, die als Kinder von Familienangehörigen sexuell mißbraucht wurden [...] auch häufiger [...] von Personen außerhalb der Familie sexuell
mißbraucht [wurden].« Bei DeJong u.a. (1983) ergab sich in 8,7 % der von
ihnen untersuchten Fälle, daß das Opfer von mehr als einem Täter
mißbraucht wurde. Fromuth & Burkhard (zit. nach Long & Jackson 1991)
entdeckten unter 106 mißbrauchten Frauen, daß 16 % von ihnen von zwei
verschiedenen und weitere 8 % von mindestens drei verschiedenen Tätern
sexuelle Gewalt erfahren hatten. Für die Praxis bedeutet das, bei der Aufdeckung eines Ausbeutungsfalles immer auch die Möglichkeit in Betracht zu
ziehen, daß dieses Kind auch schon von anderen Personen sexuelle Übergriffe erfahren hat.

Insgesamt verdeutlichen die dargestellten Ergebnisse, daß viele Kinder
über einen weiten Teil ihrer Kindheit immer wieder sexuelle Gewalt erfahren. Aber selbst wenn der Mißbrauch nur einmalig oder wenige Male passiert, so kann das Kind doch nie genau wissen, ob es nicht vielleicht doch
noch einmal geschehen wird.

Es konnte passieren, daß er zwei Nächte hintereinander kam, es konnte aber auch
sein, daß mehrere Monate vergingen. Ich wußte nie, wann er wiederkam. (Leick 1986,
40)

Ist der Täter eine vertraute Person des Kindes, so kann es sein, daß ständig
»etwas in der Luft liegt«, auch wenn keine konkreten sexuellen Handlungen
mehr geschehen. Allein eine solche Atmosphäre kann sehr belastend für ein
Kind sein, vor allem, wenn diese Atmosphäre von anderen verleugnet wird
und das Kind an seinen Wahrnehmungen zweifeln muß:

Über Sexualität wurde da überhaupt kein Wort verloren. Das gab's gar nicht! Das
stand zwar immer im Raum. Wie ein Riesenelefant stand da Sexualität im Raum!
Aber dieser Elefant wurde immer verleugnet. Den gab's nicht! (Frau, die als Kind
vom Großvater ausgebeutet wurde, in *Tatort Familie*, 23.4.1990, 3Sat)

Zusammenfassend halten wir fest, daß etwa 70 % aller Ausbeutungsfälle von
Mädchen und Jungen inner- und außerhalb der Familie aus einmaligen
Übergriffen bestehen. Übergriffe durch Verwandte finden im Vergleich zu
anderen Personengruppen meist nicht nur ein einziges Mal statt. Mehrfachtaten finden oft über einen sehr langen Zeitraum statt. Weiterhin erfahren viele Kinder von mehreren Tätern sexuelle Gewalt. Bei Tätern aus dem
sozialen Nahraum kann ein Kind außerdem nie sicher sein, wann der
Mißbrauch beendet ist. Sexuelle Gewalt bestimmt dadurch die Kindheit
einer Vielzahl von Mädchen und Jungen.

Ort der Übergriffe

Es ist naheliegend, daß der Ort, an dem sexuelle Ausbeutung stattfindet, mit der Identität des Täters und der Art der Übergriffe variiert. Wyatt (1985) stellte etwa fest, daß sexueller Mißbrauch mit Körperkontakt in der Regel in Gebäuden geschieht. In ihrer Stichprobe fand sich folgende Verteilung von Tatorten: 26 % aller Übergriffe fanden bei dem Opfer zu Hause statt, 17 % bei dem Täter, jeweils 11 % auf der Straße und in der Nachbarschaft, 13 % im Auto, 9 % auf öffentlichen Plätzen (Spielplatz, Strand, Park etc.), 8 % in öffentlichen Gebäuden (Schule, Kirche, Bücherei etc.), und in 6 % der Angriffe war unklar, wo sie stattgefunden hatten.* Die Mehrzahl sexueller Übergriffe gegen Mädchen und Jungen geschieht tagsüber und an Orten, die für ein Kind normalerweise als sicher eingeschätzt werden. Die meisten Täter versuchen, die sexuellen Gewalttaten in ganz normale Alltagssituationen einzugliedern, sei es zu Hause, im Kindergarten, beim Sport, im Musikunterricht, bei den PfadfinderInnen oder in der Kirche. In solchen Situationen schöpft kaum jemand Verdacht, und die Möglichkeiten der Betroffenen, den Tätern aus dem Weg zu gehen, sind gering. Geschieht der Mißbrauch in der eigenen Wohnung – was nicht nur der Fall sein kann, wenn ein Verwandter der Täter ist, sondern auch bei guten Bekannten der Familie, Nachbarn oder Babysittern – haben die Opfer oft keinerlei Privatsphäre mehr:

> Es gab keinen privaten Bereich mehr. Er hörte nie auf, mich zu beobachten, es war wirklich eine ständige Sache. Er bohrte sogar Löcher in die Badezimmertür. Da waren wirklich winzige Löcher, *winzig!* Und ich stopfte mit einem Zahnstocher Watte hinein, aber er zog sie wieder heraus. Ich kann gar nicht sagen, wie lange ich deswegen nicht geduscht habe [...] Ich zog mich sogar unter der Decke aus. Ich wußte, er beobachtet mich [...] Nachts öffnete er meine Tür und stand einfach da und betrachtete mich. Heute bin ich sicher, daß er masturbierte [...] Nachts schlief ich manchmal in zwei oder drei Pyjamas, einem Bademantel und drei Decken, selbst wenn es brütend heiß war. (in Renvoize 1982, 10, Hervorh. i. Orig.)

Die Täter – Bewußtes Kalkül

Im Dezember 1992 begann in Münster der Prozeß gegen den 33jährigen Erzieher Rainer M., laut *die tageszeitung* vom 14.1.1993 »ein eher gutaussehener Mister Jedermann«. Ihm wird vorgeworfen, zwischen 1983 und 1991

---

* Eigene Berechnung aufgrund der gemittelten Daten beider Untersuchungsgruppen.

mindestens 54 Mädchen und Jungen im Alter zwischen fünf und sieben Jahren in zwei Montessori-Kinderhäusern im Münsterland auf sehr brutale Weise sexuell ausgebeutet zu haben. »Ist es denn überhaupt denkbar«, so fragt sich der *taz*-Redakteur, »allein von der Umsetzung her vorstellbar, daß ein Erzieher über Jahre hinweg ihm anvertraute Kinder auf widerlichste Art sexuell mißbraucht, ohne daß KollegInnen und Eltern etwas merken, ohne daß Kinder darüber sprechen?« Mit seiner Fassungslosigkeit ist er sicher nicht allein. Vermutlich geht es den meisten Menschen, die von solchen Fällen erfahren, zunächst ähnlich. Wir werden uns im folgenden mit der Frage beschäftigen, wie die Täter es schaffen, Kinder in Ausbeutungsbeziehungen zu verwickeln und wie sie dafür sorgen, daß ihre Taten nicht bekannt werden. Zuvor soll jedoch ausdrücklich darauf hingewiesen werden, daß es kein Einzelfall ist, daß ein Mann *mehrere* Kinder sexuell ausbeutet.

Wieviele Opfer hat ein Täter?

Eine Reihe von Studien zeigt, daß ein bedeutsamer Prozentsatz von Tätern mehrere Kinder ausbeutet. Bei intrafamilialem Mißbrauch gaben rund ein Drittel der betroffenen Mädchen bzw. Frauen an, sie wüßten, daß der Täter noch andere Familienmitglieder ausbeutete (Russell 1986; Meiselmann 1979; Conte & Berliner 1981; Harborviewstudie nach Renvoize 1982). Die Täter beuten jedoch nicht nur innerhalb der Familie mehrere Kinder aus. Abel & Rouleau (1990, nach Bange 1992) fanden z.B., daß 23 % der Täter gleichzeitig Kinder innerhalb und außerhalb der Familie mißbrauchten. Zusätzlich vergewaltigte ein Teil dieser Männer auch erwachsene Frauen. Für die konkrete Interventions- und Präventionsarbeit bedeuten die Befunde, daß bei der Aufdeckung eines Falles von sexueller Ausbeutung immer auch die Existenz weiterer Opfer in Betracht gezogen werden muß. Sie verdeutlichen darüber hinaus, daß sexuelle Ausbeutung nicht, wie in famlientheoretischen Ansätzen häufig behauptet wird, das Resultat einer speziellen Beziehung zwischen *einem* Mann und *einem* Mädchen ist.

Der Mythos von der kindlichen Initiierung

Frigide Damen Geschworenen! Ich hatte gedacht, daß Monate, vielleicht Jahre vergehen würden, ehe ich den Mut aufbrächte, mich Dolores Haze zu entdecken; aber um sechs war sie hellwach, und um Viertel nach sechs waren wir, technisch gesehen, ein Liebespaar: Ich werde Ihnen etwas sehr Merkwürdiges mitteilen. Sie war es, die mich verführte, läßt Vladimir Nabokov die Hauptperson Humbert Humbert in seinem bekannten Roman *Lolita* schwärmen (1960, 187 f., Original 1955). Der Name dieses 12jährigen Mädchens wurde zum Inbegriff der angeblichen sexuellen Gelüste von Mädchen. In der klassischen Literatur ist Lolita aber nur ein Beispiel unter vielen; der Traum des fünfzigjährigen Swidrigailow in Dostojewskijs bekanntem Werk *Schuld und Sühne* (1968) stellt ein weiteres dar

Etwas Freches und Herausforderndes schimmerte in diesem ganz und gar unkindlichen Gesicht auf; das war das Gesicht einer Dirne [...] Jetzt verbarg sie sich nicht mehr und öffnete beide Augen; diese umfingen ihn mit einem feurigen, schamlosen Blick; sie lockten ihn; sie lachten[...] Wie! Eine Fünfjährige! flüsterte Swidrigailow entsetzt. Was[...] was hat das zu bedeuten? Jetzt wandte sie ihm das feuerrote Gesichtchen voll zu, sie streckte die Arme aus[...] (S. 653)

In dieser Tradition machen auch Männer-Magazine wie *Penthouse* ihre Leser glauben: »Die Lolita-Phantasien erwachsener Männer sind keineswegs eine einseitige Angelegenheit. Ebenso stark sind die Männer-Phantasien der Kindfrauen« (nach Kavemann & Lohstöter 1984, 105). Oder, wie es die Zeitschrift *Wiener* so eingängig formulierte: »Inzest macht die Kinder froh und Erwachsene ebenso« (nach Fegert 1987, 43). Aber nicht nur in der Literatur und in pornographischen Produkten begegnet uns dieses Bild des »lockenden Nymphchens«, auch die Werbung und die Boulevardpresse nutzen und schüren für ihre Zwecke die männliche (Wunsch-)Vorstellung von lüsternen Mädchen und Jungen, die Erwachsene verführen und den Sex genießen (vgl. die Analysen von Rush 1988). Und abermals macht dieser Mythos fatalerweise nicht einmal vor der Wissenschaft halt:

Beim Vater-Tochter-Inzest beispielsweie reagiert der Vater auf die bewußte oder unbewußte Verführung durch seine Tochter [...] In der inzestuösen Beziehung macht die Tochter mit ihm gemeinsame Sache; sie spielt eine aktive Rolle und ergreift sogar die Initiative (Henderson 1975, 1533 ff.; zit. nach Rijnaarts 1988, 197; ähnliche Ansichten vertreten z.B. auch Maisch 1968; Hauptmann 1975; Ernst 1986).

Derartige Annahmen sind das Pendant zum Mythos der Vergewaltigungsphantasien und -wünsche erwachsener Frauen – und wie sie ein psychoanalytisches Erbe. Freud war es, der mit seiner Theorie, daß alle Kinder in ihrer Phantasie den Wunsch nach Sex mit den Eltern hätten, den Boden für derartige Vorstellungen von Kindern bereitete (»Ödipuskomplex« und nach C.G. Jung »Elektrakomplex«). Der Mythos des sexuell »unschuldigen« Kindes wurde ersetzt durch den des aktiv Sexualität mit Erwachsenen suchenden und initiierenden Kindes. Derlei Annahmen leiten die Wahrnehmung, und so werden zum Teil durchaus richtig erkannte Fakten auch in diesem Sinne interpretiert:

Die sich [...] geradezu zwingend aufdrängende Annahme einer häufigen »Komplizenschaft« zwischen Täter und Opfer findet eine weitere Stütze in den empirischen Daten hinsichtlich des *Bekanntschaftsgrades zum Täter*. Die sogenannten »Fremden« sind nämlich durchwegs mit einem überraschend bescheidenen Anteil an der einschlägigen Delinquenz beteiligt. (Hauptmann 1975, 23, Hervh. i. Orig.)

Im Zuge der sogenannten »sexuellen Revolution« hat sich, unterstützt durch zahlreiche wissenschaftliche Publikationen, sogar so etwas wie eine Lobby für die Sexualität zwischen Kindern und Erwachsenen herausgebildet. Sie argumentiert, Kinder seien sexuelle Wesen und hätten als solche sowohl ein Bedürfnis als auch ein Recht, ihre Sexualität auszuleben (z.B. Leopardi 1988; Constantine 1981). Sie vergleichen die mit Kindern ausgeübte Sexualität mit Onanie. Diese sei früher auch als schädlich angesehen worden und heute wisse man, daß das Unsinn sei. Ähnlich verhalte es sich auch mit Sex zwischen Erwachsenen und Kindern. Manche gehen so weit, für die Abschaffung der Gesetze, die sexuelle Handlungen zwischen Erwachsenen und Kindern verbieten, zu plädieren.* Sie meinen »es wäre ein Verbrechen, unsere Kinder und Jugendlichen zu blinder Akzeptanz einer Moral zu zwingen, die längst überholungsbedürftig ist« (Haeberle 1978, 124; zit. nach Herman & Hirschman 1981a, 25). Doch es muß gar nicht erst zu Gesetzesänderungen kommen, damit sich diese Mythen auch auf die Rechtsprechung auswirken: Voller Verständnis – für den Täter – erlegte ein Richter in Wisconsin einem Vater, der seine fünfjährige (!) Stieftochter sexuell ausgebeutet hatte, eine milde Strafe auf. »Ich bin davon überzeugt«, argumentierte er, »daß wir es hier mit einer außergewöhnlich sexuell promiskuösen jungen Dame zu tun haben. Und er [der Angeklagte] wußte einfach nicht, wie er sie abweisen sollte« (Nyhan 1982; zit. nach Finkelhor 1984, 108). Zusammenfassend gesagt, sind verschiedene mächtige Instanzen gesellschaftlicher Wirklichkeit, wie Wissenschaft, Literatur, Werbung, Presse, Rechtsprechung usw. daran beteiligt, ein Bild von Kindern aufzubauen und zu festigen, die Sexualität mit Erwachsenen wollen und sich dementsprechend verführerisch verhalten.

Die zentrale Frage ist aber nicht, ob Mädchen und Jungen sich verführerisch verhalten oder nicht. Die »Verführung« entsteht im Kopf des Mannes und nicht im Verhalten des Kindes. Je kleiner ein Kind ist, desto weniger Vorstellung hat sie oder er von (erwachsener) Sexualität und desto weniger kann sie oder er ein Verhalten wünschen und willentlich herbeiführen, welches auf Erwachsenen-Sexualität abzielt. Mädchen und Jungen, die Kontakte

---

* Diese Forderungen wurden, zumindest zeitweise, von vielen linken JournalistInnen und alternativen ParlamentarierInnen unterstützt (Kavemann & Lohstöter 1984, 110 f.; Rush 1988, 260 ff.).

mit Erwachsenen initiieren, suchen Aufmerksamkeit und Zuwendung und keine Sexualität. Dafür müssen sie oft einen hohen Preis zahlen. Um die Zuwendung des Freundes, Lehrers, Erziehers, Pfadfinderleiters, Vaters nicht zu verlieren, »ertragen sie passiv dessen sexuelle Übergriffe. Für Liebe und Zuwendung bezahlen sie mit dem Körper« (Soltau 1990). Die Befragten in verschiedenen Untersuchungen äußern sich deutlich: Sie haben die sexuellen Handlungen nicht gewollt und haben sie nicht initiiert. Russell (1986) fand in keinem Fall Hinweise darauf, daß die Opfer den ersten sexuellen Kontakt initiiert hatten, und in Finkelhors Studie von 1979 gaben 98 % der weiblichen und 91 % der männlichen Befragten an, die andere Person habe den Kontakt begonnen. Selbst Baurmann (1983) stuft in nur 15 % der analysierten Fälle das Verhalten der Opfer als »aktiv/initiierend« ein. Leider führt er nicht näher aus, was er darunter versteht. Wir sind der Ansicht, daß viele Kinder sehr wohl Kontakt zum Täter suchen, nicht aber die sexuellen Handlungen. Vermutlich sind dies die Fälle, die Baurmann als »aktiv/initiierend« klassifiziert.

Wenn wir im folgenden darstellen, mit welchen bewußten und gezielten Strategien die Täter Kinder in Mißbrauchsbeziehungen verwickeln, so wird schnell ein anderes Bild als das des verführten Mannes entstehen. Vielleicht gibt es aber tatsächlich Fälle, in denen ein Mann das Verhalten eines Kindes mißinterpretiert. Gerade Kinder, die schon einmal sexuelle Gewalt erfahren haben, zeigen oft ein sehr sexualisiertes Verhalten. Und – wie wir gerade gezeigt haben – wird es Männern leicht gemacht, zu glauben, daß Kinder Sex mit ihnen haben wollen. Trotzdem: Unabhängig davon, wie sich ein Kind verhält, liegt es immer in der Verantwortung des Erwachsenen, ob es zu sexuellen Handlungen kommt oder nicht. Diese Ansicht gehört zu den zentralen Voraussetzugnen für den Umgang mit Opfern, Tätern und Personen aus deren Umfeld. Auch die Opfer sexueller Übergriffe haben die Mythen verinnerlicht und bekommen außerdem vom Täter und oft auch dem Umfeld Schuld zugeschoben, bis sie selbst beginnen, die Verantwortung bei sich selbst zu suchen – ein sehr zerstörerischer Effekt sexueller Gewalt.

Taktik und Strategie der Täter

Stereotype Vorstellungen von sexuellen Gewalttätern vermitteln das Bild vom Mann als »Dampfkessel«, der durch zu starke Erhitzung – sexuell stimulierende Reize, fehlende sexuelle Befriedigung oder mangelnde Impulskontrolle durch psychische Krankheit – unkontrollierbar wird und explodiert (Triebmodell). Sexuelle Gewalthandlungen geschehen danach im

Affekt; sie sind Zufallshandlungen, oft auch ausgelöst durch die Verführung des Opfers. Wir haben dieses Bild inzwischen ausführlich in Frage gestellt und werden jetzt ein anderes Szenario vom Ablauf sexueller Gewalttaten gegen Kinder entwerfen. Aus dem oben erwähnten Beispiel des münsterländischen Erziehers, dem der langjährige Mißbrauch einer Vielzahl von Kindern vorgeworfen wird, dürfte deutlich geworden sein, daß dieser Tat eine sorgfältige Planung und Tarnung zugrunde liegen mußte. Wie sonst hätte er all die Jahre seine Gewalttaten geheimhalten können? Sexuelle Ausbeutung von Mädchen und Jungen geschieht nicht im Affekt, nicht aus Versehen oder ohne daß dem Täter klar ist, was er tut. Diese Taten sind in der Regel bewußt geplant, strategisch angelegt und zielstrebig durchgeführt.

Eine ältere Studie von Gebhard u.a. (1965) mit verurteilten Sexualstraftätern ermittelte, daß je nach Art der Straftat zwischen 70 % und 94 % aller Fälle im voraus vollständig geplant waren. Zudem waren im Schnitt weitere 11 % zumindest teilweise geplant. Auch neuere Studien, in denen Mißbrauchstäter befragt wurden, bestätigen, daß sexuelle Gewalttaten gegen Kinder zumeist sorgfältig vorbereitet werden. Bevor wir genauer auf die Inhalte dieser Studien eingehen, sollen sie kurz vorgestellt werden: Budin & Johnson (1989) haben 72 wegen sexuellen Mißbrauchs inhaftierte männliche Täter gebeten, ihr »ideales Opfer« und ihre Strategien, mit denen sie Kinder in sexuelle Beziehungen verwickelten, zu beschreiben. Conte, Wolf & Smith (1989) haben 20 Mißbrauchstäter aus einem Behandlungsprogramm für Sexualstraftäter, deren Therapie als erfolgreich eingeschätzt wurde, interviewt. Sie wurden danach gefragt, wie sie Kinder für eine Ausbeutungsbeziehung ausgesucht haben, wie sie sie in die Beziehung verwickelt und wie sie sie in der Mißbrauchssituation gehalten haben. Lang & Frenzel (1988) haben insgesamt 102 bestrafte Mißbrauchstäter, die sich in Therapie befanden, interviewt und nach ihren Methoden befragt, mit denen sie Kinder in sexuell gewalttätige Beziehungen verwickelten. In einer weiteren Untersuchung haben Berliner & Conte (1990) 23 von Mißbrauch betroffene Kinder zum Prozeß ihrer Opferwerdung und zum Täter befragt. In all diesen Untersuchungen wird deutlich, daß die Täter ganz gezielt bestimmte Mädchen oder Jungen auswählen und dann auf das jeweilige Kind abgestimmte Strategien verwenden, um sie oder ihn in eine ausbeuterische Beziehung zu verwickeln.

Auswahl der Opfer

Aus den Beschreibungen der Täter wird deutlich, daß sie überlegt solche Kinder auswählen, bei denen sie mit dem geringsten Aufwand und Entdeckungsrisiko rechnen müssen. Mit anderen Worten, sie suchen sich solche

Kinder aus, bei denen sie glauben, »leichtes Spiel« zu haben. Dabei tendieren sie einerseits dazu, ihre eigenen Kinder auszubeuten, da sie bei ihnen die leichteste Zugriffsmöglichkeit und die wirkungsvollsten Drohmittel haben. Andererseits wählen sie häufig »passive, ruhige, verstörte, einsame Kinder aus gestörten Familienverhältnissen« (Budin & Johnson 1989, 79). Viele Mißbraucher geben an, die Fähigkeit zu haben, Kinder erkennen zu können, die leichte Opfer sind. Dabei wird auch berichtet, daß insbesondere Mädchen und Jungen, die schon einmal sexuelle Übergriffe erlebt haben, leichte Opfer wären. Auch aus den Schilderungen pädophiler Täter, die von sich selbst behaupten, nichtausbeuterische sexuelle Kontakte mit Kindern einzugehen, ist ersichtlich, daß sie sich häufig vernachlässigten und mißhandelten Kinder nähern (vergl. Leopardi 1988). Diese Kinder sind bedürftig nach Zuwendung und haben wenig Ressourcen, um sich zur Wehr zu setzen (vgl. Kap. 4 und 6). Dazu ein Beispiel von einem Mädchen, das von einem Nachbarn mißbraucht worden ist (aus Berliner & Conte 1990):

Kathys Vater war ein gewalttätiger Alkoholiker, ihre Mutter unfähig, sich gegen ihn zur Wehr zu setzen. Kathy kann sich nicht daran erinnern, jemals irgendwelche Zuwendung von den Eltern erhalten zu haben. Ein Nachbar zeigte sich sehr interessiert an ihr und ihren Gefühlen und ermutigte sie, über ihr gewalttätiges Familienleben zu berichten. Er war der erste, von dem sie auch körperliche Zuwendung erfuhr. Er mißbrauchte sie schließlich von ihrem 11. bis 14. Lebensjahr und fügte ihr dabei starke Schmerzen und Verletzungen zu. Er verlor nie ein Wort über das, was er tat.

Es sind aber nicht ausschließlich bedürftige, emotional deprivierte Kinder, die zu Opfern werden. Täter beschreiben auch, daß sie sich Mädchen und Jungen zuwenden, die einen offenen und freundlichen Eindruck machen und vertrauensvoll auf Erwachsene zugehen.

Prozeß von Beziehungsaufbau und Desensibilisierung

Wie stellen es diese Männer nun an, das Mädchen oder den Jungen in eine sexuell ausbeuterische Beziehung zu verwickeln? In diesem Zusammenhang wird immer wieder die Frage der Gewaltanwendung diskutiert. Was unter Gewalt verstanden wird, ist in vielen Studien leider nicht ausreichend definiert. Häufig scheint sich die Frage nur auf die Androhung oder Anwendung körperlicher Gewalt zu beziehen. Und auch hier ergibt sich bereits ein Definitionsproblem: Ist nicht der sexuelle Mißbrauch an sich, zumindest wenn er aus körperlichen Übergriffen besteht, körperliche Gewalt? Die Schilderungen der Täter und der Opfer belegen eindrucksvoll, daß die Anwendung körperlicher Gewalt in den meisten Fällen gar nicht erforderlich ist:

Es war völlig klar, daß es für meinen Vater gar nicht nötig war, irgendwelche körperliche Gewalt anzuwenden, weil er auch sonst recht autoritär war. Ich hatte da gar keine Chance. (Mann, der von seinem Vater, einem Pfarrer, ausgebeutet wurde, in Glöer & Schmiedeskamp-Böhler 1990, 112)

Den zumeist erwachsenen Tätern stehen aufgrund ihrer gesellschaftlichen Position eine Reihe von Ressourcen zur Verfügung, über die ein Kind nicht verfügen kann. Dazu gehört ganz wesentlich – allein aufgrund des oft beträchtlichen Altersunterschiedes – der Vorsprung an Wissen und Erfahrung. Diesen nutzen sie sehr bewußt. Auch ihren gesellschaftlichen Status und die gesetzlichen und impliziten (Vor-)Rechte Erwachsener setzen die Täter ein. In unserer Gesellschaft haben Kinder kaum ein Recht, einem Erwachsenen gegenüber »Nein« zu sagen. Strukturelle Machtunterschiede machen es erwachsenen Männern leicht, Mädchen und Jungen sexuell auszubeuten. In vielen Fällen reicht dem Täter subtile Machtausübung, um das Kind unter seinen Willen zu zwingen, ohne daß dieser Zwang offensichtlich wird. In höchstens einem Viertel der Ausbeutungsfälle greifen die Täter zum Erzwingen sexueller Handlungen auf offene körperliche Gewalt zurück (Bange 1992; Harborview Studie in Renvoize 1982). In rund einem weiteren Viertel werden Drohungen verschiedenster Art eingesetzt. Das heißt, etwa in jedem zweiten Fall werden sexuelle Handlungen mit Drohungen oder körperlicher Gewalt erzwungen (s.a. Russell 1986; Finkelhor 1979). Die Studie von Bange zeigt, daß in einem weiteren Viertel der Fälle allein die emotionale Zuwendung zum Durchsetzen der Ausbeutungshandlung reichte. Es wäre wichtig, einmal genauer zu erfassen, in welchen Fällen welche Täter welche Formen von Gewalt anwenden. Die Anwendung von Gewalt scheint mit dem Widerstandsverhalten des Kindes zu variieren. Die von Gebhard u.a. (1965) befragten inhaftierten Mißbrauchstäter wendeten vor allem in den Fällen Gewalt an, in denen sie Widerstand des Kindes wahrnahmen. Erst der offene Konflikt (Widerstand) erfordert die aufwendigere Ausübung offener Macht. In welcher Weise ein Kind Widerstand leisten kann, hängt vermutlich unter anderem von ihrem bzw. seinem Alter, dem Wissen über sexuelle Gewalt und der sozialen Unterstützung ab. Berliner & Conte haben aus ihren Opfer- und Täterbefragungen den Eindruck gewonnen, daß viele Täter gut in der Lage sind, wunde Punkte bei ihren Opfern zu entdecken und auszunutzen, so daß sie sie lange Zeit mißbrauchen können, ohne offenen Zwang anwenden zu müssen. Das erlaubt dem Täter, gleichzeitig sich selbst und dem Kind vorzumachen, das Mädchen oder der Junge mache freiwillig mit.*

---

* Das Konzept der strukturellen Macht ist theoretisch von Galtung (1975) ausgearbeitet. Zur Unterscheidung zwischen offener und subtiler Machtausübung empfehlen wir den Artikel von Hardy (1985) »The nature of unobstrusive power«. Die Autorin bezieht ihre Arbeit zwar ausschließlich auf organisationale Kontexte, unseres Erachtens stellt sie aber auch für alltägliche, inoffizielle Interaktionen einen fruchtbaren Denkansatz dar.

Natürlich gibt es nicht nur die eine Art, wie Täter sexuelle Gewalt ausüben. Das zeigt allein die Unterschiedlichkeit der durchgeführten Handlungen und das Spektrum von Machtmitteln, welches die Männer anwenden. Es scheint aber einige typische Verhaltensweisen zu geben. Wir wollen jetzt genauer auf die meist zu Anfang einer Ausbeutungsbeziehung angewendeten, nicht offen gewalttätigen Strategien eingehen. »Manchmal scheint es, als ob Täter untereinander ihre Tricks weitergeben, denn viele ihrer ›Dressurakte‹ gleichen sich wie ein Ei dem anderen« stellt Enders (1990, 90) fest.

Die meisten Mißbraucher kennen ihre Opfer und deren Alltag. Viele haben außerdem einige Erfahrung im Umgang mit Kindern. Das ermöglicht ihnen, ihr Verhalten auf das jeweilige Mädchen oder den jeweiligen Jungen abzustimmen und die sexuelle Ausbeutung zunächst »kindgerecht« zu verpacken. Dabei nutzen sie nicht nur die Bedürftigkeit und Offenheit des Kindes aus, sondern auch ihre bzw. seine Neugier und Unwissenheit. Sie nofieren, belügen, bestechen und erpressen das Mädchen oder den Jungen. Viele Täter beschreiben, wie sie die Kinder zunächst umwerben, langsam eine Beziehung aufbauen und dann allmählich mit den sexuellen Übergriffen beginnen. Amerikanische Fachleute nennen diesen Prozeß »grooming«*. Ein Effekt dieses Verhaltens ist, daß die Kinder eine gewisse Abhängigkeit vom Täter entwickeln, weil er ihnen zunächst viel Aufmerksamkeit und Zuwendung zukommen läßt. Eine weitere Auswirkung des »grooming«-Prozesses ist, daß andere Personen kaum auf die Idee kommen werden, der Mann könne dem Kind Gewalt antun. Auf diese Art kann sich der Täter leicht Gelegenheiten verschaffen, mit dem Mädchen oder dem Jungen allein zu sein. Aufgefordert, ein Handbuch zu schreiben »wie man am besten ein Kind mißbraucht«, schildern Mißbraucher ihre Techniken so (Conte, Wolf & Smith 1989, 298):

Such' ein Kind aus, welches eine schlechte Beziehung zu den Eltern hat, [...] welches wenig FreundInnen hat [...] Geh langsam vor [...] Sieh' zu, daß Dir so viele Leute wie möglich aus der Umgebung des Kindes vertrauen, [...] laß Pornos herumliegen. Rede über Sex. Beobachte die Reaktion des Kindes [...] Tu' so, als wäre das etwas ganz Normales [...] Berühre wie zufällig ihre Brust [...] Benutze Liebe als Köder [...] Drohe ihr niemals. Gib ihr die Illusion, daß sie frei entscheiden kann, ob sie mitmachen will oder nicht.

Conte, Wolf & Smith beschreiben dies als Prozeß von Beziehungsaufbau und langsamer »Desensibilisierung«: Der Mann beginnt den Körperkontakt langsam und in Form von sozial gebilligten Berührungen wie z.B. In-den-

---

* *Grooming* heißt auf deutsch pflegen. In der Verhaltensforschung wird es z.B. als »grooming« bezeichnet, wenn Affen sich gegenseitig Läuse aus dem Pelz lesen.

Arm-nehmen und massieren; er macht weiter mit scheinbar zufälligen Berührungen der Brust und Genitalien, bis er schließlich massivere (genitale) Übergriffe startet. Kontinuierlich läßt er – verbal wie körperlich – immer mehr sexuelle Aspekte in die Beziehung einfließen. So gelingt es den Mißbrauchern schließlich oft, mit den sexuellen Übergriffen zu beginnen, ohne daß die Kinder begreifen, was passiert. Täter erklären, sie würden ein Spiel spielen, das Kind sexuell aufklären, oder sie tun so, als würde überhaupt nichts Besonderes passieren. Sie

beschreiben die Übergriffe als kraulen, kitzeln, krabbeln, toben, oder sie beschmieren z.B. ihren Penis mit Nutella und spielen mit dem Kind »Schokoladenmännchen zum Ablutschen«. Ein anderer weit verbreiteter übler Trick ist das »Zauberspiel«: der Mißbraucher zeigt dem Kind, »wie aus seinem Pimmel eine Wolke kommt« oder »wie das Pipimännchen lachen und weinen kann« (Enders 1990, 90).

J., der im Alter von neun oder zehn Jahren oft bei seinem Pfadfindergruppenleiter, einem Medizinstudenten, der im gleichen Haus wohnte, zu Besuch war, berichtet:

Und irgendwann fing es dann an, daß er Übergriffe gestartet hat, Kabbeleien. Er hielt meine Hand an seinen Schwanz und fing an zu reiben. Damit kam ich überhaupt nicht klar. Das war jemand, zu dem ich Vertrauen gehabt habe, und es war eine Situation, in der ich vorher noch nie gewesen war. Das war sehr verwirrend. Ich konnte ihn in dem Moment nicht wegstoßen, weil ich nicht wußte, ist es ein Spiel oder etwas anderes. (Glöer & Schmiedeskamp-Böhler 1990, 40)

Auch in der Untersuchung von Berliner & Conte (1990) berichten die meisten Kinder, sie hätten am Anfang nicht begriffen, daß sie sexuell mißbraucht würden (S. 34):

Ich dachte, er zeigt mir seine Zuneigung.
Er ließ mich glauben, er würde mir etwas beibringen.

Begreifen die Kinder schließlich, woher ihr »komisches« Gefühl kommt und warum sie das Zusammensein mit dem Mann in einigen Situationen genießen und in anderen überhaupt nicht, fühlen sie sich oft mitschuldig, weil sie ja schon so lange »mitgemacht« haben. Die Schuldgefühle werden von Tätern gezielt verstärkt. Sie vermitteln den Kindern, daß sie sich frei entschieden haben, mitzumachen. Viele Mädchen und Jungen bekommen dabei Äußerungen der folgenden Art zu hören: »Du magst es doch«, »Du willst doch, daß ich es tue«, »Du hast mir nie gesagt, daß ich es lassen soll« usw. (Berliner & Conte 1990, 35). Nicht selten »bezahlen« die Täter auch für die sexuellen Handlungen mit Geschenken, Geld, Privilegien und ähnlichem. Auch dadurch vermitteln sie den Betroffenen, sie hätten sich freiwillig auf ein »Geschäft« eingelassen. Neben den Schuldgefühlen der Kinder können sich die Täter oft auf die bestehende Abhängigkeit verlassen. Dazu noch einmal der eben schon zitierte J.:

Das wurde dann immer aufdringlicher und unangenehmer, weil ich mit meinen Eltern eigentlich wenig zu tun hatte und diese Jugendgruppe mein Halt und meine Bindung war. Deswegen war ich überhaupt nicht in der Lage zu sagen, das will ich nicht. Es war aussichtslos für mich (Glöer & Schmiedeskamp-Böhler 1990, 41).

Die Isolation des Mädchens oder Jungen von anderen Menschen wird vom Täter häufig noch forciert. Das Kind wird dadurch abhängiger von ihm und hat gleichzeitig keine Person, an die sie bzw. er sich um Hilfe wenden kann. Der Täter kann diese Isolierung z.B. allein dadurch erreichen, daß er das Kind anderen gegenüber anscheinend deutlich favorisiert. Dies wird besonders am Beispiel eines Vaters deutlich, der eine Tochter zu seinem »Liebling« erklärt und sie scheinbar vor den anderen Kindern und auch vor der Mutter deutlich bevorzugt. Als Folge erntet das Mädchen häufig den Neid und die Wut der anderen. Die daraus folgende Entfremdung von anderen – besonders zwischen Mutter und Tochter – wird häufig bewußt vom Täter verstärkt:

Zu allem Überfluß zerstörte er die einzige Beziehung, die ich hatte – die zu meiner Mutter. Er entfremdete mich ihr, indem er sagte: »Wenn Du jemals Deiner Mutter etwas davon erzählst, bringe ich Dich um.« (Armstrong 1985, 109)

Das Mädchen verliert ihre potentiell wichtigste Verbündete. Einige weitere Beispiele mögen verdeutlichen, wie ein Mann auch ohne die Anwendung körperlicher Gewalt die Abhängigkeit, Unwissenheit und Machtlosigkeit eines Kindes ausnutzen kann, um das Mädchen oder den Jungen zu sexuellen Handlungen zu zwingen:
Er nutzt seine »Rechte« als Vater:

Am Abend der Abschlußfeier fragte ich, ob ich bis halb neun dort bleiben könnte. Er sagte, »schlaf mit mir«. Ich sagte, »nein. Kann ich jetzt gehen?« Und er sagte, »du hast Dir ja die Antwort schon selbst gegeben.« (Armstrong 1985, 86)

Er »erfüllt seine Pflichten« als Pädagoge:

Der Erzieher der Kindertagesstätte klärt mehrere Mädchen und Jungen »praktisch« auf und läßt sich befriedigen. (Enders 1990, 24)

Er redet dem Opfer ein, er bzw. sie selbst wolle es:

Er hat mir eingeredet, daß ich derjenige sei, der es wollte. Nicht er, sondern ich wäre gekommen, und ich hätte was mit ihm und nicht er mit mir. Und das hat wunderbar funktioniert. Das hat sich bei mir festgesetzt, daß ich derjenige war, der es wollte

Deshalb konnte ich es auch keinem erzählen. (Glöer & Schmiedeskamp-Böhler 1990, 125)

Er bzw. sie führt die gerechte Strafe Gottes aus:

Ich wurde auf ein Bett gelegt, so eine Pritsche, so ein Militärbett, die Arme nach hinten, ganz nackt, die Füße festgebunden, und dann kam das, wovon ich sage, das ist Sex gewesen. Sie [eine Nonne] hat gerieben und eingeschmiert, und sobald irgendwelche Regungen kamen vom Penis her, hat sie mir über die Brust gepeitscht. [...] Auch zur Toilette durfte ich nicht. Sie hat meinen Penis genommen und quasi für mich uriniert, den After abgewischt usw. [...] (Glöer & Schmiedeskamp-Böhler 1990, 91)

Er erpreßt das Mädchen bzw. den Jungen:

Einmal sagte er mir, er würde sich mit einem Gewehr erschießen, wenn ich nicht Sex mit ihm hätte oder jemandem davon erzählen würde. (Berliner & Conte 1990, 34 f.)

Er nutzt die kindliche Naivität aus und erzählt haarsträubende Lügen:

Die ganze Zeit erzählte er mir, wie sehr meine Mutter mich lieben würde und daß alles, was ich tun würde, geschehe, weil ich sie liebe und sie niemanden außer mir hätte. Dann hatte er Geschlechtsverkehr mit mir. Ich war geschockt und hatte Angst, aber ich hatte die ganze Zeit im Kopf, daß ich das tat, um meiner Mutter zu helfen: Er redete ununterbrochen davon, daß es nur geschah, weil meine Mutter mich liebte und ich sie. (Renvoize 1982, 162)

Die Reihe solcher und ähnlicher Fälle könnte endlos weitergeführt werden. Interessant ist, daß die Täter viele der Erklärungen, mit denen sie den Kindern den sexuellen Kontakt »verkaufen«, auch nutzen, um ihr Tun vor sich selbst und anderen, die die Tat entdecken, zu rechtfertigen. Viele dieser »Erklärungen« basieren auf den weit verbreiteten Mythen über sexuelle Gewalt. Daß sich Täter ihrer Tat meist bewußt und sich sicher sind, daß ihnen nichts geschieht, zeigt auch der zynische Ausspruch eines Mannes, der seine Tochter und seine Enkeltochter ausbeutete:

Mein Großvater hat zu ihr [dem Opfer] gesagt [...]: »Ach wenn Du doch nur nicht so ein liebes Kindchen wärst! Eigentlich dürftest Du Dir das gar nicht gefallen lassen!« (Enkelin über den Großvater, in *Tatort Familie*, 23.4.1990, 3Sat)

Viele Täter scheinen sich ihrer Sache sehr sicher zu sein und rechnen mit keiner Bestrafung. Leider haben sie bis heute auch meistens recht damit.

Geheimhaltungsgebot

Wie auch immer das Kind zu den sexuellen Handlungen gezwungen und mißbraucht wird, auf die eine oder andere Weise wird ihr bzw. ihm klargemacht, daß dieses ein Geheimnis bleiben muß. Dazu ist oft nicht viel nötig, da das Kind meist aus verschiedenen Gründen gar keine Chance hat, das Geheimnis zu lüften. Wie wir schon gezeigt haben, wählen viele Täter bewußt solche Kinder aus, die niemanden haben, der oder dem sie davon erzählen können. Andere beuten sehr junge Kinder aus, denen das Verständnis und die Worte für das fehlen, was ihnen passiert. Aus diesem Grund ist – wie wir in unserer praktischen Arbeit schmerzlich erfahren haben – den Tätern, die sehr junge Kinder mißbrauchen, (mit rechtlichen Mitteln) kaum beizukommen. Täter bringen ihre Opfer zum Schweigen, indem sie den Mißbrauch zu »unserem kleinen Geheimnis« erklären; sie appellieren an das Mitgefühl des Kindes oder sie drohen ganz offen. Sie drohen mit körperlicher Gewalt gegen das Kind oder andere Personen, mit Heimeinweisung, Zusammenbruch der Familie, mit Gefängnis, mit Schande und Lächerlichkeit für sie bzw. ihn etc. Sie drehen den Spieß einfach um und deklarieren das Opfer zur Schuldigen.

Er sagte: »Du weißt, was passiert ist. Du weißt auch, daß das verboten ist. Und wenn du was sagst, egal zu wem, ich bring dich um.« Dann sagte er: »Und wenn du was sagst, dann lachen dich ja auch alle aus, stell dir vor, du kriegst einen dicken Bauch, was die Leute dann von dir denken werden! [...] Ich nahm das damals alles für bare Münze. Ich ahnte ja nicht, daß er selber Angst hatte. Aber so setzte er mich unter Druck, den Mund zu halten. Tagelang war bei uns zu Hause nur das eine Thema aktuell: Christiane, was sollen die Leute von dir denken, wenn das rauskommt! Er redete so lange [...] bis ich selber glaubte, ich sei an allem Schuld! (Kavemann & Lohstöter 1984, 39)

Viele der Drohungen, die die Täter ausstoßen, werden leider oft zur grausamen Realität – z.B. dann, wenn falsch, unbedacht und überhastet interveniert wird. Die Täter benutzen ganz gezielt Lügen, und das Kind hat meist keine Chance, diese nachzuprüfen. Wie »einfühlsam« und »kindgerecht« sie dabei vorgehen, zeigt das Beispiel des eingangs erwähnten Erziehers:

Wer rede, so soll der Angeklagte gedroht haben, bekomme »von Soldaten des Bundeskanzlers den Kopf abgeschlagen« oder werde »in der Mitte durchgeschnitten«. Eltern würden ins Gefängnis kommen oder »tot gezaubert«, ein »Krokodil die Mutter fressen« oder der Zahnarzt die »Backe durchbohren«. (taz, 14.1.1993)

Wer sich so gut in kindliches Denken und kindliche Ängste einfühlen kann und dies geschickt für die eigenen Zwecke zu nutzen vermag, kann nicht – wie es häufig mit Tätern getan wird – als sozial inkompetent abklassifiziert und entschuldigt werden.

Eine so sorgfältige Planung des sexuellen Mißbrauchs, wie wir sie hier geschildert haben, findet natürlich nicht immer statt bzw. ist nicht immer »nötig«. Ein Täter, der mit dem Opfer bereits gut bekannt oder verwandt ist, muß bspw. gar nicht erst eine Beziehung aufbauen. Aber dennoch wählt auch er das betreffende Kind gezielt aus. Auch im Falle einmaliger, weniger intensiver Übergriffe kommen verschiedene Taktiken zum Tragen. Ein Sporttrainer, der seiner Schülerin bei der Hilfestellung an den Busen greift, nutzt die Hilfestellung ganz bewußt zu diesem Zweck und tut so, als geschehe es rein zufällig. Aspekte einer sorgfältigen Planung sind unserer Meinung nach bei nahezu jedem Fall sexueller Gewalt gegen Kinder bedeutsam.

Sex-Zirkel

Eine spezielle Form sexueller Ausbeutung, die vor allem auch Jungen zu betreffen scheint, findet in sogenannten Sex-Zirkeln (sex rings) statt (siehe hierzu Burgess, Hartmann, McCausland & Powers 1984). In einem Sex-Zirkel wird eine Gruppe von Kindern gemeinsam sexuell mißbraucht. Dabei kann es sich um einen Erwachsenen handeln, der die Gruppe aufbaut und die Kinder sexuell ausbeutet. Es können aber auch mehr oder weniger organisierte Zusammenschlüsse von mehreren Tätern sein, bis hin zu syndikatähnlichen Zirkeln, in denen der Mißbrauch professionalisiert ist. Kinder werden im großen Stil rekrutiert und »ausgebildet«, pornographische Materialien werden erstellt und vertrieben, ein Stamm von Kunden wird aufgebaut, und die Kinder werden zu sexuellen Diensten »weitergereicht«. Über Sex-Zirkel ist bislang erst wenig bekannt. Einige vermutlich typische Aspekte dieser Form sexueller Ausbeutung verdeutlicht folgendes Beispiel (nach Burgess u.a. 1984):

Eine Gruppe von 17 Jungen traf sich täglich nach der Schule bei einem 54jährigen Mann zu einem »Sex-Ritual«. Die Jungen saßen zunächst im Kreis, tranken Bier und rauchten Marihuana. Nach einiger Zeit ertönte eine Trommel und der Mann erschien in Samurai-Kleidung. Dies war für die Jungen das Zeichen, sich auszuziehen und untereinander verschiedenste sexuelle Handlungen zu vollziehen. Dabei wurden sie von dem Täter photographiert. Am Ende wurde ein Junge dazu bestimmt, mit dem Täter sexuell zu verkehren. In dem Zirkel wurden außerdem sadistische »Kriegsspiele gespielt«, bei denen »Gefangene bestraft« wurden.

Der Mann ist übrigens dafür ausgezeichnet worden, daß er 25 Jahre seines Lebens als Baseball-Trainer der Jugend gewidmet hat ...

Der Mißbrauch einer Gruppe von Kindern verschafft den Tätern besondere Möglichkeiten, die Opfer an sich zu binden und zur Geheimhaltung zu verpflichten. Dadurch, daß der Mißbrauch in einer Gruppe von (bekannten) Kindern stattfindet, ist es für den Täter relativ leicht, die Kinder glauben zu machen, das alles sei etwas völlig Normales, zumal, wenn sie sehr jung in die

Gruppe kommen. Die Täter können sich auch die Gruppendynamik zunutze machen und sie für die eigenen Zwecke in bestimmte Richtungen lenken. So spielen sie die Kinder z.B. untereinander aus. Sie greifen die Hierarchie auf, die unter den Opfern ebenso wie in anderen Gruppen von Gleichaltrigen besteht, und ermutigen die Kinder, sich aneinander auszuagieren und verstärken die Machtkämpfe. Nach dem Prinzip »nach oben buckeln und nach unten treten« bringen sie ranghöhere Kinder dazu, rangniedrigere zu ärgern, zu quälen und zu mißbrauchen. Das jeweils mächtigere Kind kann dies als recht positiv erleben. Dadurch, daß die Kinder nicht nur vom Täter sexuell mißbraucht werden, sondern von ihm auch dazu gebracht werden, sich gegenseitig sexuell zu berühren, können sie das Gefühl bekommen, selbst zum Täter oder zur Täterin geworden zu sein. Das wird vom Erwachsenen forciert, und er suggeriert ihnen, daß sie dafür bestraft würden, falls es bekannt würde. Verstärkt wird dies häufig noch durch den verbotenen Konsum verschiedenster Drogen. Letzteres kann für die Kinder auch ein positiver Anreiz sein, nicht aus der Gruppe auszubrechen (Reiz des Verbotenen, sich erwachsen fühlen). In diesem Sinne muß es auch verstanden werden, wenn Täter den Opfern Geld geben, was vor allem dann der Fall zu sein scheint, wenn pornographische Materialien hergestellt werden. Ein Opfer sagt bspw.: »Ich habe ihn [den Erwachsenen] wegen des Geldes gebraucht« (ebd., 657). Die pornographischen Bilder bringen die Kinder aber auch zum Schweigen, da sie Angst vor ihrer Veröffentlichung haben. »Willst Du etwa, daß Deine Mutter dieses Photo sieht?«, greift ein Täter diese Sorge geschickt auf (ebd.). So kann es dem Täter gelingen, die Kinder glauben zu machen, sie müßten das Geheimnis in ihrem eigenen Interesse wahren. Die Opfer üben daher unter Umständen sogar untereinander Druck aus, die Gruppe nicht zu verraten.

Forschungsergebnisse zu Sex-Zirkeln sind uns nur aus den USA bekannt. Daß sie in der BRD in vergleichbarem Stil existieren, belegt z.B. ein Fall der Anfang 1993 durch die Medien ging. Eine Berliner Sozialpädagogin berichtete in der Radiosendung *Erst kommt die Angst – dann der Schmerz. Kinder auf dem Sexmarkt* (WDR 2, 8.1.1993) von einer Grundschulklasse, in der die Hälfte aller Kinder von einem Pädophilen-Ring sexuell ausgebeutet wurde. Dort ist – so ihre Worte – »alles passiert«. Neben den sexuellen Übergriffen wurden z.B. Pornos gedreht und den Kindern Psychopharmaka verabreicht. Die Gewalttäter waren gut organisiert.

Resümieren wir: Sexuelle Gewalt gegen Kinder wird von den Tätern bewußt geplant und herbeigeführt. Sie suchen sich meist gezielt ein Opfer aus und verwickeln es in eine Beziehung (sofern diese noch nicht besteht). Die sexuellen Handlungen werden in der Regel geschickt getarnt und langsam in die Beziehung integriert (Prozeß der Desensibilisierung). Der sexuelle Kontakt wird vom Täter initiiert und dem Kind unter Ausnutzung des dem Täter zur Verfügung stehenden Macht- und Ressourcenvorteils aufgezwungen. Auf die eine oder andere Weise wird jedes Kind zur Geheimhaltung verpflichtet.

Die Opfer – Überlebenswege, Abwehrstrategien und Signale

Wie reagieren Kinder auf sexuelle Übergriffe? Haben sie Möglichkeiten, sich dagegen zur Wehr zu setzen? Ursula Enders (1990, 105) schreibt dazu:

> Es gibt kein Mädchen und keinen Jungen, die/der sich nicht gegen sexuellen Mißbrauch wehrt. Doch die wenigsten können sich später noch an ihre eigenen Widerstandsformen erinnern, denn ihre kindliche Gegenwehr war zwecklos, der Täter setzte sich darüber hinweg.

Kinder verwenden eine Reihe von Strategien, um den Mißbrauch irgendwie ertragen zu können, ihn zu beenden und auf ihr Leid aufmerksam zu machen. Viele Verhaltensweisen sind gleichzeitig Überlebensstrategien, Abwehrversuche und/oder Hilferufe. Teilweise werden sie zwar als Verhaltensauffälligkeiten bemerkt, aber nur selten als Signal und Hilferuf verstanden. Ohne Hilfe von außen sind jedoch die wenigsten Mädchen und Jungen in der Lage, den Mißbrauch zu beenden. Immerhin konnten aber 66 % der von Russell (1986) befragten Frauen verhindern, daß die Gewalttat auf ein intensiveres Niveau überging. Auf ihre Frage nach den primären Widerstandsstrategien erhielt Russell folgende Antworten*: Gut ein Fünftel aller Frauen wehrte sich körperlich, ein weiteres Fünftel versuchte zu fliehen, und ein knappes Viertel wandte verbale Strategien an. 7 Prozent versuchten, sich Hilfe bei Dritten zu holen, und ein weiteres Viertel wandte andere Strategien an. Zum Teil waren die Mädchen sogar zu massiver körperlicher Gegenwehr und ausgesprochen selbstsicherem Auftreten in der Lage:

> Abby – zehn Jahre alt – schlug ihren Stiefvater mit einem Hammer, als er versuchte, sie zu vergewaltigen. Eine siebzehnjährige Nichte, Stephanie, schlug mit einem Telefon nach ihrem Onkel und drohte mit einem Küchenmesser, ihn umzubringen. Evelyn, das zwölfjährige Opfer eines entfernten Verwandten, warf einen Blumentopf nach ihm. Ein sechzehnjähriges Opfer, Dorothy, ließ ihren Schwager zunächst auf sich draufsteigen und schnitt ihm dann mit einem Rasiermesser in den Rücken [...] Eine Enkelin stellte ihren Großvater vor einer Gruppe von Menschen bloß, indem sie

---

* Es wurde nur die jeweils selbstsicherste Strategie berücksichtigt.

sich umdrehte, als er ihr den Hintern tätschelte, und ihn sehr laut fragte, was er da täte. (Russell 1986, 126 f.)

Mädchen und Jungen lernen in unserer Gesellschaft weder, sexuelle Gewalt als solche klar zu erkennen, noch, daß sie das Recht haben, sich dagegen zur Wehr zu setzen. Anstelle problemangemessener Aufklärung und des Erlernens effektiver Abwehrstrategien wird Kindern mit gut gemeinten Warnungen vor dem »fremden, bösen Mann, der kleine Kinder ins Gebüsch zieht«, angst gemacht. Meistens werden sie im Unklaren darüber gelassen, welche Gefahr konkret von diesem »fremden, bösen Mann« droht. Genausowenig wird ihnen beigebracht, was sie tun können, wenn sie trotz aller Vorsicht in eine solche Situation geraten, geschweige denn, daß sie darüber informiert werden, daß auch Menschen, denen sie vertrauen und die sie lieben, ihnen sexuelle Gewalt antun können. Statt dessen wird ihnen häufig der Wert vermittelt, Erwachsenen sei zu gehorchen, und es sei zu tun, was diese verlangten. Mädchen erfahren zusätzlich, daß es sich für sie nicht »schickt«, sich körperlich auseinanderzusetzen oder sich auch nur laut und selbstbewußt zu verhalten. Noch erwachsene Frauen versuchen, bei sexueller Belästigung und Bedrohung durch Ignorieren oder freundliches Zureden den Täter in seinem Verhalten zu stoppen. Aggressives und selbstsicheres Verhalten steht im Widerspruch zu dem Verhalten, welches von Frauen erwartet wird, so daß sie in Situationen, die ein solches Verhalten erfordern, kaum angemessen handeln können (zur Effektivität von Widerstandsstrategien s. Kap. 6). Aber selbst, wenn ein Kind in der Lage ist, selbstsicher »Nein« zu sagen oder sich körperlich zu wehren, reicht das oft nicht aus:

Ich versuchte, ihm zu sagen, daß ich es nicht haben wollte. Einmal wollte er wissen, warum, und ich antwortete: »Weil ich es nicht leiden kann, benutzt zu werden.« »Das ist eine gute Antwort«, sagte er, und dann machte er genauso weiter wie bisher. (Leick 1986, 40)

Verschiedene Abwehrstrategien

Kinder setzen sich – je nach Alter und Möglichkeiten – in sehr verschiedener Weise gegen den Mißbrauch zur Wehr. Sie bemühen sich, dem Täter aus dem Weg zu gehen oder zumindest nicht mit ihm allein zu sein.

Damals hatte ich schon eine Menge Techniken entwickelt, dem zu entgehen. Ich habe immer darauf geachtet, daß ich nicht allein mit ihm im Zimmer bin, daß ich mich schnell wasche oder gar nicht. (Kavemann & Lohstöter 1984, 47)

Wohnt der Täter in der gleichen Wohnung wie das Opfer, so ist ein Zusammentreffen unvermeidbar. Er hat dann eine Reihe von Möglichkeiten, die Ausbeutung in Form von Hausaufgabenbetreuung, Ins-Bett-geh-Ritualen, gemeinsamen Ausflügen etc. in den Alltag des Kindes zu integrieren.

Andere Male versteckte ich mich; ich lief zu anderen Leuten oder verkroch mich im Hintergarten. Aber schließlich kriegte er mich doch, denn wenn ich nicht rechtzeitig nach Hause gekommen wäre, hätte er es meiner Mutter erzählt. Und dann, was hätte ich ihr sagen sollen? ›Also, weißt Du, mein Vater wollte mich vergewaltigen?‹ (Armstrong 1985, 53).

Können die Kinder dem Täter nicht aus dem Weg gehen, so greifen sie zu anderen Strategien, ihn in der jeweiligen Situation an einem sexuellen Übergriff zu hindern:

Da habe ich wohl mal ganz kurz mit meinem älteren Bruder darüber gesprochen, und der hatte einen Trick gefunden und mir gesagt, wie er das macht: Man bindet sich um die Schlafanzughose einfach einen Gürtel und zieht den fest zu. Und das hatte ich dann auch so gemacht. Seitdem lief das nicht mehr so. Da war anscheinend klar, daß da jetzt ein ganz kleiner Widerstand anfängt. (in Glöer & Schmiedeskamp-Böhler 1990, 114)

Kinder rücken Möbel vor die Zimmertür, bauen ihr Spielzeug im Zimmer auf und hoffen, daß es einen lauten Knall gibt, wenn der Täter hereinkommt und dadurch andere wach werden (Enders 1990, 106). Die vierjährige Anne streut bspw. Popcorn vor die Zimmertür, damit es knackt, wenn der Täter darauf tritt. Dann will sie schnell aufs Klo gehen und in der Hoffnung, daß die Mutter es hört, ganz laut abziehen (ebd.). Wenn der Mißbrauch zu Hause und nachts passiert, wenden Kinder auch häufig die – ineffektive – Strategie an, dick eingewickelt in Decken zu schlafen oder sich schlafend zu stellen. Sie hoffen, daß der Täter sie dann in Ruhe läßt. Das Schlafendstellen ist zudem ein Mechanismus, der ihnen hilft, die Ausbeutung zu ertragen. Sie sind bemüht, das Geschehen auszublenden, sie versuchen, sich aus der Realität wegzudenken und die Gefühle nicht wahrzunehmen:

Ich fand Mittel und Wege, mich abwesend zu machen – ich dachte an ein Gespräch mit einer Nachbarin, eine Hausaufgabe, eine Einkaufsliste, irgendetwas Nichtsexuelles –, um mich aus dem Zentrum des Geschehens zu entfernen, so zu tun, als geschähe es gar nicht. [...] Ich verstand es immer besser, die Realität zu verdrängen und mitunter ganz auszulöschen, eine Fertigkeit, die ich mir später nur unter größten Schwierigkeiten [...] wieder abgewöhnen konnte. (Brady 1979, 65, 76 f., zit. nach Rijnaarts 1988, 301)

Diese Strategie kann zur Folge haben, daß die Betroffenen scheinbar kühl, distanziert und emotionslos von ihren Erlebnissen berichten können. Ein Resultat davon ist häufig, daß ihnen entweder nicht geglaubt oder angenommen wird, es sei nicht schlimm für sie gewesen. Mädchen, denen vermittelt wird, der Mißbrauch geschehe, weil sie besonders attraktiv und verführerisch sind, versuchen oft, sich »unsichtbar«, unansehnlich oder unweiblich zu machen. Sie nehmen z.B. eine krumme Haltung an und bemühen sich, ihre Brüste zu verstecken (Kavemann & Lohstöter 1984, 47), oder sie verweigern die Nahrung und werden vielleicht sogar magersüchtig. Manche versuchen auch im Gegenteil sich dick und rund zu essen (Eßsucht).

Die Formen der Gegenwehr sind vielgestaltig. Die Tatsache, daß viele Kinder »nur« einmalige Übergriffe erleben, mag auf ihrem Widerstand beruhen. Häufig schaffen sie es auch zu verhindern, daß der Täter den sexuellen Kontakt intensiviert. Der Widerstand kostet die Kinder jedoch sehr viel Kraft, und vielen kann es nicht gelingen, den Täter dauerhaft an seinem Tun zu hindern. Aber selbst, wenn sie sich erfolgreich wehren, wissen sie doch niemals sicher, daß es nicht wieder passieren wird. Zudem kann selbstsichere Gegenwehr den Täter dazu veranlassen, massivere Machtmittel zur Durchsetzung seiner Interessen einzusetzen. Sexuell ausgebeutete Kinder sind deshalb auf die Hilfe von außen angewiesen. Hilfe ist auch notwendig, um das Erlebte möglichst gut verarbeiten zu können.

Hilferufe

Sexuell ausgebeutete Kinder senden (z.T. sehr konkrete) Signale an ihre Umwelt oder versuchen sogar, anderen von ihrem Leid zu erzählen. Ein prinzipielles Problem besonders sehr kleiner Kinder ist dabei die fehlende sprachliche Ausdrucksfähigkeit. Renvoize (1982, 53) erwähnt eine Studie, in der Kindergartenkinder u.a. nach ihren Vorstellungen zum Wort »Vergewaltigung« befragt wurden. Dabei kam heraus, daß dies für die Kinder von »sich ausziehen« über »stehlen« bis zu »Mord« alles bedeuten konnte. So kann es geschehen, daß ein Kind, welches einen mißbrauchenden Erwachsenen der »Vergewaltigung« beschuldigt, bei dem aber keine Folgen von Penetration entdeckt werden, der Lüge bezichtigt wird.

Finkelhor (1979) ermittelte, daß rund ein Drittel der Betroffenen jemandem von seinen Erfahrungen erzählt hat (37 % der Mädchen und 27 % der Jungen). Bei Bange (1992) waren es mehr: Etwa zwei Drittel der Frauen und die Hälfte der Männer berichteten irgendwann jemandem von dem Mißbrauch. Wie in diesen beiden Untersuchungen, fanden auch Fritz, Stoll & Wagner (1981), daß Jungen deutlich seltener von ihren Erfahrungen berichten als Mädchen. Nach Banges Daten ist außerdem die Wahrscheinlichkeit, daß ein Mädchen bzw. eine Frau jemandem von der Tat berichtet, am größten, wenn der Täter ein Fremder ist und am geringsten, wenn er mit dem

Opfer verwandt ist. Das gleiche gilt für die Zeit, die verstreicht, bis jemand von der Tat erfährt. Rund die Hälfte derjenigem, die in Banges Studie irgend jemandem von dem Mißbrauch erzählten, taten dies relativ kurz nach der Tat, d.h. Minuten bis einige Tage später. Dies betraf in erster Linie Fälle mit fremden Tätern. 10 % der Frauen vertrauten sich einen Monat bis ein Jahr später jemandem an, und bei den restlichen 40 % dauerte es z.T. noch wesentlich länger. Bei Finkelhor u.a. (1990) erklärten gut 40 % der Frauen und Männer, daß sie innerhalb eines Jahres jemandem ihre Erlebnisse mitgeteilt hatten. Weitere 24 % der Frauen bzw. 14 % der Männer berichteten frühestens nach einem Jahr davon. 33 % der Frauen und 42 % der Männer behielten ihre Erfahrungen immer für sich. Russell (1986) hat nicht direkt danach gefragt, dennoch machte jede zweite Frau von sich aus Angaben dazu. Davon gaben nur 10 % an, daß nie jemand von der Tat erfahren hätte. 34 % berichteten kurz nach dem ersten Vorfall davon, 19 % später. 37 % erklärten, sie hätten zwar selbst nie davon erzählt, aber sie wären sicher, daß jemand anderes trotzdem Bescheid wußte. Diese Zahlen zeigen, daß vermutlich mindestens jede bzw. jeder dritte Betroffene nie jemandem von der erlittenen Gewalt berichtet. Ein weiterer großer Prozentsatz vertraut sich erst lange Zeit nach dem Übergriff jemandem an. In der Bevölkerungsbefragung von Badgley u.a. (1984) zeigte sich, daß nur ein geringer Prozentsatz der Frauen und Männer, die in ihrer Kindheit von sexueller Gewalt betroffen waren, Unterstützung bei öffentlichen (Hilfs-)Einrichtungen suchte. Männer taten dies noch seltener als Frauen: Etwa jede vierte Frau, aber nur jeder zehnte Mann wandte sich an eine Institution. Sie taten dies vor allem in den Fällen, wo es zu sehr intensiven Übergriffen gekommen war. Hilfe wurde hauptsächlich bei Personen und Einrichtungen der medizinischen Versorgung und der Polizei erbeten.

Viele Mädchen und Jungen sind – wie diese Ergebnisse deutlich belegen – nicht in der Lage, jemandem von ihrem Leid zu erzählen. Manche sind sogar darum bemüht, niemanden erfahren zu lassen, was mit ihnen passiert, obwohl sie stark darunter leiden. Warum? Einer der wichtigsten Gründe sind sicherlich die Drohungen des Täters. Zentrale Bedeutung kommt vermutlich auch dem zu, daß Kinder »wissen«, daß Erwachsene das Recht haben, mit ihnen zu tun, was sie wollen, und sie wissen ebenfalls, daß sie selbst kein Recht haben, sich gegen Erwachsene aufzulehnen.

Ich bin gar nicht auf die Idee gekommen, irgendetwas zu machen, mich an jemanden zu wenden. Warum? Es war für mich selbstverständlich, daß die Erwachsenen einfach alle Rechte über uns Kinder haben. (Betroffene in *Tatort Familie*, 30.4.1990, 3Sat)

Besonders kleine Kinder verstehen außerdem oft nicht, was mit ihnen geschieht, und sie haben keine Worte dafür. Aber auch Ältere haben meist nicht gelernt, über sexuelle Dinge zu reden. Scham- und Schuldgefühle und die Furcht vor Schuldzuweisungen spielen meist eine bedeutende Rolle. Der Wunsch, alles zu vergessen und so zu tun, als wäre nichts geschehen, kann ein weiterer Grund sein. Einige Kinder kommen nicht auf den Gedanken, daß sie sich Hilfe holen könnten, weil sie glauben, *allen* würde so etwas geschehen, es sei normal und ihre Pflicht. Andere wiederum denken, sie wären die *einzigen* auf der Welt, denen dies passiert, und deshalb müsse es etwas mit ihnen selbst zu tun haben.

Das Ganze war so ein großes Tabu, daß es für mich gar nicht denkbar war, mit jemandem darüber zu reden: Ich habe nicht daran gedacht, weil ich glaubte, das passiere nur mir, und ich wollte ja alles vertuschen. (in Kavemann & Lohstöter 1984, 41)

Für Mädchen oder Jungen, die innerhalb der Familie ausgebeutet werden, kommt hinzu, daß der Traum und das gesellschaftlich vermittelte Bild von der heilen Familie sie daran hindert, den Mißbrauch aufzudecken:

Ich war verzweifelt darum bemüht, daß andere Leute glaubten, wir wären eine glückliche Familie und alles sei in Ordnung. Ich glaubte, wenn sie mich zurückgezogen oder deprimiert sähen, wüßten sie gleich alles. Ich hatte immer diese Angst, daß Leute mich nur anzusehen bräuchten, und sie wüßten Bescheid. Ich hatte einen Horror davor, daß jemand etwas wissen könnte. Ich war sicher, daß dies nur mir passierte. Es konnte unmöglich auch anderen passieren. (in Renvoize 1982, 11)

Doch auch Kinder, die schweigen oder gar bemüht sind, das Geheimnis zu wahren, senden eine Reihe von Signalen an die Außenwelt – die leider nur selten verstanden werden. Neben den beschriebenen Überlebens- und Abwehrstrategien, die zum Teil eine deutliche Signalwirkung haben, suchen sie sich — belastet mit dem Geheimhaltungsgebot und oft unfähig, Worte für das Geschehen zu finden – andere Wege, ihr Leid auszudrücken:

Susi spielte im Kindergarten Vergewaltigungsszenen in der Puppenecke nach. Die Erzieherin bestrafte sie für ihr »brutales« Spiel. Heike, Schülerin der 8. Klasse, ließ im Unterricht immer wieder Pillenpackungen unter den Tisch fallen und erzählte, daß sie Angst vor ihrem Opa hatte. Die Lehrerin verstand sie nicht. Der neunjährige Michael malte in der Grundschule immer wieder Bettszenen mit seinem Vater, dessen Penis er extrem groß zeichnete. (Enders 1990, 43)

Selbst auf solche direkten Hinweise wird nur selten reagiert, vermutlich weil sie meist gar nicht verstanden werden. Gleichzeitig

entmutigen zu viele Erwachsene, selbst Professionelle, die Kinder auf subtile Weise, von ihren Erfahrungen zu berichten, oder sie ignorieren erfolgreich ihren eigenen Verdacht, daß ein sexueller Mißbrauch stattgefunden haben könnte. (Renvoize 1982, 44)

Halten wir fest: Sexuell mißbrauchte Kinder versuchen in der einen oder anderen Weise, sich gegen die sexuellen Übergriffe zur Wehr zu setzen. Dabei, und zur Verarbeitung des Traumas, sind sie auf Hilfe von außen angewiesen. Einige Opfer versuchen (oft erst einige Zeit nach dem Übergriff) anderen direkt davon zu berichten, alle aber senden mehr oder weniger deutliche Signale an die Umwelt. Präventive Arbeit sollte Kindern u.a. vermitteln, daß sie ein Recht haben, sich Erwachsenen zu widersetzen und Hilfe zu suchen. Beides muß eingeübt werden. Darüber hinaus müssen Erwachsene lernen, Signale der Opfer als solche zu begreifen und angemessen darauf zu reagieren.

8. Folgen sexueller Gewalt

Nicht wahr, so zwischen uns gesagt, dies ist ja gar nichts Schlimmes fürs Kind? Im Gegenteil, es erfährt so eine ausgesprochen starke Zuwendung des Vaters; er kann auf diese Art seiner Tochter zeigen, wie sehr er sie liebt,

meint ein Richter, obwohl er gerade vorher zweieinhalb Stunden von einer Expertin über sexuelle Ausbeutung informiert worden war (in Friese 1986, 20). Und wieder einmal ist es ein Wissenschaftler – ein ziemlich bekannter sogar – der solchen Vorstellungen den Rücken stärkt:

Was schädigt, ist offenbar niemals die sexuelle Erfahrung, sondern stets nur die Gewalt, die Drohung, die Erpressung und die Vernehmung, bei der dem Kind überhaupt erst suggeriert wird, daß das, was es freudig erlebt hat, in den Augen anderer »schlecht« sei. (Stern 1989, 51, S. 9)

Dies behauptet der Sexualforscher Ernest Bornemann. Seiner Meinung nach beherrscht sexuell

das Kind immer den Erwachsenen, nie der Erwachsene das Kind. In jeder sexuellen Beziehung zwischen Menschen ungleichen Alters triumphiert Lebensalter über Lebenserfahrung, d.h. der Jüngere dominiert den Älteren. Das ist in einer Beziehung zwischen einer 19jährigen Ballettänzerin und einem 60jährigen Ballettomanen genauso wie zwischen einer kapriziösen Sechsjährigen und ihrem dreißigjährigen Anbeter. (in EMMA, 3/1992, 9)

Neben dem Mythos, der – vereinfacht gesagt – meint »es sei ja alles gar nicht so schlimm«, wird neuerdings oft die genau entgegengesetzte Ansicht vertreten. Danach hat sexuelle Gewalt gegen Kinder *immer* sehr schwerwiegende Folgen. In unserer Untersuchung waren 80 % der Befragten davon überzeugt. Eine Teilnehmerin formulierte:

Die Auswirkungen des sexuellen Mißbrauchs für die Kinder sind katastrophal, als ob man die Seele tötet [...] Diese Kinder sind ihr ganzes Leben lang unglücklich, wenn sie nicht die Chance erhalten, Therapie zu machen.

Um dies schon einmal vorwegzunehmen: Auch diese Vorstellung ist falsch, zumindest wenn sie auf *alle* Opfer bezogen ist. Wir werden im folgenden darstellen, daß sexuelle Gewalt für die betroffenen Mädchen und Jungen oft ein einschneidendes Lebensereignis mit unmittelbaren und langfristigen Auswirkungen ist. Sexuelle Ausbeutung kann sich sehr massiv auf das psychische und körperliche Wohlbefinden sowie auf Eigenschaften und Verhaltensweisen und auch auf spätere Lebenserfahrungen der Betroffenen auswirken. Das heißt aber nicht, daß Betroffene zwangsläufig zu unglücklichen oder »kranken« Erwachsenen werden.

Zu den Folgen sexueller Gewalterfahrungen gibt es inzwischen gute überblicksartige Darstellungen von Forschungsergebnissen. Wir werden deshalb auf die Diskussion einzelner Studien verzichten und uns darauf beschränken, Befunde zusammenfassend darzustellen. (Umfangreiche Literaturauswertungen finden sich z.B. bei Conte 1985; Browne & Finkelhor 1986; dazu ergänzend: Finkelhor 1990; zu unmittelbaren Auswirkungen: Beitchman, Zucker, Hood, DaCosta & Akman 1991; zu langfristigen Folgen: Cahill, Llewelyn & Pearson 1991; zu intrafamilialem Mißbrauch und Sexualität: Maltz & Holman 1987; Zusammenfassende Darstellungen in deutscher Sprache: Bange 1992; Enders 1990; Steinhage 1985; Mitnick 1986. Ein gutes Bild des Erlebens der Betroffenen vermitteln Erfahrungsberichte z.B. Armstrong 1985; Literaturhinweise zu Romanen siehe Enders 1990, 291).

Die Erforschung der Auswirkungen sexuellen Mißbrauchs birgt eine Reihe von Problemen. Grundsätzlich ist es schwierig, Eigenschaften, Erfahrungen oder auch Störungen einer Person eindeutig auf bestimmte Ursachen zurückzuführen. Die Forschung zu diesem Themenbereich beruht bisher hauptsächlich auf retrospektiven Berichten Betroffener. Diese aber stellen in vielen Fällen selbst keine Verbindung zwischen dem Mißbrauch und verschiedenen Auswirkungen her. Ihre Wahrnehmung und Einschätzung der Folgen kann zudem durch Verdrängung und Verleugnung verzerrt sein. Der häufig als »Zeitbombeneffekt« beschriebene (Überlebens-)Mechanismus vieler Opfer – die oft jahre- oder jahrzehntelange Verdrängung der mit dem Mißbrauch verbundenen Gefühle und Erlebnisse – kann den Eindruck erwecken, daß der Mißbrauch gar nicht so traumatisierend war oder daß die Betroffenen ihn bereits gut verarbeitet haben. Dieses Bild ist trügerisch, denn ganz plötzlich kann »irgendein Satz, ein Bild, ein Zimmer, ein Mann, eine Berührung« (Kavemann & Lohstöter 1984, 53) alle unterdrückten Empfindungen und Erinnerungen mit einem Mal an die Oberfläche bringen und eine schwere Krise hervorrufen. Aber auch ohne an die Oberfläche zu gelangen, können die unterdrückten Verletzungen sich in Symptomen ausdrücken, ohne daß die Betroffenen oder andere einen Zusammenhang ahnen:

Ich hatte die Wahrheit in die hinterste Ecke meines Bewußtseins gepackt, und übrig blieb nur, daß ich ständig vor mir selbst wegrannte, mich selbst verletzte, ohne zu wissen, warum. (in Renvoize 1982, 164)

Unmittelbares Erleben

In zahlreichen Studien wird deutlich, daß fast alle sexuell ausgebeuteten Mädchen und Jungen während und nach der Mißbrauchshandlung unangenehme Gefühle erleben. Herman & Hirschman (1981a) z.B. schließen aus den Daten verschiedener Untersuchungen, daß 92 %-98 % der befragten Opfer den sexuellen Kontakt mit einem Erwachsenen unangenehm empfanden. In Russells Erhebung gaben mehr als die Hälfte der interviewten Frauen (53 %) an, daß die Ausbeutungserfahrung sie emotional »sehr« bzw. »extrem« aufgewühlt habe. Knapp 30 % waren »etwas« emotional getroffen und die restlichen 20 % fühlten sich (fast) gar nicht beeinträchtigt. In Finkelhors Studie (1979) war im nachhinein keine bzw. keiner der Interviewten froh über die Mißbrauchserfahrung. Fast alle beurteilten ihre Erlebnisse als ungewollt und traumatisch. Von den Mädchen erlebten 58 % Angst, Furcht und Schrecken, 26 % waren schockiert, 20 % überrascht. Nur wenige sagten, sie hätten die sexuellen Handlungen eher neutral erlebt. Auch bei Bange (1992) äußerten fast alle der Studentinnen und Studenten mit Ausbeutungserfahrungen, sie hätten dabei – meist intensive – negative Gefühle empfunden. Keine der Frauen empfand Freude bei den Übergriffen, und nur drei Männer gaben an, ein wenig Freude empfunden zu haben. Allerdings berichteten 22 % der Studenten und 9 % der Studentinnen, daß sie unter anderem auch Lustgefühle erlebt hätten. In Finkelhors Untersuchung gaben ebenfalls einige an, in der Mißbrauchssituation auch Lust erlebt zu haben. Dies bedeutet jedoch nicht, daß die Erfahrung deshalb von ihnen gewollt war oder als positiv bewertet wurde. Eher im Gegenteil verstärkte das Lustempfinden die Gefühle von Schuld und Hilflosigkeit und verwirrte das Kind:

Wenn er mich stimulierte, hatte ich wohl auch angenehme Gefühle empfunden [...] Ich konnte nicht verstehen, warum ich diese Lustgefühle hatte. Ich fühlte mich schrecklich schuldig deswegen. Ich konnte mich selbst nicht leiden. Weil ich nicht verstand, was mit mir geschah [...] Ich haßte mich selbst. (Armstrong 1985, 189)

Der Mißbrauch wird nicht nur dann ambivalent erlebt, wenn der Körper des Kindes positiv reagiert, es die Situation ansonsten aber deutlich negativ definiert. Ambivalenz ist oft allein dadurch gegeben, daß das Mädchen oder der Junge von einer Person gleichzeitig Zuwendung und Gewalt erfährt. Die

Folge ist, daß das Kind die Situation nicht richtig einschätzen kann, weil es nicht weiß, welchen Gefühlen es trauen kann. Dadurch wird das Kind unfähig, mit der Situation umzugehen.

Ich habe die Tage mit meinem Freund genossen und mich vor den Nächten gefürchtet,

beschreibt ein Mann, der als 12jähriger von seinem sechs Jahre älteren Freund ausgebeutet wurde, sein emotionales Dilemma, das es ihm unmöglich machte, sich zu wehren (Soltau 1990).

Kurz- und langfristige Folgen

Es liegt auf der Hand, daß eine Erfahrung, die wie sexueller Mißbrauch negativ erlebt wird, die ängstigt und schockiert, Auswirkungen über die konkrete Situation hinaus hat. Sexuelle Gewalterfahrungen können – je nach Dynamik der Tat und der Reaktionen des sozialen Umfeldes – das Leben und Wohlbefinden eines betroffenen Kindes relativ kurzfristig beeinträchtigen oder auch langandauernde und schwerwiegende Folgen nach sich ziehen. Die negativen Auswirkungen können in der sexuellen Ausbeutung selbst sowie in unangemessenen Reaktionen des sozialen Umfeldes begründet sein. Auch die Überlebensstrategien (z.B. Nahrungsverweigerung) und Signale der Betroffenen können sich ungünstig verfestigen. Russell (1986, 138 f.) ermittelte, wie stark sexueller Mißbrauch das Leben der Betroffenen nachhaltig beeinträchtigt. 34 % der Befragten gaben an, durch die Gewalterfahrung »extrem« traumatisiert zu sein, 23 % berichteten von einer »erheblichen«, 25 % von »einiger« und 18 % von »keiner« Traumatisierung. In fast allen Studien finden sich auch Opfer, die keine langfristigen negativen Folgen aufweisen. Dies kann zum Teil auf die Erhebungsmethode sowie auf Verleugnungstendenzen der Betroffenen zurückzuführen sein. Zum anderen hängt das Ausmaß der Traumatisierung aber auch mit der Art der Mißbrauchserfahrung zusammen. Die Wahrscheinlichkeit, durch die einmalige Begegnung mit einem Exhibitionisten nachhaltig traumatisiert zu werden ist geringer als – im Extremfall – bei einer jahrelangen Vergewaltigung durch den Vater. Auch wenn negative Folgen »nur« kurzfristiger Natur und nicht so schwerwiegend sind, müssen sie dennoch ernst genommen werden. Schließlich berichten einige Frauen sogar von langfristig positiven Entwicklungen, und zwar als Resultat der Verarbeitung des Mißbrauchs. Dies kann eine größere Unabhängigkeit in Beziehungen zu Männern oder generell mehr Gleichberechtigung in Beziehungen umfassen, es kann die Fähigkeit sein, besser auf sich selbst aufpassen zu können, aber auch größeres Wissen über und Kompetenz im Umgang mit sexueller Gewalt sowie ein schärferes politisches Bewußtsein (vergl. Russell 1986, 140; s.a. Finkelhor u.a. 1939). Summa summarum ist sexuelle Ausbeutung also häufig ein traumatisches Erlebnis, welches für das Opfer das Risiko erhöht, kurz- und langfristig eine Vielfalt von Problemen zu haben (Herman & Hirschman 1981a, 34). Daraus kann und darf jedoch keinesfalls der Schluß gezogen werden, daß alle Opfer zu »kranken« Erwachsenen werden! Enders (1990) warnt in diesem Zusammenhang davor, die betroffenen Mädchen und Jungen nur auf ihre Symptome zu reduzieren und ihre Überlebenskräfte zu ignorieren. Finkelhor u.a. (1989, 395) geben zu bedenken, daß ein solches Stigma seinerseits Folgen für die Betroffenen hat: »KlinikerInnen berichten, daß einige Kinder und Familien davon überzeugt sind, daß sie aufgrund des Mißbrauchs dazu verdammt sind, ihr Leben lang psychische Probleme zu haben.« Wir selbst haben die Erfahrung gemacht, daß Betroffenen von ihrem Umfeld in der Erwartung, daß die Opfer für ihr Leben von der Gewalterfahrung gezeichnet sind, kaum mehr zugestanden wird, zu lachen, fröhlich zu sein und das Leben zu genießen. »Dann kann es ja auch nicht so schlimm gewesen sein« – so der Fehlschluß.

Bevor wir anschließend auf einzelne psychische und soziale Folgeprobleme sexueller Gewalt eingehen, zunächst einige Anmerkungen zu dem Prozeß, durch den sexuelle Gewalt die Persönlichkeit und das Verhalten eines Menschen beeinflussen kann: Jeder vermeintlich noch so geringe sexuelle Übergriff vermittelt den Betroffenen, daß sie ein Objekt zur Befriedigung der Bedürfnisse anderer sind. In diesen Situationen werden sie nicht als Menschen mit eigenen Gefühlen und Wünschen geachtet, sondern auf ihren Körper reduziert. Oft wird ihnen zudem vom Täter oder dem sozialen Umfeld in der einen oder anderen Form die Schuld an dem Vorfall zugeschrieben: Sie hätten einen schlechten Charakter oder hätten sich falsch verhalten. Diese Bedeutungsgehalte können zum Bestandteil der Selbstdefinitionen der Betroffenen werden*, vermutlich um so stärker, je jünger ein Opfer ist. Je massiver der sexuelle Übergriff, um so größer ist ferner das Erleben von Hilflosigkeit, das Gefühl, keine Kontrolle mehr über die Situation und das

---

* Wir beziehen uns hierbei auf das Konzept des »Spiegel-Selbst« (looking-glass-self), wie es im Symbolischen Interaktionismus gefaßt ist. Dieses Konzept beinhaltet die Vorstellung, daß Reaktionen und Verhaltensweisen unserer Mitmenschen uns gegenüber wie ein Spiegel wirken, der uns zeigt, was und wie wir sind. Dementsprechend denken wir über uns (weitgehend) das, was wir in unserem Spiegelbild sehen (vgl. Stryker 1976, 265).

Geschehen zu haben. Die Erfahrung von Hilflosigkeit und fehlender Kontrolle kann generalisieren und langfristig das Erleben und Verhalten der Betroffenen ungünstig beeinflussen* – insbesondere da die Erfahrung die Person zentral betrifft: Es geht um den eigenen Körper, die eigene Integrität. Ein Beispiel soll diese Prozesse verdeutlichen. Ein sexuell mißbrauchtes Mädchen erzählt:

Mein Stiefvater sagte damals, daß er und meine Mutter sich sehr gern hätten und daß sie sehr ineinander verliebt seien, aber er sei ja so ein leidenschaftlicher Typ, und das würde meine Mutter sehr erschöpfen. Sie sei sehr müde und könne nicht so oft, wie er gern wollte. Und wenn so ein junges Mädchen wie ein Glühwürmchen vor sich hinstrahle, da könne doch so ein viriler Mann wie er die Finger nicht davon lassen. Damals schluckte ich die Erklärung ... (in Leick 1986, 41)

Geprägt von Mythen über sexuelle Gewalt und der traditionellen Geschlechtsrolle vermittelt der Stiefvater seiner Tochter gleichzeitig folgende Botschaften:

– er als »leidenschaftlicher und viriler«, sprich: »richtiger«, Mann braucht viel Sex;
– »seine« Frauen (Ehefrau und Tochter) sind dafür verantwortlich, ihm Sex zu verschaffen;
– sie selbst löst durch ihre Attraktivität seine sexuellen Annäherungen aus.

Der Mann definiert die Situation. Sein Geschlecht, seine Position als Stiefvater und auch sein Alter geben ihm die Möglichkeit und das Recht dazu. Das junge Mädchen nimmt die »Wahrheiten«, die er ihr vorspiegelt, für bare Münze. Zu anderen in der Gesellschaft existierenden »Wahrheiten« – wie z.B. feministischen Vorstellungen – hat sie kaum Zugang, und zwar um so weniger, je jünger sie ist. Folglich verinnerlicht das Mädchen die herrschenden Geschlechtsrollen und sexistischen Vorstellungen.

Das Mädchen selbst erfährt den Mißbrauch als eine nicht kontrollierbare Situation, die sie nicht beabsichtigt hat, für die ihr aber die Verantwortung zugeschrieben wird. Den resultierenden kognitiven und emotionalen Konflikt versuchen Betroffene oft dadurch zu mindern, daß sie die sexistischen Vorstellungen des Täters übernehmen. Indem das Mädchen in diesem Beispiel das Verhalten des Stiefvaters auf ihr eigenes Verhalten oder ihre Attraktivität zurückführt, erlangt sie vermeintlich Kontrolle über die Situation: Sie kann z.B. versuchen, sich weniger aufreizend zu verhalten oder sich unattraktiv zu machen. Die Übernahme der Mythen und anderer sexistischer

---

* Dieser Prozeß wird in der sozialpsychologischen Theorie der »Erlernten Hilflosigkeit« beschrieben (vergl. Seligman 1979; Grabitz 1987).

Einstellungen wird langfristig jedoch ihr Gefühl der Nichtkontrolle eher festigen, wenn sie erfährt, daß sie auch dann, wenn sie sich z.B. »häßlich« macht, weiter Zielscheibe männlicher Angriffe ist. So entwickelt sie möglicherweise ein Einstellungsmuster – »Männer sind eben so, und Frauen können nichts dagegen machen« –, welches sie im Gefühl erlernter Hilflosigkeit erstarren läßt.* Folgen sind häufig eine Verringerung des Selbstwertgefühls, Vertrauensverlust, Depressionen und Angst. Auf der Verhaltensebene resultiert dies oft in resignierter Wehrlosigkeit, die einem Widerstand gegen weitere sexuelle Übergriffe im Wege steht (Reviktimisierung).

Nun zu einigen psychischen und sozialen Problemen, die nach verschiedenen Studien gehäuft bei Opfern sexueller Gewalt zu beobachten sind.** Sie sind jedoch – mit Ausnahme der sexualisierten Verhaltensweisen bei Kindern (s.u.) – keineswegs spezifisch für sexuelle Gewalt. Das heißt, die Ursache für solche Reaktionen kann, sie muß aber nicht in einer sexuellen Gewalterfahrung liegen. Alle die im folgenden geschilderten Symptome können sowohl kurzfristig bestehen als auch langfristig das Erleben und Verhalten der Betroffenen kennzeichnen. Die Symptome können sich im Laufe der Zeit verändern und sind individuell unterschiedlich stark ausgeprägt. Da nur in wenigen Erhebungen sexuelle Gewalt gegen Jungen miterfaßt wurde, sind die Aussagen nur für Mädchen hinreichend belegt. Die Auswirkungen sexueller Gewalterfahrungen auf Jungen scheinen denen der betroffenen Mädchen jedoch in vielen Punkten vergleichbar zu sein. Wir werden gesondert darauf eingehen.

Emotionale Reaktionen und Selbstwert

Für viele sexuell ausgebeutete Kinder wird Angst zum bestimmenden Lebensgefühl, und zwar »nicht nur die Angst vor den direkten Übergriffen des Täters, sondern ebenso vor der Veröffentlichung des Geheimnisses, vor dem Zerfall der Familie, vor der Reaktion der Umwelt, vor Schwangerschaft, vor Verlust von Liebe« (Enders 1990, 56).

---

* Hier nehmen wir Bezug auf das Ergebnis der Attributionsforschung, wonach erlernte Hilflosigkeit bei sogenannten internalen, stabilen und globalen Attributionen am größten ist (Abramson, Seligman & Teasdale 1978). Dieses Attributionsmuster wird Frauen hinsichtlich sexueller Gewalt durch die traditionelle Frauenrolle nahegelegt, z.B.: »Ich kann mich generell (= global) nicht wehren, weil ich eine schwache Frau bin (= internal und stabil).«

** Die Ergebnisse, die wir im folgenden darstellen, werden alle in den oben erwähnten Überblicksartikeln referiert. Wir machen daher nur noch dann weitere Literaturangaben, wenn wir uns auf dort nicht genannte Veröffentlichungen beziehen oder einzelne Untersuchungen hervorheben wollen.

Ängste wurzeln oft auch in einer tiefgreifenden Verunsicherung (Ambivalenz) und sind häufig vermischt mit Schuldgefühlen. Schuldgefühle entstehen vor allem dadurch, daß viele Betroffene glauben, sie selbst hätten den Anlaß zur Ausbeutung gegeben. Je älter die Kinder sind, um so mehr haben sie herrschende Klischees wie den Lolita-Mythos verinnerlicht und schreiben sich daraufhin selbst Verantwortung zu. Auch die Täter vermitteln den Mädchen und Jungen oft, sie wären diejenigen, die die sexuellen Handlungen zu verantworten hätten. Nicht zuletzt wird diese Vorstellung durch die Reaktionen anderer Personen unterstützt, und zwar nicht erst, wenn der Mißbrauch aufgedeckt wurde:

Meine Mama sagte einmal, wenn sie je rausfände, daß jemand das getan hätte, würde sie erst mich töten und dann den Typen. (Berliner & Conte 1990, 35)

Genießt das Mädchen oder der Junge außerdem die Zuwendung des Täters und sexualisiert dieser – wie es gängige Strategie ist (vgl. Kap. 7) – erst nach und nach die Beziehung, so begreift das Kind erst mit der Zeit, was vor sich geht und bekommt Schuldgefühle, weil es schon so lange »mitgemacht« hat. Ist der Vater der Täter und die Tochter das Opfer, dann fühlt diese sich oft der Mutter gegenüber schuldig, weil sie sie »betrügt«. Tyrannisiert der Vater die ganze Familie, wenn er keinen Sex von seiner Tochter bekommt, fühlt sie sich für seine schlechte Laune verantwortlich. Bekommt er Sex und behandelt sie nach außen bevorzugt, fühlt sie sich deswegen den anderen Familienmitgliedern gegenüber schuldig. Ein ausweglose Dilemma.

Viele mißbrauchte Kinder schämen sich für das, was mit ihnen geschieht. Sie wissen oder ahnen, daß es etwas Tabuisiertes und Verbotenes ist. Die sexuellen Handlungen sind oft nicht nur schmerzhaft, sondern auch peinlich und ekelerregend. Die Mädchen und Jungen fühlen sich schmutzig, benutzt und wertlos:

Ich habe mich gewaschen und gewaschen. Zweimal zog ich mir am Tag von Kopf bis Fuß saubere Kleidung an. Niemand sollte mir den Dreck ansehen. (Enders 1990, 80)

In der Ausbeutungssituation erfahren sich die Opfer als ein Objekt für die Befriedigung der Bedürfnisse eines Erwachsenen. Durch den Druck des Geheimhaltungsgebotes und die Nutzlosigkeit ihrer Abwehrversuche spüren sie deutlich ihre Ohnmacht und Hilflosigkeit gegenüber dem Täter. Langfristig führt dies dazu, daß viele ausgebeutete Mädchen nur wenig Selbstvertrauen und ein geringes Selbstwertgefühl haben (vergl. auch Parker & Parker 1991). Die Zerstörung der Persönlichkeit wird vom Täter vielfach bewußt forciert:

Ein Fall wie viele: Barbara wandte sich mit 13 Jahren an das Jugendamt und berichtete über den Mißbrauch durch den Großvater. Sie wuchs nach der Trennung der Eltern bei ihren Großeltern auf. Nachdem sie das an ihr verübte Verbrechen offengelegt hatte, veranlaßte der Großvater, ein einflußreicher Bürger, umgehend die Einweisung der – als Folge des sexuellen Mißbrauchs alkoholabhängig gewordenen – Jugendlichen in die Psychiatrie. Bei einem sonntäglichen Besuch bot er ihr an, seinen Einfluß geltend zu machen und sie wieder nach Hause zu holen, wenn sie ihre Aussage zurücknähme. Wieder zu Hause, führte er die Jugendliche vor eine große Spiegelwand, nahm sein Jagdgewehr und zerschoß ihr Spiegelbild. (Enders 1990, 51)

Ängste, Schuld- und Schamgefühle, Selbstwertprobleme und Hilflosigkeit können zu einer Depression führen (Draijer 1988; Cutler & Nolen-Hoeksema 1991). Manche Betroffene haben gelernt, die unangenehmen Gefühle von sich abzuspalten. Während der Mißbrauch andauert, ist dies ein funktionales Verhalten, welches hilft, die Situation zu ertragen. Auf Dauer aber kann es dazu führen, daß die Betroffenen den Kontakt zu sich selbst und ihren eigenen Gefühlen verlieren.

Oft kommt mir mein eigenes Leben wie ein Film vor. Ich stehe neben mir selbst und höre mich sprechen, doch spüre ich nichts. Es ist, als ob eine andere über mein Leben spricht [...] Ich kenne diese Frau gut und sie kennt mich, doch ich habe kein Gefühl zu ihr und sie keins zu mir. (Hanne, 26 Jahre, in Enders 1990, 58)

Einige Opfer entwickeln auch Haß auf sich selbst und ihren eigenen Körper.

Wenn alles vorbei war, rannte ich ins Badezimmer, um mich gründlich abzuschrubben; ich wollte meinen Körper töten und irgendwie nur noch mit dem Geist weiterexistieren. Mein Körper war Schuld, daß mir das passierte. Wenn es ihn nicht gäbe, könnte Daddy mich nicht anfassen. (Allen 1980, 120, zit. nach Rijnaarts 1988, 285)

Der Selbsthaß kann bis zu selbstzerstörerischen Handlungen wie Selbstverletzungen (sich mit Rasierklingen schneiden, Zigaretten auf dem eigenen Körper ausdrücken) oder Drogensucht führen. Hier lenken die Opfer die Aggressionen, die als Folge der Gewalterfahrung entstehen, nach innen und richten sie gegen sich selbst. In einigen Fällen führt dies bis zu Selbstmordgedanken oder gar Selbstmordversuchen. Manche Kinder reagieren allerdings auch mit nach außen gerichteter Wut und Feindseligkeit. Das kann soweit gehen, daß sie selbst andere, meist jüngere Kinder sexuell angreifen (s.a. Johnson 1989).

Da Mädchen wie Jungen vorwiegend von männlichen Personen mißbraucht werden, könnte man erwarten, daß Betroffene folglich Männern gegenüber feindselig und abweisend eingestellt sind. Dazu machten Herman & Hirschman (1981a) die (auf den ersten Blick) erstaunliche Beobachtung, daß ganz im Gegenteil weibliche Mißbrauchsopfer dazu tendieren, Frauen abzuwerten und Männer aufzuwerten. Dies ist ein Hinweis darauf, daß weibliche Opfer sexueller Gewalt trotz oder gerade aufgrund ihrer Erfahrung in verstärktem Maße traditionelle gesellschaftliche Bewertungen von Frauen und Männern übernehmen. Auch andere Auswirkungen sexueller Gewalterlebnisse, wie die Verringerung des Selbstwertgefühls, Vertrauensverlust, Angst, Depression und Reviktimisierung, stellen Extreme tradierter weiblicher Geschlechtsrollenattribute dar. In diesem Sinne kommen Herman & Hirschman (1981a, 108) nach der Durchsicht empirischer Ergebnisse zu den Auswirkungen (intrafamilialer) sexueller Gewalt auf Mädchen zu dem Schluß:

Inzestopfer entwickeln sich zu typisch weiblichen Frauen: sexy, ohne selbst Sex zu genießen, wiederholt zum Opfer werdend und doch immer wieder auf der Suche danach, sich in der Liebe zu einem übermächtigen Mann zu verlieren, sich selbst und andere Frauen verachtend, hart arbeitend, gebend und sich selbst aufopfernd.

Damit fördern sexuelle Gewalterfahrungen die Annahme einer konventionellen Frauenrolle und schränken die Handlungsmöglichkeiten betroffener Mädchen und Frauen sowie ihre Chancen zur selbstbewußten Teilhabe an der Gesellschaft ein (s. auch unten). Dies bestätigt die feministische These, daß sexuelle Gewalt nicht nur durch eine patriarchale Gesellschaftsstruktur verursacht wird, sondern gleichzeitig zu deren Aufrechterhaltung beiträgt. Der patriarchale Status Quo wird weiter festgeschrieben. Natürlich ist dies kein absolut zwangsläufiger Prozeß, denn immer wieder werden sich Frauen dieser Zusammenhänge bewußt und versuchen, ihnen entgegenzuwirken.

Soziale Beziehungen

Sexuelle Ausbeutung hat oftmals zur Folge, daß die Betroffenen das Vertrauen in andere Menschen und in die eigene Wahrnehmung verlieren. Die Kinder werden in der Regel von einer Person mißbraucht, der sie vertrauen, von der sie womöglich erwarten, geliebt und beschützt zu werden. Das allein schon stellt einen enormen Vertrauensbruch dar. Hinzu kommt, daß sie von anderen, von denen sie sich Hilfe und Schutz erhoffen, keine Hilfe erhalten – selbst von engen Bezugspersonen nicht. Andere Menschen werden uneinschätzbar, die Richtigkeit der eigenen Erwartungen steht in Frage. Verstärkt wird dies häufig dadurch, daß der Täter sich außerhalb der Mißbrauchssituationen völlig »normal« verhält, so, als sei gar nichts gewesen. Findet der Mißbrauch nachts statt, wissen die Betroffenen am nächsten Tag oft nicht, ob es Alptraum oder Wirklichkeit war. Es geschieht etwas, was es eigentlich gar nicht geben kann und darf, und meist scheinen die Betroffenen auch die einzigen zu sein, die das bemerken. Ihre Erfahrung lehrt sie, daß sie weder sich selbst, noch anderen trauen können. Verständlich, daß sich daraus Schwierigkeiten und Mißtrauen in sozialen Beziehungen entwickeln (s.a. Draijer 1988; Finkelhor 1989).

Ich fühle mich nie gemeint, wenn jemand sagt: Ich liebe dich. Ich hab' Angst, der meint nur meinen Körper, dann werd' ich irre, das ist meine größte Angst. (In Wildwasser 1985, 51)

Betroffene geraten oft in eine Spirale zunehmender Isolation, die nicht selten vom Täter forciert wird.

Ich habe immer das Gefühl, als ob ich unter einer Glasglocke säße. Unter diesem Schutz sehe ich das Leben der anderen, wie sie miteinander streiten, sich lieben. Ich bin allein unter meiner Glasglocke gefangen, habe keinen Kontakt [...] Wie lange wird die Luft unter der Glocke noch zum Atmen reichen? (Ingrid, 47 Jahre; in Enders 1990, 58)

Aufgrund dieser Erfahrungen haben einige Betroffene später Schwierigkeiten, soziale Situationen einschätzen zu können. Zusammen mit geringer Selbstsicherheit und einem niedrigen Selbstwertgefühl könnte dies eine Ursache für das vielfach beobachtete erhöhte Risiko dieser Frauen sein, erneut Opfer sexuell oder körperlich gewalttätiger Übergriffe zu werden (Reviktimisierung). Russell beispielsweise ermittelte einen sehr engen Zusammenhang zwischen intrafamilialer Mißbrauchserfahrung und späteren sexuellen und anderen Gewalterfahrungen (1986, 158). Insgesamt erlebten fast doppelt soviele von intrafamiliärer sexueller Gewalt Betroffene wie nicht Betroffene irgendwann in ihrem Leben schwere sexuelle Angriffe durch nicht verwandte Personen (82 % zu 48 %). Auch Draijer (1990) und Briere (1988) stellen in ihren Untersuchungen einen Zusammenhang zwischen sexuellem Mißbrauch in der Kindheit und späteren sexuellen und körperlichen Mißhandlungen fest. Viele Frauen, die als Kind mißbraucht worden sind, haben weder lernen können, bedrohliche Situationen und Beziehungen von weniger bedrohlichen zu unterscheiden, noch, daß sie das Recht auf ihren Körper und einen eigenen Willen haben.

Ich hatte das Gefühl, andere können mit mir tun, was sie wollen, daß es ganz egal war, was sie taten. (In Renvoize 1982, 12)

Sexualität

Bei einer Gewalterfahrung, die die Sexualität einer Person betrifft, liegt es nahe, daß sich sexueller Mißbrauch nachhaltig auf das weitere sexuelle Erleben und Verhalten auswirken kann. Unterschiedlichste Arten sexueller Probleme, wie z.B. die Schwierigkeit, eine lustvolle Sexualität zu leben, sind empirisch vielfach bestätigt (s. z.B. Finkelhor u.a. 1989; Draijer 1988). Durch die Ausbeutungserfahrung »lernen« außerdem viele Betroffene, daß Sexualität eine Ware ist, die sie tauschen können oder müssen, um Aufmerksamkeit, Zuwendung, Anerkennung u.ä. zu erhalten. Die Verdinglichung der weiblichen Sexualität wiederum ist eine Grundlage der gesellschaftlichen Vormachtstellung des Mannes (Lerner 1991) und ein wichtiger Bedingungsfaktor sexueller Gewalt. Die Verdinglichung der eigenen Sexualität kann, gekoppelt mit den gerade beschriebenen Schwierigkeiten beim Erkennen und Abwenden bedrohlicher Situationen, in Einzelfällen soweit gehen, daß sich Betroffene später prostituieren. Simons & Whitbeck (1991) stellten in ihrer Untersuchung fest, daß sexuelle Gewalterfahrungen in der Kindheit die Wahrscheinlichkeit erhöhen, daß eine Frau sich später prostituiert. Andere Untersuchungen zeigen, daß bis zu 75 % aller Prostituierten in ihrer Kindheit sexuellen Mißbrauch erlitten haben (Renvoize 1982, 157 f.; Bagley & Young 1987). Die Tatsache, daß die Mehrheit der Prostituierten sexuelle Gewalterfahrungen gemacht hat, darf natürlich nicht zu dem Umkehrschluß verleiten, die Mehrzahl sexuell ausgebeuteter Frauen würde sich später zwangsläufig prostituieren. Auch Prostitution ist nur eine der möglichen Folgen sexueller Gewalt. Eine Betroffene schildert den Zusammenhang zwischen ihrer sexuellen Gewalterfahrung und der späteren Prostitution folgendermaßen:

Meine Verletzlichkeit muß damals sehr offensichtlich gewesen sein. Es war mir ziemlich egal, was mit mir passierte, und folglich interessierte es viele andere auch nicht [...] Ich fühlte mich gebrandmarkt. Ich wußte, wo immer ich auch hingehen würde, gäbe es immer Männer, die mich finden und mißbrauchen würden. So war meine Einstellung zur Prostitution, »Warum nicht?« Wenn ich schon Sex haben müßte, warum sollte ich nicht wenigstens etwas dafür bekommen? (in Renvoize 1982, 159)

Indem der Täter sexuelle Handlungen mit dem Mädchen durchführt, ihr dabei unter Umständen suggeriert, sie hätte die Wahl »Nein« zu sagen und sie bezahlt, definiert er die Situation als ein Tauschgeschäft. Die Sexualität des Mädchens wird zur Ware, die sie scheinbar freiwillig tauscht. Er drängt sie damit in die Rolle einer Prostituierten.

Er gab mir Geld für die sexuellen Dinge, die ich tat. Ich weiß noch, das erste Mal, als er mir anbot zu bezahlen, fühlte ich eine Mischung aus Ärger und Abscheu und auch – wow! er zahlt dafür! Das ist klasse! Ein Teil von mir wußte, daß es falsch ist, obwohl ich nichts über Prostitution wußte, aber der andere Teil dachte, ich kann mir Dinge kaufen – das ist wirklich toll. (in Renvoize 1981, 112)

Die Definition des Täters kann zur Selbstdefinition des Mädchens werden (Spiegel-Selbst):

Manchmal, wenn ich geschrien hatte und dann aufhörte zu schreien, konnte ich da liegen und denken: Schreist du jetzt nicht, weil du es gern magst, bist du eine Nutte, oder was ist los, warum zeigst du nicht mehr Widerstand? Irgendwie fühlte ich mich wie eine Nutte – auch weil er mich kaufte –, da bekam ich mal 500 Kronen und genau so überraschend bekam ich ein neues Fahrrad. Niemand von meinen Geschwistern bekam so etwas. Die Bedingung war, daß ich schwieg – und je mehr ich bekam, um so weniger konnte ich es jemandem erzählen, also war es so, als ob ich eine Nutte sei. (in Leick 1986, 46)

Betroffene Mädchen erleben Sexualität als etwas, worüber sie keine Kontrolle haben und einige lernen

[...] in einem so frühen Alter, ihren Kopf von dem abzuspalten, was mit ihrem Körper passiert, daß es für sie kein Problem darstellt, ihren Körper an Fremde zu verkaufen. (Renvoize 1982, 159)

Auf diese Art werden einige ausgebeutete Frauen im Extremfall in die Rolle der Prostituierten sozialisiert oder in die Rolle einer Frau, die Männer leicht zum Sex benutzen können. Prostituiert sich eine sexuell mißbrauchte Frau oder hat sie häufig wechselnde Sexualpartner, so wird dies oft fälschlicherweise als Beleg dafür angesehen, daß sie auch als Kind schon »verdorben« und »nymphoman« war und den armen Onkel, Bruder oder Bekannten »verführt« hat. In diesem Zusammenhang sind auch altersunangemessene sexuelle Verhaltensweisen von Kindern zu verstehen, die oftmals als unmittelbare Folge der sexuellen Ausbeutung beobachtet werden können. Mädchen verhalten und kleiden sich z.B. sehr »verführerisch«. Mädchen und Jungen zeigen ein Wissen über Sexualität, was Kinder in ihrem Alter normalerweise noch nicht haben, sie greifen Erwachsenen an die Genitalien oder integrieren übermäßig viele sexuelle Elemente in ihr Spiel. Solches sexualisierte Verhalten liegt in der Erfahrung dieser Kinder begründet, daß sie über sexuelle Handlungen Aufmerksamkeit und Zuwendung erfahren. Gleichzeitig stellt es einen Versuch der Verarbeitung des Erlebten dar. Werden diese kindlichen Verhaltensweisen bzw. sexuell promiskes Verhalten erwachsener Frauen zum Anlaß genommen, ihnen die Schuld an dem Mißbrauch zuzuschieben, so stellt dies eine fatale Verkehrung von Ursache und Wirkung dar, die es dem Umfeld ermöglicht, das eigene Weltbild aufrechtzuerhalten. Dem Opfer wird Hilfe verwehrt, während der Täter, der diese Handlungen zu verantworten hat, ungestraft bleibt.

(Psycho-)Somatische Beschwerden

Neben den verschiedenen psychischen und sozialen Beeinträchtigungen können infolge sexuellen Mißbrauchs eine Reihe von (psycho-)somatischen

Beschwerden auftreten. Dazu zählen z.B. Schmerzen im Unterleib, Ge-
schlechtskrankheiten, Magen- und Kreislaufbeschwerden, Verletzungen im
Genitalbereich, Schlafstörungen, Bettnässen bzw. Einkoten oder Eßstörungen (zu Eßstörungen s. Draijer 1988; Bange 1992).

Die Auswirkungen auf Männer

Bis heute liegen zu wenige Untersuchungen zu sexuellem Mißbrauch an Jungen vor, als daß klare Aussagen darüber getroffen werden könnten, welche
Auswirkungen die Gewalterfahrungen auf sie haben. Es besteht Anlaß zu
der Vermutung, daß sich sexuelle Gewalt auf Mädchen und Jungen – zumindest teilweise – unterschiedlich auswirkt. Ein Grund für diese Annahme ist,
daß sexuelle Gewalt gegen Jungen auf einem anderen gesellschaftlichen Hintergrund als sexuelle Ausbeutung von Mädchen stattfindet. Erfahren
Mädchen oder Frauen sexuelle Gewalt, potenziert dieses Erlebnis die weibliche Grunderfahrung: »Frau sein = machtlos sein = benutzbar sein = Körper
sein« (Kavemann & Lohstöter 1984, 47). Aufgrund der generell untergeordneten Position der Frau in einer patriarchalen Gesellschaft können soziale
Vergleichsprozesse mit anderen Frauen und Mädchen diese Erfahrung nicht
grundlegend relativieren, ganz im Gegenteil verstärken sie sie eher noch.
Werden Jungen sexuell ausgebeutet, machen sie ähnlich wie Mädchen die Erfahrung der Objektivierung und Hilflosigkeit. Anders als bei Mädchen widerspricht diese Erfahrung jedoch den geschlechtsspezifischen Verhaltenserwartungen – die Opferrolle paßt nicht zu Männern – und der männlichen
Grunderfahrung, wonach »Mann sein = mächtig sein« bedeutet. Dieser Gegensatz kann einerseits einen negativen Effekt auf die Identität haben: Die
Jungen können die an sie gestellten Rollenerwartungen nicht erfüllen und
beginnen an ihrer Männlichkeit zu zweifeln. Nicht nur, daß sie sich hilflos
einer demütigenden und verletzenden Situation ausgesetzt sehen, wo doch
von Männern Stärke und Überlegenheit erwartet wird, sie sehen sich – da sie
zumeist von Männern Gewalt erfahren – auch noch mit dem Stigma der Homosexualität konfrontiert. Da Schwule auch heute noch weitgehend verachtet und als unmännlich abgewertet werden, ist die Vermutung vieler
mißbrauchter Jungen, selbst homosexuell zu sein, oft angst- und schambesetzt. Andererseits kann der Gegensatz zwischen der Ausbeutungserfahrung
und der männlichen Geschlechtsrolle die negative Erfahrung sexueller Gewalt relativieren. Es ist »nur« eine Erfahrung der Nichtkontrolle und Objektivierung unter vielen anderen, die einem Jungen das Gegenteil vermitteln.
Darüber hinaus kann die Ausbeutungserfahrung durch einen Mann einem
Jungen demonstrieren, daß das männliche Geschlecht mächtig und überle-

gen ist. Er kann lernen, daß er selbst einmal ein Mann sein wird, der die Macht hat, andere nach seinem Willen zu zwingen.

Trotz der Unterschiede im Kontext und der Dynamik sexueller Ausbeutung von Jungen wurden bislang im wesentlichen vergleichbare Folgen für männliche wie weibliche Opfer gefunden (Cahill u.a. 1991 und Finkelhor 1990). Dies liegt sicherlich zum einen in der Art der Fragen der entsprechenden Untersuchungen begründet: Wird nur nach Selbstmordgedanken, Depressionen, Sexualstörungen und ähnlichem gefragt, so können sich natürlich auch keine Unterschiede in der Geschlechtsrollenorientierung, dem Ausmaß der Aggressionen gegen andere Menschen und ähnlichem ergeben. Viele – besonders emotionale – Reaktionsweisen von Jungen entsprechen vermutlich aber tatsächlich denen der Mädchen, weil auch für sie sexuelle Ausbeutung eine Erfahrung der Hilflosigkeit und des Benutztwerdens ist.

Aus den bisherigen Befunden kann folgendes festgehalten werden: Das Selbstwertgefühl mißbrauchter Jungen ist im Durchschnitt geringer als das nicht betroffener Jungen (Finkelhor 1984). Wie ausgebeutete Mädchen werden auch mißbrauchte Jungen oftmals reviktimisiert (vergl. Nielsen 1983; Renvoize 1982), und sie haben häufiger als ihre nicht ausgebeuteten Geschlechtsgenossen Selbstmordgedanken oder gar Selbstmordversuche unternommen. Jungen scheinen jedoch weniger Schuldgefühle und Depressionen zu entwickeln als Mädchen, was als Hinweis darauf gewertet werden kann, daß Mädchen – getreu der weiblichen Geschlechtsrolle – Aggressionen tendenziell eher nach innen, Jungen diese eher nach außen richten. Dies bestätigt auch der Befund, daß Männer, die in ihrer Kindheit sexuell ausgebeutet worden sind, ein im Vergleich zu anderen Männern und vor allem zu Frauen deutlich gesteigertes sexuelles Interesse an Kindern haben (Urquiza & Crowley 1986; 1990; Bange 1992). In der Studie von Urquiza & Crowley nannten mißbrauchte Männer außerdem ein größeres Bedürfnis, andere zu verletzen. Diese Ergebnisse passen zu der Beobachtung, daß unter Mißbrauchstätern ein großer Anteil selbst Betroffener zu finden ist. Daß dies für betroffene Jungen und Männer durchaus ein Problem darstellen kann, verdeutlicht folgende Aussage eines sexuell mißbrauchten Mannes:

Ich habe mich lange vor mir geekelt. Es war schwer für mich, in den Spiegel zu schauen und zu denken, daß ich das bin. Dieses Widerliche, andere gleichaltrige Kinder genauso zu verführen, wie er das mit mir getan hat. (Glöer & Schmiedeskamp-Böhler 1990, 62)

Wir nehmen an, daß es in der Tendenz zwei männliche Reaktionsweisen auf eine sexuelle Gewalterfahrung gibt. Die eine ist, daß der Junge am Modell des Täters lernt, besonders männlich, also überlegen, aggressiv usw. zu werden, was auch bedeuten kann, selber zum (sexuellen) Gewalttäter zu werden. Im Versuch, die demütigende Erfahrung zu verarbeiten, übernimmt er die ihm von der Gesellschaft bereitgestellte Rolle des Mächtigen, desjenigen, der »alles unter Kontrolle« hat, der nötigenfalls aggressiv seine Interessen durchsetzt. Im Gegensatz dazu ist es unserer Meinung nach auch möglich, daß sich mißbrauchte Jungen deutlich von der besonders »männlichen« Rolle des Täters abgrenzen, sich kritisch mit der eigenen Geschlechtsrolle auseinandersetzen und ein größeres Bewußtsein für die herrschende Geschlechtshierarchie entwickeln. So kann es sein, daß betroffene Jungen zu besonders sensiblen Männern werden, wie das folgende Zitat eines betroffenen Mannes verdeutlicht:

Ich bin kein typischer Mann, und darauf bin ich auch eher stolz. Der typische Mann, wie ich ihn kenne, den finde ich eher abstoßend. Der ist eher ausbeuterisch und ein Macho, so lerne ich ihn zumindest kennen in meinem Beruf. Da ekelt es mich davor, wie die zum Beispiel über Sexualität reden oder wie die mit ihren Frauen umgehen. (in Glöer & Schmiedeskamp-Böhler 1990, 72)

Wieviele und welche Männer in welcher Weise reagieren, kann noch nicht beurteilt werden.

Die Ausführungen zu den Folgen zeigen, daß grundsätzlich fast alle psychischen oder sozialen Auffälligkeiten sowie verschiedenste körperliche und psychosomatische Beschwerden eine Folge sexuellen Mißbrauchs sein können. Sie treten im übrigen auch bei Frauen auf, die als Erwachsene Opfer sexueller Gewalt geworden sind. Praktisch bedeutet das, daß – auf dem Hintergrund der hohen Vorkommenshäufigkeit sexueller Gewalttaten – TherapeutInnen, Ärztinnen und Ärzte in ihrer Arbeit mit Kindern und Erwachsenen immer die Möglichkeit einer sexuellen Gewalterfahrung im Kopf haben müssen. Auch Eltern, ErzieherInnen, LehrerInnen und andere, die mit Kindern und Jugendlichen zu tun haben, müssen ein Bewußtsein darüber entwickeln, daß Auffälligkeiten oder plötzliche Verhaltensänderungen in einem sexuellen Übergriff begründet sein können.

Traumatisierende und traumamindernde Faktoren

Das Ausmaß der Folgen wird von verschiedenen Faktoren beeinflußt: Sexuelle Ausbeutung hat tendenziell um so gravierendere Auswirkungen, je enger die Beziehung und je größer der Altersunterschied zum Täter ist, je länger der Mißbrauch andauert, je massiver die sexuellen Handlungen sind und je größer die körperliche Gewaltanwendung dabei ist.* Welche Faktoren eine Traumatisierung mindern können, ist bisher empirisch leider kaum erfaßt worden. Der wesentlichste Aspekt scheint soziale Unterstützung zu sein (Tsai u.a. 1979, zit. nach Conte 1985, 118; Harvey, Orbuch, Chwalisz & Garwood 1991). Eine mißbrauchte Frau bringt dies zum Ausdruck:

Wenn ich damals jemanden zum Reden gehabt hätte, hätte ich nicht mein halbes Leben mit dem Versuch verbracht, damit fertig zu werden. (in Russell 1986, 239)

Adäquate soziale Unterstützung wirkt den Hilflosigkeitsgefühlen und der Stigmatisierung des Kindes entgegen. Sie ermöglicht dem Opfer zu erkennen, daß nicht sie bzw. er selbst die Verantwortung für die Übergriffe trägt, sondern ganz allein der Täter. Eine solche Verantwortungszuschreibung steht im Zusammenhang mit einer besseren Verarbeitung der Gewalterfahrung (Hoagwood 1990). Sie vermindert Schuld- und Schamgefühle und Selbstzweifel. Angemessene Unterstützung stärkt ferner das Vertrauen in die eigene Wahrnehmung und hilft, wieder Vertrauen zu anderen Menschen zu fassen. Wir nehmen an, daß auch die Existenz und der Zugang zu anderen, nicht opferfeindlichen Vorstellungen und Meinungen – z.B. feministischem Denken – eine Traumatisierung vermindern kann, zumindest aber bestimmte Folgen (wie Schuldgefühle) unwahrscheinlicher macht. Der erste Kontakt mit feministischen Überlegungen findet für viele über Literatur statt. Wir haben die Erfahrung gemacht, daß nicht wenige betroffene Frauen es als eine Art Offenbarung erleben, wenn sie zum ersten Mal ein feministisches Buch zu diesem Thema lesen.

Gesellschaftliche Auswirkungen der Existenz sexueller Gewalt

Bislang war die Rede davon, wie sich sexuelle Gewalt auf Mädchen und Jungen auswirkt, die direkt davon betroffen sind. Die Effekte sexueller Gewalt beschränken sich aber nicht nur auf diejenigen, die bereits massive sexuelle Übergriffe erlebt haben. Die bloße Existenz sexueller Gewalt wirkt sich auch auf jene – vor allem Mädchen und Frauen – aus, die selbst (noch) nicht betroffen sind. Was die Seite der Männer betrifft, so haben nicht nur die Täter einen Nutzen von der Ausübung sexueller Gewalt, sondern das männliche Geschlecht überhaupt.

---

* Nach Bagley & Ramsey (1985); Bange (1992); Briere (1988); Draijer (1990); Feinauer (1989); Finkelhor (1979); Finkelhor u.a. (1989) und Russell (1986).

Auswirkungen auf alle Mädchen und Frauen

Als Kinder hören wir es raunen: *Mädchen werden vergewaltigt.* Natürlich nicht die Jungen. Die Botschaft ist eindeutig. Vergewaltigung hat etwas mit unserem Geschlecht zu tun. Es ist etwas Furchtbares, das Frauen zustößt, es ist die Dunkelheit am Ende der Treppe, der ungewisse Abgrund, der sich hinter der nächsten Ecke auftut, und wenn wir nicht sehr aufpassen, kann es auch unser Schicksal sein. (Brownmiller 1987, 224; Hervorh. im Orig.)

Die Angst von Mädchen und Frauen vor einer Vergewaltigung sitzt tief. Sie äußert sich in dem Versuch, vermeintlich besonders gefährliche Situationen zu vermeiden. Die Angst, vergewaltigt zu werden, schränkt die Bewegungsfreiheit von Frauen ein. Nach einer Repräsentativumfrage der Zeitschrift *Brigitte* gehen z.B. 53 % der Frauen abends nicht allein aus dem Haus und 87 % nehmen Umwege in Kauf, um vermeintlich gefährliche Gegenden zu vermeiden (zum Vergleich: 10 % bzw. 42 % der Männer; nach Frankfurter Rundschau, 9.12.1992). Viele Alltagssituationen werden für Mädchen und Frauen wegen der Angst vor sexuellen Belästigungen und Vergewaltigung zum Problem und engen ihren Handlungsspielraum ein (vergl. Weis 1982, 212 ff.). Die getroffenen Vorsichtsmaßnahmen sind insgesamt jedoch wenig effektiv, denn sexuelle Gewalttaten geschehen nur selten in der Dunkelheit der Straße, sondern vielmehr in der scheinbaren Sicherheit vertrauter Lebensräume, oft sogar der eigenen Wohnung und Beziehung.

Frühzeitig lernen Mädchen die Furcht vor Vergewaltigung, ohne allerdings über die realen Gefahren aufgeklärt zu werden und effektive Handlungsstrategien vermittelt zu bekommen. Die Medien sind voll mit zum Teil reißerischen, zum Teil um Aufklärung bemühten, aber immer mit dem Bild des wehrlosen Opfers befrachteten Reportagen über sexuelle Gewalt. Mädchen und Frauen lernen, sich als wehrlose und verängstigte Opfer zu fühlen und sich entsprechend zu verhalten. Aus Angst reduzieren sie ihren Bewegungsspielraum; Angst macht sie zum leichten Opfer. Kaum einmal wird mutmachend geschildert, daß und wie es einer Frau gelungen ist, einen Angreifer erfolgreich abzuwehren. Rollenvorbilder, die zeigen, daß sexuellen Angriffen anders – sprich effektiver – als mit lächelnder Höflichkeit oder wehrloser Erstarrung begegnet werden kann, sind selten. Dieser Teil der Realität wird verschwiegen. Welch fatale, d.h. systemstabilisierende Folgen eine derartige Praxis hat, zeigt sich etwa darin, daß Frauen in einem Experiment allein schon auf das Lesen eines authentischen Vergewaltigungsberichtes mit einer verstärkten Identifikation mit der traditionellen Geschlechtsrolle reagieren. Außerdem sank das Selbstwertgefühl und das Vertrauen in andere Menschen (Schwarz & Brand 1983; Schwarz u.a. 1985). Dies alles sind Charakteristika, die mit geringer sozialer Partizipation einhergehen und die aktive Selbstbehauptung von Frauen in einer Männergesellschaft behindern. Typisch ist in diesem Sinne folgende Reaktion:

> Immer, wenn ich etwas von einer Vergewaltigung in Göttingen mitkriege, wird meine Angst wieder größer. Da bin ich dann mühsam dahin gekommen, daß ich mich abends und nachts relativ frei draußen bewege, keine Treffen oder Veranstaltungen auslasse, weil ich dafür alleine raus muß – und dann höre ich von einer Vergewaltigung, und mein Bewegungsradius schrumpft wieder zusammen. (persönliche Mitteilung)

Die Angst, das Wissen um und das Erleben von sexueller Gewalt beschränken Mädchen und Frauen auf einen Lebensbereich, »der eng und klein ist, eben den traditionellen Lebensraum der Frau, der sie von der Öffentlichkeit aus – und in der Privatheit einschließt, aus der sie sich ohne männliches Geleit nicht hinauswagen dürfen« (Weis 1982, 111).

Auswirkungen sexueller Gewalt auf alle Männer

Während das bloße Risiko sexueller Gewalt für Mädchen und Frauen ein Symbol ihrer Schwäche und ihres niedrigen Status ist und damit die traditionelle weibliche Rolle festigen kann, demonstriert sie dem Täter seine überlegene Stärke und Männlichkeit. Sexuelle Gewalt wird meist genau mit dieser Intention verübt: die andere Person zu erniedrigen und selbst Macht und Dominanz zu erleben und darüber die eigene Männlichkeit zu bestätigen. Aber nicht nur für die Täter, auch für (bisher) nicht sexuell gewalttätige Männer birgt die Existenz sexueller Gewalt den Beweis von Überlegenheit und Macht. Allein schon das Bewußtsein über die Möglichkeit, Frauen und Kinder nach dem eigenen Willen zwingen zu können und das Wissen um die Furcht der Frauen, bestätigt die dominante männliche Rolle. Ein Mann kann dies etwa erleben, wenn er nachts durch die Straßen geht und – anders als Frauen – keine Angst vor sexuellen Übergriffen hat. Noch extremer: wenn er in dieser Situation einer Frau begegnet und spürt, daß diese aus Angst vor ihm ihren Schritt beschleunigt oder die Straßenseite wechselt. In einer solchen Situation kann jeder Mann – unabhängig davon, ob er selbst jemals sexuelle Gewalt verüben würde oder nicht – für eine Frau zur Quelle ihrer Angst werden. Sie weiß ja nicht, ob der Mann, der ihr begegnet, ein Vergewaltiger ist oder nicht. Er könnte es sein, und das genügt. Susan Brownmiller hat dies einmal prägnant so formuliert:

> [Vergewaltigung] ist nicht mehr und nicht weniger als eine Methode bewußter systematischer Einschüchterung, durch die *alle Männer alle Frauen* in permanenter Angst halten. (S. 22, Hervorh. i. Orig.)

Die Angst der Frau führt beiden – ihr und ihm – das patriarchale Verhältnis von Macht und Unterlegenheit vor Augen. Für Mädchen und Frauen wie für Jungen und Männer stellt die gesellschaftliche Existenz sexueller Gewalt somit einen bedeutsamen Sozialisationsfaktor dar, der die traditionellen Geschlechtsrollen bestärkt und darüber das Machtungleichgewicht zwischen den Geschlechtern aufrechterhält. Sie ist eines »der zentralen strukturellen Hindernisse, die der gesellschaftlichen Teilnahme von Frauen entgegenstehen« (Schwarz u.a. 1985, 217) und leistet dadurch einen wesentlichen Beitrag zur Etablierung und Aufrechterhaltung patriarchaler Gesellschaftsstrukturen.

9. Intervention

Der Umgang mit sexueller Gewalt gegen Kinder schwankt heute zwischen zwei Polen. Auf der einen Seite besteht nach wie vor eine enorme Ignoranz gegenüber der Thematik, und immer noch haben viele Menschen völlig falsche Vorstellungen davon. Die Folge ist, daß sie nur selten etwas von sexuell ausbeuterischen Vorfällen mitbekommen. Sofern sie dennoch einmal davon erfahren, nehmen sie es oft nicht als sexuelle Gewalttat ernst und reagieren – wie der Arzt im folgenden Beispiel – vollkommen unangemessen:

Ich habe dem Arzt von dem sexuellen Mißbrauch durch meinen Vater erzählt, und da hat er erst mal gelacht und gemeint: »Ja, da war Ihr Vater ein bißchen homosexuell. Wann war denn das? – Ach mit fünf schon, das macht man doch normalerweise erst mit Dreizehn- bis Vierzehnjährigen.« (in Glöer & Schmiedeskamp-Böhler 1990, 116 f.)

Demgegenüber sind seit einigen Jahren immer mehr Menschen durch die zunehmende öffentliche Diskussion der Thematik aufgeschreckt und dafür sensibilisiert worden. Der Verdacht auf sexuellen Mißbrauch taucht jetzt öfter auf als früher. Gleichzeitig fehlt es aber noch weitgehend an angemessenen Interventionsstrukturen und an Wissen über das richtige Vorgehen bei einem entsprechenden Verdacht. Aus dem Entsetzen über eine entdeckte oder vermutete Tat entsteht – verständlicherweise – sehr häufig der Drang, ganz schnell etwas zu tun, was leider oft zu voreiligen und falschen Handlungsweisen führt, die das Problem nicht selten noch verschlimmern. Dies treibt zum Teil recht merkwürdige Blüten wie z.B. die, daß an einem Ort für musikalische Früherziehung kein männlicher Lehrer eingestellt werden soll, weil er die Kinder sexuell mißbrauchen könnte – und dies, obwohl die Eltern beim Unterricht zugegen sind (persönliche Mitteilung).

Wir werden im folgenden zunächst einige Überlegungen dazu anstellen, wovon es abhängt, ob jemand bei einem Fall sexueller Ausbeutung helfend eingreift und was die Voraussetzungen dafür sind. Im Anschluß skizzieren wir kurz, wie unserer Meinung nach adäquate Intervention aussehen sollte und betrachten dann, wie sich verschiedene Personengruppen und Institutionen tatsächlich verhalten und was ihr Verhalten beeinflußt. Abschließend beschreiben wir den Prozeß der Strafverfolgung und diskutieren mögliche Alternativen.

Voraussetzungen für Intervention

Irgendeine Form der Intervention ist in jedem einzelnen Fall von sexueller Gewalt erforderlich, und wenn sie nur darin besteht, der oder dem Betroffenen die Gelegenheit zu geben, darüber zu reden. Meistens ist jedoch weit mehr als nur »ein offenes Ohr« vonnöten. Mädchen und Jungen sind zumeist nicht in der Lage, den Mißbrauch alleine zu beenden, und falls sie es doch schaffen, ist häufig schon eine ganze Zeit vergangen, in der sie traumatische Erfahrungen machen mußten. Personen aus dem Umfeld des Kindes sind daher gefordert einzugreifen, um eine möglichst frühzeitige Beendigung der Ausbeutungsbeziehung sicherzustellen. Aber auch in den Fällen, in denen bereits kein Mißbrauch mehr stattfindet, ist ihre Hilfe dringend notwendig, um dem mißbrauchten Kind die Verarbeitung der Erfahrung zu erleichtern und die negativen Folgen zu minimieren. In diesem Sinne brauchen auch erwachsene Frauen und Männer oftmals die Unterstützung ihrer sozialen Umgebung. Intervention darf nicht bei dem Opfer stehenbleiben, sondern muß sich auch auf den Täter beziehen. Es sollte überprüft werden, ob er eventuell auch andere Mädchen oder Jungen mißbraucht hat oder noch mißbraucht, und es muß gewährleistet werden, daß er in Zukunft keinen weiteren Kindern Gewalt antuen kann. Der Täter muß, in welcher Form auch immer, Konsequenzen für seine Tat zu spüren bekommen und erleben, daß sein Verhalten absolut untragbar ist. Unter Intervention verstehen wir somit alle Maßnahmen, die darauf abzielen,

- einen Verdacht auf sexuelle Ausbeutung abzuklären;
- eine Ausbeutungsbeziehung zu beenden;
- dem Opfer die Verarbeitung der Erfahrung zu erleichtern;
- andere potentielle Opfer des gleichen Täters ausfindig zu machen und zu unterstützen;
- den Täter zur Rechenschaft zu ziehen und
- weitere sexuelle Gewalthandlungen durch den Täter zu verhindern.

Wir gehen davon aus, daß jemand nur dann in einen Fall von sexueller

Ausbeutung eingreift, wenn die folgenden Voraussetzungen erfüllt sind:
(1) Die Person muß eine Interventionsnotwendigkeit erkennen, d.h. sie
muß von dem sexuellen Mißbrauch erfahren und ihn als solchen ansehen,
bzw. sie muß einen Verdacht auf sexuelle Ausbeutung schöpfen, den sie als
stark genug bewertet, um ihn weiter zu verfolgen. Erforderlich ist außerdem, daß sie sich (2) selbst als zuständig für ein Eingreifen erlebt, (3) Interventionsmöglichkeiten kennt und sich (4) in der Lage fühlt, diese durchzuführen. Dabei muß sie (5) den Nutzen des Eingreifens höher einschätzen
als mögliche negative Folgen. Diese einzelnen Schritte werden im folgenden erörtert.

Interventionsnotwendigkeit

Grundlage für jegliche Art der Intervention ist, daß andere Menschen überhaupt etwas von dem sexuellen Mißbrauch erfahren bzw. daß ein solcher
Verdacht entsteht. Wie aber kommt es dazu? In den seltensten Fällen bekommen Personen aus dem Umfeld des Opfers oder Täters direkt etwas von
den Übergriffen mit. Dies gilt zumindest für intensivere Handlungen. Weniger massive Übergriffe, wie »Hinterntätscheln« oder anzügliche Sprüche, erfolgen häufig in aller Öffentlichkeit, werden von außen zumeist aber nicht
als sexuelle Gewalt bewertet. Ein Teil der Betroffenen versucht, jemandem
direkt von den Übergriffen zu erzählen. Voraussetzung für eine Intervention
ist in diesen Fällen, daß dem Kind geglaubt wird. Betroffene Mädchen und
Jungen machen allerdings selten so klare Aussagen wie »Der Nachbar hat
mich an der Scheide berührt«, sondern machen eher indirekte oder verschlüsselte Andeutungen wie »Der Nachbar ist immer so komisch« oder
auch nur »Ich will nicht mehr zu dem Nachbarn gehen«. Manche Kinder
machen keinerlei verbale Anspielung über den Mißbrauch und können ihre
Not nur auf andere Weise signalisieren. Sie drücken sich dann z.B. im Spiel
und in Bildern aus oder zeigen plötzlich Angst vor einem bestimmten Mann
oder Männertyp. Je jünger sexuell ausgebeutete Kinder sind, desto geringer
ist die Wahrscheinlichkeit, daß sie direkt von den Übergriffen berichten,
denn zumeist können sie nicht verstehen, was geschehen ist und haben
(noch) keine Worte dafür. Eltern, ErzieherInnen und andere Kontaktpersonen müssen darum lernen, verschlüsselte Botschaften zu erkennen und einfühlsam darauf einzugehen. Konkret muß bei jeder Verhaltens- oder
Wesensauffälligkeit sexueller Mißbrauch als eine der möglichen Ursachen in
Betracht gezogen und abgeklärt werden. Letzteres kann recht schwierig und
langwierig sein und erfordert Fachwissen und besonnenes Vorgehen. Es ist

daher ratsam, sich im Falle eines (auch noch so kleinen) Verdachtes fachkompetente Hilfe zu holen.*

Nicht nur die Opfer senden Signale über den Mißbrauch aus, auch die Täter verraten sich. Manche verhalten sich offen ausbeuterisch. Sie zwingen einem Kind z.B. in aller Öffentlichkeit Küsse auf, fassen einem Mädchen an die Brust oder geben »Qualitätsurteile« über ihren Körper ab. Manche Täter prahlen mit ihren »Eroberungen« oder sprechen darüber, wie sehr sie ein Mädchen sexuell »anmacht«. Einige Männer schreiben dem Kind sogar regelrechte Liebesbriefe (Enders 1990). Aber auch andere Verhaltensweisen gegenüber Kindern können Hinweise sein, z.B. wenn ein Mann versucht, ein Mädchen oder einen Jungen von anderen zu isolieren oder wenn er übermäßiges Eifersuchtsverhalten zeigt.

Der Verdacht oder das Wissen darum, daß es zwischen einem Erwachsenen und einem Kind zu bestimmten (sexuellen) Kontakten gekommen ist, führt noch nicht zwangsläufig zu der Überzeugung, daß ein Eingreifen von außen erforderlich ist. Dazu müssen die (vermuteten) Vorfälle negativ bewertet oder moralisch verurteilt, d.h. im weitesten Sinne als sexueller Mißbrauch angesehen werden. Ist man etwa der Ansicht, daß es durchaus in Ordnung ist, daß der Freund der Familie die Brust der pubertierenden Tochter betastet, um zu prüfen, wie weit sie schon entwickelt ist, so wird auch keinerlei Veranlassung empfunden werden, einzuschreiten. Eine wichtige Rolle spielt in diesem Zusammehang die generelle Vorstellung bzw. Definition, die jemand von sexueller Ausbeutung hat. Wichtig ist vor allem zu erkennen, daß die Handlungen gegen den Willen des Mädchens oder Jungen erfolgt sind bzw. das Kind nicht in der Lage war, bewußt zuzustimmen oder abzulehnen. Für adäquate Intervention ist es außerdem notwendig, daß allein dem Täter die volle Verantwortung für die Übergriffe gegeben wird. Wir kommen darauf zurück.

Voraussetzung dafür, sexuelle Ausbeutung wahrzunehmen und als solche zu begreifen, ist das Erkennen-*Wollen* und das Erkennen-*Können*. Das Erkennen-*Wollen*, d.h. die grundsätzliche Bereitschaft, sexuelle Gewalt gegen Kinder als Realität wahrzunehmen, wird vor allem von der Bedrohlichkeit, die von der Mißbrauchsrealität für die potentiell wahrnehmende Person ausgeht, beeinflußt. Die Anerkennung des Mißbrauchs stellt häufig das Weltbild zentral in Frage: »Ein Pfarrer / der Mann, den ich liebe / eine Frau ... tut doch so etwas nicht!« Bei Frauen werden zudem oftmals eigene Gewalterfahrungen angerührt und aktualisiert. Bedrohlich kann auch die Verantwor-

---

* Weiterführende Hinweise und eine ausführliche Diskussion wichtiger Interventionsmaßnahmen sind in Enders (1990) zu finden.

tung sein, die mit dem Verdacht oder dem Wissen über einen Mißbrauchsfall einhergehen kann. Die Vorstellung, selbst aktiv gegen die Machenschaften des Täters vorgehen zu müssen, übersteigt für einige Menschen das, was sie sich zutrauen tun zu können, oder was sie bereit sind, an Zeit und Kraft aufzuwenden und an Unannehmlichkeiten in Kauf zu nehmen. Wie groß die Bedrohung durch die Wahrnehmung sexueller Ausbeutung ist, hängt besonders von der Beziehung zum Täter ab. Es ist weniger bedrohlich, mit einem Täter konfrontiert zu sein, der in die eigenen Klischeevorstellungen paßt oder zu dem keine (enge) Beziehung besteht, als wenn es z.B. eine vertraute Person ist. Dann können sogar die direkten Lebensbezüge bedroht sein, z.B. dann, wenn der Partner einer Frau das gemeinsame Kind mißbraucht. Nicht nur ihr emotionaler Halt, sondern oftmals auch ihre ökonomische Lebensgrundlage wären gefährdet, wenn sie die Ausbeutung wahrnähme und den Partner z.B. anzeigen würde. Kein Wunder also, wenn viele Menschen mit Wahrnehmungsabwehr reagieren und Verdachtsmomente beiseite schieben.

Menschen, die grundsätzlich bereit sind, sexuelle Gewalt als solche wahrzunehmen, sind nicht zwangsläufig auch fähig dazu. Um sexuellen Mißbrauch selbständig wahrnehmen zu können oder dem Bericht eines Kindes darüber Glauben schenken zu können, muß die Existenz solcher Taten zumindest im Bereich des Vorstellbaren der betreffenden Person liegen. Aber wer kann sich schon vorstellen, daß ein Mensch, den man liebt, dessen Freundschaft man schätzt, der sich sozial engagiert oder der allseits gut angesehen ist – daß so ein Mensch ein Kind sexuell mißbraucht? Weil dies beinahe allem widerspricht, was man gemeinhin denkt und glaubt, werden viele Taten nicht bemerkt. Zum Erkennen und richtigen Deuten von Signalen muß der Vorstellungshorizont jedoch nicht nur weit genug gesteckt sein, man muß auch ein Mindestmaß an Wissen über die Problematik haben. Wer weiß, daß es Chinesisch gibt, versteht noch lange nichts in dieser Sprache. Eine Mutter beschreibt es so: »Ich wußte, daß irgendetwas nicht stimmte, aber ich konnte einfach nicht genau greifen, was es war.« (in Maltz & Holman 1987, 24)

Interventionszuständigkeit und -möglichkeiten

Weiß oder vermutet eine Person, daß ein Kind mißbraucht wird und ist grundsätzlich der Ansicht, daß »etwas getan werden muß«, so heißt das noch lange nicht, daß sie selbst eingreift. Jemand wird nur dann intervenieren, wenn sie oder er erstens davon überzeugt ist, dafür zuständig zu sein und zweitens Interventionsmöglichkeiten kennt und sich in der Lage fühlt, diese durchzuführen. Die beiden Prozesse – sich zuständig fühlen und Interventionsmöglichkeiten sehen – beeinflussen sich wechselseitig: Eine Person, die weiß, was zu tun ist, wird sich eher genötigt fühlen, Schritte einzuleiten, als eine, die überhaupt keine Vorstellung davon hat, wie interveniert werden könnte. Andererseits wird eine Person, die eingreifen will, auch Wege dazu finden.

Interventionszuständigkeit

Bei der Einschätzung der eigenen Verantwortlichkeit oder auch des Rechtes etwas zu unternehmen, spielen – neben dem Wissen um Interventionsmöglichkeiten – verschiedene Faktoren eine Rolle. Ein wichtiger Aspekt ist, daß die Konfrontation mit sexuellem Mißbrauch in der Regel eine ganze Palette von zum Teil sehr massiven Gefühlen hervorruft: Fassungslosigkeit, Bestürzung, Entsetzen, Wut, Hilflosigkeit usw. (Brockhaus & Kolshorn 1991). Derartige Empfindungen können das Verantwortungsgefühl vergrößern und zum Handeln motivieren, sie können aber auch zu einer hilflosen Lähmung und Wahrnehmungsabwehr führen. Inwieweit sich Menschen selbst als zuständig für eine Intervention begreifen, hängt weiterhin von ihrer Beziehung zu dem betroffenen Kind und dem Täter ab. Menschen fühlen sich meist eher im Recht oder sogar verpflichtet, einem Mißbrauchsverdacht nachzugehen, wenn ihre eigene Tochter oder der Sohn der besten Freundin betroffen ist, als wenn es sich nur um ein flüchtig bekanntes Kind handelt. Die Beziehung zum Täter betreffend ist es natürlich leichter, gegen eine Person vorzugehen, zu der keine persönliche Beziehung besteht, als wenn es sich um einen vertrauten Menschen handelt. Von zentraler Bedeutung ist auch die Härte des Verdachts: Wer fest davon überzeugt ist, daß Mißbrauch stattgefunden hat, wird sich eher einmischen, als jemand mit einem nur vagen Verdacht, wo das Risiko einer Falschanschuldigung besteht. In der Studie von Kalichman, Craig & Follingstad (1990) erwies sich die Sicherheit, mit der davon ausgegangen wurde, daß sexuelle Ausbeutung stattgefunden hatte, als ein zentraler Einflußfaktor auf die Bereitschaft der befragten Psychologinnen und Psychologen, einen Mißbrauchsverdacht weiterzuleiten. Die Bereitschaft, selbst etwas zu unternehmen, hängt ferner stark davon ab, was als notwendige Maßnahme angesehen wird. Einem Mädchen oder Jungen lediglich die Gelegenheit zu geben, über eine zurückliegende Gewalterfahrung zu sprechen, ist für die intervenierende Person zumeist einfacher – da weniger folgenschwer – als beispielsweise einen noch akuten Ausbeutungsfall bei Polizei oder Jugendamt zu melden.

Auch gesellschaftliche Werte und Normen beeinflussen das Verhalten.

Hat eine Nachbarin den Verdacht, in der Familie nebenan würde der Vater den Sohn mißbrauchen, so wird sie sich um so weniger zuständig fühlen, etwas dagegen zu unternehmen, je stärker sie Werte wie »man mischt sich nicht in fremde (Familien-)Angelegenheiten ein« verinnerlicht hat. Die gesellschaftliche Konvention spricht ihr das Recht zur Intervention ab und dient ihr vielleicht als willkommene Rechtfertigung, wenn sie aus anderen Gründen vor einem Eingreifen zurückschreckt. Andererseits kann sich die Nachbarin aufgrund humanistischer oder christlicher Wertvorstellungen (anderen Menschen helfen, Nächstenliebe ...) verantwortlich fühlen, zu intervenieren. Verschiedene Werte stehen im Konflikt. In diesem Zusammenhang könnte eine gesetzlich verankerte Pflicht, einen Verdacht auf sexuellen Mißbrauch den dafür zuständigen Stellen zu melden, die Situation vereinfachen, da für Menschen klarer wäre, was von ihnen erwartet wird. Eine solche Verpflichtung besteht in Deutschland bislang nicht. Wir vermuten, daß sie etwas von der persönlichen Verantwortung nehmen würde, falls ein Verdacht sich als falsch erwiese oder einem Bekannten Unannehmlichkeiten bereitet würden. Die Meldepflicht sollte dabei nicht unbedingt gegenüber den Strafverfolgungsbehörden bestehen, sondern vielmehr gegenüber kompetenten Beratungsstellen. Voraussetzung dafür ist allerdings ein erheblicher Ausbau der Interventionsstrukturen. In anderen Ländern hat sich gezeigt, daß eine gesetzliche Anzeige- bzw. Meldepflicht die Bereitschaft vieler Professioneller erhöht hat, ihren Verdacht weiterzuleiten (vergl. Muram & Weatherford 1988; Lamond 1989).* Indes ist auch eine Meldepflicht keine Garantie dafür, daß Verdachtsmomente wirklich an die zuständigen Institutionen weitergeleitet werden. Kalichman, Craig & Follingstad (1990) ermittelten, daß zwar alle von ihnen befragten Psychologinnen und Psychologen bereits Fälle erlebt hatten, in denen sie sexuellen Mißbrauch vermuteten, mehr als ein Drittel von ihnen aber – trotz gesetzlicher Meldepflicht – ihren Verdacht nicht weitergeleitet hatten. Ob eine Person sich als zuständig für eine Intervention ansieht, hängt schließlich nicht nur davon ab, welche Rechte und Pflichten sie sich selbst in diesem Zusammenhang zuschreibt, sondern auch, welche Verantwortlichkeiten sie bei anderen Personen sieht. So könnte sich die Nachbarin z.B. nicht zuständig für ein Einmischen fühlen, weil sie meint, es sei eher Aufgabe der Mutter des Jungen, etwas zu unternehmen.

---

* Die Meldung bzw. Anzeige ist dabei nicht zwangsläufig eine polizeiliche, sondern bezieht sich auch auf Institutionen, die in der BRD etwa Jugendämtern entsprechen.

Interventionsmöglichkeiten

Fühlt sich eine Person zuständig einzugreifen, so muß sie, bevor sie konkret handeln kann, wissen, was sie tun kann und sollte. Das heißt, sie muß abwägen, was sie sich überhaupt selbst zutraut zu tun, welche Interventionsmaßnahmen notwendig sind, welche Handlungsmöglichkeiten ihr offen stehen und welche Konsequenzen unterschiedliche Maßnahmen jeweils nach sich ziehen können.

Die Frage der konkreten Interventionsmöglichkeiten stellt zur Zeit eine der Hauptschwierigkeiten im Umgang mit sexuellem Mißbrauch dar. Viele Menschen sind mittlerweile über sexuelle Gewalt gegen Kinder alarmiert und haben ein wacheres Auge dafür. Gleichzeitig fühlen sie sich, wie unsere Studie sehr deutlich zeigt, aber zumeist völlig überfordert damit (Brockhaus & Kolshorn 1991). Die überwiegende Mehrheit unserer Untersuchungsteilnehmerinnen und -teilnehmer – sie alle arbeiteten mit Kindern und Jugendlichen – stellten sich in einer Situation dar, die wir als hilflose Handlungsverantwortung bezeichnen. Sie erkennen Handlungsnotwendigkeiten und sind sehr bereit, sich für die Betroffenen einzusetzen, aber sie wissen kaum, was zu tun ist. Fast alle waren der Ansicht, daß es ihnen an Wissen fehlte, um das Problem angemessen handhaben zu können. Viele haben Angst, etwas falsch zu machen oder eine nicht mehr zu stoppende Lawine ins Rollen zu bringen. Gegenüber Einrichtungen, die wie Erziehungsberatungsstellen oder Jugendämter potentiell hilfreich zur Seite stehen könnten, bestehen (oftmals nicht zu Unrecht, wie wir meinen) starke Vorbehalte. Die meisten sind sich zudem nicht bewußt, daß diese Institutionen bereits bei einem Verdacht konsultiert werden können. Summa summarum fühlte sich kaum eine oder einer unserer Befragten in ausreichendem Maße in bezug auf den Umgang mit sexuellem Mißbrauch vorbereitet und unterstützt. Dies ist nicht das individuelle Problem der Befragten, sondern es berührt gesellschaftliche Verantwortung. Ihre hilflose Handlungsverantwortung spiegelt den realen Mangel an Interventionsmöglichkeiten und angemessenen Interventionskonzepten, das schlecht ausgebaute Netz an kompetenten Institutionen und die unzureichende Integration des Themas sexuelle Gewalt in Ausbildung und Fortbildung wider. Wir kommen darauf zurück.

Bei der Frage, ob und in welcher Weise eine Person interveniert, die sich selbst als zuständig dafür ansieht, spielen die Konsequenzen, die bei verschiedenen Handlungsalternativen erwartet werden, eine zentrale Rolle. Dies können sowohl positive, wie die Beendigung des Mißbrauchs, als auch negative Erwartungen wie die große psychische Belastung für das Kind bei einem potentiellen Prozeß sein. Die Vorstellung, daß sich die Situation für das Kind noch verschlimmern oder daß der Täter ins Gefängnis kommen könnte, kann davon abhalten zu intervenieren oder zumindest einige Maßnahmen, wie etwa das Hinzuziehen des Jugendamtes oder der Polizei, ausschließen. In die gleiche Richtung kann die Angst wirken, mit einer möglicherweise falschen Beschuldigung einen anderen Menschen gegebenenfalls sehr zu verletzen oder zu verärgern. Das Abwägen möglicher Konsequenzen betrifft jedoch nicht nur das mißbrauchte Kind und den Täter, sondern auch die eigene Person. Nicht zu unterschätzen ist hier der zum Teil erhebliche psychische und zeitliche Aufwand, den eine Intervention mit sich bringt. Die Angst vor der Rache des Täters, aber auch vor negativen Reaktionen anderer Menschen können bedeutsame Entscheidungsfaktoren sein, und dies leider nicht ganz zu Unrecht. Immer wieder erfahren engagierte Helferinnen und Helfer Aggressionen und Anfeindungen. In einem uns bekannten Fall setzte sich beispielsweise eine Lehrerin für eine Schülerin ein, die in der Schule von drei Jungen sexuell angegriffen wurde (gefesselt und sexuell berührt). Der Lehrerin wurde daraufhin in dieser sich als progressiv verstehenden Schule vorgeworfen, sie habe eine »merkwürdige Phantasie«, daß sie »eine solche Kleinigkeit« dermaßen hochspiele.

Halten wir fest: Die Grundvoraussetzung für eine Intervention bei sexuellem Mißbrauch ist, daß er überhaupt wahrgenommen und als solcher bewertet wird bzw. daß ein entsprechender Verdacht entsteht. In vielen Fällen ist dazu erforderlich, daß die Kontaktpersonen des Kindes Signale oder verschlüsselte Äußerungen verstehen. Dafür ist nicht nur Wissen vonnöten, sondern auch die grundsätzliche Bereitschaft, sexuelle Ausbeutung erkennen zu wollen. Diese Bereitschaft hängt entscheidend von der Bedrohlichkeit der Mißbrauchsrealität ab. Zusätzlich zum Erkennen der Interventionsnotwendigkeit ist es erforderlich, daß eine Person sich selbst als zuständig erlebt, einzuschreiten und daß sie Möglichkeiten kennt, dies zu tun. Dabei befinden wir uns zur Zeit in einer fatalen Situation. Einerseits besteht mehr Offenheit und Bewußtheit für dieses Thema, nach wie vor steht dem jedoch ein eklatanter Mangel an Wissen und adäquaten Hilfsstrukturen gegenüber. Es scheint, daß sich viele Menschen in einer Position hilfloser Handlungsverantwortung befinden und nicht wissen, von wem sie Unterstützung erhalten könnten. Eine Intervention wird dadurch zu einem schwer kalkulierbaren Unternehmen, bei welchem zudem mit einer Reihe möglicher negativer Konsequenzen zu rechnen ist. Wir gehen davon aus, daß die Tatsache, daß sich viele Menschen mit der Situation überfordert oder alleine gelassen fühlen, dazu führt, daß sie ihre Verantwortlichkeit für die Intervention wieder in Frage stellen und z.B. den Mißbrauch bagatellisieren oder den Verdacht abwehren. Das betroffene Kind bleibt ohne Hilfe, und die Tat wird nicht geächtet.

Adäquate Intervention

Bevor wir darauf eingehen, wie verschiedene Personen und Institutionen sich konkret bei einem Verdacht auf sexuelle Ausbeutung verhalten, wollen wir stichpunktartig darlegen, wie unserer Ansicht nach adäquate Intervention aussehen muß. Unser Verständnis davon basiert zum einen auf den in diesem Teil des Buches dargestellten Ergebnissen und hat daher einen gewissen »objektiven« Charakter. Darüber hinaus hat es sich aus unserer praktischen Erfahrung und feministischen Diskussionsprozessen entwickelt und ist insofern in einigen Aspekten Überzeugungssache und Gegenstand heftiger Kontroversen. Adäquate Intervention beinhaltet u.E. Maßnahmen,

- die eine rasche und umfassende Abklärung des Ausbeutungsverdachts bzw. der Ausbeutungssituation bewirken (z.B. wer ist der Täter bzw. wer sind die Täter, weitere Opfer etc.);
- die eine möglichst schnelle Beendigung der sexuellen Ausbeutung erzielen;
- die es dem betroffenen Mädchen bzw. Jungen ermöglichen, den Mißbrauch so zu verarbeiten, daß sie bzw. er möglichst wenig negative Folgen davonträgt;
- die die Wahrscheinlichkeit minimieren, daß der Täter weitere Taten dieser Art verübt.

Im Umgang mit Betroffenen sollten folgende Grundhaltungen verwirklicht werden:

- Parteilichkeit für das mißbrauchte Kind. Das bedeutet, sich ganz auf die Seite des Kindes zu stellen; das Geschehen aus dessen Sicht zu betrachten; dem Mädchen bzw. dem Jungen zu glauben; sie bzw. ihn ernstzunehmen und alle Maßnahmen am Wohl des betroffenen Kindes auszurichten.
- Deutliche und volle Verantwortungszuschreibung an den Täter, denn er ist – unabhängig davon, wie sich das Kind oder andere verhalten haben – derjenige, der den Übergriff verübt hat. Eine solche Verantwortungszuschreibung ist, z.B. in familientherapeutischen Ansätzen, nicht selbstverständlich.
- Das betroffene Mädchen bzw. den betroffenen Jungen in ihrer bzw. seiner Gesamtpersönlichkeit sehen und akzeptieren. Das Kind darf nicht darauf reduziert werden, Opfer sexueller Gewalt zu sein. Vielmehr sollten auch die Stärken des Kindes in den Mittelpunkt gerückt werden, denn sie bieten Ansatzpunkte zur Bewältigung der Erfahrung.
- Wahrung der Autonomie des Kindes. Das bedeutet zum einen, daß nichts

ohne Wissen des Mädchens oder Jungen unternommen werden darf (was allerdings nicht gleichbedeutend damit ist, niemals etwas gegen den Willen des Kindes zu tun – das kann notwendig sein). Ferner heißt es, die Grenzen des Kindes zu wahren und sie bzw. ihn z.B. nicht zu drängen, über die Gewalterfahrung zu reden. Die Helferin oder der Helfer sollte dem Opfer den Raum bieten, das Erlebte auszudrücken, muß aber auch akzeptieren, wenn das Kind es nicht tun möchte.

Diese Grundhaltungen kennzeichnen die feministisch orientierte Intervention bei sexueller Gewalt gegen Kinder und erwachsene Frauen.

Wir wollen an dieser Stelle nicht im einzelnen darauf eingehen, welche Maßnahmen wann und wie einzuleiten sind, sondern nur einige besonders wichtige Aspekte ansprechen. (Eine gute und ausführliche Diskussion eines unseres Erachtens richtigen Interventionsverhaltens ist bei Enders [1990] nachzulesen.)

- Oberstes Gebot bei einem Mißbrauchsverdacht ist: Ruhe bewahren – auch wenn das schwer fällt – und überlegt handeln. Das bedeutet z.B. bei intrafamilialer sexueller Gewalt den Täter nicht mit dem Verdacht zu konfrontieren, ohne vorher für die Sicherheit des Kindes gesorgt zu haben. Ansonsten besteht die Gefahr, daß er das Kind massiv unter Druck setzt. Genauso wichtig ist es, vor Erstattung einer Anzeige die möglichen Konsequenzen dieses Schrittes genau zu durchdenken. Eine Anzeige kann nicht mehr rückgängig gemacht werden. Überhastetes Handeln kann schwerwiegende negative Folgen haben.
- Die Helferin oder der Helfer sollte sich in jedem Fall selbst Unterstützung suchen, da die Konfrontation mit sexueller Gewalt zumeist eine erhebliche Belastung darstellt. Dabei empfiehlt es sich, nicht nur vertraute Personen mit einzubinden, sondern auch Fachleute zu Rate zu ziehen.
- Entgegen der heute weit verbreiteten Annahme sind Täter nicht nur Väter, sondern auch andere Personen. Bei einem Mißbrauchsverdacht darf der Täter also nicht nur im familiären Umfeld gesucht werden.
- Sexuelle Ausbeutung ist nicht automatisch damit beendet, daß sie aufgedeckt wird. Manche Täter verüben selbst dann noch sexuelle Übergriffe, wenn bereits ein Gerichtsverfahren läuft oder sie selbst in Therapie sind. Daraus folgt, daß zunächst nur eine Unterbindung des Kontaktes zwischen Kind und Täter eine Beendigung der Tat gewährleisten kann. Dabei sollte, falls nötig, nicht das Kind, sondern der Täter aus der Situation heraus genommen werden.
- Es muß stets abgeklärt werden, ob der Täter auch andere Kinder sexuell ausgebeutet hat. Auch diese Kinder müssen unterstützt werden.

- Langfristig muß darauf hingearbeitet werden, daß der Täter nie wieder sexuelle Übergriffe verüben wird.
- Auch die Bezugspersonen der Betroffenen (z.B. Eltern) müssen unterstützt werden.

Interventionsverhalten

Wie reagieren nun verschiedene Personengruppen und Institutionen auf den Verdacht oder die Entdeckung von sexueller Ausbeutung? Deutlich ist, daß das Aufdecken sexueller Übergriffe nicht zwangsläufig dazu führt, daß das Opfer Unterstützung erhält. In dieser Frage scheint die Beziehung, die das Opfer bzw. die helfende Person zum Täter hat, eine wesentliche Rolle zu spielen.* Conte & Berliner (1981) stellten fest, daß bei der Aufdeckung von extrafamilialer Ausbeutung in 85 % der Fälle unterstützend reagiert wurde, während dies nur bei 60 % des intrafamilialen Mißbrauchs der Fall war. Russell (1986) ermittelte, daß um so eher unterstützend reagiert wurde, je entfernter die Beziehung zwischen Opfer und Täter war. Unterstützende Reaktionen gab es nur in 31 % der Ausbeutungsfälle durch Vater oder Bruder, 40 % bei Großvätern, 65 % bei Onkeln, aber bei 80 % der entfernter verwandten Männer. Von den nicht unterstützenden Reaktionen waren 86 % der Fälle Ausbeutung durch Väter oder Brüder. Hinter diesen Reaktionsunterschieden steht vermutlich die oben ausgeführte größere Bedrohlichkeit, je näher einer bzw. einem der Täter steht bzw. je näher der Täter dem Kind steht. Auch die Konsequenzen einer Intervention sind tendenziell einschneidender.

Mütter

Mütter werden in der Literatur häufig als den Mißbrauch tolerierend, begünstigend oder gar verursachend beschrieben. Verschiedene Studien und Literaturanalysen belegen, daß ihnen eigentlich immer eine gewisse Verantwortung zugeschrieben wird, wenn ihre Tochter oder ihr Sohn sexuelle Gewalt erfährt (z.B. Kalichman, Craig & Folligstad 1990; Kelley 1990).

Wenn das Kind leidet, ist sie schuldig. Sie ist schuldig, wenn dem Kind Schaden zuge-

---

* Die Beziehung des Opfers zum Täter ist häufig mit der Beziehung, die die helfende Person zum Täter hat, konfundiert.

fügt wird. Zumindest ist sie schuldig, wenn sie nicht merkt, daß ihrem Kind Schaden zugefügt wird. Sie ist schuld, wenn das Kind anscheinend kein Vertrauen zu ihr hat und sich ihr nicht offenbart. Es liegt ausschließlich an ihr, wenn die Mutter-Kind-Beziehung gestört ist.

So bringt Braecker (1992, 307) das Bild von Müttern in Wissenschaft und Therapie auf den Punkt. Daß Mütter *nicht* die Verantwortung dafür tragen, wenn ihr Partner oder ein anderer Mann ihre Kinder sexuell ausbeutet, haben wir hinreichend diskutiert (s. Kap. 5 und 6). Wie aber nehmen sie die Verantwortung wahr, ihr Kind zu unterstützen, wenn es mißbraucht worden ist?* (Zu Vätern s.u.) Leider beschränken sich die uns vorliegenden Arbeiten über die Reaktionen von Müttern vorwiegend auf Fälle sexueller Ausbeutung durch den Vater/Ehemann, so daß die folgenden Aussagen sich insbesondere auf diese Konstellation beziehen. Eine kritischere Situation kann es wohl für eine Mutter kaum geben, denn:

Wenn sie den sexuellen Mißbrauch als Realität anerkennt, bricht ihr gesamtes Lebenskonzept, ›in einer heilen Familie zu leben‹, eine gute Hausfrau, Ehefrau und Mutter zu sein, zusammen. Sie hat versagt. (Steinhage 1987b)

Wenn sie ihrem Kind glaubt, hat sie fast nichts zu gewinnen und meist viel zu verlieren – und zwar um so mehr, je abhängiger (finanziell und/oder emotional) sie von ihrem Partner ist. Mütter reagieren aus diesem Grund häufig mit Verleugnung, Verdrängung, Nichtsehen-Können und -Wollen und damit wenig hilfreich für ihre Kinder. Genauere Aussagen dazu lassen sich aus einer Untersuchung von Sirles & Franke (1989) ableiten. Die Autorinnen sind der Frage nachgegangen, wieviele Mütter den Berichten ihrer Kinder über sexuellen Mißbrauch Glauben schenken und welche Faktoren einen Einfluß darauf haben. Ihre Ergebnisse sollten allerdings nur vorsichtig verallgemeinert werden, da sie mit Klientinnen eines Programmes für intrafamiliär sexuell mißbrauchte Kinder (Intrafamily Child Sexual Abuse Program) durchgeführt wurde. Wir vermuten, daß sich unter diesen Müttern relativ mehr befinden, die die Aussagen ihrer Kinder als wahr ansehen als in der Gesamtbevölkerung. Dem Kind zu glauben dürfte eine Voraussetzung dafür sein, in einem solchen Programm mitzuarbeiten. Durchschnittlich nahmen 72 % der Mütter an, daß ihre Kinder die Wahrheit sagten. Die Mütter glaubten ihren Kinder um so weniger,

---

* Interessanterweise ist viel über Mütter geschrieben worden, sie selbst sind aber bisher kaum zu Wort gekommen. Eine Ausnahme stellt die Veröffentlichung von Enders & Stumpf (1991) dar, in der Mütter aus ihrer Sicht die Reaktionen auf die Aufdeckung sexueller Übergriffe gegen ihre Kinder schildern. Eine gute Darstellung der Reaktionen von Müttern, die von der Ausbeutung ihrer Tochter durch den Vater erfahren, findet sich bei Rijnaarts (1988, 160 ff.).

- je enger die Beziehung zum Täter war. 92 % glaubten ihrem Kind, wenn es ein entferntes Familienmitglied beschuldigte, aber nur 56 %, wenn es den Stiefvater bezichtigte. Diese Unterschiede liegen vermutlich in der größeren Bedrohlichkeit begründet, die von sexueller Ausbeutung durch nahestehende Personen ausgeht;
- je intensiver die sexuellen Handlungen waren. In etwa 90 % der Fälle mit manuell- oder oral-genitalen Kontakten nahmen die Mütter an, daß das Kind die Wahrheit sagte, während dies nur in 71 % der genital-genitalen Handlungen der Fall war. Die Tatsache, daß ein Onkel seiner fünfjährigen Nichte an die Genitalien faßt, ist vermutlich leichter zu akzeptieren, als wenn er sie penetrieren würde;
- wenn die Mutter zum Zeitpunkt des sexuellen Mißbrauchs zu Hause war (64 % vs. 89 % wenn nicht zu Hause). Diese Variable scheint sich auf Fälle zu beziehen, wo der Mißbrauch in der Wohnung von Mutter und Kind passierte. Dahinter könnte stehen, daß es für die Mutter unvorstellbar ist, daß solche Handlungen »vor ihrer Nase« passiert sind, ohne daß sie es merkte;
- je älter das Kind war. Bei den 2-5jährigen hielten 95 % der Mütter ihren Bericht für glaubhaft, während es bei den 12-17jährigen nur 63 % waren. Ein Grund dafür liegt vermutlich darin, daß bei einem sehr jungen Kind mit wenig Kenntnissen über Sexualität eher angenommen wird, daß es sich so etwas nicht ausdenken kann. Möglicherweise wird jüngeren Kindern auch weniger Eigeninitiative in diesem Bereich unterstellt. Sirles & Franke gehen außerdem davon aus, daß Mütter zu kleineren Kindern generell eine engere Beziehung haben, was ihre Bereitschaft, den Bericht des Kindes zu akzeptieren, steigern könnte. Diesen Befund finden auch Kendall-Tackett & Watson (1991) bestätigt;
- wenn das Kind zusätzlich auch körperlich mißhandelt wurde (59 % vs. 86 % bei keiner Mißhandlung);
- wenn der Täter Alkoholprobleme hatte (70 % vs. 88 %, wenn keine Alkoholprobleme bestanden). Sirles & Franke nehmen an, daß in solchen Familien ein Verleugnungssystem existiert, welches der Aufrechterhaltung des Familiensystems dient. Eine andere Erklärung könnte sein, daß der übermäßige Alkoholgenuß für die Familie bereits zu viele Probleme mit sich bringt, als daß ein weiteres schwerwiegendes bewältigt werden könnte.

Zusammenfassend nimmt nach der Studie von Sirles und Franke der größte Teil der Mütter an, daß ihre Kinder die Wahrheit sagen, wenn sie von sexueller Ausbeutung berichten. Bei dieser Aussage gilt es allerdings zu bedenken, daß erstens der Anteil der Mütter, die ihren Kindern glauben, in der zugrundeliegenden Stichprobe vermutlich höher ist als in der Allgemeinbevölkerung (s.o.) und zweitens Kinder in der Regel nicht direkt von ihren Erfahrungen erzählen, sondern daß diese aus verdeckten Signalen erschlossen werden müssen.

Wir wollen nun betrachten, wie Mütter reagieren, wenn sie die Realität des Mißbrauchs wahrnehmen und als Möglichkeit akzeptieren. In diesem Fall erleben sie eine Reihe widerstreitender Gefühle. Dazu gehören typischerweise – vor allem bei intrafamilialer Ausbeutung: Wut auf den Täter, aber auch auf das Kind, daß es nicht eher etwas gesagt hat; Schuldgefühle, weil sie das Kind nicht geschützt und den Mann nicht befriedigt haben; Gefühle des Verrats von dem Täter, der sie hintergangen hat, aber auch vom Kind, das bisher nichts gesagt hat; Eifersucht auf das Kind; Widerwillen und Ekel; Verwirrung aufgrund der widersprechenden Gefühle und den Handlungsanforderungen, denen sie sich ausgesetzt fühlen; Versagensgefühle als Mutter und Ehefrau; Angst vor dem Zusammenbruch ihrer Lebensstruktur und u.U. dem Verlust ihrer ökonomischen Basis (vergl. Maltz & Holman 1987 und Stumpf 1990). Auch die Mutter gerät durch die Aufdeckung sexuellen Mißbrauchs häufig in eine schwere Krise. »Soll ich mir den rechten Arm oder den linken abschneiden?« beschreibt eine Mutter das Dilemma, sich nach Aufdeckung des Mißbrauchs mit dem Kind oder dem Partner solidarisieren zu müssen (in Maltz & Holman 1987, 19). Rijnaarts (1988, 168) vertritt die Ansicht, daß die meisten Mütter, die mitbekommen, daß ihr Partner ihre Tochter mißbraucht, zwar eingreifen, dies aber auf unangemessene Weise tun. Die Mutter ist bereit, die Tochter zu schützen, will die »Schande« aber um jeden Preis geheimhalten, etwa weil sie sich um den Ruf der Tochter sorgt oder den Schein einer harmonischen Familie wahren möchte. Dazu ein Beispiel: Zwei Schwestern, eine Jugendliche und eine junge Erwachsene, wenden sich an eine Beratungsstelle, weil sie von ihrem Stiefvater sexuell mißbraucht worden sind. Sie haben noch jüngere Geschwister. Es kommt zu Gesprächen zwischen der Mutter und den Töchtern und zwischen der Mutter und Mitarbeiterinnen der Einrichtung. Die Mutter glaubt den beiden, verbietet ihnen aber, mit den jüngeren Geschwistern darüber zu reden und will auf jeden Fall jede Art von Öffentlichwerden vermeiden. Die jüngere der beiden lebt noch zu Hause und wird massiv unter Druck gesetzt, sich doch wieder mit dem Vater zu »vertragen«. Auf diese Art erhalten die beiden Töchter keine angemessene Unterstützung, und der Schutz der anderen Geschwister ist nicht gewährleistet (persönliche Mitteilung). Für eine Mutter ist der sexuelle Mißbrauch ihrer Kinder durch ihren Partner eine Extremsituation. Wir nehmen an, daß Mütter bei sexueller Ausbeutung durch andere Täter freier sind, dies wahrzunehmen und angemessen zu reagieren, weil dann für sie selbst meist wesentlich weniger auf dem Spiel steht. Dennoch dürften auch dort z.B. Schuldgefühle die Wahrnehmung negativ beeinflussen.

Die Feststellung, daß viele Mütter nicht in der Lage sind, ihre Töchter deutlich zu unterstützen, darf nicht dahingehend verallgemeinert werden, daß alle Mütter sich so verhalten! Sowohl in der Literatur als auch in unserer praktischen Arbeit stoßen wir immer wieder auf Frauen, die sich entschieden und mit bewundernswertem Einsatz für ihre Kinder engagieren – auch wenn ihre Partner die Täter sind. In dem Buch von Enders & Stumpf (1991) sind einige eindrucksvolle Beispiele nachzulesen. Selbst wenn Mütter sich massiv für ihre ausgebeuteten Kinder einsetzen, heißt das leider noch lange nicht, daß ihre Bemühungen auch von Erfolg gekrönt sind. Diese Frauen haben – ganz gleich, wer der Täter ist – oftmals keinen leichten Stand. Sie riskieren gewalttätige Übergriffe des Täters sowie Unglauben, Schuldzuweisungen und Anfeindungen durch Verwandte, Freundinnen und Freunde oder Bekannte. Dadurch geraten sie häufig in soziale Isolation und müssen Unterstützung entbehren, die sie gerade in dieser Situation dringend benötigten (vergl. Rijnaarts 1988, 173; Enders 1990, 233 f.). Eine Frau, deren Verlobter ihre 12jährige Tochter mißbrauchte, schildert:

Ich konnte es nicht mehr aushalten. Überall wurde getratscht, sogar beim Einkaufen wurde ich angesprochen. Lauter verletzende Bemerkungen und Fragen wie: Was hast du denn da für ein Flittchen großgezogen [...]? Das ist ja toll, daß die sich an deinen Partner ranmacht [...] An deiner Stelle würde ich aber aufpassen. (in Enders & Stumpf 1991, 80)

Eine Frau, deren Bruder sehr massiv ihre Kinder sexuell ausgebeutet hat, schildert folgende Reaktion ihrer Eltern:

Nachdem meine Eltern von dem sexuellen Mißbrauch erfuhren, stellten sie sich auf die Seite meines Bruders. Mein Vater vertrat den Standpunkt, die Kinder hätten sich alles nur ausgedacht und uns im Bett beobachtet, ich würde sicherlich nur Unsinn erzählen. Er bot Martin [dem Täter] an, die Anwaltskosten zu übernehmen, wenn Anklage erhoben werden würde [...] Wir haben unsere Verwandtschaft verloren, nicht der Täter. (in Enders & Stumpf 1991, 37 f.)

Ist ihr Lebenspartner der Täter, haben Frauen häufig erst in einer Trennungs- bzw. Scheidungssituation die Kraft, den Mißbrauch öffentlich zu machen und sich gegen den Täter zu stellen. Gerade in diesen Fällen wird ihnen oft unterstellt, sie würden sich die Anschuldigung nur ausdenken, um ihrem Mann »eins auszuwischen« und sich an ihm zu rächen (s. z.B. Gebhard u.a. 1965, 806; vgl. Rijnaarts 1988, 173). Manchmal wird auch einfach der Spieß umgedreht, und sie werden selbst verdächtigt, z.B. von Bornemann (1990), der meint:

Bei den Frauen, die sich vormachen, nur Edles zu wollen, nämlich die kleinen Mädchen vor den Männern zu retten, scheint der Verdacht latenter Pädophilie besonders berechtigt zu sein.

Mütter, die sich von mißbrauchenden Partnern trennen und versuchen, einen Entzug des Sorge- und Besuchsrechts gegen ihn zu erwirken, müssen nicht selten erleben, daß sie selbst plötzlich zur »Täterin« werden. Gericht, Jugendamt und andere Institutionen solidarisieren sich mit dem Täter, wenn er versucht, die Mutter als psychisch krank abzustempeln und *ihr* das Sorgerecht zu entziehen (siehe z.B. Enders 1990, 230 f.). So auch im Beispiel einer Mutter, die entdeckt, daß ihre 3 1/2 Jahre alte Tochter von ihrem Mann mißbraucht wird (Friese 1986). Sie verläßt sofort die gemeinsame Wohnung, reicht die Scheidung ein, erstattet Anzeige und beantragt das Sorgerecht. Obwohl zwei Gutachten bescheinigen, daß das kleine Mädchen sich den sexuellen Mißbrauch auf keinen Fall ausgedacht hat, geschieht nichts. Auch eineinhalb Jahre später ruht das Verfahren gegen den Täter, ohne daß er auch nur einmal vernommen worden ist. Genauso wenig sind die anderen Zeuginnen und Zeugen, die die Mutter benannt hat, gehört worden. Auch die Frage des Sorgerechts ist bis zu dem Zeitpunkt nicht geklärt. Es besteht das Risiko, daß es dem Vater zugesprochen wird. Einen ähnlichen Fall schildert auch Müller-Münch (1992). Das Mißtrauen in traditionelle Institutionen kann durchaus gerechtfertigt sein.

Zusammenfassend sind viele Mütter nicht in der Lage, ihren Töchtern oder Söhnen zu glauben und sich in angemessener Weise für sie einzusetzen, da der Mißbrauch sie oft selbst in eine Krise stürzt, vor allem dann, wenn der Täter ihnen nahesteht. Mütter mißbrauchter Kinder bedürfen daher dringend selbst der Unterstützung. Frauen, die engagiert für ihre Kinder eintreten, erfahren nicht selten eine Vielzahl von Anfeindungen und Vorwürfen. Letzteres gilt unserer Erfahrung nach praktisch für alle (weiblichen?) Personen, die deutlich für mißbrauchte Kinder Partei ergreifen und intervenieren.

Väter

An dieser Stelle sollte referiert werden, wie sich Väter, die damit konfrontiert werden, daß ihre Tochter oder ihr Sohn sexuell ausgebeutet worden ist, verhalten. Nehmen sie die Signale der Kinder sensibel wahr? Glauben sie ihnen? Setzen sie sich mit aller Kraft für sie ein? Väter tragen für all das eine ebenso große Verantwortung wie Mütter – doch wird ihre Verantwortung im Gegensatz zu der der Mütter weder in der öffentlichen Diskussion noch in der wissenschaftlichen Literatur thematisiert. Dieser blinde Fleck spiegelt, wie die Schuldzuweisungen an die Mütter, den patriarchalen Blickwinkel wider, aus dem sexueller Mißbrauch zumeist analysiert wird. Die traditionelle Arbeitsteilung zwischen den Geschlechtern und gewisse Vorrechte des Mannes werden (stillschweigend) als Norm akzeptiert.

Professionelle Helferinnen und Helfer

Im Rahmen der Intervention bei sexueller Gewalt spielen verschiedenste Institutionen der psychosozialen Versorgung eine bedeutsame Rolle – oder könnten sie zumindest spielen. Zu diesen Institutionen zählen die in der BRD fest etablierten traditionellen Einrichtungen wie Jugendamt, Kinderschutzbund und verschiedene Beratungsstellen (kirchlich, kommunal o.ä.), aber auch Krankenhäuser und frei praktizierende Ärztinnen und Ärzte. Wir grenzen sie von feministischen Projekten ab, die speziell zum Themenbereich sexuelle Gewalt arbeiten.

In welcher Weise kommen diese Einrichtungen mit sexuellem Mißbrauch in Kontakt? Zum einen sind MitarbeiterInnen der traditionellen Institutionen mit sexuell mißbrauchten Mädchen oder Jungen konfrontiert, die ihnen wegen anderer körperlicher oder psychischer Auffälligkeiten vorgestellt werden. In diesen Fällen sind sie gefordert, die hinter den Symptomen stehende sexuelle Gewalterfahrung selbständig zu erkennen und adäquat zu intervenieren. Die Einrichtungen werden auch direkt wegen sexuellen Mißbrauchs konsultiert. Opfer suchen dort Unterstützung im Bemühen, einen Mißbrauch zu beenden, den Täter zu bestrafen oder (oft erst als Erwachsene) ihre Erfahrung zu verarbeiten. Mittelbar Betroffene, d.h. Eltern und FreundInnen des Opfers oder andere HelferInnen wenden sich dorthin, um Hilfe im Umgang mit der Problematik zu bekommen. Das kann sein, daß sie lediglich ein offenes Ohr für all das suchen, was die Konfrontation mit dem Problem bei ihnen auslöst. Meist jedoch benötigen sie fachkundige Unterstützung bei der Diagnostik sexueller Ausbeutung sowie bei der Planung und Durchführung weiterer Interventionsschritte. Fast alle unsere Untersuchungsteilnehmerinnen und -teilnehmer gaben an, daß sie sich an irgendeine Institution wenden würden, »wenn sie den Verdacht oder die Gewißheit hätten, daß ein Kind sexuell mißbraucht wird«. So gut wie alle wollten sich an eine spezialisierte Einrichtung wenden, knapp drei Viertel der Befragten kannten jedoch keine. So gaben die meisten an, daß sie sich an den Kinderschutzbund, das Jugendamt und an allgemeine Beratungsstellen wenden würden. Häufig erwähnt wurden außerdem MedizinerInnen und »Wildwasser«, eine spezialisierte feministische Einrichtung (s.u.). Aufschlußreich ist, daß hypothetisch eine große Bereitschaft und, wie andere Antworten offenbaren, ein enormes Bedürfnis existiert, sich Unterstützung zu holen, tatsächlich jedoch nicht einmal in der Hälfte der geschilderten Fälle irgendeine Institution konsultiert worden ist. Wir führen dies u.a. auf das zum Teil erhebliche Mißtrauen zurück, das die Befragten gegenüber der Kompetenz und Arbeitsweise der traditionellen Einrichtungen hegen. Vor allem gegenüber dem Jugendamt bestand die Befürchtung, daß dort zu massive Maßnahmen ergriffen würden und eine nicht mehr zu stoppende Lawine in Gang gebracht werden könnte.

Die Institutionen der psychosozialen Versorgung haben unterschiedliche Möglichkeiten und Verpflichtungen, bei sexuellem Mißbrauch aktiv zu werden. Im Idealfall sollten sie nicht miteinander konkurrieren, sondern einander ergänzen und kooperieren. Eine Psychologin, die in einer Erziehungsberatungsstelle einen Verdacht auf sexuellen Mißbrauch gewonnen hat, könnte bspw. die Diagnostik weiter betreiben, evtl. erforderliche Gutachten verfassen und das Kind langfristig therapeutisch betreuen, während sie selbst und andere Kontaktpersonen des Kindes (Eltern, LehrerInnen etc.) fachkompetenten Rat und Unterstützung in einem feministischen Projekt erhielten. Die Lehrerin des Kindes würde den Vorfall vielleicht zum Anlaß nehmen, an ihrer Schule eine Fortbildung zu dem Thema durchzusetzen, welche wiederum von den Projektfrauen abgehalten würde. Das Jugendamt könnte eingeschaltet werden, wenn die Eltern des Kindes sich nicht auf dessen Seite stellen und es dem Einflußbereich der Helferinnen entziehen. Das Jugendamt hätte in diesem Fall z.B. das Recht und die Pflicht, den gemeldeten Verdacht auf sexuelle Ausbeutung abzuklären und das Opfer bei der Bewältigung des Problems zu unterstützen. Falls notwendig, könnte dort auch eine räumliche Trennung von Täter und Opfer vorbereitet und durchgesetzt werden. Mit seinen im Vergleich zu Privatpersonen größeren rechtlichen Möglichkeiten kann das Jugendamt bei einer Intervention eine Schlüsselstellung einnehmen. Leider ist eine Intervention und Zusammenarbeit, wie die geschilderte, (noch?) Zukunftsmusik. Bislang treffen die Hilfesuchenden in der BRD kaum auf Strukturen, die in der Lage sind, schnelle, effektive und adäquate Hilfe zu leisten. Die traditionellen Institutionen werden ihrer Aufgabe nur unzureichend gerecht, und das Netz spezialisierter Einrichtungen ist noch sehr dünnmaschig geknüpft. In diesem Sinne bezeichnen denn auch in einer Umfrage, die im Auftrag der niedersächsischen Frauenbeauftragten durchgeführt worden ist, 84 % der über ihren Umgang mit sexuellem Mißbrauch an Mädchen befragten 155 Institutionen der psychosozialen Versorgung das bestehende Hilfsangebot als nicht ausreichend (Landesbeauftragte für

Frauenfragen 1989). Die Studie zeigt, daß das bestehende Angebot der steigenden Nachfrage in keiner Weise gerecht wird.

Die traditionellen Institutionen der psychosozialen Versorgung

Den traditionellen Institutionen fehlt es unserer Einschätzung nach zumeist an fachspezifischem Wissen und Interventionskonzepten. Oft wird z.B. nach familientherapeutischen Ansätzen gearbeitet, die sich zwar für andere Problembereiche als sinnvoll erwiesen haben, bei sexuellem Mißbrauch aber nicht angemessen sind (s. Kap. 10). Auch mit psychoanalytischen Konzepten, nach deren Annahmen sich die sexuellen Handlungen nur in der Phantasie der Betroffenen abgespielt haben, werden Betroffene leider immer noch konfrontiert. Intervention die – wie auch die gerade genannten Konzepte – die spezifischen Charakteristika sexueller Ausbeutung vernachlässigt, kann u.E. nicht im oben definierten Sinne adäquat sein. Auf unangemessene Intervention weisen auch die Befunde der oben zitierten Untersuchung hin: Nur in 43 % der 155 befragten Einrichtungen berieten ausschließlich Frauen betroffene Mädchen, und in lediglich 3 % der Institutionen wurde Betroffenen praktische Unterstützung in Form von Begleitung zu ärztlichen Untersuchungen, Ämtern, RechtsanwältInnen u.ä. (Prozeßbegleitung) angeboten. Bezugspersonen ausgebeuteter Kinder wurden gleichfalls nur in 3 % der Institutionen beraten* (Landesbeauftragte für Frauenfragen 1989).

Beispielhaft für das Interventionsverhalten von Personengruppen der psychosozialen Versorgung wollen wir das Interventionsverhalten von Medizinerinnen und Medizinern darstellen. Allgemeinärztinnen und -ärzte gehören zu den am häufigsten konsultierten Personen bei sexuellem Mißbrauch (Simmons 1981; Winefield & Castell-McGregor 1986). Bei den hohen Prävalenzraten kann vermutet werden, daß sich in jeder Praxis jährlich wenigstens ein mißbrauchtes Kind unter den Patientinnen und Patienten befindet. Die Entdeckungsraten der MedizinerInnen sind daran gemessen jedoch niedrig: Während eine Studie in den USA ermittelte, daß immerhin 53 % der befragten MedizinerInnen wenigstens einen Fall sexueller Ausbeutung pro Jahr entdeckt hatten (James, Womack & Strauss 1978; in Mrazek u.a. 1982), erklärten 59 % der 622 MedizinerInnen, die Mrazek, Lynch & Bentovim (1982) in England befragten, daß sie in ihrer Praxis noch nie einen Fall von sexueller Gewalt gegen Kinder gehabt hätten. In einer repräsentativen Befragung von 279 australischen AllgemeinärztInnen machten 54 % der Befragten

---

* Unter den 43 % bzw. 3 % der Institutionen befinden sich bereits einige feministische Projekte.

dieselbe Angabe (Winefield & Castell-McGregor 1986). Die niedrigen Entdeckungsraten der MedizinerInnen sind sicherlich – wie bei anderen Menschen auch – auf Unwissenheit und mangelnde Bereitschaft, das Problem zu erkennen, zurückzuführen. Wie weit die Wahrnehmungsabwehr gehen kann, vermittelt der Fall eines dreijährigen Mädchens, das

[...] übersät mit striemenartigen Spuren, vor allen Dingen im Bereich des Unterbauches und der Innenseite der Oberschenkel, sowie zahlreichen Hämatomen, ausgedehnten Genitalverletzungen und Blutungen in der Umgebung des Anus [...]

in eine Klinik gebracht wurde (Trube-Becker 1987, 118). Sexuellen Mißbrauch als Ursache schlossen die behandelnden Ärzte (und auch später das Gericht) aus:

Das dreijährige Mädchen soll sich die Spuren eigenhändig beigebracht haben, es habe häufig an den Genitalien »gefummelt« und soll sogar einen viereckigen Bauklotz in den After eingeführt haben!? Die Striemen sollen von den Peitschenschlägen durch den fünfjährigen Bruder herrühren!? (Ebd.)

Ähnliche Fälle schildert auch Renvoize (1982, 194 f.).

Viele ÄrztInnen, die den Mißbrauch zwar wahrnehmen, intervenieren trotzdem nicht oder nur unangemessen. 23 % der befragten australischen MedizinerInnen, die einen Verdacht auf sexuellen Mißbrauch hegten, sahen diesen als zu schwach an und verfolgten ihn nicht weiter. Nur in 11 % der Fälle wurden offizielle Stellen informiert, obwohl in Australien allein schon der Verdacht anzeigepflichtig ist. Die Hauptgründe für das Nicht-Berichten waren Zweifel an der klinischen Nachweisbarkeit (75 %) und Angst, die Familie zu zerstören (46 %). Ein Fünftel erlebte außerdem einen ethischen Konflikt (Rechte der Eltern vs. Rechte des Kindes), 17 % glaubten dem Kind nicht und 16 % widerstrebte es, als Zeuge oder Zeugin vor Gericht zu erscheinen (Winefield & Castell-McGregor 1986). Wie das abwehrende Verhalten der MedizinerInnen praktisch aussehen kann, verdeutlicht die Erfahrung einer Mutter, die mit ihrer dreijährigen, sexuell ausgebeuteten Tochter eine Frauenärztin aufsuchte (Müller-Münch 1992). Als die Ärztin von dem Mißbrauch in Kenntnis gesetzt wurde, weigerte sie sich, das Kind zu untersuchen. Sie stellte auch gleich klar, daß sie nicht vor Gericht aussagen wollte.

Die Ärztin druckste herum, der Wortwechsel hielt an. Irgendwann wurde dann klar, die Ärztin hatte Angst und erklärte dies auch: Wenn sie sich einmal auf so eine Untersuchung einlasse, kämen in einer Woche hundert Frauen mit ihren Töchtern. Dann könne sie ihre Praxis dichtmachen. Bezahlen würde ihr das nämlich niemand. Auch nicht die Zeit, die sie anschließend vor Gericht als Zeugin verbringen müsse. (Ebd.)

Das hier den MedizinerInnen angelastete unangemessene Interventionsverhalten ist unserer Einschätzung nach stellvertretend für den herrschenden Umgang mit der Thematik. Es spiegelt die Mythen über sexuelle Gewalt, die Bedrohlichkeit der Konfrontation mit dem Problem sowie Unwissen, Unsicherheit und Überforderung auch der professionellen HelferInnen wider.

Die Mitarbeiterinnen und Mitarbeiter der in Niedersachsen befragten Institutionen der psychosozialen Versorgung scheinen den Mangel an Wissen durchaus zu empfinden: ca. 80 % wünschten sich Fortbildungen zu sexueller Ausbeutung von Kindern (Landesbeauftragte für Frauenfragen 1989). Diese werden unserer Erfahrung nach zwar immer häufiger in einzelnen Einrichtungen durchgeführt, selten aber in ausreichendem Umfang, was meist an den schlechten Finanzierungsmöglichkeiten liegt. Sexuelle Gewalt ist unseres Wissens nach auch noch kein festgeschriebener Gegenstand der Ausbildung von PädagogInnen, LehrerInnen, SozialarbeiterInnen, PsychologInnen, MedizinerInnen etc. Anders dagegen in den USA. Dort müssen bspw. in Kalifornien PsychotherapeutInnen zur Verlängerung ihrer Lizenz alle zwei Jahre u.a. den Nachweis erbringen, daß sie an einer Fortbildung zum Thema sexueller Mißbrauch teilgenommen haben (Gardiner 1990). In Tennessee wurde 1985 ein Gesetz verabschiedet, wonach alle MitarbeiterInnen von sogenannten Child-Care Agencies in der Entdeckung, Behandlung und Prävention von sexuellem Mißbrauch geschult werden müssen. Jede dieser Einrichtungen wurde verpflichtet, mindestens einmal im Jahr ein Programm mit Kindern durchführen, welches Entdeckung und Prävention von Mißbrauch zum Ziel hat (Muram & Weatherford 1988). In der BRD hängt es demgegenüber noch immer weitgehend von der persönlichen Aufgeschlossenheit und Einsatzbereitschaft einzelner MitarbeiterInnen* ab, inwieweit sie Kompetenzen zur Thematik erwerben. Infolge öffentlicher Aufklärung und privatem Engagement einerseits und dem Mangel an fachkompetenter Weiterbildung andererseits entwickeln viele Praktikerinnen und Praktiker mittlerweile oftmals ein Bewußtsein über die Existenz sexueller Gewalt, und möglicherweise lernen sie auch, solche Taten zu erkennen, aber es fehlt ihnen an angemessenen Konzepten für den Umgang mit dem Problem. Eine Folge dieses »Halbwissens«, die wir jetzt immer wieder beobachten, ist ein übereiltes, kopfloses und damit inadäquates Handeln. Ein Beispiel: In der Sendung *Kontraste* (NDR III, 25.1.1993) wurde von einem Fall berichtet, wo in einem Kinderhort bei drei Kindern der Verdacht auf sexuellen Mißbrauch durch den Vater bestand. Offensichtlich ohne dies in ausreichendem Maß vorbereitet zu haben, wurden die Kinder eines Tages auf Verfügung des Jugendamtes

---

* Nach unserer Erfahrung sind es fast ausschließlich Frauen, die verstärkt Fortbildungen fordern und daran teilnehmen.

aus dem Hort abgeholt und in ein Kinderheim gebracht. Daraufhin wurden die Eltern informiert und Anklage gegen den Vater erhoben. Aufgrund der schwachen Beweislage wurde dies jedoch anscheinend schnell wieder rückgängig gemacht. Nach den vorliegenden Informationen zu urteilen, hat das Jugendamt in diesem Fall – zum Nachteil der Kinder – überhastet und falsch gehandelt. Das übereilte Wegreißen der Kinder aus ihrer gewohnten Umgebung wird sie sehr verstört und vielleicht auch traumatisiert haben. Fand tatsächlich sexuelle Ausbeutung statt, war der Täter jetzt gewarnt und konnte das Kind, sobald es wieder zu Hause war, unter Druck setzen. Die Erzieherinnen des Hortes, die gewiß in bester Absicht handelten, sind jetzt heftigen Vorwürfen ausgesetzt und werden das nächste Mal vermutlich eher davor zurückschrecken, zu intervenieren.

Also hier wird wirklich der sexuelle Mißbrauch mißbraucht [...] Ich weiß nicht, [...] was da eigentlich in den Köpfen der Kindergärtnerinnen vor sich geht, daß sie geradezu fanatisch darauf besessen sind, aufdecken zu müssen,

äußert ein männlicher Gutachter in der gleichen Sendung. Die Erzieherinnen und mit ihnen viele andere (potentielle) Helferinnen und Helfer stecken damit in einem Dilemma: Wenn sie nichts tun, wird ihnen vorgehalten, sie würden vor dem Problem die Augen verschließen, intervenieren sie aber, so sind sie »fanatisch«. Wir befürchten, daß die momentan große Bereitschaft vieler Menschen, sich mit dem Thema auseinanderzusetzen, bald wieder abebben wird, wenn den entsprechenden Berufsgruppen nicht Handlungskonzepte an die Hand gegeben werden und die Unterstützung durch die zuständigen Institutionen gewährleistet ist. Handlungskonzepte müssen erarbeitet und durch Fortbildungsarbeit weitervermittelt werden. Gerade für Mitarbeiterinnen und Mitarbeiter von Jugendämtern und Beratungsstellen ist es dabei längst nicht ausreichend, nur ein einmaliges Wochenendseminar zu dem Thema zu besuchen.

Aber nicht allein Unwissen ist für die Unzulänglichkeit der Interventionsstrukturen verantwortlich. Wie überall im sozialen Bereich ist es auch eine Frage des Geldes. Intervention bei sexueller Gewalt gegen Kinder ist ein sehr zeit- und damit personalintensives Unterfangen. Die unzureichende finanzielle und personelle Ausstattung vieler Beratungsstellen – und dies gilt insbesondere für die spezialisierten Einrichtungen (s.u.) – steht einer angemessenen Intervention deshalb oft entgegen. Die Untersuchung der niedersächsischen Frauenbeauftragten (1989) ergab, daß 25 % aller Mitarbeiterinnen und Mitarbeiter bzw. 30 % aller in den Einrichtungen tätigen Frauen unbezahlt dort arbeiteten. Das bedeutet, daß sie die Betreuung von Betroffenen und Angehörigen in ihrer Freizeit, also neben ihrer eigentlichen

Arbeit, durchführen. Eine angemessene Unterstützung ist unter solchen Bedingungen aber nur schwer zu gewährleisten. Rund zwei Drittel der Befragten forderten die Einrichtung zusätzlicher Planstellen und weiterer spezialisierter Institutionen.

Feministische Projekte

Seit Ende der Siebziger Jahre ist in der BRD eine Vielzahl von Projekten ent-
standen, die zu (sexueller) Gewalt gegen Frauen und Mädchen arbeiten. Ziel
war und ist es, auf die Problematik aufmerksam zu machen, politisch Einfluß
zu nehmen und gleichzeitig Unterstützung für Betroffene anzubieten. Ent-
standen sind diese Einrichtungen im wesentlichen aus der Frauenbewegung,
und ihre Arbeit basiert folglich auf feministischen Ansätzen. Das heißt vereinfacht gesagt, daß (sexuelle) Gewalt gegen Frauen und Mädchen als Ausdruck einer patriarchalen Gesellschaft verstanden wird und daß in den Projekten eine parteiliche Arbeit von Frauen für Frauen und Mädchen geleistet
wird. Die ersten Projekte gegen sexuelle Gewalt waren die Frauen-Notrufe.
Sie arbeiteten zunächst vorrangig zu sexueller Gewalt gegen erwachsene
Frauen, decken heute aber auch oft den Bereich sexuellen Mißbrauchs (an
Mädchen) mit ab. Vor allem in größeren Städten gibt es mittlerweile jedoch
auch feministische Projekte, die speziell zu sexueller Ausbeutung von
Mädchen arbeiten. Am bekanntesten und weitesten verbreitet sind wohl die
Wildwasser-Gruppen. Eine der wenigen Institutionen, welche auch zu sexueller Ausbeutung von Jungen arbeiten, ist *Zartbitter* in Köln. Ansonsten gibt
es bis jetzt fast kein entsprechendes Angebot für Jungen. Auch Frauen-The-
rapie-Zentren beschäftigen sich zumeist intensiv mit sexueller Gewalt, wobei ihr Angebot auf die therapeutische Unterstützung der Opfer beschränkt
ist. Unserer Einschätzung nach sind die feministischen Projekte zur Zeit
noch weitgehend die einzigen Institutionen, in denen es sowohl ein umfang-
reiches fachspezifisches Wissen gibt, als auch kompetente Hilfe angeboten
wird. Allerdings gibt es in den traditionellen psychosozialen Einrichtungen
immer öfter zumindest einzelne Mitarbeiterinnen (und seltener Mitarbeiter),
die sich intensiv mit der Thematik beschäftigt haben.

Um die Arbeitsweise feministischer Einrichtungen zu verdeutlichen, wol-
len wir – stellvertretend für andere Projekte dieser Art – kurz die Arbeit des
Göttinger Frauen-Notrufs darstellen, in dem wir seit seiner Gründung im
Frühjahr 1988 mitarbeiten. Einer der Arbeitsschwerpunkte des Notrufs ist
die Unterstützung von betroffenen Frauen und Mädchen sowie von deren
Bezugspersonen und Helferinnen. Der Name »Notruf« führt dabei manche
in die Irre, denn unser Arbeitsgebiet betrifft nicht nur massive und akute
Fälle – viele haben die Vorstellung einer Frau, die direkt nach einer Verge-

waltigung bei uns anruft. In der Tat ist das die absolute Ausnahme. Die meisten Fälle, mit denen wir konfrontiert sind, liegen wenigstens einige Tage, oft auch Jahre zurück und umfassen die ganze Spannbreite sexueller Gewalt. Die Kontaktaufnahme erfolgt in der Regel über das Telefon. In den seltensten Fällen bleibt es jedoch bei einer rein telefonischen Beratung. Wir bieten Kriseninterventionen, längerfristige persönliche Beratungen und Informationsvermittlung an. Wie viele andere Projekte fördern auch wir den Aufbau von Selbsthilfegruppen und leiten diese in der Anfangszeit an. Der Selbsthilfeansatz ist ein zentraler Grundsatz feministischer Arbeit (s.a. Bass & Davis 1991). Darüber hinaus bieten wir praktische Unterstützung, das heißt wir begleiten die Betroffenen bzw. ihre Bezugspersonen z.B. auf Behördengänge, vermitteln Rechtsbeistände, bereiten Prozesse mit vor und stehen während des Verfahrens hilfreich zur Seite. Ferner vermitteln wir Selbstverteidigungskurse. Zentraler Grundsatz unseres Beratungsansatzes ist die Parteilichkeit für die Betroffenen und die Wahrung ihrer Autonomie. Unsere Räumlichkeiten, die wir mit zwei anderen Göttinger Frauenprojekten teilen, sind nur für Frauen zugänglich. Männer haben keinen Zutritt. Damit schaffen wir einen Schutzraum für die Betroffenen. Ein zweiter Schwerpunkt unserer Arbeit ist die Öffentlichkeitsarbeit. Dazu gehören Durchführung bzw. Teilnahme an Informationsveranstaltungen, Veröffentlichung von Informationsmaterialien, Pressearbeit, Vorführen von Filmreihen, Unterrichtseinheiten in Schulen und dergleichen mehr. Ein weiterer wichtiger Bereich ist Bildungsarbeit im engeren Sinn, d.h. Fortbildung von MitarbeiterInnen der psychosozialen Versorgung, LehrerInnen, ErzieherInnen etc. sowie Abhalten von Elternabenden in Kindergärten und Schulen. Ziele der Öffentlichkeitsarbeit sind Aufklärung und Prävention, aber auch Bekanntmachen unserer Institution und ihres Angebotes.

Entgegen der oft geäußerten Ansicht, daß in einer so kleinen Stadt wie Göttingen (ca. 130 000 EinwohnerInnen) eine auf sexuelle Gewalt spezialisierte Einrichtung nicht erforderlich sei, wird der Frauen-Notruf häufig und in immer noch steigendem Maße in Anspruch genommen – in den letzten Jahren zunehmend zum Themenkomplex sexuelle Ausbeutung von Mädchen. Wie andere Projekte in diesem Bereich, können auch wir nur einen Bruchteil der Unterstützungs- und Öffentlichkeitsarbeit, die wir theoretisch leisten wollen und könnten, praktisch umsetzen. Schuld daran ist unsere schlechte und ungesicherte finanzielle Situation. Von öffentlicher Seite werden wir nur unzureichend finanziell gefördert. Da wir jedoch den Anspruch haben, zumindest die Beratungen kostenlos durchzuführen, sind wir auf solche Gelder angewiesen. Jahrelang haben wir völlig unbezahlt gearbeitet, am Anfang sogar noch eigenes Geld in das Projekt gesteckt. Damit stel-

len wir unter den Notruf-Projekten und ähnlichen Einrichtungen keine
Ausnahme dar. Eine Bestandsaufnahme des Landes Niedersachsen zeigt, daß
nach wie vor der größte Teil der Mitarbeiterinnen in Projekten gegen sexuelle Gewalt unbezahlt arbeitet, der Rest zumeist unterbezahlt (Hagemann-
White u.a. 1992). Einige Einrichtungen haben ABM-Stellen, mit denen sie
versuchen, sich halbwegs über Wasser zu halten, einige wenige verfügen über
feste Stellen. Wir gehen davon aus, daß die allgemein schlechte Finanzsitua-
tion der Kommunen und die Unwissenheit über die Notwendigkeit solcher
Einrichtungen nicht die einzigen Gründe für die schlechte finanzielle Ausstattung der feministischen Projekte darstellen. Projekte wie unseres sind
einfach »unbequem«. Das feministische Ursachenverständnis und der
Grundsatz der Parteilichkeit für die Opfer stehen (nicht nur) der Auffassung
der Bundesregierung diametral entgegen, die »eine einseitige Parteinahme
zugunsten der Kinder gegen gewalttätige Familienangehörige über die akute
Krisensituation hinaus« entschieden zugunsten der »Unterstützung des Familiensystems« ablehnten (BMJFG 1985). Feministinnen sehen demgegenüber im traditionellen Familiensystem eine Ursache für sexuelle Gewalt (was
nicht heißt, daß eine Intervention auf die Zerstörung der Familie abzielt –
der Erhalt der Familie ist indes nicht Handlungsgebot). Unser Eindruck –
von anderen Frauen aus ähnlichen Projekten immer wieder bestätigt – ist,
daß die feministischen Projekte gerade soweit finanziert werden, daß ein
notwendiger Teil »Sozialarbeit« geleistet werden kann, nicht aber soweit,
daß diese Institutionen zu einem gesellschaftlichen Machtfaktor werden
könnten.

Zusammenfassend bewerten wir das Unterstützungsangebot für Opfer sexueller Gewalt sowie für ihre Bezugspersonen in der BRD als absolut unzureichend. Problematisch ist grundsätzlich die mangelhafte personelle und finanzielle Ausstattung vieler Institutionen. Den traditionellen Institutionen
mangelt es zudem oftmals an einer Bereitschaft, sexuellen Mißbrauch zu erkennen, vor allem aber auch an Wissen und angemessenen Interventionskonzepten. Sexuelle Gewalt muß dringend als fester Bestandteil in die Aus-,
Fort- und Weiterbildung der psychosozialen Berufe aufgenommen werden.
Die feministischen Projekte sind weitgehend die einzigen, die speziell zum
Problemfeld sexueller Gewalt arbeiten. Nach den Grundsätzen der Parteilichkeit und der Wahrung der Autonomie der Betroffenen gewähren sie Opfern und ihren Kontaktpersonen adäquate und umfassende Unterstützung.
Von ihren Zielsetzungen und Fachkompetenzen her könnten sie einen Teil
der notwendigen Fortbildungsarbeit abdecken. Die schlechte Finanzierung
dieser Projekte schränkt ihre Möglichkeiten jedoch stark ein.

Die Ansicht, die die Bundesregierung noch 1985 vertrat, nämlich daß in der Ausbildung zu pädagogischen und sozialen Berufen das Thema »sexuelle Gewalt gegen Kinder« genügend behandelt werde und außerdem das bestehende Hilfsangebot ausreiche (BMJFG 1985) kann angesichts der momentanen Lage nur als ignorante und fatale Fehleinschätzung bezeichnet werden.

Was tun mit den Tätern?

Unterstützung der Betroffenen und ihrer Bezugspersonen stellt eine Seite der Intervention dar. Die andere betrifft die Täter. Bei der Frage, was mit ihnen geschehen soll, wird vor allem diskutiert, ob sie Psychotherapie oder Strafe erhalten sollten. Im Sinne der adäquaten Intervention ist in diesem Zusammenhang die zentrale Frage, wie verhindert werden kann, daß sie weitere sexuelle Übergriffe verüben.

Therapie oder Strafe

In der BRD stellt Strafverfolgung bislang weitgehend die einzige Maßnahme dar, die für sexuelle Gewalttäter vorgesehen ist. Doch die Sinnhaftigkeit von Strafen wird im Zusammenhang mit sexueller Gewalt gegen Frauen, Mädchen und Jungen immer wieder in Frage gestellt und die Ansicht vertreten, daß es sinnvoller sei, sie zu therapieren. Saller (1987) ist z.B. der Meinung, daß die Bestrafung des Täters weder eine präventive noch eine resozialisierende Wirkung im Sinne der Minderung der Wiederholungsgefahr hat (vergl. auch Ostendorf 1986). Sie nimmt zudem an, daß die Strafverfolgung für das Opfer eine Reihe von negativen Folgen nach sich ziehen kann. Wenn der Täter ein Vertrauter ist, können z.B. die aus einer Strafverfolgung resultierenden Loyalitätskonflikte, Schuldgefühle und eventuellen Beziehungsabbrüche eine zusätzliche Traumatisierung für das Opfer darstellen. Auch der Strafprozeß selbst ist für die mißbrauchten Kinder oft eine große Belastung. Herman & Hirschman (1981a) betonen demgegenüber die Wichtigkeit einer Anzeige. Sie halten diese für notwendig, einerseits, um ein Ende des Mißbrauchs sicherzustellen, und andererseits, um andere Kinder wirksam zu schützen. Darüber hinaus kann ein Kind die Übergriffe besser verarbeiten, wenn dem Täter, wie es in einer Bestrafung zum Ausdruck kommt, klar und deutlich die Verantwortung für die Tat zugeschrieben wird.

Unserer Ansicht nach könnte die öffentliche Sanktionierung sexueller Gewalttaten durchaus eine Präventivwirkung haben und dazu beitragen, zu

verhindern, daß der verurteilte Mann sowie andere Männer sexuelle Gewalttaten begehen. Verschiedene wissenschaftliche Befunde zeigen, daß die selbst
angegebene Wahrscheinlichkeit, sexuelle Gewalt auszuüben, geringer ist,
wenn das Risiko einer Bestrafung besteht (vgl. Kap. 3). Auch in der Täterbe-
fragung von Conte, Wolf & Smith (1989) zeigte sich, daß die meisten Täter
bei der Planung einer Ausbeutungshandlung die Möglichkeit einer Strafverfolgung in Betracht ziehen. Bei der Auswahl des Opfers und der Inszenie-
rung der Ausbeutung gehen sie deshalb so vor, daß das Risiko, entdeckt zu
werden, möglichst gering ist. Wir nehmen an, daß sexuelle Gewalttaten dann
seltener wären, wenn das Positive oder Angenehme, welches der Täter aus
der Tat zieht (= Nutzen), im Vergleich zu negativen oder unangenehmen
Konsequenzen (= Kosten) geringer wäre (vgl. Kap. 11). Die Kosten seines
Handelns schnellen durch jede Form deutlicher sozialer Verurteilung in die
Höhe. Dahingehend plädieren wir nicht zwangsläufig für eine strafrechtliche
Verfolgung des Täters, sondern vor allem für die konsequente und umfassende soziale Ächtung seiner Taten. In diesem Sinne kann die strafrechtliche
Verfolgung sexueller Ausbeutung einen wichtigen Einfluß auf die öffentliche
Meinungsbildung ausüben. Gesetzliche Bestimmungen und Strafen sind in
unserer Gesellschaft ein wichtiges Mittel, mit dem zum Ausdruck gebracht
wird, daß bestimmte Verhaltensweisen nicht akzeptabel sind. So könnte z.B.
ein strafrechtliches Verbot ehelicher Vergewaltigung dazu beitragen, ein
breiteres Bewußtsein über die Unrechtmäßigkeit dieser Tat zu entwicklen.
Paragraphen allein reichen dafür jedoch nicht aus, sie müssen auch ange-
wandt werden. Hier stellt sich für uns jedoch das Problem, daß die Strafverfolgung, wie sie praktiziert wird – ganz abgesehen von den Belastungen für
die Opfer (s.o.) – die Täter nicht resozialisiert, sondern im Gegenteil Persön-
lichkeits- und Einstellungsstrukturen verstärken oder schaffen kann, die die
Ausübung sexueller Gewalt begünstigen.

Darüber hinaus scheinen viele Menschen davor zurückzuschrecken, einen
Täter anzuzeigen. In Finkelhors Elternbefragung (1984) zeigte sich, daß
selbst in den Fällen, in denen die Tochter oder der Sohn der Befragten Opfer
sexueller Übergriffe geworden waren, die Bereitschaft, einem Täter Unannehmlichkeiten zu bereiten, relativ gering war. Dies galt insbesondere bei
verwandten Tätern. Die Eltern hatten Mitleid mit dem Täter und wollten
ihm keine Schwierigkeiten verursachen. Ein Therapieangebot könnte in diesen Fällen die Bereitschaft, sanktionierend auf den Täter einzuwirken, erhöhen. Dahingehend äußerte in unserer Untersuchung die überwiegende
Mehrheit der Befragten, daß es leichter sei, sexuellen Mißbrauch anzuzeigen,
wenn es für den Täter die Wahl zwischen Therapie und Strafe gäbe. Eine solche Option gibt es in der BRD bislang jedoch nicht.

Hinter dieser Einstellung steht auf der einen Seite vermutlich, daß die Sinnhaftigkeit von Strafen grundsätzlich angezweifelt wird (s.o.), auf der anderen Seite basiert sie sicherlich auch auf der Überzeugung, Mißbraucher seien psychisch gestörte Männer. Es liegt auf der Hand, daß Täter-Therapie dann eine sinnvolle Maßnahme ist, wenn die Gewalttat in einer psychischen Problematik begründet ist. Dies ist jedoch – wie wir oben dargestellt haben – zumeist nicht der Fall. Das heißt allerdings nicht, daß therapeutische Maßnahmen ohne jeden Sinn sind. Im Einzelfall bietet z.B. der Zusammenhang zwischen eigener (sexueller) Gewalterfahrung in der Kindheit und späterer sexueller Gewaltausübung einen Ansatzpunkt für therapeutische Intervention. Wir selbst verstehen Psychotherapie darüber hinaus als eine Möglichkeit der Aufklärung und »Umerziehung«. Im Ursachengefüge sexueller Gewalt kommt dem sexistischen Einstellungssystem der Täter eine zentrale Bedeutung zu (vgl. Kap. 6 und 11). In einer Therapie könnten diese Einstellungen, Vorstellungen, Werte und Normen sowie die damit verbundenen Frauen-diskriminierenden Verhaltensweisen bearbeitet und zumindest ansatzweise verändert werden. In diesem Sinne sehen wir Therapie als erstrebenswerten Umgang mit sexuellen Gewalttätern an. Dies ist allerdings nur dann erfolgversprechend, wenn auf gesellschaftlicher Ebene entsprechende Bemühungen und Veränderungen stattfinden.

In der BRD gibt es in der Jugendstrafanstalt Hameln ein Modell – das sogenannte »Geschlechtsrollenseminar« – in welchem es darum geht, die (falschen) Bilder, die Vergewaltiger von Frauen und Sexualität haben, zu verändern. Dazu werden die Vergewaltiger u.a. mit (ihren) Vergewaltigungsopfern und deren Gefühlen konfrontiert. Ziel ist es, sie von einer Wiederholung ihrer Taten abzuhalten (vgl. Tügel & Heilemann 1987). Dieses Projekt ist vor allem in der Frauenbewegung sehr umstritten – nicht zuletzt, weil hier wieder einmal Frauen und sogar den jeweiligen Opfern der Täter die Bürde auferlegt wird, unter großem psychischen Einsatz Männer zu verändern.* Aus verschiedenen Gründen lehnen auch wir diesen Ansatz ab, auch wenn wir die Grundidee, an den sexistischen Vorstellungen der Täter zu arbeiten, für sehr sinnvoll halten. Wir sind allerdings der Überzeugung, daß es zunächst Aufgabe von Männern ist, untereinander ihre Rolle und ihr Verhalten zu reflektieren. Neben dem Hamelner Projekt gibt es in der BRD unseres Wissens keine speziellen Therapieangebote für sexuelle Gewalttäter.

Was die Effektivität der Therapie von Tätern betrifft, so wird aus der Ar-

---

* Die Frauen tun dies übrigens unbezahlt, während der leitende männliche Psychologe für diese Arbeit bezahlt wird. Kritische Darstellungen des Modells s. Dolata (1987) sowie Büscher & Nienstedt (1987).

beit eines kalifornischen Projektes unter der Leitung von Henry Giaretto deutlich, daß traditionelle Therapieansätze, die auf Problemeinsicht und Freiwilligkeit der Mitarbeit beruhen, für die Arbeit mit sexuellen Gewalttätern unbrauchbar sind (vgl. auch Analysen von Herman & Hirschman 1981a, 150 ff.). Das Projekt bietet Beratung von und für Opfer, Angehörige und Täter an (vgl. Giaretto 1982a und 1982b; Renvoize 1982, 171 ff.). Die Einrichtung arbeitet eng mit der Polizei zusammen. Täter, die sich hier zu einer Therapie verpflichten, können von einer Strafe entbunden werden, müssen aber ins Gefängnis, falls sie die Therapie abbrechen. Die Erfahrung zeigt, wie notwendig der Druck drohender strafrechtlicher Sanktionen ist. Ohne sie brechen fast alle Täter die Therapie ab, egal, ob sie sie zunächst freiwillig begonnen haben oder nicht. Kein Wunder, denn für sie – zumindest für viele von ihnen – scheint die sexuelle Gewalttat kein Problem zu sein. Ihr Problem ist höchstens die Strafandrohung.

Summa summarum sind wir der Ansicht, daß die Täter eine deutliche Ächtung ihres Tuns und damit auch im weitesten Sinne negative Konsequenzen zu spüren bekommen müssen. Dies ist nicht unbedingt mit juristischer Strafverfolgung gleichzusetzen. Inhaltlich sehen wir therapeutische Maßnahmen im Sinne von Aufklärung und »Umerziehung« hinsichtlich sexistischer Einstellungen sinnvoller an als Strafe und plädieren dafür, die Täter vor die Wahl zwischen Strafe und Therapie zu stellen. Entscheiden sie sich für Therapie, muß dabei die Strafandrohung jedoch aufrechterhalten werden, da sonst die Wahrscheinlichkeit, daß sie sich tatsächlich einer Therapie unterziehen, extrem niedrig ist. Die Tat sollte auch deswegen unter Strafe gestellt und geahndet werden, um das öffentliche Bewußtein für das Unrecht zu schärfen. Grundsätzlich sind wir allerdings der Überzeugung, daß sexuelle Gewalt ein gesellschaftliches Problem ist, welches sich weder mit Therapien noch mit Haftstrafen aus der Welt schaffen läßt. Für eine Reduzierung sexueller Gewalttaten sind elementare gesellschaftliche Veränderungen erforderlich, die darauf abzielen, ein Machtgleichgewicht zwischen Frauen und Männern herzustellen (vgl. Kap. 11 und 12).

Der Prozeß der Strafverfolgung

Wir wollen nun betrachten, wie die Strafverfolgungsbehörden – Polizei und Gerichte – mit Opfern und Tätern sexuellen Mißbrauchs umgehen. Ob und wie sexuelle Gewalt gegen Mädchen und Jungen strafrechtlich gehandhabt und geahndet wird, zeigt, welche Bedeutung dem Problem in unserer Gesellschaft beigemessen wird.

Eine im Auftrag der nordrhein-westfälischen Wissenschaftsministerin durchgeführte Befragung von 52 Polizistinnen und Polizisten kommt zu dem Ergebnis, daß Polizisten und Polizistinnen gegenüber Vergewaltigung die gleichen falschen Vorstellungen hegen, wie sie auch in der Gesamtbevölkerung zu finden sind. Ferner gaben 98 % von ihnen an, *nicht* für die besondere Vernehmungstätigkeit bei Sexualstraftaten vorbereitet und geschult worden zu sein. Entsprechend findet die Studie erhebliche Wissens- und Informationsmängel über eine der Tat und dem Opfer angemessene Vernehmungsweise (*Frankfurter Rundschau*, 16.12.1990). Ein noch erschreckenderes Bild zeichnet eine ältere Befragung verschiedener Personengruppen in den USA, nach der Polizisten in ihren Einstellungen denen der untersuchten Vergewaltiger sehr ähnlich waren (Feild 1978).

So ist es nicht verwunderlich, daß die Situation bei Polizei und Gericht von vielen Betroffenen als eine weitere Demütigung empfunden wird (sogenannte sekundäre Viktimisierung). Polizisten (und manchmal auch Polizistinnen) nehmen die Opfer z.B. nicht ernst, machen abfällige Äußerungen oder zeigen ein eher voyeuristisches Interesse.* Das kann so weit gehen, daß Anzeigen gar nicht erst aufgenommen werden (vergl. Kavemann & Lohstöter 1985, 59). Hinter einer solchen Weigerung stehen nicht nur die Mythen, die sexuelle Übergriffe negieren und verharmlosen (»Sie hat es ja gewollt«), sondern auch die Vorstellung einer hohen Quote von Falschaussagen bzw. -anzeigen. Falschanzeigen sind in diesem Bereich jedoch sehr selten. Rieser (1991) berichtet von zwei Studien, die ermittelten, daß nicht mehr als höchstens vier Prozent aller Anschuldigungen falsch sind (Jones 1987 und Credson 1988). Bei jüngeren Kindern fanden sich fast keine falschen Anschuldigungen. Viel häufiger geschieht dagegen das Zurücknehmen von berechtigten Beschuldigungen. Ursachen dafür liegen nach Rieser darin, daß die Betroffenen zu wenig Unterstützung erhalten oder nach dem Öffentlichmachen des Übergriffes sogar massiv unter Druck gesetzt werden, die Beschuldigung zurückzunehmen. Des weiteren tragen vermutlich die Belastungen, denen ein Kind durch den Strafverfolgungsprozeß ausgesetzt wird, zu der Zurücknahme berechtigter Anschuldigungen bei. Nicht nur, daß sie immer wieder – und oft über einen sehr langen Zeitraum – vor verschiedenen Personen aussagen müssen, nach wie vor sind auch Glaubwürdigkeitsgutachten über betroffene Mädchen und Jungen eine ebenso gängige wie demütigende Praxis. Unsensibilität gegenüber den Belangen der Opfer dokumentiert auch folgender Fall der »Jugendschutzkammer« des Dortmun-

---

* Analysen und Beispiele siehe Kavemann & Lohstöter (1985), Weis (1982) sowie Tügel & Heilemann (1987).

der Landgerichtes: Diese wollte 1990 »ein zehnjähriges Mädchen zwangs-
weise vorführen lassen und als Zeugin vernehmen, das vor vier Jahren als damals Sechsjährige [...] sexuell mißbraucht worden war.« (*Frankfurter Rundschau*, 12.12.1990). Dem Angeklagten wurden 38 sexuelle Straftaten gegen
Mädchen vorgeworfen. Er war grundsätzlich geständig, wollte aber keine
Einzelheiten offenbaren, weshalb das betroffene Mädchen noch vor Gericht
erscheinen sollte.

Um den Strafprozeß für betroffene Mädchen und Jungen nicht zu einer
weiteren Traumatisierung werden zu lassen, sind dringend Verbesserungen
im Verfahrensrecht erforderlich.* Der Umgang der Strafverfolgungsbehörden mit Opfern sexueller Gewalt kann auch durch die Einrichtung von
staatsanwaltschaftlichen Sonderdezernaten für Sexualstraftaten verbessert
werden. Das erste Dezernat dieser Art wurde 1984 in Bremen auf Anregung
einer örtlichen feministischen Initiative eingerichtet. Diese arbeitet eng mit
den Strafverfolgungsbehörden zusammen. In den ersten fünf Jahren des Be-
stehens des Sonderdezernates hat sich in Bremen die Rate der Anzeigen, die
zur Anklage gelangen, fast verdoppelt (Anstieg von 37 % auf über 60 %)
und die Verurteilungsquote ist von 70 % auf über 90 % angestiegen (Frankfurter Rundschau, 24.6.1989). Dieser Effekt ist unseres Erachtens vor allem
darauf zurückzuführen, daß die Einrichtung des Sonderdezernates damit
einherging, daß Kriminalpolizei, Gesundheitsamt, Kliniken u.ä. in Zusammenarbeit mit dem örtlichen Frauen-Notruf besondere Anweisungen und
z.T. Schulungen erhielten, wie sie mit Betroffenen umgehen sollten. Hier
wird deutlich, daß ein realitätsangemessenes Bewußtsein über sexuelle Gewalt Verleugnungs- und Verharmlosungstendenzen entgegenwirkt. Mittlerweile sollen in einigen Bundesländern flächendeckend Sonderdezernate eingeführt werden. Ohne eine angemessene Schulung der Mitarbeiterinnen und
Mitarbeiter, die nach unseren Erfahrungen in der Stadt Göttingen leider
nicht selbstverständlich erfolgt, steht der Erfolg der Maßnahme jedoch in
Frage.

Erstattet ein Opfer oder ihre bzw. seine HelferInnen Anzeige, kann der
Weg zur Bestrafung des Täters vorzeitig in einer Sackgasse enden – es
kommt z.B. zu keinem Prozeß –, er ist in jedem Fall aber steinig, weit und
kraftraubend.** Doek (1982) stellt fest, daß in den meisten westeuropäi-
schen Ländern eine eher geringe Bereitschaft zur Bestrafung sexueller Gewalttaten gegen Kinder besteht. Daß dies auch für die BRD gilt, bestätigt ein

---

* Zu detaillierter Kritik und Forderungen siehe Kavemann & Lohstöter (1984), Ostendorf
  (1986) und Eve (1985).
** Eine ausführliche Dokumentation von Vergewaltigungsprozessen und einigen Mißbrauchs-
  prozessen findet sich in Schliermann, Endres & Dörsch (1989).

Blick auf die Zahlen des Bundeskriminalamtes (eigene Berechnungen nach der Bundeskriminalamt-Statistik von 1986):

- Von allen der Polizei im Jahr 1986 bekanntgewordenen 10 576 Fällen sexuellen Mißbrauchs (nur nach § 176 StGB) wurden 60 % aufgeklärt, d.h. der Täter wurde ermittelt.
- Von allen aufgeklärten Fällen wiederum wurde ein knappes Drittel abgeurteilt (18 % aller bekannten Fälle), d.h. es kam zu einem Gerichtsprozeß und zu einem Urteil.*
- Von allen abgeurteilten Fällen kam es in knapp drei Viertel der Fälle zu einer Verurteilung des Täters (13 % aller bekannten Fälle).

Davon ausgehend, daß nur 2-6 % aller tatsächlichen Fälle angezeigt werden, werden bei 13 % Verurteilungen weniger als 1 % aller tatsächlichen Delikte bestraft! Berücksichtigen wir zusätzlich, daß unter den Verurteilten überproportional häufig Personen aus Randgruppen der Bevölkerung vertreten sind (ca. 50 % Vorbestrafte und ca. 10 % Ausländer), so wird deutlich, daß das Risiko bestraft zu werden, für den »sympathischen deutschen Familienvater aus der Mittelschicht« extrem gering ist. Russell (1986) ermittelte vor rund 15 Jahren hinsichtlich sexueller Ausbeutung von Kindern in den USA eine vergleichbar niedrige Verurteilungsrate. Bezogen auf alle Ausbeutungsfälle wurde nur 1 % der Täter verurteilt (1,3 % der extrafamilialen und 0,5 % der intrafamilialen). Von allen angezeigten Fällen kam es in rund einem Viertel zu einer Verurteilung.

Leider gibt es für die BRD keine genauen statistischen Angaben über das jeweils verhängte Strafmaß. Doek (1982, 78) stellt aber fest, daß in Europa Höchststrafen selten verhängt werden.** Dazu ein Beispiel (aus Schliermann, Endres & Dörsch 1989, 172 f.): Ein Mann mißbraucht über einen Zeitraum von sechs Jahren seine Stieftochter, die zu Beginn 10 Jahre alt ist. Ein Jahr nach Beginn der Ausbeutung zwingt er sie zum ersten Mal unter Anwendung körperlicher Gewalt zum vaginalen Geschlechtsverkehr. Später vergewaltigt er sie fast täglich, wovon sie zweimal schwanger wird. Beide Schwangerschaften werden abgebrochen. Erst seine Verhaftung setzt den

---

* Dies ist nicht selbstverständlich. Selbst wenn der Täter bekannt ist, prüft zunächst eine Richterin oder ein Richter, ob das Verfahren z.B. wegen Nichtigkeit eingestellt werden sollte oder ob die Beweislage ausreichend ist, um einen Prozeß zu eröffnen. Letzteres ist gerade bei Taten gegen sehr kleine Mädchen oder Jungen problematisch, da ihre Angaben meist vage und verschlüsselt sind und sie zudem nicht fähig sind, auf Kommando im Gerichtssaal eine Aussage zu machen.
** In der BRD beträgt die Höchststrafe für sexuellen Mißbrauch nach § 176 StGB und für sexuelle Nötigung (§ 178) 10 Jahre Freiheitsentzug und für Vergewaltigung (§ 177) 15 Jahre.

Taten ein Ende. Der Mann erfüllt hiermit eine Reihe von Straftatbeständen, u.a. den der Vergewaltigung (§ 177 StGB) und den des sexuellen Mißbrauchs (§ 176 StGB). Die jeweiligen Höchststrafen liegen jeweils bei 15 bzw. 10 Jahren. Soweit aus der Dokumentation ersichtlich ist, wird der Mann zu fünf Jahren Haft verurteilt. Auf der Basis von Angaben aus der bereits oben zitierten Antwort der Bundesregierung (BMJFG 1985, S. 23) haben wir errechnet, daß in den Jahren 1973 bis 1983 im Mittel folgende Strafen bei Vergehen im Sinne des § 176 StGB verhängt worden sind:

- Geldstrafen bei 22 % aller Verurteilten (das sind bezogen auf das Jahr 1986 2,9 % aller bekannten Fälle);
- Haft auf Bewährung bei 51 % aller Verurteilten (6,6 % aller 1986 bekannten Fälle);
- Haft bei 27 % aller Verurteilten (3,5 % aller 1986 bekannten Fälle).

Die Strafen sind also eher gering. Bei der Beurteilung der verhängten Strafen muß allerdings berücksichtigt werden, daß auch bei anderen Delikten Höchst- und Gefängnisstrafen eher selten verhängt werden. Auch in den USA scheinen eher milde Urteile gefällt zu werden: Bei Herman & Hirschman (1981a) gab es in drei Viertel der von ihnen betrachteten Vater-Tochter-Mißbrauchsfälle einen Freispruch, oder es kam gar nicht erst zu einer Verhandlung. Nur in 9 % wurde eine Haftstrafe verhängt, die meist geringer als ein Jahr war. Und das, obwohl rein rechtlich hohe Strafen auf dieses Vergehen stehen (in den USA z.T. Todesstrafe).

Aus all diesen Befunden ist ersichtlich, daß sexuelle Gewalt gegen Mädchen und Jungen (und gegen Frauen) für die Täter ein fast risikoloses Verbrechen darstellt. Nicht einmal jeder hundertste Täter erhält eine Strafe, und selbst davon muß nicht einmal jeder dritte ins Gefängnis. Es wird abermals deutlich, daß unsere Gesellschaft bzw. der Staat als Vertreter derselben sexuelle Gewalt nicht als Verbrechen ernst nimmt und vielfach auf seiten der Täter steht. Dieser Tatsache sind sich die meisten Betroffenen bzw. ihre Angehörigen bewußt, und sie spielt bei ihrer Entscheidung, eine Anzeige zu erstatten oder nicht, eine zentrale Rolle. Auch die oft demütigende Behandlung bei Polizei und Gericht sowie die lange Verfahrensdauer lassen viele Opfer verständlicherweise von einer Anzeigenerstattung zurückschrecken. Wenn aber nur selten Anzeigen erstattet werden, so hat dies negative Effekte, die sich letztlich wieder gegen die Betroffenen richten. Die Täter und andere Männer lernen, daß sexuelle Aggressionen mit ziemlicher Sicherheit für sie selbst keine negativen Folgen nach sich ziehen. Verüben sie sexuelle Gewalt, haben sie daher – so schwer dies auch vorstellbar ist – oftmals viel zu gewinnen, aber (fast) nichts zu verlieren. Geringe Anzeigenraten werden von Politikern (und Politikerinnen?) zudem immer wieder dazu herangezogen, das Ausmaß sexueller Gewalt zu verharmlosen und die staatliche Verantwortung, Programme dagegen zu entwickeln und zu fördern, abzuschlagen.

Teil II

Ursachen sexueller Gewalt

»Wenn die Kinder abends im Bett lagen, konnte ich an nichts anderes mehr denken als an den Mißbrauch. Daran, was, warum und wieso meinen Kindern passiert war« berichtet eine Mutter, deren Kinder von ihrem Bruder mißbraucht worden sind (Enders & Stumpf 1991, 33). Diese Fragen nach dem »warum« und »wieso« drängen sich wohl allen auf, die in irgendeiner Weise von sexueller Gewalt betroffen sind oder sich damit beschäftigen. Die Antworten, die darauf gegeben werden, bestimmen, wie in einer Gesellschaft mit sexueller Gewalt umgegangen wird. Sie beeinflussen, wie Opfer die Gewalterfahrung verarbeiten können, wie das soziale Umfeld darauf reagiert und ob und wie sexuelle Gewalttaten sanktioniert werden. Wird die Ursache beispielsweise in einer psychischen Krankheit oder dem übermächtigen Trieb des Täters gesehen, liegt es auf der Hand, ihn zu therapieren oder in Sicherheitsgewahrsam zu nehmen. Nimmt man an, das Opfer habe die Tat durch aufreizende Kleidung oder anzügliches Verhalten provoziert, rät man Mädchen und Frauen, sich nur in bestimmter Weise zu kleiden oder zu verhalten. Werden die Ursachen hingegen in dem herrschenden Machtverhältnis zwischen den Geschlechtern gesehen, dann kann sexueller Gewalt letztlich nur mit tiefgreifenden gesellschaftlichen Veränderungen begegnet werden. Von der Gültigkeit der Ursachenerklärungen hängt es ab, ob es langfristig gelingen kann, das Problem in den Griff zu bekommen und sexuellen Mißbrauch an Kindern soweit als möglich aus der Welt zu schaffen.

In diesem und dem folgenden Kapitel wollen wir deshalb einen Blick auf die verschiedenen Erklärungen werfen, die für die Existenz sexueller Gewalt gegeben werden. Grob vereinfachend unterscheiden wir dabei zwischen traditionellen Erklärungsansätzen, die punktuell bis ins zweite vorchristliche Jahrtausend zurückverfolgt werden können (Lerner 1991), und dem feministisch-strukturellen Ursachenverständnis. In traditioneller Auffassung ist sexuelle Gewalt ein von der gesellschaftlichen Norm abweichendes Geschehen, welches nur von ganz bestimmten Männern an ganz bestimmten Mädchen und Frauen verübt wird. Demgegenüber geht der feministische Ansatz davon aus, daß die Ausübung sexueller Gewalt ein Verhalten ist, welches gesellschaftlichen Idealnormen und Vorstellungen von Männlichkeit entspricht und prinzipiell jedes Kind und jede Frau treffen kann. Hier wie dort wird sexuelle Ausbeutung von Kindern mit weitgehend den gleichen Faktoren erklärt, die auch für sexuelle Gewalt gegen erwachsene Frauen als ursächlich angesehen werden. Die folgenden Ausführungen beziehen sich daher sowohl auf sexuellen Mißbrauch an Kindern als auch auf sexuelle Gewalt gegen erwachsene Frauen.

10. Traditionelles Ursachenverständnis

Von Triebtätern und verführerischen Opfern

Traditionelle Ansätze zur Erklärung sexueller Gewalt gegen Kinder herrschen in der Öffentlichkeit und, zumindest bis in die jüngste Vergangenheit, auch weitgehend in der Wissenschaft vor. Sofern sexuelle Gewalt überhaupt als solche angesehen wird, wird sie als gewalttätige Form der Sexualität betrachtet. Folgerichtig werden die Ursachen in erster Linie im Bereich der Sexualität gesucht. Des weiteren stehen vermeintlich besondere Charakteristika oder Auffälligkeiten des Täters oder des Opfers im Mittelpunkt der Aufmerksamkeit.*

Aggressive männliche Sexualität

Unerschütterlich hält sich bis heute die Vorstellung, daß Männer sexuelle Gewalttaten gegen Kinder oder Frauen verüben, weil die männliche Sexualität (im Unterschied zur weiblichen) biologisch bedingt aggressiv und auf Angriff gerichtet sei. Ein besonders entschiedener und phantasievoller Vertreter dieser These ist Leonhard (1964), der hier als amüsantes und abschreckendes Beispiel zitiert werden soll. Leonhard gelang es, eine Reihe von Instinkten zu entdecken, unter anderem die sogenannten sexuellen Beherrschungs- und Unterstellungsinstinkte. Die jeweilige Zuordnung dieser beiden Instinkte zu den Geschlechtern läßt sich unschwer erraten:

Im Beherrschungs- und Unterstellungsinstinkt steckt aber etwas von einem männlichen Sieg und einer weiblichen Unterwerfung. Der Mann freut sich besonders, wenn er einen weiblichen Widerstand überwunden hat, die Frau besonders, wenn sie sich

---

* Ausführliche Diskussionen der traditionellen, nicht-feministischen Erklärungsansätze finden sich besonders bei Rijnaarts (1988) zu sexueller Ausbeutung von Kindern; Weis (1982) und Butzmühlen (1978) zu Vergewaltigung.

der männlichen Stärke fügen mußte. Das sind Neigungen, die sicherlich aus den Liebeskampfinstinkten stammen [...] Beim Mann kann diese Neigung gefährliche Auswirkungen haben und Verbrechen im Sinne der Notzucht erzeugen, indem Wollust, die im Kampf mit einer Frau, die sich wehrt, entsteht, so ansteigt, daß die Schranken des Erlaubten eingerissen werden. (Ders., S. 61 f.)

Weiblicher Masochismus

Wie von Leonhard wird auch andernorts komplementär zur Annahme der biologisch bedingten aggressiven männlichen Sexualität die These vertreten, Frauen wünschten sich, »mit Gewalt genommen« zu werden. Akte sexueller Gewalt sind demnach in geheimen Wünschen und entsprechenden Signalen der Opfer begründet und damit letztlich auch keine richtige Gewalt. Die Vorstellung, daß Frauen gewalttätige Sexualität mögen, ist, nach der Untersuchung von Weis (1982, 141 ff.) zu urteilen, weit verbreitet: So glaubten 64 % der von ihm Befragten, es gebe Frauen, die sich wünschten, vergewaltigt zu werden. Fast jede vierte Person meinte, für eine Frau, die lange keinen Partner hatte, könne eine Vergewaltigung auch ein angenehmes Erlebnis sein. Entsprechend vertraten schließlich knapp 20 % der Befragten die Ansicht, eine Frau könne bei einer Vergewaltigung ganz unerwartet große Lust empfinden und sogar zum Orgasmus kommen.

Die theoretische Wurzel dieser Annahmen ist im psychoanalytischen Konstrukt des weiblichen Masochismus zu suchen. Die deutsche Psychoanalytikerin Helene Deutsch (1959) sieht den Masochismus – d.h. die erotische Lust, die beim Erdulden von körperlichen oder seelischen Schmerzen entsteht – neben Passivität und Narzißmus als angeborene Eigenschaft der Frau an. Frauen, die diesem Bild nicht entsprechen, werden von ihr kurzerhand als neurotisch und emotional gestört abgestempelt. Die Eigenart der Frauen, durch das Erleiden von Schmerz und Erniedrigung zu sexueller Befriedigung zu gelangen, ist getreu psychoanalytischen Denkens natürlich unbewußt. Als Belege für den weiblichen Masochismus werden oft – unzulässigerweise – sogenannte Vergewaltigungsphantasien herangezogen. Unzulässigerweise deshalb, weil die Frau – sofern sie überhaupt von gewalttätiger Sexualität phantasiert – in der Phantasie, im Gegensatz zur Realität, die volle Kontrolle über die Situation hat. Sie unterliegt nicht irgendeiner äußeren Macht, sondern sie bestimmt das Geschehen. Ganz abgesehen davon wird die Häufigkeit von Vergewaltigungsphantasien meist maßlos überschätzt: In der großen Untersuchung von Kinsey u.a. (1967) über das sexuelle Erleben der Frau berichteten insgesamt weniger als 1 % aller befragten Frauen von derartigen Vorstellungen (Berechnung von Butzmühlen 1978,

32). Mit der These des weiblichen Masochismus kann jede vorstellbare Demütigung und Erniedrigung von Frauen und Mädchen als »natürlich« und von ihr (zumindest unbewußt) gewollt entschuldigt und gerechtfertigt werden. Derartige »Erklärungen« treiben die Verachtung von Frauen auf die Spitze – erklären aber eigentlich nichts. Ganz im Gegenteil leisten sie sexueller Gewalt gegen Mädchen und Frauen Vorschub, indem männlichen Köpfen eingetrichtert wird, daß Grausamkeit für Frauen erotisch sei und eine Frau, die »Nein« sagt, eigentlich »Ja« meine. Derartige Annahmen finden sich übrigens auch in der Rechtsprechung wieder.

Ödipus- und Elektrakomplex

Ähnlich wie Vergewaltigungen erwachsener Frauen damit begründet werden, sie hätten es sich – bewußt oder unbewußt – gewünscht, mit Gewalt »genommen zu werden«, wird auch sexueller Mißbrauch an Kindern mit geheimen sexuellen Wünschen erklärt. Sexuelle Ausbeutung von Mädchen kann danach ebenso wie sexuelle Gewalt gegen erwachsene Frauen mit dem ihr eigenen weiblichen Masochismus in Verbindung gebracht werden. Darüber hinaus wird in der Psychoanalyse die These vertreten, daß jedes Mädchen und jeder Junge von einer sexuellen Beziehung mit dem gegengeschlechtlichen Elternteil träume (Elektra- bzw. Ödipuskomplex). Wie wir gesehen haben, wird in diesem Sinne häufig angenommen, daß ein Vater, der sexuelle Kontakte zu seiner Tochter aufnimmt (oder verallgemeinert: daß ein Mann, der sexuelle Kontakte zu einem Mädchen aufnimmt), lediglich auf *ihre* sexuellen Wünsche und Signale reagiere (vgl. Kap. 7). Folglich ist die Handlung dann entweder kein Mißbrauch oder aber das Mädchen trägt zumindest eine Mitschuld daran. Dazu ein Beispiel aus der wissenschaftlichen Literatur:

In unseren Fällen hatte das Vorspiel, das dem Sexualkontakt zwischen Vater und Tochter voranging, viel mit den Phantasien des Mädchens über die Einverleibung des väterlichen Penis zu tun. Dies schien Ausdruck des Penisneides und Reaktion auf die eigene Penislosigkeit. (Noel Lustig u.a. 1966, 36; zit. nach Rijnaarts 1983, 198)

Die Ergebnisse, die wir in den vorangegangenen Kapiteln referiert haben, lassen Erklärungen, wonach die Ursachen für sexuellen Mißbrauch in unbewußten sexuellen Wünschen und der Initiative des Opfers liegen, als grausamen Hohn erscheinen.

Stärkerer männlicher Trieb – krankhafter Trieb

Zurück zur Ausgangsthese. Wir haben gesehen, daß sexuelle Gewalt von einigen als die natürliche Form der männlich-aggressiven und der auf Unterordnung und Schmerz ausgerichteten weiblichen Sexualität erklärt wird. Sexuelle Gewalt wird nach Vorstellungen dieser Art aber nicht nur deshalb verübt, weil der männliche Trieb angeborenermaßen auf Angriff gerichtet ist, sondern auch, weil Männer angeblich einen wesentlich stärkeren Sexualtrieb haben als Frauen. Davon war die Mehrheit der von Helge Pross Mitte der siebziger Jahre befragten deutschen Männer überzeugt (1984, 111).* Die Verbreitung dieser Vorstellung bestätigen auch einige amerikanische Studien (in Gross 1978). Ein Mann z.B. meint:

Gott gibt den Männern diesen Trieb, der durch nichts zu bändigen ist, außer durch das Eindringen in die Vagina. (Hite 1982, Bd. 1, 337)

Wird der Trieb nach Sex nicht befriedigt, scheinen die Folgen für den betroffenen Mann hart zu sein:

Keine Frau kann sich vorstellen, was es bedeutet, »blau geschwollene Eier« zu haben (ein äußerst schmerzlicher Zustand der Eier, der durch unbefriedigte Erregung entsteht) [...] Eine Frau, die einen Mann sexuell reizt, ohne ihn zu befriedigen, tut nichts anderes, als daß sie ihn in die Eier tritt. (Männlicher Befragter; Hite 1982, Bd. 2, 220)

Nach Meinung mancher tut der unbefriedigte Sexualtrieb dem Mann nicht nur furchtbar weh, er ist – einmal entfesselt – angeblich auch nicht mehr zu kontrollieren und drängt nach sofortiger Befriedigung (»Dampfkessel«-Modell). In der Untersuchung von Weis (1982) meinten dahingehend über drei Viertel der befragten Frauen und Männer, daß Männer eine Vergewaltigung begehen, weil ihr Sexualtrieb so übermächtig sei (S. 64). Viele Männer scheinen die Vorstellung des unkontrollierbar starken Triebes verinnerlicht zu haben:

Es ist einfach eine biologische Tatsache, traurig aber wahr – wenn sich das sexuelle Verlangen meldet, tritt die Vernunft vorübergehend in den Hintergrund. Die Frauen sollten den Männern nicht etwas zum Vorwurf machen, worüber diese keine Gewalt haben. Für einen Mann, der scharf ist, kann eine Frau das gleiche sein, wie Essen für den Hungrigen. Ja, ein Objekt. (Männlicher Befragter, Hite 1982, Bd. 1, 132)

Und ein anderer Mann glaubt allen Ernstes:

Männer werden wild, wenn sie zuviel Samenflüssigkeit produzieren, das wirkt direkt aufs Gehirn. So ist das. (Nicht angezeigter Vergewaltiger in Godenzi 1991, 40)

---

* Helge Pross führte 1975 eine für die Gesamtheit der deutschen Arbeitnehmer repräsentative Befragung von Männern zwischen 20 und 50 Jahren über ihre Selbstbilder und ihre Bilder von der Frau durch.

Uns erstaunt immer wieder, wie gerade Männer dieses Bild »des unbeherrschbaren Penis, von dessen wildem Treiben der Mann ein hilfloses Anhängsel« ist (Frauenhandlexikon 1983, 117) so massiv vertreten. Die These des starken Triebes, der außer Kontrolle geraten und sexuelle Übergriffe verursachen kann, gilt gewissermaßen für alle normalen Männer. Mit einer wichtigen Einschränkung: Normale Männer verüben keine sexuelle Gewalt! Ihr Gewissen und ihre Moral halten sie davon ab – es sei denn, Alkohol reißt Schranken und Hemmungen nieder (s.u.). Um die Ausübung sexueller Gewalt zu begründen, müssen im Rahmen dieses Erklärungsansatzes also Zusatzannahmen getroffen werden. Häufig wird die These deshalb einfach dahingehend zugespitzt, daß die Täter einen besonders starken oder sogar krankhaften Sexualtrieb haben (»Triebtäter«). In unserer Studie gehen fast 60 % der Befragten davon aus, daß wenigstens jede zweite Person, die ein Kind sexuell mißbraucht, einen stärkeren Sexualtrieb hat als andere Menschen. Knapp ein Viertel sehen einen krankhaften Trieb als verursachend für sexuelle Ausbeutung von Kindern an. Die Täter sind also nicht die »normalen« Männer.

Sexuelle Frustration

Wenn Männer einen so viel stärkeren Sexualtrieb als Frauen haben, ist es nur folgerichtig anzunehmen, daß Männer leicht und häufig sexuell frustriert sind. Die Partnerin will oder kann nicht so oft wie er will oder auf die Art, wie er will. Also »muß« er sich mit Gewalt oder bei anderen Befriedigung holen: bei anderen bekannten oder fremden Frauen, bei Prostituierten, bei Mädchen oder Jungen. Hinsichtlich sexueller Ausbeutung von Jungen wird zudem oft vermutet, die Täter seien Homosexuelle, die zum Ausleben ihrer »abnormen« sexuellen Neigung keine erwachsenen Partner finden können. Im Klartext: Männer brauchen Sex, und es ist ihr Recht, zu diesem Zweck Frauen und Kinder zu instrumentalisieren. Gerade (intrafamilialer) sexueller Mißbrauch an Kindern wird häufig in diesem Sinne erklärt. Die Schuld für die Tat trägt danach letztlich die Ehefrau des Täters. Indem sie die eheliche Sexualität nur leidenschaftslos über sich ergehen läßt oder sich womöglich völlig von ihrem Mann sexuell zurückzieht, drängt sie ihn quasi dazu, sich bei (den eigenen) Kindern zu holen, was er braucht (vgl. Kap. 7). Dieser Gedankengang ist zentraler Bestandteil familientheoretischer Erklärungen sexueller Gewalt gegen Kinder (s.u.).

Der Grund für das unbefriedigende Sexualleben eines Mannes wird innerhalb dieser Erklärung nicht ausschließlich in unterschiedlich starken sexuellen Bedürfnissen von Frauen und Männern gesehen. Sexuelle Frustrationen werden auch auf ein generell verklemmtes Verhältnis zur Sexualität oder auf Probleme im zwischenmenschlichen Umgang mit Gleichaltrigen zurückgeführt. Die dahinterstehende Erklärungsformel lautet: »Wer nicht mit Erwachsenen kann, muß sich eben Kindern zuwenden.« In unserer eigenen Untersuchung meinten fast zwei Drittel der Befragten, daß mindestens jeder zweite sexuelle Mißbrauch an Kindern geschähe, weil der Täter – aus welchen Gründen auch immer – nicht genügend Sex von erwachsenen Frauen bekäme.

Merkmale und Verhalten der Opfer

Wir sind bereits auf verschiedene Erklärungen gestoßen, nach denen die Gründe für sexuelle Gewalttaten bei den Betroffenen selbst liegen. Entweder wünschen sie sich (unbewußt) die sexuellen Kontakte zum Täter, oder aber sie haben seine sexuelle Frustration – die ihn zum Täter werden läßt – zu verantworten. Darüber hinaus existieren in der wissenschaftlichen Literatur wie in der Bevölkerung Hypothesen darüber, in welcher Weise sich Mädchen und Frauen, die Opfer sexueller Übergriffe geworden sind, von anderen Mädchen und Frauen unterscheiden. Nach Weis (1982, S. 140) glaubt z.B. ein großer Teil der Befragten, vergewaltigte Frauen würden sich aufreizend kleiden (75 %), seien jung (35 %), gut und gepflegt aussehend (28 %) und verhielten sich aufreizend (45 %). Ähnliche Stereotype bestehen auch mißbrauchten Kindern gegenüber. Man denke beispielsweise an das Pubertätssterotyp oder lese ältere wissenschaftliche Untersuchungen, in denen geschrieben steht, daß »diese Kinder sich durch einen besonderen Charme und ein anziehendes Äußeres« auszeichnen (Bender & Blau 1937, 514, zit. nach Rijnaarts 1988, 196). Derartige vermeintliche Charakteristika der Opfer werden im Umkehrschluß für die erlittene Demütigung verantwortlich gemacht. Danach kommt es zu sexuellen Übergriffen, weil das Opfer den Täter durch attraktives Aussehen oder aufreizendes Verhalten zur Tat provoziert. Die Opfercharakteristika fungieren als Katalysator oder als Auslöser und machen das Opfer zur Mit- oder Hauptschuldigen.

Was aber wird unter provokativem oder gar tatauslösendem Verhalten verstanden? In der Studie von Weis sahen es z.B. 77 % der Befragten als auslösend für eine Vergewaltigung an, wenn eine Frau sich von einem Mann, den sie gerade auf einer Tanzveranstaltung kennengelernt hat, mit dem Auto nach Hause fahren läßt. In dem geschilderten Beispielfall hatte der Mann die Frau mit Schlägen gegen ihren heftigen Widerstand zum Geschlechtsverkehr gezwungen. Dennoch wurde dieser Vorfall von 15 % nicht als Vergewaltigung angesehen (ebd., 47). In einem anderen Fall entsprach eine Frau der

Bitte eines alten Freundes, mit dem sie früher eine sexuelle Beziehung hatte, ihn nach Hause zu begleiten, um mit ihm ein Gespräch über ihre Beziehung zu führen. Dieses Verhalten wurde von knapp der Hälfte der Befragten als Auslöser für den später gewaltsam erzwungenen Geschlechtsverkehr gewertet (ebd., 48). In diesen Fällen scheinen die Befragten davon ausgegangen zu sein, daß der Mann aus dem Verhalten der Frau schließen konnte, daß sie einem sexuellen Kontakt nicht abgeneigt war. Offensichtlich wird dieses Denkmuster auch in anderen Befunden von Weis: Über die Hälfte der Befragten vertraten die Ansicht, daß eine Frau, die sich von einem fremden Mann in ein Lokal einladen lasse, ihm damit signalisiere, sie werde seine sexuellen Wünsche nicht ablehnen bzw. daß sie damit mitschuldig sei, wenn er sie später vergewaltige. Noch deutlicher wurden diese Ansichten vertreten, wenn der Fall dahingehend variiert wurde, daß die Frau den Mann in seine Wohnung begleitete (über 80 % der Befragten; ebd., 85).

Erregt eine Frau einen Mann oder macht ihm (begründete oder unbegründete) Hoffnung auf sexuelle Kontakte, dann muß sie auch die Konsequenzen tragen!? Denn sein Trieb ist schließlich – einmal entfesselt – nicht mehr zu beherrschen!? Das zumindest scheinen zwei Drittel der von Weis Befragten zu meinen, wenn sie der Behauptung zustimmen, »daß es eben leicht zu einer Vergewaltigung kommen kann, wenn eine Frau einem Mann im Flirt sehr weit entgegenkommt und sich dann zurückzieht; Männer könnten eben sehr viel schwerer wieder aufhören« (ebd., 84). In diesem Fall kann das Verhalten des Mannes entschuldigt werden – so etwa zwei Drittel der Befragten. In ähnlicher Weise ist auch in der kriminologischen Literatur unter dem Stichwort »Mitschuld des Opfers« die Rede von »erotisch gefärbter (vom Täter oft anzüglich geführter) Konversation«, von »ahnungslosem Sich-Begleiten-Lassen, vom Austausch oberflächlicher Liebkosungen und vom fortgeschrittenen Liebesspiel« (Glatzel 1970, 34; zit. nach Weis 1982, 83). Frauen und Mädchen sollten es also tunlichst vermeiden, abends alleine durch die Straßen zu gehen, sie sollten nicht in Lokale gehen, nicht mit bekannten oder befreundeten Männern reden, sie begleiten oder in ihren Wohnungen besuchen? Sie sollten nicht küssen, wenn sie nicht auch Geschlechtsverkehr wollen? Sie sollten sich nicht modisch kleiden, womöglich Bein und Busenansatz zeigen? Es drängt sich die Frage auf, was Mädchen und Frauen denn nach Meinung der Bevölkerung und der Herren Wissenschaftler überhaupt noch tun dürfen, ohne daß sie angeblich Gefahr laufen, einen sexuellen Übergriff auszulösen, an dem sie dann auch noch die (Mit-)Schuld tragen!

Die sterotypen Vorstellungen, daß nur ganz bestimmte Frauen und Kinder Opfer sexueller Gewalt werden, daß ihr Aussehen oder Verhalten sexuelle Übergriffe provoziert, hat für Betroffene sowie für Frauen im allgemeinen fatale Folgen: Die Opfer sexueller Gewalt werden stigmatisiert, ein Makel haftet ihnen an. Man betitelt sie als leichtsinnig oder als Flittchen, die es selbst gewollt oder herausgefordert hätten. Eine vergewaltigte Frau berichtet über die Reaktion ihres Ehemannes:

Manchmal hat er nachts nach mir getreten und gesagt – ja, ich schäme mich fast, das am Telefon zu sagen –: ›Du alte Hure, bei mir willst Du nicht, damals hast Du die Füße auseinandergemacht‹. (Weis 1982, 127)

Infolge der herrschenden Opfer- und Provokationsstereotype wird den Opfern die Schuld an den Vorfällen zugeschrieben. Auch vor Gericht wird nach ihrer (Mit-)Schuld und damit nach schuldmindernden Umständen für den Täter gesucht. Die Schuldzuschreibung an das Opfer potenziert die negativen Auswirkungen der sexuellen Gewalterfahrung und verringert die Wahrscheinlichkeit, daß der Täter bestraft wird. Schließlich bewirkt die These, das Verhalten des Opfers löse die Tat aus, daß alle Mädchen und Frauen, d.h. nicht nur diejenigen, die (bereits) betroffen sind, eine Vielzahl von öffentlichen Situationen meiden und ihre Teilhabe am gesellschaftlichen Leben einschränken (s. Kap. 8). Dieses Vermeidungsverhalten wird zusätzlich durch den Mythos, daß sexuelle Übergriffe vor allem von Fremden und in unbelebten Gegenden passieren, genährt. Frauen und Mädchen werden in die engen Grenzen der traditionellen Frauenrolle gewiesen.

Psychosoziale Auffälligkeiten des Täters

Genauso wie nach besonderen Charakteristika der Opfer gefragt wird, werden auch spezifische Merkmale des Täters gesucht, die im Umkehrschluß für seine Tat verantwortlich gemacht werden. Großer Beliebtheit erfreut sich in der Wissenschaft wie in der Bevölkerung die These, die Täter seien in irgendeiner Weise psychisch oder sozial auffällig oder sie stammten aus sozialen Randgruppen. In unserer Untersuchung nahm über die Hälfte der Befragten an, Menschen, die Kinder sexuell ausbeuten, seien psychisch schwer gestört, und insgesamt zwei Drittel führten sexuellen Mißbrauch auf verschiedenste psychische und soziale Probleme des Täters zurück (Minderwertigkeitskomplexe, soziale Isolation, unglückliche Kindheit etc.). Wie unbegründet derartige Vorstellungen sind, haben wir im ersten Teil des Buches ausführlich dargelegt (s. Kap. 5). Auf Fortbildungsveranstaltungen, die wir durchgeführt haben, und in vielen Gesprächen über sexuelle Gewalt haben wir den Eindruck gewonnen, daß gerade die Kategorisierung der Täter als krank häufig Ausdruck der Fassungslosigkeit gegenüber seiner Tat ist. Wird die Realität sexueller Gewalt einmal als solche erkannt, ist es für viele unbegreiflich, wie normale Menschen so etwas tun können. Dies scheint insbesondere auf sexuellen Mißbrauch an Kindern zuzutreffen.

Das traditionelle Ursachenverständnis erweckt den Eindruck, daß die Männer, die sexuelle Gewalt ausüben, keine normalen, durchschnittlichen Männer seien. Die Täter weichen danach entweder sexuell von der Norm ab (Frustration, krankhafter Trieb), oder aber besondere Charakteristika des Täters (psychische Störung, moralische Degeneration, Alkoholabhängigkeit) sind – gekoppelt mit der Provokation durch das Opfer – dafür verantwortlich, daß sich der normale, starke männliche Trieb mit Gewalt entlädt. So kann sich jeder Mann von den »richtigen« Tätern, von den echten Vergewaltigern und Mißbrauchern distanzieren. So einer ist er nicht. Und jede Frau, jedes Kind und jeder Mann kann sich sagen, sie oder er hätte mit solchen Männern nichts zu tun. Ganz abgesehen davon sind die Täter sowieso meistens Fremde – so zumindest der Mythos. Sollte sich aber dennoch einmal der nette Kollege oder der Lehrer des Sohnes als Busengrapscher oder Mißbraucher entpuppen, werden schnell Entschuldigungen gefunden: Die Stimmung auf dem Betriebsfest war so gelöst, man trank Alkohol und flirtete, da gehört das eben dazu; der Lehrer hat solche Probleme mit seiner Frau und hatte so eine schlimme Kindheit...

Die gestörte Familie

Die These des pathologischen Täters ist neuerdings erweitert worden. Dadurch, daß in den letzten Jahren immer mehr Fälle von sexuellem Mißbrauch durch »gut angesehene« Familienväter bekanntgeworden sind, die beim besten Willen nicht als »gestört« abgestempelt werden konnten, mußten andere Erklärungen gesucht werden: nicht der einzelne Täter ist psychisch oder sozial auffällig, sondern die Familie, in der sexuelle Gewalt stattfindet. Dies ist der Kerngedanke familientheoretischer Ansätze.* Die Familientheorie betrachtet lediglich innerfamilialen sexuellen Mißbrauch. Ausbeutung außerhalb der Familie – der größte Teil der Fälle! – bleibt unberücksichtigt. Intrafamiliale sexuelle Gewalt wird als ein Symptom angesehen, dessen Ursache in einer »dysfunktionalen«, sprich gestörten, Familienstruktur liegt. Eine solche Familie, so die Theorie, errichtet starre Grenzen nach außen, d.h. sie isoliert sich von anderen Menschen, während innerhalb der Familie die

---

*   Einen guten Überblick über familientheoretische Ansätze vermittelt Rijnaarts (1983), Larson (1986) stellt einen solchen Ansatz in bezug auf sexuelle Ausbeutung dar. Der wohl bekannteste deutsche Vertreter der Familientheorie ist Tilmann Fürniss. Eine gute Kritik an der klassischen Familientheorie ist in dem Buch *Feministische Familientherapie* von Goodrich, Rampage, Ellman & Halstead (1991) nachzulesen.

Grenzen eher diffus sind (Larson). Das Konzept der »diffusen Grenzen« beinhaltet die Annahme, Generationsgrenzen und Rollenverteilungen zwischen den Familienmitgliedern seien verwischt. Der »klassische« Fall bei sexuellem Mißbrauch wird darin gesehen, daß die Tochter die Rolle der Mutter und damit auch ihre »sexuellen Aufgaben« übernimmt. In jedem Fall wird davon ausgegangen, daß die Familie schon vor der Ausbeutung gestört war und nicht erst als Folge davon. Die sexuellen Handlungen sind nach diesem Denken ein Überlebensmechanismus, der dafür sorgt, das System Familie in dieser Form aufrechtzuerhalten und die wirklich bestehenden Konflikte nicht offen werden zu lassen. Insofern sind alle Mitglieder daran beteiligt und haben einen »Nutzen« von dem Symptom, sind sogar in gewisser Weise an dessen Fortbestand interessiert – selbst das sexuell ausgebeutete Kind. Folgerichtig wird allen eine gewisse Verantwortung zugeschrieben. Dadurch erübrigt sich die Frage der Schuld. Der sexuelle Mißbrauch, der nach diesem Denken ja nicht das »eigentliche« Problem darstellt, gerät leicht in den Hintergrund der Betrachtung. In den Vordergrund wird statt dessen häufig die Person der Mutter gerückt. Ihr Verhalten und ihre Eigenschaften werden oft viel genauer unter die Lupe genommen als die des Täters (vgl. Kap. 5 und 6). Rijnaarts beschreibt dies als

Bestreben, die Schuldfrage durch die Hintertür wieder einzuschmuggeln und statt des Vaters die Mutter auf die Anklagebank zu setzen, nicht selten in Gesellschaft ihrer sexuell mißbrauchten Tochter (S. 159).

Müttern wird vorgeworfen, sie entzögen sich dem Ehemann sexuell und provozierten damit, daß er sich an der Tochter vergreife. Dabei wird suggeriert, sie täten dies alles mit Absicht:

Mütter werden krank, kommen ins Krankenhaus und schaffen damit letztlich die Voraussetzungen für den Inzest [...] Sie können hochschwanger sein, oder sie ziehen sich mit chronischer Erschöpfung oder einem anderen Leiden auf ihr Zimmer zurück und überlassen es der Tochter, »Frau des Hauses« und Partnerin des Mannes zu werden. (Justice & Justice 1980, 120, zit. nach Rijnaarts 1988, 177)

Und nicht nur das! Die Mutter sieht sich das ganze scheinbar noch ohne Probleme an:

Sie sieht bedenkenlos, ja sogar zufrieden, zu, wie ihre reife Tochter sie ersetzt und ihre sexuelle Rolle in der Familiendynamik übernimmt [...] diese Mütter sind ältere Frauen, die weniger Interesse am ehelichen Geschlechtsverkehr haben, als ihre Ehemänner wünschen. (Gebhard u.a. 1965, 802)

Auch Therapeuten können sich oft keine anderen Hintergründe vorstellen:

Mein Therapeut sah die Ursache des sexuellen Mißbrauchs durch den Ehemann an der Tochter in mir begründet. Sein erster Kommentar: »Dann sind Sie wohl in ihrer Ehe frigide gewesen?« Damals waren Psychologen und Psychiater noch Autoritäten für mich und ich überlegte mir, was daran stimmte und was daran verkehrt war. Doch dann widersprach ich ihm: »Nee, was ich unter frigide verstehe, das war ich nicht. Ich glaube, Sie irren sich.« Das Gegenteil konnte ich allerdings schlecht beweisen. Daraufhin fand der Therapeut eine neue Erklärung: »Dann haben Sie sicherlich viele Freundschaften außerhalb der Ehe gehabt.« (in Enders & Stumpf 1991, 104)

Passend dazu wird der Tochter in Freudscher Tradition unterstellt, sie wolle und provoziere das sexuelle Verhalten. Außerdem profitiere sie von dem Rollentausch und habe ein Interesse an dessen Aufrechterhaltung. Die Frage der ungleichen Machtverteilung, die in Familien fast immer zugunsten des Mannes ausfällt, wird in der Familientheorie zumeist völlig außer acht gelassen. Ganz im Gegenteil wird der Vater – wenn überhaupt – in einer entschuldigenden Weise betrachtet. Ihm wird zugute gehalten, er versuche auf diese Art, Kontakt zu seinen Kindern herzustellen oder die Wut auf seine Frau indirekt abzureagieren, da ihm »eine direkte Konfrontation zu bedrohlich erscheint« (Larson 1986, 109). Dementsprechend wird auch eine Therapie häufig auf seine Bedürfnisse ausgerichtet, wobei wiederum andere Familienmitglieder für sein Wohl in die Pflicht genommen werden.

Falsche Vorstellungen und ihre Folgen

Soweit zur Darstellung des traditionellen Ursachenverständnisses sexueller Gewalt. Was ist davon zu halten? Hervorstechendes Merkmal des traditionellen Erklärungsansatzes ist, daß er – wie die im ersten Teil des Buches referierten Befunde deutlich belegen – empirisch nicht haltbar ist und in das Reich der Mythen verbannt werden muß. Nach allem, was die Empirie uns lehrt, ist sexuelle Gewalt *kein* abweichendes Verhalten, welches sich nur innerhalb ganz bestimmter Personenkreise abspielt. Ganz im Gegenteil zeigen Studien, daß die Täter den herrschenden patriarchalen Vorstellungen und Normen besonders stark entsprechen bzw. anhängen (traditionelle Geschlechtsrollen und Mythen über sexuelle Gewalt, vgl. Kap. 6) und daß *jedes* Kind und *jede* Frau Opfer sexueller Gewalt werden kann.

Als empirisch unhaltbar zu kritisieren ist ferner die Grundprämisse des traditionellen Erklärungsansatzes, nämlich die Betrachtung sexueller Gewalt als ein ausschließliches sexuelles Problem. Ein adäquater Erklärungsansatz muß der Tatsache Rechnung tragen, daß Macht – und zwar nicht nur als unabdingbares Mittel der Aggression, sondern auch als primäres Ziel sexueller Gewaltausübung – ein zentraler Faktor innerhalb der Dynamik sexueller Ausbeutung ist (vgl. Kap. 1 und 5).

Ein weiterer wichtiger Kritikpunkt betrifft die Vernachlässigung der Geschlechtsunterschiede, die bei dieser Problematik ins Auge stechen. Sie werden mit den rein biologistischen Theorien nur unzureichend erklärt, und die Machtdifferenz zwischen den Geschlechtern sowie gesellschaftliche Aspekte werden vollends ignoriert. Das Problem wird individualisiert. Wenn wir etwa annehmen, daß ein Mann ein Kind sexuell ausbeutet, weil er sexuell frustriert ist, müssen wir uns – sofern das mit der sexuellen Frustration überhaupt zutrifft – immer auch fragen, warum denn nicht auch all die sexuell frustrierten Frauen Kinder mißbrauchen. Ähnliche Fragen müssen bei allen anderen (individuellen) Erklärungsfaktoren, wie sie im nicht-feministischen Ursachenverständnis angeführt werden, gestellt werden. Warum üben angeblich psychisch gestörte oder alkoholisierte Männer sexuelle Gewalt aus, psychisch kranke oder alkoholisierte Frauen aber viel, viel seltener? Warum werden manchmal Jungen, die mißbraucht worden sind, zu Tätern, selten aber mißbrauchte Mädchen? Eine häufige Erwiderung auf diese Fragen liegt in der These des so viel stärkeren männlichen Triebes – nur ist sie empirisch nicht haltbar. Die traditionellen Erklärungsansätze bleiben somit die Antwort schuldig, warum – verkürzt gesagt – Männer sexuelle Gewalt verüben, Frauen aber nicht. Jede Analyse der Ursachen sexueller Gewalt muß das (Macht-) Verhältnis zwischen den Geschlechtern einbeziehen. Das heißt auch, daß jeder (vermeintlich) individuelle Erklärungsfaktor stets im Kontext der Gesellschaft betrachtet werden muß.

Das traditionelle Ursachenverständnis spiegelt die althergebrachten Geschlechtsrollen und Mythen über sexuelle Gewalt wider und geht damit nicht nur an den Realitäten vorbei, sondern trägt gleichzeitig zur Aufrechterhaltung einer sexuell gewalttätigen, Frauen und Mädchen diskriminierenden Kultur bei. Mit Hilfe der Ursachenstereotype und anderer Mythen zu sexueller Gewalt, wie wir sie im Teil I dieses Buches dargestellt haben, wird die Realität sexueller Gewalt auf breiter Ebene verleugnet. Sie tragen dazu bei, daß sexuelle Gewalt verschwiegen, verharmlost oder nicht als solche anerkannt wird. Sie verzerren die Realität so, daß sexuelle Ausbeutung von Frauen und Kindern als die natürliche Ordnung der Geschlechter erscheint. Sofern eine sexuelle Gewalttat als solche nicht mehr bestritten werden kann, liefern sie Erklärungen, die mit den herrschenden Vorstellungsstrukturen und Machtverhältnissen in Einklang stehen: ein normaler Mann übt keine sexuelle Gewalt aus, also ist der Täter pathologisch; die Ehefrau ist ihren Pflichten, den Mann zu befriedigen, nicht nachgekommen, so daß er sie eben dazu zwingen mußte etc. Auf diese Weise wird männliche Dominanz durch die vermeintliche Schuld der Unterworfenen gerechtfertigt. Würde die Realität sexueller Gewalt gesellschaftlich anerkannt, müßten damit zwangsläufig zentrale Institutionen unserer Gesellschaft, wie Ehe und Familie, sowie zentrale Werte, wie »Männer schützen Frauen und Kinder«, in Frage gestellt werden. Die Männer, denen Frauen vertrauen und in deren Schutz sie sich begeben sollen, sind die häufigsten Täter; Ehe und Familie, allgemein als Ort von Zuneigung und Geborgenheit propagiert, entpuppen sich beim näheren Hinsehen oft als Orte der Gewalt; die Täter sind keine Triebtiere, sondern ganz normale Männer usw. Das Erkennen dieser Tatsachen und das Hinterfragen gesellschaftlicher Selbstverständlichkeiten würde Konflikte induzieren, die langfristig einen elementaren Wandel der Gesellschaft zur Folge haben könnten.

Die von den Mythen geprägten traditionellen Ursachenannahmen führen schließlich dazu, daß Kindern und Frauen völlig unzureichende und ineffektive Ratschläge gegeben werden, wie sie sich vor sexuellen Übergriffen schützen können: Geh nicht alleine aus, gehe nicht mit Fremden mit, kleide und verhalte dich nicht aufreizend etc. Derartige Ratschläge schränken die weibliche (Bewegungs-) Freiheit ein. Sie machen angst. Und ängstliche Menschen sind leichte Opfer. Solche Ermahnungen trichtern Frauen und Kindern ein, daß sie sich allein nicht helfen können, daß sie des Schutzes starker Männer bedürfen. Einmal mehr erscheint das weibliche Geschlecht als schwach und unterlegen, der Mann aber als stark und überlegen. Einmal mehr wird die etablierte patriarchale Wirklichkeit reproduziert.

Zusammenfassend mangelt es den traditionellen Erklärungsansätzen an einer validen Basis. In ihnen spiegelt sich das herrschende Machtverhältnis zwischen den Geschlechtern; gleichzeitig tragen sie zu seiner Stabilisierung bei. Eine angemessene Antwort auf die Frage nach den Ursachen sexueller Gewalt kann nur gefunden werden, wenn sexuelle Gewalt im gesellschaftlichen Kontext der Machtstrukturen zwischen den Geschlechtern analysiert wird.

11. Feministisches Ursachenverständnis: Das Drei-Perspektiven-Modell sexueller Gewalt gegen Kinder

Sexuelle Gewalt als gesellschaftliches Phänomen

Der feministische Ansatz zum Verständnis sexueller Gewalt, dem wir uns nun zuwenden wollen, setzt an der Stelle an, die in traditionellen Ursachenerklärungen durchgängig vernachlässigt wird: bei den gesellschaftlichen Machtstrukturen zwischen den Geschlechtern.

Feministische Grundthese und Perspektivenerweiterung

Die feministische Analyse sexueller Gewalt reicht zurück bis zum Anfang der siebziger Jahre, als die wieder erstarkende Frauenbewegung in den USA sogenannte Speakouts organisierte. Erstmals erzählten dort Frauen auf einem offenen Forum von ihren eigenen Vergewaltigungen. »Die Außenwelt war zweifellos völlig perplex. Vergewaltigung war zu jener Zeit ein Wort, das ansonsten intelligente Leute bestenfalls zum Kichern brachte«, beschreibt Susan Brownmiller den damaligen Zeitgeist (Vorwort zu Florence Rush 1988, 20). Zum ersten Mal wurde offenbar, in welch riesigem Ausmaß Frauen von sexuellen Übergriffen betroffen sind, welch ein Leid ihnen damit zugefügt wird und wie ignorant und frauenverachtend die Gesellschaft damit umgeht. Die Speakouts waren »ein Meilenstein in der Bewußtseinsentwicklung« (ebd.). Das, was dort ans Licht der Öffentlichkeit kam, verbannte einen Großteil dessen, was man bisher über Vergewaltigung zu wissen glaubte, ins Reich der Mythen und forderte zu einer kritischen Auseinandersetzung mit herrschenden Erklärungen und Strukturen heraus. Bald schon zeigten theoretische Analysen und kulturhistorische Recherchen (z.B. von Susan Brownmiller, Original 1975 und Florence Rush, Original 1980), daß sexuelle Gewalt gegen Mädchen und Frauen einen historischen Hintergrund hat und an bestimmte soziale und ideologische Strukturen einer Gesellschaft gebunden ist. Daraus reifte die Erkenntnis, daß sexuelle Gewalt ein integraler Bestandteil patriarchaler Gesellschaften ist.* Es kristallisierte sich folgende – auch von uns vertretene – feministische Grundthese heraus: Sexuelle Gewalt gegen Mädchen und Frauen ist wesentlich durch eine patriarchale Kultur bedingt und trägt gleichzeitig dazu bei, eben diese patriarchale Kultur aufrechtzuerhalten. Nach dieser Vorstellung sind sexuelle Gewaltakte gegen Mädchen und gegen Frauen keine grundsätzlich unterschiedlichen Phänomene, sondern lediglich unterschiedliche Ausprägungen eines Spektrums sexueller Gewalt. Sexuelle Gewalt wiederum ist eine von vielen möglichen Ausdrucksformen sexistischen Denkens und Handelns. Die verschiedenen Formen der Diskriminierung, der Mädchen und Frauen in einer patriarchalen Gesellschaft ausgesetzt sind, bedingen einander und potenzieren sich in ihrer Wirkung. Dazu ein Beispiel: Mädchen und Frauen sind in Büchern, Fernsehsendungen oder Zeitschriften als Hauptcharaktere deutlich unterrepräsentiert und werden – wenn sie überhaupt auftauchen – vorwiegend in stereotypen Rollen dargestellt.** In populären Kinderserien etwa ist das typische Mädchen

das hilflose, ängstliche Mädchen, das dem [männlichen] Helden Gelegenheit gibt, seine Qualitäten zu beweisen. Das »normale« Verhalten von Mädchen wird als unwichtig und folgenlos ignoriert, das »anormale« autonome und aktive Verhalten wird negativ sanktioniert (Neuendorff-Bub 1979, 81).

Derartige sexistische Rollendarstellungen bestärken Jungen und Männer in ihrer dominanten Position und vermitteln ihnen Handlungskompetenz, Stärke und Macht. Entsprechend konsolidieren sie den untergeordneten und selbstsicherem Handeln entgegenstehenden Status des weiblichen Geschlechts. Mädchen, denen die Medien tagtäglich vor Augen führen, daß sie im Vergleich zu Jungen unwichtiger sind, weniger effektiv und mutig handeln können, achten sich selbst weniger, trauen sich weniger zu und werden daher zu »leichten Opfern«. Die Erfahrung sexueller Gewalt reiht sich ein in ihre weibliche Grunderfahrung, wonach weiblich sein gleich machtlos sein bedeutet, und steigert ihre negative Auswirkung. Jungen dagegen lernen, daß sie sich durchsetzen können – notfalls auch auf aggressive Weise – und daß Mädchen schwächer sind: eine Kombination, die der Diskriminierung des weiblichen Geschlechtes Vorschub leistet und damit patriarchale Strukturen festigt.

---

* Zum Patriarchat siehe Kapitel 6.
** Nach Auswertungen empirischer Literatur in Neuendorff-Bub (1979), Schenk (1989) und Scheu (1989).

Die Wurzeln der These der wechselseitigen Beziehung zwischen patriarchaler Gesellschaft und sexueller Gewalt liegen zwar in der Frauenbewegung, doch wird sie heute längst nicht mehr nur von Feministinnen vertreten. Sie hat mittlerweile – zumindest ansatzweise – auch in die öffentliche Diskussion und die nicht-feministische Wissenschaft Eingang gefunden. Damit ist der feministische Ansatz heute alles andere als ein klar formuliertes und einheitliches Gebilde. Es gibt nicht *die eine* feministische Theorie. Wir fassen darunter alle theoretischen Überlegungen und empirischen Arbeiten zusammen, die das Phänomen sexuelle Gewalt im Kontext der gesellschaftlichen Beziehungen zwischen den Geschlechtern betrachten. Dazu gehören bspw. die in Kapitel 6 zitierten Studien zum Zusammenhang zwischen sexueller Aggression einerseits und den herrschenden Geschlechtsrollen und Mythen über sexuelle Gewalt andererseits. Arbeiten, die in diesem Sinne feministisch orientiert sind oder interpretiert werden können, haben wir auf dem Hintergrund der in Teil I des Buches referierten Befunde sowie mit Hilfe sozialpsychologischer Theorien zu einem feministischen Ursachenmodell sexueller Ausbeutung von Kindern verdichtet: dem Drei-Perspektiven-Modell sexueller Gewalt gegen Kinder. Das Modell beinhaltet Hypothesen über die Ursachen und Dynamiken sexueller Gewalt gegen Kinder durch Männer. Da sie zum Teil aus empirischen Befunden abgeleitet wurden, zum Teil aber auch rein theoretischen Ursprungs sind, sind sie entsprechend unterschiedlich gut belegt. Dieses Modell ist vom Prinzip her auch auf sexuelle Gewalt gegen erwachsene Frauen übertragbar.

Dem Perspektivenmodell liegt ein im Vergleich zu traditionellen Erklärungsansätzen erweiterter Ursachenbegriff zugrunde. Es identifiziert Faktoren, die sexuelle Gewalt hervorrufen, die die Ausübung sexueller Übergriffe ermöglichen und die eine sexuell gewalttätige Beziehung oder ein sexuell gewalttätiges System aufrechterhalten. Dahingehend beantwortet es auch Fragen wie die folgenden: Auf welche Ressourcen kann ein Mann, der ein Kind oder eine Frau sexuell ausbeutet, zurückgreifen? Welche Möglichkeiten haben potentielle Opfer, sich zur Wehr zu setzen? Warum erfahren Betroffene so wenig soziale Unterstützung? Wie kommt es, daß häufig das Opfer der Tat zu der oder dem Schuldigen deklariert wird und demgegenüber der Täter von der Verantwortung entlastet wird? Welche Rolle spielt das soziale Umfeld von Opfern und Tätern, und welche Rolle könnte es spielen? Diese Fragestellungen verweisen auf die Notwendigkeit, den bislang im wesentlichen auf den Täter beschränkten Blickwinkel zu erweitern und die Verhaltensweisen und -möglichkeiten aller potentiell an dem Geschehen beteiligten Personenkreise mit einzubeziehen. Das Verhalten des Täters vollzieht sich nicht im menschenleeren Raum. Es wird entscheidend von realen oder erwarteten Reaktionsweisen des Opfers und der Personen in der näheren sozialen Umgebung bestimmt. Wehrt sich beispielsweise das Opfer massiv, läßt er möglicherweise von seinem Vorhaben ab, vielleicht, weil er merkt, daß es ihm so nichts bringt oder weil er befürchtet, ertappt und bestraft zu werden. Erfährt jemand anderes von der Tat und tut sie als Kavaliersdelikt ab, dann kann sich der Täter in seinem Verhalten bestärkt sehen und setzt es unter Umständen fort. Stehen die Menschen aus dem sozialen Umfeld der Tat dagegen wachsam und ablehnend gegenüber, wachsen die Chancen, daß das Opfer erfolgreich Widerstand leisten kann, daß es angemessene soziale Unterstützung erhält und zumindest dieser Täter in Zukunft keine weiteren sexuellen Übergriffe verüben wird. Die Analyse des Problems muß derartigen wechselseitigen Beeinflussungen der beteiligten Personenkreise Rechnung tragen. Dies führt zu einer komplexen Bedingungsanalyse aus drei Perspektiven:

1) Hinsichtlich der Täter (und Täterinnen) ist zu analysieren, welche Faktoren die Initiierung und Fortsetzung sexuell gewalttätiger Handlungen erleichtern bzw. erschweren.
2) Das Opfer wird vom Täter angegriffen und ist damit im Zwang zu reagieren. Effektive Gegenwehr kann einen sexuellen Übergriff möglicherweise vereiteln. Wir müssen uns deshalb aus der Perspektive des Opfers fragen, welche Bedingungen effektiven Widerstand hemmen bzw. begünstigen.
3) Das soziale Umfeld von (potentiellen) Tätern und Opfern kann durch sein Verhalten eine Tat begünstigen oder erschweren. Es kann den Widerstand des Opfers stützen oder dem Täter einen Freibrief für weitere Übergriffe geben. Deshalb muß analysiert werden, welche Faktoren adäquate präventive und interventive Maßnahmen durch das soziale Umfeld hemmen oder fördern.

Mit der Frage, welche Faktoren ein Opfer an erfolgreichem Widerstand hindern, stimmen wir keineswegs in den Kanon all derer ein, die dem Opfer die Schuld zuschreiben. Wir sehen die Schuld ohne Wenn und Aber allein bei der angreifenden Person, d.h. dem Täter. Für uns heißt das jedoch nicht, die angegriffene Person auf ein völlig handlungsunfähiges und hilfloses Objekt zu reduzieren. Das Verhalten eines von sexueller Gewalt bedrohten oder betroffenen Menschen kann sehr wohl dazu beitragen, die Tat oder eine Wiederholung bzw. Steigerung der Übergriffe zu verhindern, was – um es noch einmal deutlich zu sagen – nicht gleichbedeutend damit ist, die Tat verursacht oder sie zu verantworten zu haben. Gerade die Analyse unterschiedlicher Widerstandspotentiale kann für präventive Arbeit nutzbar gemacht werden und hilft den oftmals mit dem weiblichen Geschlecht verbundenen bitteren Beigeschmack des schwachen und wehrlosen Opfers zu überwinden.

Den theoretischen Anstoß für das Perspektiven-Modell lieferte uns das »Modell-der-vier-Voraussetzungen-sexueller-Ausbeutung« von David Finkelhor (1984, 53 ff.). Danach kann es nur dann zu sexueller Ausbeutung kommen, wenn folgende vier Voraussetzungen erfüllt sind: Ein potentieller Täter muß (1) motiviert sein, ein Kind sexuell zu mißbrauchen, (2) innere Hemmungen gegen das Ausagieren dieser Motivation überwinden, (3) äußere Faktoren überwinden, die die Tat behindern und (4) den möglichen Widerstand des Kindes gegen die sexuellen Übergriffe bezwingen. Alle Faktoren, für die bislang ein Zusammenhang zu sexueller Ausbeutung plausibel erscheint, können (wenigstens) einer dieser Voraussetzungen zugeordnet werden und sind in ihrem Sinne wirksam. Mit der Benennung der vier Faktoren als notwendige Voraussetzungen für das Ausüben sexueller Gewalt gegen Kinder hat Finkelhor zentrale Aspekte des Ausbeutungsgeschehens, wie es sich aus der Perspektive eines Täters darstellt, angesprochen. Das Modell ist jedoch weitgehend auf die Auflistung einzelner theoretischer Ansätze zu den jeweiligen Faktoren beschränkt. Die notwendigen Analysen der intrapsychischen und interindividuellen Dynamiken sexueller Ausbeutung leistet es nicht. Wir verstehen unser Drei-Perspektiven-Modell in diesem Sinne als eine Ausdifferenzierung und Weiterentwicklung des Vier-Faktoren-Modells von Finkelhor. Es enthält sozialpsychologische Analysen der intra- und im Ansatz auch interindividuellen Dynamik und ist von der Täterperspektive auf die oben beschriebenen Perspektiven ausgedehnt.

Der Rückgriff auf Theorien der Sozialpsychologie zur metatheoretischen Einbettung des feministischen Erklärungsansatzes soll kurz begründet werden. Die feministische Grundthese der wechselseitigen Beziehung zwischen patriarchaler Gesellschaft und sexueller Gewalt basiert auf zwei Prämissen:

1) Unsere Gesellschaft ist eine patriarchale Gesellschaft.
2) Individuelles Handeln ist kulturell geprägt (das betrifft die Wirkrichtung »Patriarchat – sexuelle Gewalt«), und individuelles Handeln wirkt auf die Gesellschaft zurück (dies betrifft die Wirkrichtung »sexuelle Gewalt – Patriarchat«).

Ein Verständnis des Wirkungszusammenhanges setzt eine Auseinandersetzung mit diesen beiden Prämissen voraus, genauer, eine Analyse der Gesellschaft, der individuellen Handlungsdeterminanten und der sozialen Vermitteltheit individuellen Handelns. Letztlich ist also eine Integration von soziologischen Fragestellungen, die eher die Gesellschaft fokussieren, und psychologischen Analysen, die das Augenmerk auf das Individuum richten, gefordert. Genau an dieser Schnittstelle der sozialen Vermitteltheit individuellen Erlebens und Verhaltens setzt die Sozialpsychologie an. Sie betrachtet individuelle Merkmale und Prozesse in Abhängigkeit von (1) der Wechselwirkung mit dem Verhalten anderer Personen und (2) von der Beeinflussung durch materielle und immaterielle Produkte anderer Menschen in Geschichte und Gegenwart. Die Wechselwirkung zwischen Individuum und sozialem System wird besonders umfassend in den verschiedenen Strömungen des *Symbolischen Interaktionismus* thematisiert, weshalb wir diesen Ansatz schwerpunktmäßig als theoretischen Bezugsrahmen heranziehen. Darüber hinaus stützen wir uns als grundlegende Modelle zwischenmenschlichen Handelns auf die Theorien des sozialen Austausches (z.B. Thibaut & Kelley 1959.)* Eine ausführliche Darstellung dieser theoretischen Ansätze würde den Rahmen dieses Buches sprengen, so daß wir uns darauf beschränken, einige Gedankengänge, die zum Verständnis des Perspektivenmodells wichtig sind, zu erläutern.

Sozialpsychologische Grundlagen

Gemäß des symbolischen Interaktionismus gehen wir davon aus, daß Menschen nicht gegenüber der Umwelt als einer physikalischen Gegebenheit handeln, sondern aufgrund der Bedeutungen, die sie den Dingen ihrer Umwelt zuschreiben. Wer das »Hinterntätscheln« des Onkels als Zeichen familiärer Zuneigung ansieht, wird sich der Situation gegenüber anders verhalten, als jemand, der oder die dieser Handlung die Bedeutung eines sexuellen Übergriffs beimißt. Bedeutungen, die Menschen ihrer Umwelt zuschreiben, sind sozial vorgeformt und werden an nachfolgende Generationen weitergeben (Sozialisation). Jede Kultur stellt ihren Mitgliedern für alle möglichen Situationen charakteristische Bedeutungen und Definitionen bereit. Für die eine Gesellschaft ist ein Gewitter Ausdruck göttlichen Zornes, für eine andere nicht mehr als eine elektrische Entladung. Das Wissen, die Einstellungen, Meinungen, Stereotype, Werte und Normen, Vorstellungen über die Kennzeichen von der Umwelt, von Situationen usw., die in einer Gesellschaft vorherrschen, bezeichnen wir in Anlehnung an Moscovici (1981/1984) und Thommen, Ammann & Cranach (1988) als *Soziale Repräsentationen* (im fol-

---

* An dieser Stelle möchten wir uns noch einmal herzlich bei Prof. Dr. Scholl bedanken, dessen Vorliebe für den Symbolischen Interaktionismus und die Austauschtheorie uns anfangs so manches Stöhnen entlockte – bis wir irgendwann selbst vom Wert dieser Theorien überzeugt waren.

genden SR). Der Begriff Repräsentationen bezieht sich darauf, daß Menschen die äußere Welt als subjektives Abbild in ihren Köpfen symbolisch repräsentieren. Für eine patriarchale Gesellschaft sind sexistische Repräsentationen wie die traditionellen Gechlechtsrollen und Mythen charakteristisch. Mitglieder einer Gesellschaft nehmen die in ihrer Kultur existierenden Repräsentationen mehr oder weniger deckungsgleich in sich auf. Diese vom Individuum verinnerlichten SR bezeichnen wir als *Individuelle Soziale Repräsentationen* (im folgenden ISR). Sie leiten die Wahrnehmung und Orientierung des Individuums. Die ISR können ein bestimmtes Verhalten begünstigen oder hemmen.

Menschen schreiben nicht nur ihrer Umwelt, sondern auch sich selbst Bedeutung zu, d.h. sie entwickeln eine Vorstellung von der eigenen Identität: »Wer oder was bin ich, und wie bewerte ich das, was ich bin?« Diese Selbstkonzeptionen und das damit einhergehende Selbstwertgefühl beeinflussen die Handlungsintentionen eines Menschen sowie das, was er oder sie als angemessenes Verhalten für sich ansieht und welches Handeln er oder sie sich zutraut. Damit beeinflußt die Identität das Verhalten eines Menschen. Die Identität ist wiederum von der Gesellschaft geprägt.

Individuellem Verhalten liegt ferner das Bestreben zugrunde, Unangenehmes zu vermeiden und Angenehmes zu erreichen (Lust- oder Hedonismusprinzip).* Entsprechend richten Menschen ihr Verhalten aus: sie meiden Verhaltensweisen, die für sie vermutlich insgesamt negative Konsequenzen haben werden. Um so wahrscheinlicher zeigen sie ein Verhalten, das positive Konsequenzen erwarten läßt. Positiv, angenehm oder belohnend kann es für einen Menschen sein, materielle Dinge wie Geld oder das langersehnte Fahrrad zu bekommen. Aber auch Anerkennung oder Zuwendung von anderen Menschen, ein gutes Gewissen, die Befriedigung, nach den eigenen Idealen gehandelt zu haben oder auch die Bestätigung der eigenen Männlichkeit stehen auf der Positivseite. Analog können Schuldgefühle oder Selbstzweifel sowie das Gefühl von Unsicherheit und Hilflosigkeit, welches sich z.B. bei der Konfrontation mit sexuellem Mißbrauch einstellt, negative Aspekte darstellen. Normalerweise sind mit einer Handlung sowohl positive als auch negative Aspekte verbunden. Beide unterscheiden sich dabei jeweils in ihrer Bedeutsamkeit für die handelnde Person (ein Fahrrad zu bekommen ist z.B.

---

* Die folgenden Gedankengänge basieren auf den zahlreichen und empirisch gut belegten Lerntheorien sowie den Theorien des sozialen Austauschs. Sie sind in fast allen Einführungswerken zur Sozialpsychologie zu finden. Einen prägnanten Überblick zu lerntheoretischen Ansätzen bietet Herkner (1983). Die in unserem Zusammenhang wichtige Soziale Lerntheorie von Rotter wird von Grabitz (1985) zusammengefaßt, und der Artikel von Mikula (1985) in demselben Buch stellt einen guten Abriß der Austauschtheorien dar.

viel positiver als ein »Danke schön«). Positives und Negatives wird – gemäß der jeweiligen Bedeutsamkeit – gegeneinander abgewogen, und das Verhalten richtet sich danach, welche Aspekte summa summarum überwiegen. Beispielsweise kann es für einen Jungen einerseits sehr attraktiv sein, seine Freizeit mit dem »tollen reichen Freund« zu verbringen, andererseits sind die (sexuellen) Gegenleistungen, die der »Freund« dafür einfordert, für das Kind negativ. Je nachdem, was für den Jungen in der Situation mehr wiegt, die positiven Gesichtspunkte der Freundschaft oder die negativen des Mißbrauchs, wird er mehr oder weniger intensiv versuchen, Kontakt mit dem Mann zu behalten oder zu vermeiden.

Die positiven Aspekte und Konsequenzen von Handlungen bezeichnen wir nachfolgend im Sinne der Austauschtheorie als *Nutzen,* die negativen als *Kosten.* In der Umgangssprache finden sich diese für manche eher abschreckenden Begriffe in den Redewendungen »sich etwas zu Nutze machen« und »etwas in Kauf nehmen« wieder. In dem gerade genannten Beispiel kann der Aufwand, den der Täter betreiben muß, um als »toller reicher Freund« den Jungen an sich binden zu können, einer seiner Kostenfaktoren sein. Sein Nutzen kann in der Befriedigung seiner Bedürfnisse nach Machterleben, Selbstbestätigung oder Sex liegen. Menschliches Handeln ist daran ausgerichtet, den eigenen Nutzen zu maximieren. Die Prämisse der Nutzenmaximierung darf nicht dahingehend mißverstanden werden, daß Kosten-Nutzen-Überlegungen stets nach kühlen Berechnungen verlaufen. Daß und wie sie aber dennoch das Handeln leiten, davon mag das Beispiel eines Vergewaltigers einen Eindruck vermitteln, der berichtet, daß er nach einer Frau Ausschau gehalten habe, die traurig und verschüchtert wirkte. Bei einer solchen Frau habe er mit wenig Widerstand gerechnet und geglaubt, er würde schnell und mit wenig Risiko zum Ziel kommen (= kostenminimierende Strategie; vgl. Kap. 7).

Die Kosten-Nutzen-Bilanz eines Verhaltens wird entscheidend von sozialen Faktoren beeinflußt. Dazu zählen das Verhalten anderer Menschen, die Mittel, die einem Individuum zum Handeln zur Verfügung stehen sowie herrschende Repräsentationen. Beispielsweise vereiteln Mythen über sexuelle Gewalt oder die Rechtslage, wonach Vergewaltigung in der Ehe als solche nicht strafbar ist, in der Regel, daß ein vergewaltigender Ehemann zur Rechenschaft gezogen wird, wodurch seine Kosten-Nutzen-Bilanz negativ ausfallen würde. Hinsichtlich sexueller Gewalt nehmen wir an, daß sie um so eher ausgeübt wird, je geringer die erwarteten Kosten der Gewaltanwendung für den Täter im Vergleich zum erwarteten Nutzen sind (vergl. auch Gelles 1983). Analog gehen wir davon aus, daß Betroffene sich um so eher effektiv zur Wehr setzen können und Personen von außen um so eher intevenieren, je geringer die Kosten eines solchen Verhaltens im Vergleich zu dessen Nutzen eingeschätzt werden. Eine patriarchale Gesellschaft begünstigt sexuelle Gewalt u.a. dadurch, daß sie

- für den Täter die Kosten sexueller Gewaltausübung niedrig hält und den Nutzen hoch;
- dem Opfer hohe Kosten für Gegenwehr bereitet;
- dem sozialen Umfeld hohe Kosten für Intervention bereitet und den Nutzen gering hält.

Das Verhalten eines Menschen wird auch von den Positionen beeinflußt, die er oder sie in der Gesellschaft einnimmt. Gegenüber der Inhaberin oder dem Inhaber einer Position nehmen andere Menschen eine Erwartungshaltung ein. Die Gesamtheit der Verhaltenserwartungen, die an einen Menschen in einer bestimmten Position gerichtet werden, konstituiert die soziale Rolle eines Menschen.* Rollen schreiben ihren Trägerinnen und Trägern bestimmte Verhaltensweisen vor, deren Nichtbefolgung mehr oder weniger stark sanktioniert wird. Menschen nehmen die Erwartungen anderer als Bestandteil ihrer Identität in sich auf und stellen sie schließlich an sich selbst und verhalten sich entsprechend (Stryker 1980; McCall & Simmons 1978). So wird sich ein Mädchen anders verhalten, je nach dem, ob sie sich gerade in der Position und Rolle als Konfirmandin, Patientin, Spitzensportlerin, schlechte Schülerin, gute Freundin o.ä. erlebt. Entsprechend wird von einem Mann anderes Verhalten erwartet, wenn er als Ausländer, Pfarrer oder Alkoholiker kategorisiert wird. Mit jeder Position und Rolle sind spezifische Ressourcen verbunden, die den Individuen unterschiedliche Handlungsmöglichkeiten eröffnen. Zum Beispiel haben Mitarbeiterinnen und Mitarbeiter des Jugendamtes oder der Polizei rein rechtlich ganz andere Möglichkeiten und Verpflichtungen bei sexuellem Mißbrauch einzugreifen als LehrerInnen oder NachbarInnen. Je mehr materielle (z.B. Geld) oder immaterielle (z.B. Entscheidungsmacht, Wissen) Ressourcen einem Individuum zur Verfügung stehen, auf desto mehr Machtmittel kann sie oder er zurückgreifen und desto eher können die eigenen Interessen verwirklicht werden. In einer patriarchalen Gesellschaft verfügen Jungen und Männer im allgemeinen über mehr Ressourcen als Mädchen und Frauen. Mit der unterschiedlichen Verteilung der Handlungsressourcen übt die Gesellschaft Einfluß auf das Verhalten ihrer Mitglieder aus. Einschränkend sei hier gesagt, daß Menschen keinesfalls unter einem absoluten Diktat der Rollen stehen. Der Mensch ist ein bewußtseinsfähiges und bewußt handelndes Subjekt. Innerhalb der gesellschaftli-

---

* Zur Darstellung der Rollentheorie siehe Dreitzel (1984).

chen Determinierung und Vorstrukturierung des Verhaltens bestehen stets Handlungsspielräume, die ausgefüllt werden können und müssen. Wie eine Rolle ausgestaltet wird, ist dabei einerseits von gesellschaftlich geprägten Kompetenzen und Möglichkeiten abhängig, zugleich aber auch von den individuellen Bedürfnissen und Interessen der Rollenträgerin oder des Rollenträgers. Im Hinblick auf die Perspektive sexueller Gewalttäter wird dies anschaulich von Alberto Godenzi (1991, 156 f.) beschrieben:

[Die meisten Männer, die sexuelle Gewalt verüben, sind] Durchschnittsbürger, die fast immer eine Alternative zur sexuellen Gewaltausübung haben. Der springende Punkt ist, daß die sexuelle Gewalt ihnen attraktiver erscheint, ihnen mehr Nutzen verspricht als der Verzicht darauf. Auch wenn Männer trainiert werden, Erfolg zu haben, sich nichts bieten zu lassen, sich durchzusetzen, sind sie von ihrer Sozialnatur her keine Automaten. Ihre Handlungsmöglichkeiten sind in der Praxis nicht unbegrenzt, aber sie haben in der Regel die freie Wahl für oder gegen sexualisierte Gewalt. Unbestritten, daß eine gesellschaftliche Struktur sich teilweise verselbständigt [...] aber ebenso unbestritten, daß es Akteure gibt, die diese Verhältnisse wollen, sie ernähren und aus ihnen Profit ziehen. Wenn eine Ehe – um eine relativ einfache Struktur zu nehmen – etabliert ist, dann stellt sie ohne Zutun der Eheleute die Norm, eine sexuelle Gemeinschaft zu sein. Aber ob diese Norm mittels Gewalt aufrechterhalten werden soll, ist Sache der Beteiligten.

Menschen haben in gewissen Grenzen immer die Freiheit der Wahl und sind damit für ihr Handeln ebenso verantwortlich, wie die Gesellschaft, in der sie leben.

Halten wir fest: Wahrnehmung und Verhalten der Menschen werden durch die Vorstellungen geleitet, die sie über sich und ihre Umwelt haben (Repräsentationen und Identität). Im Handeln trachten sie danach, ihren eigenen Nutzen im Vergleich zu den Kosten zu maximieren. Individuelles und zwischenmenschliches Verhalten ist durch die folgenden Faktoren gesellschaftlich vorstrukturiert:

- durch die gesellschaftliche Formung individueller Handlungsdispositionen (ISR und Identität);
- durch die Verteilung sozialer Positionen und der damit verbundenen Verhaltenserwartungen (Rollen);
- durch die Verteilung von rollenspezifischen Ressourcen, die Handlungsmöglichkeiten eröffnen oder begrenzen.

Gesellschaftlich vorstrukturiertes Handeln reproduziert die Gesellschaft. In einer patriarchalen Gesellschaft sind Situationen dergestalt vorstrukturiert, d.h. sind Positionen, Rollen, Ressourcen und individuelle Handlungsdispositionen so verteilt und geformt, daß sie die Ausübung sexueller

Gewalt erleichtern und interventivem und abwehrendem Verhalten entgegenstehen.

Aufbau des Perspektivenmodells

Orientiert an den soeben skizzierten Grundlagen (zwischen-) menschlichen Verhaltens folgen die drei Perspektiven einem analogen Aufbauschema: Sie beginnen jeweils mit der Frage nach der Motivation für die jeweils fokussierten Handlungen (Ausübung sexueller Gewalt, Widerstand bzw. Intervention). Daran anschließend werden die Prozesse analysiert, die zwischen ursprünglicher Motivation und tatsächlichem Verhalten vermitteln. Dies sind zum einen im weitesten Sinne definitorische Prozesse wie die Definition der Situation, Abwägen unterschiedlicher Verhaltenserwartungen u.ä. Wesentlich ist, welches Verhalten durch die ISR einer Person begünstigt oder gehemmt wird. Zum anderen vermitteln Kosten-Nutzen-Erwägungen zwischen Motivation und Verhalten.

Die einzelnen Schritte können mehr oder weniger bewußt ablaufen. Sie sind – für jede Perspektive einzeln – als eine logische Aufeinanderfolge dargestellt. Dies darf jedoch nicht darüber hinwegtäuschen, daß Rückkopplungen stattfinden. Zum einen interagieren die Schritte einer Perspektive miteinander, z.B. können Kosten-Nutzen-Erwägungen die Motivation oder die Situationsorientierung eines Individuums verändern. Die Trennung der psychischen Teilprozesse ist also eher eine künstliche. Zum anderen beeinflussen sich Täter, Opfer und Umfeld wechselseitig in ihrem Verhalten, d.h. alle drei Perspektiven stehen in Wechselwirkung miteinander. Beispielsweise kann Widerstand eines Kindes das Täterverhalten verändern, was zu einer veränderten Interventionsbereitschaft des Umfeldes führen kann. Letztlich ist eine Verknüpfung der drei Perspektiven notwendig, um nicht nur der psychischen, sondern auch der interaktiven Dynamik sexueller Ausbeutung gerecht zu werden. Wir verstehen das Drei-Perspektiven-Modell als Diskussionsgrundlage und damit als Basis für weitere Forschung und Theorieentwicklung. Darüber hinaus können aus den Perspektiven Ansatzpunkte für Präventions- und Interventionsarbeit abgeleitet werden.

Täterperspektive: Initiierung sexueller Ausbeutung

Wird innerhalb der Dynamik sexueller Ausbeutung die Person des Täters betrachtet, so ist die zentrale Frage, wie es zur (möglicherweise wiederholten) Initiierung von sexuellen Übergriffen kommt. Wir gehen davon aus, daß die Wahrscheinlichkeit, daß ein Mann einen einmaligen sexuell ausbeuterischen Kontakt oder eine längerdauernde Ausbeutungsbeziehung mit einem Kind initiiert, in dem Maße steigt wie:

- er motiviert ist, sich einem Kind sexuell zu nähern;
- solche sexuellen Handlungen in Einklang mit zentralen Repräsentationen des Täters stehen;
- der erwartete Nutzen durch die angestrebten sexuellen Kontakte die erwarteten Kosten übersteigt.

Da die Täter meistens Männer sind und zu Täterinnen kaum empirisches Material vorliegt, sind die folgenden Ausführungen zunächst auf Täter beschränkt. Wir vermuten jedoch, daß bei Täterinnen vergleichbare psychische Prozesse stattfinden, sie jedoch mit anderen Inhalten gefüllt sind. Weiter unten diskutieren wir, inwieweit das Modell auch auf Frauen zutrifft.

Handlungsmotivation

Ein Mann wird nur dann sexuelle Kontakte mit einem Kind initiieren, wenn dazu eine entsprechende Motivation besteht. Die Stärke der Motivation beeinflußt, wie eine Situation definiert wird, welche ISR aktiviert werden und wieviele Kosten ein potentieller Täter bereit ist, zur Erreichung seiner Ziele auf sich zu nehmen. Je stärker die Motivation ist, desto größer ist die Wahrscheinlichkeit, daß ein Mann sexuell ausbeuterische Handlungen mit einem Kind initiiert und gegebenenfalls aufrechterhält. Nach Finkelhor (1984, 38 ff.) entsteht die Motivation zur Initiierung sexueller Kontakte mit Kindern daraus, daß ein Kind eine potentielle Quelle sexueller Befriedigung ist (er nennt diesen Faktor »sexuelle Erregung«); ein potentieller Täter bestimmte emotionale Bedürfnisse durch sexuellen Kontakt zu einem Kind befriedigen kann (»emotionale Kongruenz«) oder alternative Quellen sexueller Befriedigung für einen Täter blockiert sind (»Blockierung«). Die Motivation kann demnach ursprünglich sexueller Natur sein, es kann sich aber auch um eine nicht-sexuelle Motivation handeln, welche vom Täter sexualisiert wird.

Sexuelle Motivation

Eine ursprünglich sexuelle Motivation, die einer ausbeuterischen Handlung zugrundeliegt, kann

1. unspezifisch sein, d.h. sie bezieht sich nicht speziell auf Kinder. Ein Täter wählt in diesem Fall vermutlich deshalb ein Kind aus, weil es entweder situativ am greifbarsten für ihn ist oder für ihn – subjektiv oder objektiv – andere Wege zur sexuellen Befriedigung blockiert sind. Dies kann z.B. dann der Fall sein, wenn er aus Mangel an sozialer Kompetenz keine Kontakte zu Frauen aufbauen kann, Angst vor (Sexualität mit) erwachsenen Frauen oder Männern hat oder weil sich erwachsene Frauen (Männer) gegen die Sexualpraktiken, die er favorisiert, zur Wehr setzen. Dieser Punkt entspricht Finkelhors Motivationskomponente der Blockierung (1984, 43 f.);
2. eine sexuelle Lust sein, die spezifisch auf ein Kind – meist ein Mädchen – gerichtet ist.

Verschiedene gesellschaftliche Bedingungen leisten der Tatsache, daß Männer von Kindern, besonders Mädchen, sexuell erregt werden können, Vorschub. Die Wahrscheinlichkeit, daß es dazu kommt, ist um so größer:

– je mehr Kinder – vor allem Mädchen – durch Pornographie, Werbung etc. sexualisiert werden;
– je stärker die Orientierung des Täters an traditionellen Geschlechtsrollen ist (z.B. sexuelle Attraktion zarter, schwacher Frauen [auch Kinder sind zart und schwach]; Sexualisierung von Beziehungen und verschiedenen emotionalen Bedürfnissen).

Auf individueller Ebene können vor allem eigene (sexuelle) Gewalterfahrungen eines Mannes eine Rolle spielen (vergl. Kap. 5; Konditionierung, sexuelle Ausbeutung als Bewältigungs-Strategie). Dieser Ansatz entspricht insbesondere Finkelhors Motivationskomponente der sexuellen Erregung (1984, 39 ff.).

Sexualisierte Motivation

Die Befriedigung ursprünglich nicht-sexueller Bedürfnisse in sexualisierter Form liegt aus dreierlei Gründen nahe:

1. In einer patriarchalen Gesellschaft ist die Sexualität des Mannes eng mit Macht, Leistung und Kontrolle verbunden. Mittels Sexualität kann ein Mann sich und anderen seine Männlichkeit beweisen. Die herrschende

männliche Geschlechtsrolle legt daher eine sexualisierte Befriedigung von Macht-, Leistungs- und Kontrollbestrebungen sowie des Bedürfnisses nach Selbstbestätigung nahe.

2. Sexualität bietet sich als Mittel für Machtdemonstrationen und Disziplinierungsmaßnahmen an, denn Sexualität ist ein Bereich, wo jeder Mensch sehr verletzlich ist, der jede und jeden zentral betrifft. Es geht um den eigenen Körper und die eigene Integrität; Sexualität ist in unserer Gesellschaft tabuisiert und schambesetzt; im Bereich der Sexualität ist das tradierte Machtverhältnis zwischen den Geschlechtern in besonderem Maße manifestiert (Verfügungsrechte, Tauschgeschäft).

3. Einige Bedürfnisse sind in ihrem Ausdruck sexuellem Verhalten ähnlich (z.B. Zärtlichkeit, Zuneigung, Zuwendung). Die männliche Geschlechtsrolle ermöglicht es weniger als die weibliche, zwischen verschiedenen Ausdrucksformen von Zuneigung zu differenzieren und führt zu einer Sexualisierung zwischenmenschlicher Beziehungen.

Die hier genannten Komponenten sind weitgehend mit Finkelhors Motivationsfaktor der emotionalen Kongruenz identisch (1984, 38 f.). Kinder, insbesondere Mädchen, können aufgrund ihrer gesellschaftlichen Position für einen Mann das »ideale« Objekt zur Befriedigung verschiedenster sexueller oder sexualisierter Bedürfnisse werden:

• an Kindern kann ein Mann sexuelle Bedürfnisse befriedigen, ohne Forderungen oder Kritik befürchten zu müssen, die an seinem an Leistung und Kompetenz orientierten männlichen Ego kratzen könnten;

• er braucht sich nicht unter dem Druck fühlen, sich durch Geschlechtsverkehr als potent beweisen zu müssen, sondern »darf« andere Formen der Sexualität praktizieren, ohne Angst zu haben, als unmännlich eingestuft zu werden;

• er kann sich im Kontakt mit Kindern mächtig und überlegen fühlen;

• er kann mit wenig Gegenwehr rechnen (s.u.).

Dies alles baut darauf auf, daß der potentielle Täter an den traditionellen Geschlechtsrollen orientiert ist.

Tatbegünstigende und tathemmende Repräsentationen

In Interaktionen mit einem Kind wird die Situation auf dem Hintergrund der Motivation zu sexuellen Handlungen (an einem Kind) sowie der durch die Motivation in das Bewußtsein gerufene ISR definiert. Aufgrund der sexuellen Motivation und kulturell bereitgestellter Definitionen wird ein Mädchen etwa als »kleine, sexuell attraktive Lolita« definiert und ihr Verhalten als verführerisch interpretiert. Die vorgenommene Situationsdefinition leitet die weitere Situationsorientierung und organisiert das Verhalten. Sie aktiviert weitere ISR. Diese können die Motivation zur Tat sowohl hemmen als auch begünstigen. Finkelhors Modell impliziert, daß jeder Mann Hemmungen aufgebaut hat, sich einem Kind sexuell zu nähern, die er zunächst überwinden muß. Wir sind dagegen der Anischt, daß

1. nicht zwangsläufig hemmende ISR bestehen; dabei denken wir insbesondere an Handlungen, die vom Täter nicht als sexuelle Gewalt oder auch nur als Sexualität definiert werden (bspw. Kommentare über den Körper des Kindes, »Hinterntätscheln« oder Spannen);
2. ISR bestehen können, die sexuelle Ausbeutung begünstigen. Die begünstigenden ISR sind ebenso wie die hemmenden ISR wesentlich von der Situationsdefinition des potentiellen Täters bestimmt. Wird dem Mädchen z.B. die Rolle der »Lolita« zugeschrieben, können ISR wie »Sie will Sex« oder »Sex ist nicht schlimm für sie« aktiviert werden und die Ausübung sexueller Gewalt fördern. Die Kognitionen können auch als Rechtfertigung dafür dienen, die Bedenken niedriger zu bewerten (= hemmende ISR, z.B. Sex mit Kindern ist strafbar).

Zusammenfassend ist u.E. das Verhältnis zwischen hemmenden und verstärkenden ISR entscheidend:

▸ Je stärker die Motivation zu sexuellen Kontakten mit Kindern, je größer die Akzeptanz der Mythen über sexuelle Gewalt und je stärker die Orientierung an traditionellen Geschlechtsrollensterotypen ist, desto weniger werden Komponenten einer Situation im Sinne sexueller Ausbeutung definiert und desto mehr tatbegünstigende und desto weniger tathemmende ISR werden aktiviert. Die Wahrscheinlichkeit, daß ein Mann sexuell ausbeuterische Handlungen initiiert und/oder aufrechterhält, ist um so größer, je mehr und je gewichtigere ISR der Person solches Verhalten verstärken und je weniger es hemmen.

Das Abwägen zwischen verschiedenen hemmenden und begünstigenden ISR geschieht mehr oder weniger bewußt. Die Stärke der Motivation, aber auch Drogen, psychische Krankheiten oder das Handeln in einer Gruppe können die jeweiligen Standards einer Person beeinflussen (unter den Bedingungen einer patriarchalen Gesellschaft dahingehend, daß tathemmende ISR geschwächt und tatbegünstigende gestärkt werden). Inhaltlich gehören zu den tatbegünstigenden oder -hemmenden Repräsentationen insbesondere:

- Repräsentationen zu Sexualität und sexueller Gewalt, z.B.: tradierte männliche Verfügungsrechte, Verdinglichung weiblicher Sexualität, Akzeptanz der Mythen, Inzest-Tabu, nur Gechlechtsverkehr als »schlimme« sexuelle Handlung etc. Diese Repräsentationen hängen eng mit der Geschlechtsrollenorientierung zusammen;
- Rollenzuschreibungen, welche »Wesens«zuschreibungen und Verhaltenserwartungen beinhalten. Besonders zentral sind hier die Geschlechtsrollen, z.B.: Männer müssen Frauen und Kinder beschützen; Männer haben ein Recht auf sexuelle Befriedigung; Frauen und Kinder sind Eigentum des Mannes; Kinder müssen Erwachsenen gehorchen; Kinder können sehr verführerisch sein etc.;
- Akzeptanz interpersonaler Gewalt.

Die patriarchale Gesellschaft stellt insbesondere mit den sie charakterisierenden sexistischen Repräsentationen und den traditionellen Geschlechtsrollen viele und gewichtige tatbegünstigende Repräsentationen bereit.

▸ Je stärker die Orientierung an traditionellen Geschlechtsrollen, je stärker die Akzeptanz der Mythen über sexuelle Gewalt und je größer die Akzeptanz interpersonaler Gewalt, desto größer ist die Wahrscheinlichkeit der Initiierung sexueller Ausbeutung. Das Ergebnis des Abwägeprozesses zwischen verschiedenen ISR bestimmt, ob ein potentieller Täter seine Handlungsintention weiterverfolgt und versucht, sexuelle Handlungen mit einem Kind in die Tat umzusetzen, oder ob er eine Grenze zieht und versucht, seine Bedürfnisse auf andere Art zu befriedigen.

Kosten-Nutzen-Bilanz

Ist der potentielle Täter weiterhin motiviert, sexuelle Handlungen mit einem Kind durchzuführen und sind solche Handlungen im Einklang mit seinen ISR, so tritt er in seiner Verhaltensplanung in einen weiteren Abwägeprozeß ein. Hier schätzt er seine Möglichkeiten ein, ein (bestimmtes) Kind zu sexuellen Handlungen zu zwingen und wägt die dabei erwarteten Kosten gegen den antizipierten Nutzen ab.[*]

---

[*] Hier beziehen wir uns auf die sogenannten »Erwartung-mal-Wert-Theorien« sowie auf die Soziale Lerntheorie von Bandura (1979). Darin spielen Erfolgs- und Kompetenzerwartungen für die Stärke einer Verhaltensmotivation eine bedeutsame Rolle.

Erfolgs- und Kompetenz-Erwartungen

Der potentielle Täter schätzt zunächst ein, welche Verhaltensweisen welche Resultate erzielen. Er überlegt, ob körperliche Gewalt angewendet werden muß, um ein bestimmtes Kind zu sexuellen Handlungen zu zwingen, oder ob es ausreicht, sie/ihn mit Süßigkeiten zu bestechen (Erfolgs-Erwartung). Dann bewertet er seine eigenen Fähigkeiten, einzelne Handlungen durchzuführen. Beispielsweise will oder kann er körperliche Gewalt nicht anwenden, wohl aber Bestechung (Kompetenz-Erwartung).

▸ Aufgrund der Machtüberlegenheit, die ihm in einer patriarchalen Gesellschaft die Position des Erwachsenen und die des Mannes verleiht, sind die Erfolgs- und Kompetenzerwartungen hinsichtlich verschiedenster Formen sexueller Ausbeutung für einen potentiellen Täter in der Regel positiv und hoch.

Kosten-Nutzen-Erwägungen

Neben der Einschätzung, wie wahrscheinlich es für verschiedene Verhaltensalternativen ist, daß sie zu dem beabsichtigten Ziel führen, schätzt der potentielle Täter ein, inwieweit die verschiedenen Handlungen ihm Befriedigung und Nutzen bringen. Jede Verhaltensalternative ist dabei nicht nur mit einem bestimmten Nutzen verbunden, sondern bringt auch Kosten mit sich. Er stellt die erwarteten Kosten dem antizipierten Nutzen einer Handlung gegenüber und bewertet daraufhin, wie lohnend sie für ihn erscheint.

▸ Je geringer der potentielle Täter die mit den sexuellen Handlungen verbundenen Kosten im Vergleich zum erwarteten Nutzen einschätzt, desto wahrscheinlicher ist es, daß er sexuell ausbeuterische Handlungen mit einem Kind initiiert und gegebenenfalls aufrechterhält.

Mögliche Kosten- und Nutzenfaktoren der Ausübung sexueller Gewalt gegen Kinder sind:

Nutzen

– Befriedigung der motivierenden Bedürfnisse (z.B. Bestätigung der Männlichkeit, sexuelle Befriedigung, Befriedigung der Bedürfnisse nach Machterleben, Anerkennung etc.). Die Orientierung an traditionellen Geschlechtsrollen erhöht für einen männlichen Täter den Nutzen sexueller Ausbeutung, da sie es ihm ermöglicht, über sexuelle Gewalt Selbstbestätigung zu erlangen.

Kosten

- Psychische Kosten wie z.B. Selbstüberwindung oder Schuldgefühle. Sie werden durch hemmende ISR verursacht. Die Orientierung an traditionellen Geschlechtsrollen und die Akzeptanz der Mythen verringern die psychischen Kosten eines potentiellen Täters (Es ist nichts Schlimmes, es ist mein Recht ...).
- Faktoren, die mit der Auswahl eines geeigneten Kindes und der Herstellung einer Ausbeutungssituation verbunden sind. Dieser Kostenfaktor entspricht weitgehend Finkelhors dritter Voraussetzung sexueller Ausbeutung, nämlich der Notwendigkeit, externe Hemmnisse zu überwinden (1984, 56 ff.). Über je mehr materielle und immaterielle Ressourcen ein Mann verfügt, desto größer sind seine Möglichkeiten zur Herstellung einer Ausbeutungssituation und desto weniger fallen die aufgewendeten Kosten ins Gewicht (z.B. ein reicher Mann kann leichter ködern und bestechen als ein armer Mann, ein sozial angesehener leichter unter Druck setzen als ein weniger geachteter). Je leichter der Zugang zu Kindern durch Beruf, Vaterschaft o.ä., desto geringer die Aufwandkosten.
- Überwinden des Widerstandes des Opfers (s. Opferperspektive); entspricht Finkelhors vierter Voraussetzung sexueller Ausbeutung (1984, 57 ff.).
- Folgekosten eines Öffentlich-Werdens des Mißbrauchs, z.B. negative Sanktionierung (Strafe, Statusverlust, gesellschaftliche Ächtung), Zusammenbruch von Beziehungen u.ä. (s. Umfeldperspektive).

Die Kosten-Nutzen-Bilanz des Täters wird entscheidend vom Verhalten des Opfers und des sozialen Umfeldes bestimmt. Faktoren, die generell die Kosten für die Ausübung sexueller Gewalt senken und damit der Tat Vorschub leisten, sind u.a.

- Vorherrschen traditioneller Geschlechtsrollen und der Mythen über sexuelle Gewalt (z.B. weniger hemmende ISR bei Männern, das Opfer wendet ineffektive Widerstandstrategien an, das Umfeld definiert den Mißbrauch nicht als solchen und interveniert nicht oder inadäquat);
- Möglichkeit der Ausnutzung von Rollen und Situationsdefinitionen;
- Ressourcen und damit Machtüberlegenheit als Erwachsener und Mann.

▸ Je patriarchaler eine Gesellschaft strukturiert ist, desto weniger Kosten entstehen für einen Täter. Entsprechend werden die potentiellen Kosten für einen Täter um so höher, je weniger patriarchal eine Gesellschaft ist.

Aus den Kosten-Nutzen-Erwägungen für verschiedene Verhaltensalternativen leiten sich schließlich konkrete Handlungen ab. Bei längerdauernden

Ausbeutungsbeziehungen und bei Mißbrauch verschiedener Kinder laufen die beschriebenen Prozesse immer wieder ab. Sofern sich an einem der Faktoren etwas ändert, wenn also beispielsweise die hemmenden ISR stärker werden, sich das Verhalten des Opfers oder Umfeldes ändert oder die Kosten höher eingeschätzt werden, tritt eine Verhaltensänderung ein.

Opferperspektive: Effektiver Widerstand

Wird sexuelle Ausbeutung aus der Perspektive eines potentiellen Opfers betrachtet, so ist die zentrale Frage, was es einem Kind ermöglichen würde, sich gegen die Angriffe eines Täters zur Wehr zu setzen. Der Widerstand eines Opfers kann bewirken, daß ein sexueller Übergriff aufgeschoben oder einmalig verhindert wird. Er kann eine Steigerung der sexuellen Handlungen verhindern oder sogar den sexuellen Mißbrauch endgültig beenden (vgl. Kap. 7). Die Gegenwehr eines Kindes kann mehr oder weniger erfolgreich sein. Wir werden im folgenden vorwiegend effektive Gegenwehr potentieller Opfer betrachten. Darunter verstehen wir Maßnahmen eines von sexueller Ausbeutung bedrohten oder betroffenen Kindes, welche zur endgültigen Beendigung der sexuellen Ausbeutung führen und dem Kind zudem die Sicherheit vermitteln, daß es zu keinen weiteren Ausbeutungsversuchen durch den gleichen Täter kommen wird. Effektive Gegenwehr bedeutet in der Regel, daß ein Kind parteiliche und problemadäquate Unterstützung sucht und erhält. Wir vermuten, daß die Wahrscheinlichkeit effektiver Gegenwehr um so größer ist,

- je weniger ambivalent das Kind die Mißbrauchsbeziehung erlebt;
- je eindeutiger und angemessener das Kind die Situation erfaßt;
- je eindeutiger Widerstand gegen die Übergriffe des Täters im Einklang mit zentralen Individuellen Sozialen Repräsentationen des Kindes stehen;
- je weniger Verantwortung sich das Kind für die Situation zuschreibt;
- je mehr Abwehrstrategien für das Kind subjektiv in Frage kommen und
- je geringer es die Kosten der Gegenwehr im Vergleich zum Nutzen einschätzt.

Allgemein hängen die Möglichkeiten eines Kindes zu effektiver Gegenwehr entscheidend vom Alter ab, da mit dem Alter die kognitiven und interaktiven Fähigkeiten, Wissen, Erfahrung, das Verhaltensrepertoire u.ä. zunehmen. Prinzipiell gehen wir davon aus, daß bei Mädchen und Jungen vergleichbare Prozesse ablaufen, wenn auch die Inhalte zum Teil andere sein werden (Jungen haben im Gegensatz zu Mädchen bspw. gegen das Stigma der Homosexualität zu kämpfen). Mit einiger Vorsicht beziehen wir die folgenden Ausführungen auf Opfer beiderlei Geschlechts. Empirische Belege für unsere Hypothesen liegen allerdings fast nur für Mädchen vor. Ferner nehmen wir an, daß bei Kindern, die von Männern mißbraucht werden, ähnliche Prozesse stattfinden, wie bei Opfern von Täterinnen. Da über sexuellen Mißbrauch durch Frauen jedoch noch so gut wie nichts bekannt ist und in der Dynamik möglicherweise erhebliche Unterschiede bestehen, haben wir Täterinnen aus der Opferperspektive ausgeklammert.

Vermeidungsmotivation: das Problem der Ambivalenz

Ein Kind wird nur dann Widerstand gegen die Übergriffe eines Täters leisten, wenn es motiviert ist, den sexuellen Übergriff zu vermeiden. Dies ist dadurch gegeben, daß der Mißbrauch an sich für ein Kind eine aversive Situation darstellt (vergl. Kap. 8). Demgegenüber werden jedoch die Beziehungen, in denen Kinder ausgebeutet werden, häufig nicht eindeutig aversiv, sondern ambivalent erlebt. Neben den negativen Aspekten des Mißbrauchs erfährt das Kind die Aufmerksamkeit, Zuneigung oder Freundschaft, die u.U. mit der Beziehung zum Täter verbunden sind, durchaus als positiv und schön. Der resultierende Konflikt – das Kind will die Beziehung aber nicht den Mißbrauch (Appetenz – Aversions-Konflikt) – vergrößert einerseits die Aversivität der Situation (Schuldgefühle, Konfliktspannung etc.), verringert jedoch gleichzeitig die Möglichkeiten zu entschlossener Gegenwehr. Das Kind hat nicht nur etwas zu gewinnen, sondern auch zu verlieren.

▸ Je ambivalenter die Gefühle eines Kindes dem Täter gegenüber sind, desto unwahrscheinlicher ist effektiver Widerstand.

Rechte, Pflichten und die Frage der Schuld

Basierend auf dem Verlangen des Kindes, den Mißbrauch zu beenden und nicht erneut zum Opfer zu werden, hängt es von der weiteren Einschätzung der Situation ab, ob und welche konkreten Abwehrmaßnahmen das Kind erwägt und ergreift.

▸ Effektiver Widerstand gegen die Übergriffe eines Täters ist um so wahrscheinlicher, je angemessener (valider) ein Kind die sexuell ausbeuterische

Situation kognitiv erfaßt und je deutlicher Widerstandshandlungen in Einklang mit zentralen Repräsentationen des Kindes stehen.

Definition der Situation

Effektiver Widerstand ist nur möglich, wenn ein Kind prinzipiell in der Lage ist, die Situation richtig einzuordnen, d.h. zu definieren. Die Definition der Situation organisiert das Verhalten des Kindes, aktiviert weitere handlungsleitende ISR und bestimmt, welche Erwartungen an das Verhalten der beteiligten Personen gestellt werden und wie es beurteilt wird. Ist sich ein Kind unsicher, wie die Situation zu definieren ist – versteht es nicht, was passiert – wächst dadurch einerseits die Aversivität der Situation (Verwirrung, Angst u.ä.) und damit auch die Motivation, sie zu vermeiden. Gleichzeitig verringert sich jedoch die Chance zu entschiedenem und effektivem Widerstand gegen den Täter. Denn mit der Unsicherheit geht einher, daß

- Verhaltenspläne fehlen oder unklar sind (Bedeutung organisiert Verhalten), was zu Unsicherheit, Hilflosigkeit oder Angst führt;
- der Täter seine Definitionen und Verhaltenspläne leichter durchsetzen kann. Die Folge ist, daß der Mißbrauch andauert.

Für effektiven Widerstand ist es wichtig, daß das Kind die Situation angemessen erfaßt und im Sinne sexueller Gewalt definiert. Dazu gehört besonders, daß das Kind

- erfaßt, welche Handlungsintentionen real hinter dem Verhalten des Täters stehen (z.B. daß er nicht wirklich spielen will, sondern nur die eigene Befriedigung anstrebt;
- die Verantwortung für das Geschehen eindeutig dem Täter zuschreibt;
- erkennt, daß das Geschehen von offiziellen gesellschaftlichen Normen (z.B. Strafgesetz) mißbilligt wird;
- den sexuellen Charakter des Geschehens erkennt.

▶ Je mehr und je eindeutiger ein Kind Charakteristika sexueller Ausbeutung als solche definiert, desto mehr Widerstand begünstigende und um so weniger Widerstand hemmende ISR werden aktiviert und desto eher kann es problemadäquate Maßnahmen ergreifen.

Sicherheit und Art der Situationsdefinition des Kindes werden u.a. von folgenden Faktoren beeinflußt:

• Repräsentationen des Kindes (ISR) und ihres/seines sozialen Umfeldes (SR). Je valider das Wissen über sexuelle Gewalt und je mehr Repräsentationen im sozialen Umfeld des Kindes vorherrschen, nach denen derartige Handlungen als sexuelle Gewalt definiert und verurteilt werden – d.h. je weniger patriarchal und konservativ die vorherrschenden Repräsentationen sind –, desto eher wird das Kind die Situation als sexuelle Ausbeutung wahrnehmen und definieren.

- Alter des Kindes. Je jünger das Kind ist, um so weniger ist es in der Lage, die Situation angemessen zu definieren.
- Soziale Positionen des Täters. Je mehr das Kind den Täter mit anderen Rollen in Verbindung bringt, die der eines Täters entgegenstehen (z.B. Freund der Familie, Pfarrer), desto ambivalenter ist die Situation und desto unsicherer ist es bezüglich der Definition der Situation und desto weniger erkennt das Kind den Ausbeutungscharakter der Situation.
- Offenheit und Härte der Machtausübung. Je offener und härter die Machtausübung, desto eher definiert das Kind die Situation als sexuelle Gewalt.
- Intensität der sexuellen Handlungen. Je massiver die sexuellen Handlungen sind, desto eher definiert das Kind die Situation als sexuelle Gewalt.

Zentrale Teilprozesse der Situationsdefinition, die Widerstand begünstigen oder hemmen können, sind die Zuschreibung von Rollen und von Verantwortung. Ein Kind könnte z.B. definieren: »Das ist mein Onkel, da muß ich trotzdem tun, was er verlangt. Außerdem ist er schwer krank und könnte einen Herzinfarkt bekommen, wenn ich nicht gehorche«, oder »Ich bin selbst schuld, so muß ich die Suppe auslöffeln, die ich mir eingebrockt habe.« Die Bedeutung der Rollenverpflichtungen und der Verantwortungsattribution werden im folgenden gesondert betrachtet.

Rollenzuschreibung: Rechte und Pflichten

Im Zusammenhang mit der Definition der Situation schreibt das Kind sich selbst und dem Täter eine soziale Rolle zu (Patient-Arzt, Nichte-Onkel o.ä.). Die zugeschriebenen Rollen lenken im Sinne normativer Verhaltenserwartungen das Verhalten in für den Täter kalkulierbare Bahnen.

▶ Je jünger ein Kind ist und je weniger sie/er über sexuelle Gewalt weiß, desto eher kann der Täter die für ihn günstigen Rollenzuschreibungen durchsetzen und desto weniger offensichtliche Macht muß er ausüben.

Die zugeschriebenen Rollen beinhalten spezifische Rechte und Pflichten. Diese stellen widerstandhemmende oder -begünstigende ISR dar. Einige Beispiele: Ein Großvater hat das Recht, von seiner Enkelin umarmt und geküßt zu werden; Vater ist überarbeitet und darf nicht gereizt werden; ein Arzt darf den nackten Körper untersuchen; Verwandte und Freunde müssen zueinander nett und höflich sein; ein Kind muß sich nicht von allen abküssen lassen usw. Das Kind wägt die Rechte und Pflichten, die es sich selbst und dem Täter zuschreibt gegeneinander ab und richtet daran das Verhalten aus.

▶ Effektiver Widerstand gegen die Ansprüche eines Täters ist um so wahrscheinlicher, je mehr sich ein Kind ein Recht auf Gegenwehr zubilligt. Dieses Recht wird es sich um so eher zugestehen, je mehr es das Verhalten des Täters als nonkonform zu normativen Verhaltenserwartungen und rollenspezifischen Rechten und Pflichten ansieht.

Die Bewertung der sexuellen Ausbeutung im Sinne des Abwägens von rollenspezifischen Rechten und Pflichten variiert mit:

– gesellschaftlichen Rollendefinitionen und herrschenden Repräsentationen (Geschlechtsrollen, humanistische Werte, Autoritarismus, Egalitätsnormen u.ä.);
– der Dynamik der sexuellen Ausbeutung (z.B.: Ein Kuß wird oft zu den Rechten eines Onkels gezählt, nicht aber Geschlechtsverkehr; die Vermutung, daß auch andere Geschwister betroffen sind, kann dazu führen, daß ein ausgebeutetes Kind sich verpflichtet fühlt, die Geschwister zu schützen und deshalb Widerstand zu leisten u.ä.);
– dem Selbstwert; je geringer der Selbstwert eines sexuell ausgebeuteten Kindes ist, desto weniger Recht auf Gegenwehr billigt sie/er sich zu.

Das Recht auf Gegenwehr ist kein universelles, sondern variiert mit unterschiedlichen Widerstandsformen. Ein Kind sieht vielleicht verbalen Widerspruch als gerechtfertigt an, nicht aber körperlichen Widerstand oder das Hinzuziehen Dritter.

Verantwortungszuschreibung

Glaubt ein Kind, in irgendeiner Weise selbst schuld an dem sexuellen Mißbrauch zu sein, kann das zur Folge haben, daß sie/er

– daran zweifelt, ein Recht zu haben, sich zur Wehr zu setzen (z.B.: »Ich habe es verdient, weil ich so schlecht bin«);
– sich selbst weniger wertschätzt, was wiederum selbstbehauptendem Verhalten entgegensteht;
– die sexuelle Ausbeutung verschweigt, weil es Schuldvorwürfe und Geringschätzung von Dritten fürchtet.

▶ Je mehr sich das Kind Verantwortung für den Mißbrauch zuschreibt und den Täter davon entlastet, um so unwahrscheinlicher ist (effektiver) Widerstand.

Für die Verantwortungszuschreibung sind vor allem die folgenden Faktoren von Bedeutung:

- Ausmaß der Mythenakzeptanz bzw. Wissen über sexuelle Gewalt (z.B.: Sexueller Mißbrauch geschieht sehr häufig und unabhängig von der Attraktivität des Opfers; ist strafbar; die Ursache liegt nicht darin, daß das Opfer den Täter verführt und er infolge seinen Trieb nicht mehr kontrollieren kann; der Täter wendet [subtil] Macht an etc.); je geringer die Mythenakzeptanz und die Orientierung an traditionellen Geschlechtsrollen, desto eher spricht sich das Kind von der Verantwortung frei und schreibt sie dem Täter zu.
- Verhalten des Täters (Geschicklichkeit im langsamen, subtilen Aufbau des sexuellen Kontaktes; Deutlichkeit der Machtausübung); je subtiler der Täter den sexuellen Kontakt initiiert, desto eher schreibt sich das Kind zumindest eine Mitverantwortung zu.
- Verhalten des Opfers; je mehr und je deutlicher das Kind den Eindruck hat, die Beziehung zu dem Täter freiwillig eingegangen zu sein und bestimmtes Verhalten aus freien Stücken gezeigt zu haben, desto eher schreibt es sich zumindest eine Mitverantwortung zu.

Kosten-Nutzen-Bilanz

Sieht das Kind Widerstand gegen die Ansprüche des Täters als in Einklang mit zentralen Repräsentationen stehend an, dann überdenkt es verschiedene Möglichkeiten der Gegenwehr. Sie/er schätzt die eigenen Möglichkeiten ein, gegen den Täter erfolgreich Widerstand leisten zu können und wägt die dabei erwarteten Kosten gegen den antizipierten Nutzen ab.

Erfolgs- und Kompetenz-Erwartung

Das Kind schätzt zunächst ein, welche Widerstandsformen grundsätzlich erfolgversprechend sein könnten (Erfolgs-Erwartung). Das Kind kann der Überzeugung sein, nur körperliche Gegenwehr könne den Täter von seinem Vorhaben abhalten oder aber daß es reicht, entschieden »Nein« zu sagen; vielleicht weiß es gar nicht, daß es spezielle Einrichtungen gibt, an die es sich wenden könnte und die Hilfe anbieten. Gegenwehr kann in der Regel nur dann im oben definierten Sinne effektiv sein, wenn das Kind parteiliche und fachkompetente Unterstützung erhält.

▶ Je umfassender und valider das Wissen eines sexuell ausgebeuteten Kindes über Handlungsmöglichkeiten ist, desto wahrscheinlicher ist (effektive) Gegenwehr.

Im Anschluß an die Einschätzung der Wirkung verschiedener Widerstandshandlungen bewertet das Kind die eigenen Fähigkeiten, diese Handlungen effizient durchführen zu können (Kompetenz-Erwartung). Das Kind traut sich z.B. ein entschiedenes »Nein« zu, nicht aber, mit anderen Personen über den Mißbrauch zu reden. Je eindeutiger ein sexuell ausgebeutetes Kind der Überzeugung ist, daß es eine als erfolgversprechend eingestufte Handlung selbst mit Erfolg ausführen kann, desto wahrscheinlicher ist (effektive) Gegenwehr. Die Kompetenz-Erwartungen eines Kindes variieren u.a. mit:

– dem effizienzbezogenen Selbstkonzept*; je stärker die Orientierung an der traditionellen weiblichen (!) Geschlechtsrolle ist, desto negativer ist das effizienzbezogene Selbstkonzept eines Mädchens und desto geringer ist die Wahrscheinlichkeit selbstbewußter Widerstandshandlungen;
– dem Verhaltensrepertoire eines Kindes; je stärker die Orientierung an der traditionellen weiblichen Geschlechtsrolle, desto geringer das Repertoire an assertiven Verhaltensweisen. Besonders Mädchen lernen, lieb, höflich und zurückhaltend zu sein und kommen deshalb oft gar nicht auf die Idee, daß sie auf das Angrabschen des Schwagers statt mit verschämtem Ignorieren auch mit einem lauten und aggressiven Anbrüllen reagieren könnten. Je älter ein Kind ist und in je mehr verschiedenartigen Rollen es handelt, desto größer ist das Verhaltensrepertoire;
– dem antizipierten Täterverhalten (traut das Kind dem Täter z.B. zu, daß er auch massive körperliche Gewalt anwenden wird?).

Kosten-Nutzen-Erwägungen

Das Kind schätzt nicht nur verschiedene Maßnahmen daraufhin ein, mit welcher Wahrscheinlichkeit es sie durchführen kann und wie wahrscheinlich insgesamt ein Erfolg ist, sondern es erwägt außerdem, welche Kosten und welcher Nutzen dabei jeweils zu erwarten sind. Das Kind stellt die erwarte-

---

* »Selbst-Effizienz« bezeichnet die Einschätzung der eigenen Handlungskompetenz: Inwieweit kann ich generell kompetent und effizient handeln? Inwieweit bin ich in der Lage, Dinge, die ich tun will, auch wirklich zu tun? Siehe dazu Gecas (1982, 1989) sowie Gecas & Schwalbe (1983).

ten Kosten dem antizipierten Nutzen verschiedener Widerstandshandlungen gegenüber und bewertet daraufhin, wie lohnend sie sind. Aus diesen Erwägungen leitet sich schließlich das konkrete Verhalten ab.

▸ Je geringer das Kind die mit dem Widerstand verbundenen Kosten im Vergleich zum erwarteten Nutzen einschätzt, desto wahrscheinlicher ist (effektiver) Widerstand.

Mögliche Nutzen- und Kostenfaktoren des Widerstandes gegen die Ansprüche eines Täters sind:

Nutzen

- Endgültige Beendigung der sexuellen Ausbeutung oder zumindest das zeitweilige Vermeiden des Mißbrauchs oder Beschränken auf bestimmte Handlungen. Je aversiver ein Kind die sexuelle Ausbeutung erlebt, desto größer ist der Nutzen der Beendigung und desto größere Kosten ist es bereit, auf sich zu nehmen, um den Mißbrauch zu vermeiden.

Kosten

- Aufwandkosten: Überwinden von hemmenden Faktoren (Schuld- und Schamgefühle, Versagensängste, Selbstüberwindung): Reaktionen des sozialen Umfeldes auf die Hilfesuche des Kindes (Nicht-Glauben, Schuldzuschreibungen und negative Stigmatisierungen); Kosten im Zusammenhang mit Weglaufen etc.;
- massivere Machtausübung des Täters: Strafen, Entzug von Vergünstigungen, Anwendung körperlicher Gewalt o.ä.;
- Folgekosten des Öffentlich-Werdens der sexuellen Ausbeutung: Schuldvorwürfe, Zusammenbruch der Familie (Heimeinweisung, Inhaftierung des Täters, finanzielle Probleme); psychische Belastung durch einen Prozeß usw. Diese Kosten, die von betroffenen Kindern häufig befürchtet werden und vom Täter zum Teil als Drohmittel zur Geheimhaltung eingesetzt werden, entsprechen häufig genau dem, was Kinder nach dem Bekanntwerden eines Mißbrauchs tatsächlich erleben.
- Folgekosten der Beendigung der sexuellen Ausbeutung: u.U. Verlust der positiven Aspekte der Beziehung zum Täter, Ausbleiben der an den Mißbrauch gekoppelten Vergünstigungen.

Die Kosten, die ein Kind für Widerstand gegen sexuelle Übergriffe zu tragen hat, sind um so geringer,

- je weniger traditionell die Geschlechtsrollen sind;
- je valider das Wissen über sexuelle Ausbeutung ist. Je weniger das Kind die Mythen akzeptiert, um so weniger individuell hemmende Faktoren muß es überwinden und desto geringer die psychischen Folgekosten. Je weniger das soziale Bezugssystem des Kindes die Mythen akzeptiert, desto größer die Wahrschienlichkeit adäquater Unterstützung. Je weniger ein potentieller Täter die Mythen akzeptiert, desto größer ist die Wahrscheinlichkeit, daß er den Mißbrauch einstellt. Und je weniger gesamtgesellschaftlich die Mythen akzeptiert werden, desto größer die Wahrscheinlichkeit, daß adäquate Präventions- und Interventionsstrukturen existieren.

Diese Faktoren erhöhen insbesondere die Wahrscheinlichkeit parteilicher und problemadäquater sozialer Unterstützung. Soziale Unterstützung ist der wesentliche kostensenkende Faktor·kindlichen Widerstandes gegen sexuelle Ausbeutung. Bei längerdauernden Ausbeutungsbeziehungen und bei Mißbrauch durch verschiedene Täter laufen die beschriebenen Prozesse immer wieder ab. Das Verhalten eines ausgebeuteten Kindes ändert sich in dem Maße, wie sich die (Einschätzungen der) Faktoren ändern, also etwa die hemmenden ISR schwächer werden, die Kosten des weiteren Ertragens der sexuellen Ausbeutung durch die Intensivierung der Handlungen höher werden oder sich die relativen Kosten von Widerstandshandlungen verringern.

Umfeldperspektive: Adäquate Intervention

Abschließend betrachten wir, welche Faktoren gegeben sein müssen, damit Personen aus dem direkten sozialen Umfeld betroffener Kinder die sexuelle Ausbeutung als solche wahrnehmen und adäquat intervenieren. Unter sozialem Umfeld verstehen wir dabei alle Personen, die mit sexueller Ausbeutung konfrontiert sind, d.h. die (potentiell) Kontakt zu betroffenen Kindern oder zu Tätern oder Täterinnen haben. Dazu zählen Verwandte, FreundInnen, NachbarInnen, ErzieherInnen, LehrerInnen, MedizinerInnen, TherapeutInnen usw. Zur Erinnerung: Adäquate Intervention (vgl. Kap. 9) ist eine Maßnahme, die folgendes bewirkt:

1. schnellstmögliche Beendigung der ausbeuterischen Handlungen;
2. größtmögliche Minimierung negativer Folgen für das Opfer;
3. größtmögliche Verringerung der Wahrscheinlichkeit, daß der Täter oder die Täterin weitere Handlungen dieser Art verüben wird.

Wir vermuten, daß die Wahrscheinlichkeit adäquater Intervention um so größer ist,

- je deutlicher eine Person eine Notwendigkeit zu intervenieren erkennt. Voraussetzung dafür ist, daß sie den sexuellen Mißbrauch wahrnimmt und als solchen definiert;
- je eindeutiger und stärker sich eine Person selbst als zuständig für eine Intervention erlebt;
- je umfassender ihre Kenntnisse über Interventionsmöglichkeiten sind und je mehr sie selbst in der Lage ist, diese Maßnahmen einzuleiten oder selbst durchzuführen;
- je höher der Nutzen einer Intervention im Vergleich zu den erwarteten Kosten eingeschätzt wird.

Erkennen einer Interventionsnotwendigkeit

Zu einer Intervention kommt es nur dann, wenn ein Handlungsbedarf bzw. eine Interventionsnotwendigkeit festgestellt wird. Dazu muß der sexuelle Mißbrauch (a) wahrgenommen und (b) dergestalt bewertet werden, daß eine Notwendigkeit, dem Kind zu helfen und es zu schützen, festgestellt wird.

Wahrnehmung

Die Konfrontation mit sexueller Ausbeutung eines Kindes kann auf verschiedenen Wegen erfolgen: Eine Person erfährt von den sexuellen Handlungen

- durch eigene Wahrnehmung (z.B. sie sieht Handlungen, versteht Signale des Kindes, entdeckt Folgen der Ausbeutung oder erkennt verdächtiges Täterverhalten);
- durch den Bericht des betroffenen Kindes oder
- durch Berichte von anderen, die Entsprechendes wahrgenommen haben.

Was eine Person wahrnimmt und ob sie ihrer Wahrnehmung traut bzw. ob sie dem Bericht des Kindes oder einer anderen Person Glauben schenkt, ist von verschiedenen Faktoren abhängig, auf die wir weiter unten eingehen werden.

Situationsdefinition und -bewertung

Eine Person, die durch eigene Wahrnehmung oder durch Berichte anderer von sexueller Ausbeutung erfahren hat, kann das, was sie wahrgenommen hat, in unterschiedlicher Weise definieren (z.B. als liebevolle Neckerei oder als sexuelle Ausbeutung). Die Definition der Situation organisiert ihr weiteres Verhalten. Sie bestimmt, welche Interventionen hemmenden oder begünstigenden Repräsentationen der Person in den Sinn kommen und damit auch die moralischen Regeln, an denen sie das Verhalten der anderen mißt und die Situation bewertet.

▶ Je eindeutiger eine Person das wahrgenommene Ereignis als sexuelle Ausbeutung definiert (ohne daß sie es zwangsläufig mit diesem Begriff belegen muß) und negativ bewertet, desto mehr Interventionen begünstigende und weniger Interventionen hemmende ISR werden aktiviert und desto eher sieht sie sich als zuständig an, interventive Maßnahmen einzuleiten (s.u.). Dadurch steigt insgesamt die Wahrscheinlichkeit adäquater Intervention. Eine Intervention kann zwar auch dann erfolgen, wenn das Verhalten nicht als sexuelle Ausbeutung definiert wird, sondern lediglich negativ bewertet oder moralisch verurteilt wird (z.B. als unzüchtiges Verhalten, für das Täter und Opfer gleichermaßen verantwortlich sind). In diesem Fall ist jedoch das Risiko inadäquaten Eingreifens groß. Dieses zieht möglicherweise zusätzliche negative Folgen für das Opfer nach sich.

Innerhalb der definitorischen Prozesse ist das Erkennen der folgenden Aspekte besonders wichtig:

• die Handlungen erfolgen unter Machtanwendung, d.h. sie geschehen gegen den Willen des Kindes oder das Kind ist nicht in der Lage, bewußt und frei zuzustimmen oder abzulehnen;
• der Täter trägt die volle Verantwortung;
• es besteht das Risiko schwerer psychischer und physischer Folgen für das Kind;
• es besteht das Risiko, daß der Täter das gleiche oder ein anderes Kind auch in Zukunft ausbeuten wird (Wiederholungstat).

Die Wahrscheinlichkeit, daß eine Person sexuelle Ausbeutung wahrnimmt und als solche definiert, ist um so größer,

– je breiter und valider ihr Wissen über sexuelle Ausbeutung ist (z.B. über Erscheinungsbild, Signale von Opfer und Täter, Folgen) und je geringer ihre Mythenakzeptanz ist;

- je weiter ihre generelle Definition von sexueller Ausbeutung ist (z.B. ob sie auch aufgedrängte Küsse des Großvaters als solche versteht);
- je weniger sie an traditionellen Geschlechtsrollen orientiert ist (ob sie z.B. Handlungen von Männern überhaupt in Frage stellt und kritisch bewertet);
- je stärker sie an humanistischen und egalitären Werten und Normen orientiert ist;
- je weniger emotional bedrohlich die Mißbrauchsrealität für sie ist;
- je sozial kompetenter und emphatischer die Person ist.

Zuständigkeit: wessen Recht und wessen Pflicht?

Hat eine Person grundsätzlich eine Interventionsnotwendigkeit festgestellt, wird sie nur dann intervenieren, wenn sie sich selbst als zuständig für ein Einschreiten ansieht. Die Einschätzung der eigenen Zuständigkeit für eine Intervention ist u.a. abhängig von den Rollen, die die Person sich selbst und anderen potentiell involvierten Personen zuschreibt. Die Rollen beinhalten die Zuschreibung von spezifischen Rechten und Pflichten bezüglich Intervention, z.B.: als Mutter/Vater ist es meine Pflicht, meine Kinder zu schützen; als LehrerIn ist meine Beziehung zu dem Kind nicht vertraut genug, als daß es meine Aufgabe wäre, etwas zu tun; als kompetente Fachfrau muß ich eingreifen; als NachbarIn sollte ich mich nicht in fremde Familienangelegenheiten einmischen u.ä. Die zugeschriebenen Rechte und Pflichten stellen interventionsbegünstigende und -hemmende ISR dar. Sie sind eng mit den generellen Wert- und Normvorstellungen der Person verknüpft (z.B. »Man mischt sich nicht in anderer Leute Angelegenheiten ein«, oder »Ich muß wehrlosen Menschen helfen«).

▶ Je größer eine Person die Interventionsnotwendigkeit einschätzt, desto eher wird sie es unabhängig von ihrer jeweiligen Rolle als ihre Pflicht ansehen, selbst in die Situation einzugreifen.

Rollen sind normative Verhaltenserwartungen, deren Nichtbefolgung interner und externer Kontrolle unterliegt. Wichtig sind:

- die Verhaltenserwartungen, die die Person selbst an sich stellt;
- antizipierte Verhaltenserwartungen von anderen an die eigene Person;
- Verhaltenserwartungen an andere Personen (z.B. »Die Mutter ist eher dafür zuständig als ich«).

Die erlebte Zuständigkeit – und damit die Wahrscheinlichkeit zu intervenieren – ist um so größer,

– je eindeutiger und stärker die eigenen Rollenidentitäten ein schützendes Verhalten verlangen;
– je eindeutiger und stärker eine Interventionserwartung von anderen vermutet wird;
– je weniger andere Personen für »verantwortlicher« gehalten werden;
– je mehr und zentralere ISR eine Intervention begünstigen und je weniger ISR solchem Verhalten entgegenstehen.

Kosten-Nutzen-Bilanz

Ob eine Person, die sowohl eine Handlungsnotwendigkeit erkennt als auch sich selbst dafür als zuständig definiert, wirklich interveniert, hängt letztlich davon ab, ob und welche Handlungsmöglichkeiten sie sieht und wie sie die damit verbundenen Kosten bewertet.

▸ Adäquate Intervention ist um so wahrscheinlicher, je mehr sich eine Person in der Lage sieht, wirkungsvolle Handlungen auszuführen und je geringer sie die mit einer Intervention verbundenen Kosten im Vergleich zum antizipierten Nutzen einschätzt.

Erfolgs- und Kompetenz-Erwartung

Die Person wägt zunächst ab, welche Interventionsmaßnahmen theoretisch in Frage kommen, welche Resultate sie erwarten lassen und welche am ehesten Erfolg versprechen (Erfolgs-Erwartung). Welche Interventionsschritte dabei überhaupt in Betracht gezogen werden, wird wesentlich von der vorgenommenen Situationsdefinition beeinflußt. Je nachdem, auf welche Ursachen das Geschehen zurückgeführt wird und wer dafür als verantwortlich angesehen wird, kommen andere Maßnahmen in Frage. Darüber hinaus ist das Faktenwissen der Person bedeutsam.

▸ Adäquate Intervention ist um so wahrscheinlicher, je valider und umfassender das Wissen einer Person über Handlungsmöglichkeiten und deren Wirkungen ist.

Dieses beinhaltet vor allem Wissen über sexuelle Ausbeutung (Ursachen, Effekte verschiedener Maßnahmen etc.), Interventionsstrukturen (welche gibt es, wie arbeiten sie) sowie über die Rechtslage.

Im Anschluß an die Einschätzung der Wirkung verschiedener Interventionsmaßnahmen bewertet die Person ihre Fähigkeiten und Möglichkeiten, diese Handlungen effizient ausführen zu können (Kompetenz-Erwartung). Je eindeutiger und je stärker sich eine Person zutraut, Interventionsmaßnahmen, die sie für sinnvoll hält, auch selbst erfolgreich ausführen zu können, desto wahrscheinlicher ist (adäquate) Intervention. Die Kompetenz-Erwartungen einer Person sind um so größer:

- je positiver das Selbstkonzept der Person ist;
- je größer ihre Ressourcen und damit auch Machtpotentiale sind (Wissen, Verhaltensrepertoire, positionsspezifische rechtliche Möglichkeiten u.a.);
- je mehr sie erwartet, angemessene soziale Unterstützung zu erhalten.

Die Möglichkeiten, effizient zu handeln, können für verschiedene Interventionsmaßnahmen unterschiedlich beurteilt werden. Außerdem wird jede Interventionsmöglichkeit, die die Person erwägt, auf die eigene Zuständigkeit überprüft.

Kosten-Nutzen-Erwägungen

Eine Person schätzt nicht nur die verschiedenen Maßnahmen daraufhin ein, mit welcher Wahrscheinlichkeit sie sie durchführen kann und wie wahrscheinlich ein Erfolg ist, sondern sie erwägt zudem, welche Kosten mit ihnen verbunden sein könnten und wie demgegenüber der Nutzen einer Intervention zu bewerten ist. Dabei werden nicht nur die Kosten und der Nutzen für die intervenierende Person selbst gegeneinander abgewogen. Bedeutsam sind außerdem Kosten und Nutzen, die dem Opfer, dem Täter und anderen Personen des sozialen Umfeldes möglicherweise bereitet werden.

▸ (Adäquate) Intervention ist um so wahrscheinlicher, je größer insgesamt der antizipierte Nutzen im Vergleich zu den erwarteten Kosten eingeschätzt wird. Dabei ist (adäquate) Intervention um so wahrscheinlicher, je höher der Nutzen für das Opfer im Vergleich zu den Kosten für den Täter bewertet wird.

Potentielle Kosten interventiver Maßnahmen

- Kosten, die für eine intervenierende Person selbst entstehen: zeitlicher und psychischer Einsatz; Rache durch den Täter; Stigmatisierung, Verleumdungsklage u.ä.
- Mütter, die gegen einen ausbeutenden Lebenspartner vorgehen, riskieren außerdem: Zusammenbruch der Familie; Verlust der finanziellen Lebensgrundlage; Schuldzuschreibungen u.ä.

- Kosten, die einem betroffenen Kind entstehen können: negative Stigmatisierung; »Sündenbock« für Unannehmlichkeiten, die dem sozialen Umfeld des Kindes bereitet werden; Zusammenbruch der Familie, Heimeinweisung; psychische Belastungen bei Befragungen über den Mißbrauch oder bei einem Prozeß; zusätzliche Gewalt durch den Täter; Verlust der positiven Aspekte in der Beziehung zum Täter u.ä.
- Kosten, die anderen bereitet werden (der Frau des Täters, seinen Kindern etc.): Statusverlust und soziale Stigmatisierung; Zerstörung einer Familie; Zusammenbrechen eines Weltbildes u.ä.
- Kosten, die dem Täter bereitet werden: soziale Sanktionierung (z.B. Status- oder Jobverlust); Strafverfolgung; psychische Kosten (z.B. Schuldvorwürfe, Schamgefühle).

Kosten, die Tätern verursacht werden, sehen wir als Faktoren an, die dazu beitragen, sexuelle Gewalt auf lange Sicht unwahrscheinlicher zu machen. Gerade die Kosten, die für den Täter und das soziale Umfeld des Opfers durch eine Intervention entstehen, können aber von einem Eingreifen abschrecken oder auch als Rechtfertigung dienen, nicht intervenieren zu müssen. Sie wiegen um so mehr, je enger die Beziehung der potentiell intervenierenden Person zu diesen Personen ist und je weniger eindeutig oder schwerwiegend die sexuelle Ausbeutung eingeschätzt wird (vgl. Kap. 9). Die Kosten sind für die intervenierende Person, das Opfer und dessen soziales Umfeld um so geringer, je

- breiter und valider das Wissen über sexuelle Ausbeutung ist (d.h. gleichzeitig, je weniger sexistische Repräsentationen und traditionelle Geschlechtsrollen vorherrschen, s.o.);
- ausgebauter die Interventionsstrukturen sind (Hilfsangebote für Opfer, Täter und mittelbar Betroffene); d.h. auch, je größer die soziale Unterstützung für die intervenierende Person ist;
- weniger das Umgehen von Justiz und anderen Institutionen mit sexueller Ausbeutung von traditionellen Geschlechtsrollen-Stereotypen und den Mythen über sexuelle Gewalt geprägt ist;
- ausgeglichener die Ressourcen- und Machtpotentiale zwischen den Geschlechtern sind.

Faktoren, die die Kosten für die intervenierende Person, das Opfer und dessen soziales Umfeld senken, wirken bezüglich des Täters in entgegengesetzter Weise, d.h. erhöhen seine Kosten und umgekehrt. Theoretisch wäre es auch denkbar, daß einer Person Kosten dadurch entstehen, daß sie *nicht* interveniert. Derartige Kosten würden eine Intervention wahrscheinlicher machen. Sie können z.B. durch eine gesellschaftliche Norm entstehen, die Intervention erwartet oder durch eine gesetzliche Interventionsverpflichtung (z.B. Meldepflicht).

Potentieller Nutzen interventiver Maßnahmen

- Nutzen für das ausgebeutete Kind: Beendigung der Ausbeutungshandlungen; Minimierung der negativen Folgen der Gewalterfahrung; Erfahren von sozialer Unterstützung.
- Nutzen für die intervenierende Person: Handeln nach den eigenen Normen; soziale Anerkennung; Erleben und Erweitern von Handlungskompetenzen.
- Nutzen für andere: Schutz anderer, noch nicht betroffener Kinder; Aufbau validen Wissens über sexuelle Ausbeutung; Durchbrechen patriarchaler Strukturen nutzt langfristig allen Mädchen und Frauen; dem Täter wird unter Umständen ein Weg zu sozial kompetenterem Handeln bereitet (Therapie).

Eine Intervention wird nur dann erfolgen, wenn der Nutzen für das mißbrauchte Kind, d.h. ihre oder seine Bedürfnisse und Rechte, als mindestens gleichwertig (eher noch höher) im Vergleich mit dem der anderen potentiell involvierten Personen eingestuft wird.

Bei einer länger dauernden Intervention laufen die beschriebenen Prozesse immer wieder ab. Mit jeder bereits erfolgten Interventionsmaßnahme können sich Erfolgs- und Kompetenz-Erwartungen sowie Kosten-Nutzen-Relationen verändern. Während anfänglich vielleicht die psychischen Belastungen, die für ein Kind mit dem Öffentlichwerden des Mißbrauchs verbunden sind, und die Unannehmlichkeiten, die dem Täter damit entstehen, höher als der Nutzen einer Intervention eingeschätzt werden, kann die intensivere Auseinandersetzung mit dem Opfer dazu führen, daß alle Kosten, die entstehen könnten, als niedriger bewertet werden, als die Kosten des weiteren Ertragens des Mißbrauchs. Man wird dann eventuell zu entschiedenerem Eingreifen bereit sein. Gleichzeitig steigen damit jedoch auch die Kosten für die intervenierende Person.

Gültigkeit des Perspektivenmodells für männliche Opfer und weibliche Täterinnen

Der These der patriarchalen Bedingtheit sexueller Gewalt liegt die Annahme zugrunde, daß sexuelle Gewalt ein geschlechtsspezifisches Problem ist, d.h. eine Form der Gewalt, die von Männern an Mädchen und Frauen verübt wird. Entsprechend bezieht sich das Perspektivenmodell im wesentlichen auf sexuelle Gewaltausübung eines männlichen Täters gegen ein weibliches Opfer. Nun zeigen aber empirische Daten, daß Jungen ebenfalls sexuell ausgebeutet werden – etwa jeder fünfte Junge ist betroffen – und auch Frauen – wenngleich selten – sexuelle Gewalttaten verüben. Auf den ersten Blick wird dadurch die Prämisse der Geschlechtsspezifität und damit auch der feministische Ansatz in Frage gestellt. Im folgenden erörtern wir deshalb stichpunktartig die Frage, inwieweit das feministisch orientierte Drei-Perspektiven-Modell auch sexuelle Ausbeutung von Jungen sowie sexuelle Gewalt durch Frauen zu erklären vermag. Grundsätzlich gilt es hier zu bemerken, daß das Perspektivenmodell von seiner Struktur her ein Grundmodell menschlichen Verhaltens darstellt und insofern einen Ansatz zur Analyse verschiedenster Formen sexueller Gewalt bietet. Auch wenn wir dies aufgrund des fehlenden Daten- und Theoriematerials bisher kaum leisten konnten, so ist es unserer Meinung nach möglich, sexuelle Gewalt durch Frauen bzw. gegen Jungen im Rahmen dieses Schemas zu fassen. Inwieweit aber passen diese Gewaltformen inhaltlich in unser Konzept?

Jungen als Opfer

Die Verobjektivierung der Sexualität sowie Machtdifferenzen sind zentrale Bedingungsfaktoren sexueller Gewalt. Während sexuelle Objektivierung jedoch fast ausschließlich weibliche Sexualität betrifft und damit einen großen Teil der geschlechtsspezifischen Systematik sexueller Gewalt erklärt, sind Machtdifferenzen nicht auf die Geschlechter beschränkt. Machtgefälle gibt es auch unter Männern sowie zwischen Erwachsenen und Kindern. Da sexuelle Gewalt ein Machtphänomen ist – sie wird stets von Mächtigeren an weniger Mächtigen verübt und zwar meist, um eben diese Macht zu demonstrieren – kann es überall dort, wo Machtdifferenzen existieren, auch zu sexuellen Übergriffen kommen. So gibt es Vergewaltigungen auch unter Männern. Männer vergewaltigen ihre Geschlechtsgenossen mit dem gleichen Ziel, wie sie auch Frauen vergewaltigen: sie wollen demütigen, einschüchtern und ihre Macht festigen. In Männergefängnissen stellen Vergewaltigungen an jüngeren und schwächeren Insassen eines der Hauptprobleme des Gefängnisalltags dar (s. Susan Brownmiller 1987, 174 ff.). Wenn Männer aus Machtstreben andere erwachsene Männer vergewaltigen, dann können sie dies entsprechend bei Jungen tun. Dort ist das Machtgefälle besonders ausgeprägt, was dem Erwachsenen die objektiven Möglichkeiten zur sexuellen Ausbeutung des Jungen verschafft. Dies gilt entsprechend für erwachsene Frauen gegenüber Jungen.

In der Täterperspektive haben wir eine Reihe von patriarchal bedingten Faktoren aufgelistet, die Männer zur Ausübung sexueller Gewalt motivieren, die Tat in Form begünstigender Repräsentationen erleichtern und das Kosten-Nutzen-Verhältnis positiv beeinflussen. Wir nehmen an, daß diese Faktoren gleichermaßen für sexuellen Mißbrauch an Jungen zutreffen. Beispielsweise schließt das traditionelle patriarchale Besitzrecht von Männern Frauen *und* Kinder, also auch Jungen ein. Außerdem spielen sexistische Repräsentationen wie »Männer brauchen Sex und haben ein Recht darauf« für den Mißbrauch an Jungen eine vergleichbare Rolle wie bei Mädchen und Frauen. Das gleiche gilt für die Akzeptanz interpersoneller Gewalt. Dazu kommt, daß präpubertäre Jungen, ähnlich wie Mädchen, rein körperlich dem traditionell propagierten männlichen Idealbild von erwachsenen Frauen entsprechen: sie sind klein, zierlich, unbehaart, haben glatte Haut etc. Ohne hier näher darauf eingehen zu können, nehmen wir außerdem an, daß, je jünger Kinder sind, Geschlechtsunterschiede weniger ins Gewicht fallen und Jungen wie Mädchen und Frauen (in gewissen Maßen) einem sozialen Geschlecht zugeordnet werden.* Vermutlich sind ferner bei Tätern, die Jungen mißbrauchen, und die in ihrer Kindheit selbst (sexuelle) Gewalt erfahren haben, vergleichbare Lernprozesse von Bedeutung wie bei Männern, die selbst betroffen sind und Mädchen ausbeuten. Vereinfacht gesagt, haben beide in der eigenen Mißbrauchssituation gelernt, daß sexuelle Kontakte zwischen Männern und Kindern, egal ob Mädchen oder Jungen eine Verhaltensmöglichkeit darstellen, die für den erwachsenen Mann offensichtlich positiv ist. Schließlich ist es von Bedeutung, daß ein Mann, der einen Jungen mißbraucht, ebenso wie ein Mann, der ein Mädchen ausbeutet, kaum Kosten zu befürchten hat. Jungen sind wie Mädchen in der Regel nicht über sexuelle Gewalt aufgeklärt und haben entsprechend wenig Gegenwehrmöglichkeiten. Vielen Jungen ist außerdem bewußt, daß sie mit einer Aufdeckung der

---

* Hinweise für die Gültigkeit dieser These liefern Befunde, wonach das Stereotyp des erwachsenen Menschen dem des männlichen Erwachsenen entspricht und sich gleichzeitig »männlich« und »weiblich« diametral entgegenstehen (Brovermann u.a. 1972). Sie lassen vermuten, daß in gewissem Maße »Weiblich-Sein« mit »Nicht-Erwachsen-Sein«, d.h. »Kindisch- oder Kindlich-Sein« gleichgesetzt wird.

Gewalttat riskieren, selbst als homosexuell stigmatisiert zu werden. Hinzu kommt, daß sexuelle Ausbeutung von Jungen bis heute noch viel stärker tabuisiert ist als Gewalt gegen Mädchen, was die Aufdeckung von außen noch unwahrscheinlicher macht (s.u.). Im Unterschied zu sexueller Gewalt gegen Mädchen, aber in Einklang mit der These der patriarchalen Bedingtheit, spielt bei sexueller Ausbeutung von Jungen möglicherweise auch die für eine patriarchale Gesellschaft typische Homophobie, das heißt die starke Angst vor bzw. Abneigung gegen Homosexualität, eine ursächliche Rolle. Werden in einer Gesellschaft – wie bei uns – homosexuelle Männer als unmännlich verachtet, so hindert dies Männer am Ausleben (wahrscheinlich weit verbreiteter) homoerotischer Wünsche. In diesem Fall kann ein männliches Kind als ein geeignetes Objekt für die Befriedigung homosexueller Wünsche erscheinen. Der Mann braucht keine Stigmatisierung durch den Jungen zu befürchten und der Sexualkontakt kann relativ leicht geheimgehalten werden, da ein Kind leichter als ein erwachsener Mann unter Druck gesetzt werden kann. Männer, die Jungen sexuell ausbeuten, sind damit jedoch nicht zwangsläufig schwul, was sich daran zeigt, daß sie häufig auch Mädchen mißbrauchen bzw. sexuelle Kontakte zu Frauen haben.

Aus der Täterperspektive kann sexuelle Ausbeutung von Jungen also weitgehend mit den gleichen patriarchalen Faktoren erklärt werden wie sexueller Mißbrauch an Mädchen. Zum Bedingungsgefüge sexueller Gewalt zählen nach unserer Auffassung zudem Faktoren, die beeinflussen, inwieweit sich ein Opfer gegen die Übergriffe wehren kann und ob von außen adäquat interveniert wird. Die Opferperspektive betreffend gehen wir, wie bereits dargelegt, davon aus, daß sie weitgehend auf Jungen übertragbar ist. Das gleiche gilt für die Umfeldperspektive. Hier vermuten wir jedoch, daß patriarchale Mechanismen eine parteiliche Unterstützung männlicher Opfer noch unwahrscheinlicher machen als die Unterstützung weiblicher Opfer. Die allgemeinen Vorstellungen zu bzw. die gesellschaftlich bereitgestellte Definition von sexuellem Mißbrauch schließt Jungen häufig nicht ein. Da die Opferrolle gemäß der traditionellen Geschlechtsrollen mit dem weiblichen Geschlecht verknüpft ist, fällt es vielen schwer, Jungen in dieser Position wahrzunehmen. Dies erklärt, warum sexuelle Gewalttaten gegen Jungen heute noch viel seltener als Übergriffe auf Mädchen bekannt werden.

Zusammenfassend sind wir der Ansicht, daß das Perspektivenmodell bzw. der feministische Ursachenansatz nicht nur sexuelle Übergriffe auf Mädchen, sondern auch sexuelle Gewalt gegen Jungen zu erklären vermag. Das bedeutet allerdings nicht, daß wir zwischen sexueller Gewalt gegen Mädchen und Jungen keine Unterschiede sehen. Grenzen unseres Erklärungsansatzes werden sich herauskristallisieren, wenn die zukünftige Forschung das Problem sexueller Gewalt gegen Jungen genauer erfaßt hat.

Frauen als Täterinnen

Die Tatsache, daß auch Frauen sexuell mißbrauchen, wird oft als Beleg dafür gewertet, daß sexuelle Gewalt kein patriarchales Phänomen sein könne und feministische Analysen unzutreffend seien. Wir halten dem entgegen, daß ein angemessener Erklärungsansatz sowohl begründen können muß, warum Frauen überhaupt zu Täterinnen werden als auch, warum ihr Anteil mit rund 4 % aller Täter und Täterinnen so extrem niedrig ist. Inwieweit ist das feministische Perspektivenmodell dazu in der Lage?

Betrachten wir das Bedingungsgefüge aus der Opferperspektive, so ist festzustellen, daß Kinder, die von Frauen mißbraucht werden, ebenso wenige Möglichkeiten haben, sich gegen die Übergriffe effektiv zur Wehr zu setzen, wie Opfer männlicher Täter. Hier wie dort stehen das altersbedingte Machtgefälle, Wissensunterschiede, Ambivalenzerleben und die mangelhaften Interventionsstrukturen effektivem Widerstand entgegen. Unterschiede könnten darin bestehen, daß Kinder größere Schwierigkeiten haben, Mißbrauch durch Frauen als solchen zu definieren, da die gesellschaftlich bereitgestellten Definitionen ausschließlich von männlichen Tätern ausgehen.

Auch aus der Umfeldperspektive analysiert, stellt sich sexueller Mißbrauch durch Frauen und Männer relativ ähnlich dar. In vergleichbarer Weise vereiteln die Akzeptanz der Mythen, das Unwissen über die Dynamik sexueller Ausbeutung und angemessene Intervention sowie die hohen Interventionskosten eine adäquate Intervention. Da sexuelle Ausbeutung durch Frauen im öffentlichen Bewußtsein noch weniger präsent ist als Mißbrauch durch Männer, könnte die Interventionswahrscheinlichkeit sogar noch geringer sein. Die Übereinstimmungen, die sich im Sinne der Opfer- und der Umfeldperspektive hinsichtlich sexueller Ausbeutung durch Männer und Frauen ergeben, vermögen zwar nicht zu erklären, warum Frauen so viel seltener sexuelle Gewalt ausüben als Männer, aber sie liefern wichtige, zum Teil patriarchal bedingte Erklärungen dafür, wie es zu sexuellem Mißbrauch durch Frauen kommen kann und welche Faktoren derartige Übergriffe begünstigen.

Betrachten wir nun das Geschehen aus der Perspektive der Täterin. Grundsätzlich besteht zwischen Frauen und Kindern ein ähnlich großes Machtgefälle wie zwischen Männern und Kindern. Frauen haben aufgrund ihrer traditionellen Rolle im allgemeinen sogar einen besseren Zugriff auf

Mädchen und Jungen als Männer. Der Machtvorteil gegenüber Kindern verschafft auch Frauen objektive Möglichkeiten, sexuelle Handlungen zu erzwingen. Auch für Frauen sind die Erfolgs- und Kompetenz-Erwartungen in der Regel positiv und hoch. Frauen mißbrauchen Macht, die sie über Kinder haben, zwar ähnlich wie Männer in vielfältiger Weise (so ist bei körperlicher Kindesmißhandlung das Verhältnis von männlichen zu weiblichen Tätern ausgewogen), aber sie verwenden ihren Machtvorteil nur selten dazu, Mädchen und Jungen sexuelle Gewalt anzutun. Warum? Die Möglichkeit zum Mißbrauch wird nur dann wahrgenommen, wenn auch eine Motivation dazu besteht. Wir vermuten, daß Frauen im Vergleich zu Männern weniger Motivation zu sexuellen Handlungen mit Kindern haben. Während die männliche Geschlechtsrolle die sexualisierte Befriedigung von Macht-, Leistungs- und Kontrollbestrebungen nahelegt, widersprechen diese Aggression begünstigenden Motive der weiblichen Geschlechtsrolle. Frauen können aus sexuellem Mißbrauch im Unterschied zu Männern kaum Selbstbestätigung (als Frau) herausziehen. Der Nutzen sexueller Gewaltausübung ist für sie daher wesentlich geringer. Ferner steht die weibliche Geschlechtsrolle der Sexualisierung von Beziehungen entgegen. Zudem verkörpern Kinder für Frauen das Gegenteil des propagierten sexuellen Idealpartners. Diese Unterschiede können erklären, warum soviel weniger Frauen als Männer sexuelle Gewalt ausüben. Welche Motive aber könnten sexuellem Mißbrauch durch Frauen zugrundeliegen? Zum einen können natürlich auch Frauen im Mißbrauch ihre Bedürfnisse nach Machterleben befriedigen, auch wenn dies durch ihre Geschlechtsrolle nicht in entsprechender Weise wie bei Männern nahegelegt wird. Eine weitere wichtige Motivation, auf der sexuelle Ausbeutung durch Frauen basieren könnte (und die auch bei Männern zu finden ist) ist, daß ihnen andere Befriedigungsmöglichkeiten vermeintlich nicht offen stehen. Diese Motivationskomponente kann patriarchal bedingt sein, aber auch andere Ursachen haben. Patriarchal kann sie beispielsweise insofern sein, als häufig die Bedürfnisse von Frauen in der Sexualität mit gleichaltrigen männlichen Partnern zu kurz kommen, sie Gewalt erfahren und folglich Angst vor Sex mit Männern haben. Ein anderer patriarchal bedingter Motivationsfaktor könnte, wie auch bei Männern, die Sexualisierung von Kindern in Pornographie, Werbung etc. sein. Hier muß allerdings bedacht werden, daß Pornographie zum größten Teil auf ein männliches Publikum abzielt. Während sexuelle Ausbeutung durch Männer durch eine Vielzahl von gesellschaftlich bereitgestellten Repräsentationen begünstigt wird, vermuten wir, daß bei Frauen ein Übergewicht an tathemmenden Repräsentationen besteht. Tatgebünstigende Repräsentationen wie ein Recht auf Sex, unkontrollierbarer Trieb usw. kommen für sie kaum in Frage. Lediglich die

Verharmlosung sexueller Übergriffe im Sinne der Mythen kann für Frauen als tatbegünstigende ISR fungieren. Demgegenüber sind mit der weiblichen Geschlechtsrolle eine Vielzahl an tathemmenden Repräsentationen assoziiert (fürsorgende, liebende, aufopfernde Frauenrolle). Unter anderem deshalb haben Frauen wahrscheinlich mit höheren psychischen Kosten zu rechnen (z.B. schlechtes Gewissen).

Wir kommen zu dem Schluß, daß unser feministischer Ansatz sowohl erklärt, wie es zu sexuellem Mißbrauch durch Frauen kommen kann als auch gleichzeitig, warum nur so wenige Frauen zu Täterinnen werden: Frauen haben eine den Männern vergleichbare Möglichkeit, Kinder sexuell zu mißbrauchen. Diese wird genährt dadurch, daß Kinder ebensowenig Chancen haben, sich gegen Täterinnen effektiv zur Wehr zu setzen wie gegen Täter. Ferner steht in beiden Fällen die patriarchale Kultur adäquater Intervention entgegen. Im Unterschied zu Männern vermuten wir bei Frauen jedoch erstens eine geringere Motivation, zweitens ein relatives Übergewicht von tathemmenden zu tatbegünstigenden ISR und drittens eine negativere Kosten-Nutzen-Bilanz. Die Tatsache, daß auch Frauen sexuelle Übergriffe auf Kinder verüben, stellt den feministischen Ansatz somit nicht in Frage. Ganz im Gegenteil wird das Modell durch die Seltenheit solcher Übergriffe bestätigt. Nichtsdestotrotz müssen die Dynamiken dieser Ausbeutungsbeziehungen in zukünftigen Forschungsarbeiten weiter erhellt werden.

Fazit

Die Betrachtung der Dynamik sexueller Ausbeutung hat gezeigt, daß im Sinne aller drei Perspektiven patriarchale Repräsentationen und Strukturen von zentraler Bedeutung sind. Die feministische Ausgangsthese wird bestätigt: Sexuelle Gewalt ist wesentlich durch eine patriarchale Kultur bedingt und trägt gleichzeitig dazu bei, eben diese Kultur aufrechtzuerhalten.

Je patriarchaler eine Gesellschaft ist, d.h.

- je ungleicher materielle und immaterielle Ressourcen und damit Machtpotentiale zwischen Frauen und Männern sowie Männern und Kindern zu Lasten von Frauen und Kindern verteilt sind;
- je stärker die Orientierung an traditionellen Geschlechtsrollen ist;
- je sexistischer die vorherrschenden Repräsentationen sind, d.h. auch je invalider das Wissen über sexuelle Gewalt und je größer die Akzeptanz der Mythen über sexuelle Gewalt ist;

– je weniger angemessene Präventions- und Interventionsstrukturen bezüglich sexueller Gewalt existieren;

desto

– größer ist die Wahrscheinlichkeit, daß Männer sexuelle Gewalt ausüben;
– geringer ist die Wahrscheinlichkeit, daß sich Frauen und Kinder, die von sexueller Gewalt bedroht oder betroffen sind, effektiv wehren können;
– geringer ist die Wahrscheinlichkeit, daß Personen des sozialen Umfeldes von Opfern oder Tätern die sexuelle Gewalt als solche wahrnehmen und adäquat intervenieren; d.h. desto geringer ist die Wahrscheinlichkeit, daß Betroffene adäquat unterstützt werden und desto geringer ist die Wahrscheinlichkeit, daß ein Täter negativ sanktioniert wird.

Mit den genannten Faktoren

– erhöht sich die Wahrscheinlichkeit sexueller Übergriffe desselben Täters auf weitere Kinder oder Frauen;
– erhöht sich die Wahrscheinlichkeit, daß andere Männer sexuelle Gewalt ausüben;
– erhöht sich die Wahrscheinlichkeit, daß der Täter an demselben Opfer wiederholt und massivere Übergriffe verübt;
– erhöht sich das traumatisierende Potential der sexuellen Gewalterfahrung. Bei Mädchen und Frauen ist dies identisch damit, daß sich die Wahrscheinlichkeit der Verstärkung der traditionellen weiblichen Geschlechtsrolle erhöht;
– verringert sich die Wahrscheinlichkeit, daß individuell und gesellschaftlich valides Wissen über sexuelle Gewalt erworben und verbreitet wird;
– erhöht sich die Wahrscheinlichkeit, daß bestehende Mythen und andere sexistische Repräsentationen gefestigt werden;
– erhöht sich die Wahrscheinlichkeit, daß Kinder (insbesondere Mädchen) und Frauen zu Opfern sozialisiert werden;
– erhöht sich die Wahrscheinlichkeit, daß individuell und gesamtgesellschaftlich traditionelle Geschlechtsrollen bekräftigt werden. Mit der Festigung der traditionellen Geschlechtsrollen-Stereotype werden patriarchale Strukturen und Repräsentationen festgeschrieben.

Im Bedingungsgefüge sexueller Gewalt wirkt die patriarchale Gesellschaft

1. auf die psychischen Voraussetzungen, die dem Handeln im Sinne der drei Perspektiven zugrundeliegen (individuelle Handlungsdispositionen, Erfolgs- und Kompetenzerwartungen, Definition von Kosten und Nutzen) und

2. auf die objektiven Handlungsmöglichkeiten (Handlungsressourcen, Machtpotentiale, Kosten und Nutzen).

Das Patriarchat ruft sexuelle Gewalt hervor bzw. begünstigt sie,

1. indem es die Motivation, die sexuellen Gewalttaten zugrunde liegt, positiv und die zu intervenierendem Verhalten (Erkennen von Interventionsnotwendigkeit und -zuständigkeit) negativ beeinflußt;
2. indem es Repräsentationen (einschließlich Rollendefinitionen) zur Verfügung stellt, welche als verinnerlichte individuelle Handlungsdispositionen (Identität und ISR) die Ausübung sexueller Gewalt begünstigen und abwehrendes sowie intervenierendes Verhalten hemmen;
3. indem es Männern im Vergleich zu Frauen größere Machtpotentiale verschafft und damit für Männer die objektiven Möglichkeiten zur Ausübung sexueller Gewalt erhöht;
4. indem es die Kosten für sexuelle Gewalt niedrig und die Kosten für Widerstand und Intervention hoch hält.

Der patriarchale Status Quo wird festgeschrieben, indem

1. die beschriebenen Mechanismen die Wahrscheinlichkeit verringern, daß sexuelle Gewalt als gesellschaftliches Phänomen wahrgenommen wird. Dies bewirkt, daß die herrschenden Strukturen nicht in Frage gestellt werden. Sofern die Wahrnehmung sexueller Gewalt dennoch zu einem Hinterfragen der herrschenden Realität führen sollte, liefern die traditionellen Geschlechtsrollen-Stereotype und die Mythen über sexuelle Gewalt Antworten, die mit der etablierten Wirklichkeit in Einklang stehen (vgl. Kap. 10);
2. die Erfahrung bzw. Ausübung sexueller Gewalt sowie allein die gesellschaftliche Existenz sexueller Gewalt die traditionellen Geschlechtsrollen festigt (vgl. Kap. 8).

Mit der Festschreibung patriarchaler Verhältnisse wiederum steigt die Wahrscheinlichkeit sexueller Gewalt usw. – ein Teufelskreis.

Mit der Feststellung, daß patriarchale Strukturen und Repräsentationen die zentralen Bedingungsfaktoren sexueller Gewalt sind, ist weder gesagt, daß sexuelle Gewalt ein ausschließlich gesellschaftliches Problem ist, bei welchem individuelle Faktoren ohne jede Bedeutung sind, noch darf daraus der Schluß gezogen werden, daß keine anderen als patriarchale Faktoren sexuelle Gewalt bedingen. Neben den analysierten patriarchalen Bedingungselementen können unseres Erachtens zusätzlich vor allem die folgenden Punkte eine ursächliche Rolle spielen:

- Faktoren, die die Akzeptanz interpersonaler Gewalt sowie die Bereitschaft zur Anwendung von Gewalt erhöhen (z.B. wirtschaftliche Rezession, Krieg und seine Ursachen, wachsendes Ausmaß von Gewaltdarstellungen im Fernsehen, totalitäres Gesellschaftssystem).
- Faktoren, die die Bedürfnisse nach Machterleben, Wut- und Frustrationsabfuhr, die sexueller Gewaltausübung meist zugrunde liegen, hervorrufen oder verstärken können (z.B. Leistungsdruck, Arbeitslosigkeit, hierarchische Strukturen: »nach oben buckeln und nach unten treten«, Beziehungskrise, Selbstwertprobleme, eigene Diskriminierung).
- Faktoren, die zu einer stärkeren Patriarchalisierung der Gesellschaft führen (z.B. Krieg, wirtschaftliche Rezession, bestimmte Ideologien).
- Repräsentationen, die im weitesten Sinne Macht zum integralen Bestandteil (bestimmter) zwischenmenschlicher Beziehungen erheben (z.B. autoritär und sozialdarwinistisch geprägte Werte und Normensysteme, rassistisches Gedankengut, Akzeptanz interpersonaler Gewalt). Derartige Repräsentationen begünstigen sexuelle Gewalt, indem sie besimmten Gruppen ein Recht zur Ausübung von Macht und Gewalt zusprechen und deren objektive Möglichkeiten dazu vergrößern. Sie bewirken außerdem eine verstärkte Akzeptanz oder zumindest Toleranz gegenüber der Machtausübung bestimmter Personenkreise.
- individuelle Faktoren wie psychische Störungen und Krankheiten oder Probleme unterschiedlichster Art (Selbstwertprobleme, Mangel an sozialer Kompetenz oder Problembewältigungsfähigkeiten, Beziehungsprobleme etc.) können im Sinne aller drei Perspektiven auf jeden einzelnen Teilschritt der intrapsychischen Dynamik einwirken. Diese Faktoren können sowohl in individuellen Lebenszusammenhängen begründet sein als auch auf unterschiedlichste gesellschaftliche Faktoren zurückzuführen und damit sozialen Ursprungs sein.

Weitere theoretische und empirische Arbeiten sind notwendig, um zu klären, welche Bedeutung den eben genannten Faktoren im Bedingungsgefüge sexueller Gewalt wirklich zukommt. Unbestreitbar bleibt jedoch, daß die herrschende Realität sexueller Gewalt – das riesige Ausmaß und vor allem die geschlechtsspezifische Systematik – nur auf dem Hintergrund einer patriarchalen Gesellschaft zu begreifen ist. Das heißt nicht, daß in einer erdachten Kultur, in der es kein gesellschaftliches Oben und Unten von Männern und Frauen gibt, keine sexuelle Ausbeutung von Kindern, keine sexuellen Belästigungen und keine Vergewaltigungen vorkommen könnten. Auch ohne patriarchalen Hintergrund kann es geschehen, daß jemand sexualisierte Gewalt ausübt oder Sex gewaltsam erzwingt. Wir sind jedoch der

Überzeugung, daß es in einer nicht-patriarchalen Gesellschaft weit weniger sexuelle Gewalt geben würde und daß ihr Gesicht ein anderes wäre. Männer hätten weniger Macht und Möglichkeiten zur Ausübung sexueller Gewalt und, was vermutlich der springende Punkt ist, sexuelle Aggressionen würden ihnen (und auch Frauen) kaum Nutzen einbringen, sondern im Gegenteil äußerst kostenintensiv sein. Keine Bestätigung des Egos, kein Machtgewinn, keine Toleranz ... In einer erträumten, nicht-patriarchalen Gesellschaft wäre der Umgang mit sexueller Gewalt ein anderer. Täter müßten die Verantwortung für ihr Tun übernehmen. Opfer würden Unterstützung erfahren, und die negativen Folgen der Gewalterfahrung würden, soweit dies möglich ist, minimiert. Von der Realisierung dieses Traumes sind wir leider noch weit entfernt. De facto sind wir mit einer Realität konfrontiert, in welcher patriarchale Strukturen und sexuelle Gewalt – einem Teufelskreis gleich – einander immer wieder bedingen.

12. Den Teufelskreis durchbrechen

Das Erkennen der Realität sexueller Gewalt ist ein belastender und bedrückender Prozeß. Das eigene Weltbild wird in Frage gestellt, eigene Ängste und Erfahrungen werden angerührt, Fassungslosigkeit, Entsetzen, Wut oder Ohnmachtsgefühle machen sich breit. Manch eine Leserin und manch ein Leser wird dies am eigenen Leibe erfahren haben, und auch uns sind diese Gefühle vertraut. Was macht man nun mit all dem Wissen und wohin mit den Gefühlen? Eine Möglichkeit besteht darin, das Wissen möglichst tief zu vergraben und so zu tun, als wäre es gar nicht da. Dies funktioniert jedoch – wenn überhaupt – nur in begrenztem Maße. Sind die Augen einmal für die Realität geöffnet, können sie nur schwerlich wieder geschlossen werden. Das Verschließen vor der Wirklichkeit trägt zudem zur Aufrechterhaltung der herrschenden patriarchalen Situation bei, womit sich zumindest Frauen letztlich ins eigene Fleisch schneiden. Eine andere, und, wie wir meinen, weitaus bessere Möglichkeit besteht darin, die gewonnenen Erkenntnisse als Potential zu begreifen und entsprechend zu nutzen. Das Wissen um die Realität birgt die Chance, Wege entdecken und gehen zu können, die zu einer veränderten Wirklichkeit führen. Wir haben die Erfahrung gemacht, daß es viele solcher Wege gibt und daß sie durchaus nicht nur Erschrecken und Mühsal parat halten.

Die Möglichkeiten, sexuelle Gewalt zu bekämpfen, sind vielfältig. Bemühungen in dieser Richtung können sich allgemein gegen patriarchalen Sexismus wenden oder aber konkret bei der Gewalt ansetzen. Wir können gegen patriarchale Strukturen oder gegen sexistische Repräsentationen angehen; wir können in unserem Privatbereich bleiben oder an die Öffentlichkeit gehen; wir können an uns selbst oder an den Menschen, mit denen wir Kontakt haben, arbeiten. Egal, wo wir beginnen, stets unterbrechen wir damit den Kreislauf der Gewalt. Je mehr Menschen dies tun, je massiver sie dabei vorgehen und an je mehr Punkten der Teufelskreis zwischen Patriarchat und sexueller Gewalt gleichzeitig attackiert wird, desto größer ist die Chance, sexuelle Gewalt wirksam zu bekämpfen. Das Patriarchat ist kein übermächtiges Wesen – es ist ein menschliches Produkt und als solches auch durch die Menschen veränderbar! Wer dazu beitragen will, das Ausmaß sexueller Gewalt wirksam zu verringern, muß vor allem den genannten patriarchalen Prozessen entgegenwirken. Maßnahmen müssen darauf abzielen,

– die Motivationen, die sexueller Gewalt zugrunde liegen, den Nutzen durch die Ausübung sexueller Gewalt und die Stärke tatfördernder ISR zu senken und gleichzeitig die Stärke tathemmender ISR sowie die Kosten sexueller Gewaltausübung zu erhöhen;
– die Motivation, Fähigkeiten und die Stärke fördernder ISR zu abwehrendem und adäquat unterstützendem Verhalten zu steigern und gleichzeitig die Kosten für Widerstand und Intervention sowie die Stärke hemmender ISR zu verringern.

Konkret sind aus unseren Analysen folgende Maßnahmen abzuleiten:

1. Der Auf- und Ausbau von adäquaten Interventionsstrukturen sowie Verbesserung interventiver Maßnahmen.
Ein dichtmaschiges Netz von Institutionen und Privatpersonen, die zur adäquaten Intervention bereit sind, würde die Kosten für Intervention verringern, die Kosten der Ausübung sexueller Gewalt erhöhen und vor allem die Folgen sexueller Gewalterfahrungen minimieren und damit auch dem systemerhaltenden Effekt sexueller Gewalt entgegenwirken. Hierzu kann und sollte jede und jeder im privaten Bereich etwas tun: sich informieren, Augen und Ohren offen halten und bereit sein, Betroffene zu unterstützen und Täter in ihre Schranken zu weisen. Insbesondere sind jedoch strukturelle Maßnahmen erforderlich:

• wissenschaftlich fundierte Erarbeitung von Beratungs- und Therapiekonzepten sowohl für Opfer als auch für Personen des sozialen Umfeldes und für Täter;
• möglichst flächendeckende Einrichtung von Informations-, Beratungs- und Therapiezentren, die auf sexuelle Gewalt spezialisiert sind;
• angemessene Finanzierung bereits bestehender Projekte (Frauen-Notrufe, Wildwasser, Zartbitter, RotCappchen etc.);
• Schaffung spezieller Angebote für sexuell mißbrauchte Jungen;
• Übernahme der Beratungs- und Therapiekosten durch die Krankenkassen;
• im Rahmen der Aus-, Fort- und Weiterbildung eine intensive Schulung von Personen des Erziehungswesens und der psychosozialen Versorgung

(ErzieherInnen, LehrerInnen, MedizinerInnen, Strafverfolgungsbehörden usw.);
- Vernetzung der Einrichtungen, die mit sexueller Gewalt konfrontiert sind.

Der Auf- und Ausbau von adäquaten Interventionsstrukturen ist auf eine angemessene staatliche Finanzierung angewiesen.

2. Durchführung gezielter und breit angelegter präventiver Maßnahmen.
Dazu gehören: Sexualaufklärung in Schule und Elternhaus; eine wissenschaftlich fundierte Konzipierung altersangemessener Präventionsmaßnahmen und entsprechender Hilfsmittel; Aufnahme altersangemessener Präventionseinheiten in schulische Curricula; Aufklärung von Eltern, ErzieherInnen, LehrerInnen etc. über angemessene Prävention; breites Angebot an Selbstverteidigungskursen speziell für Mädchen und Frauen; Maßnahmen, die das weibliche und kindliche Selbstbewußtsein stärken; Verbreitung validen Wissens über sexuelle Gewalt (s.o.) und dergleichen mehr. Prävention darf nicht nur auf den Privat- und Freizeitbereich beschränkt sein, sondern muß Eingang in die staatlichen Sozialisationsinstanzen finden. Auch in diesem Bereich ist eine staatliche Finanzierung unerläßlich. Präventive Maßnahmen zielen vor allem darauf ab, das Widerstandspotential möglicher Opfer zu stärken. Damit werden erstens sexuelle Angriffe gegen Kinder und Frauen eher scheitern und zweitens (auch bei »erfolgreichem« Angriff) die Kosten für einen Täter steigen, womit insgesamt sexuelle Gewalt unwahrscheinlicher wird. Das Wissen um die eigene Widerstandskraft und das langfristig geringere Ausmaß sexueller Gewalt wird vermutlich allgemein die Angst der Frauen verringern. Damit sinkt die Einschränkung ihrer Bewegungsfreiheit und steigt ihre Teilhabe am gesellschaftlichen Leben. Letztendlich wird dadurch die traditionelle Frauenrolle und die patriarchale Herrschaft untergraben. Prävention kann auch darauf zielen, zu verhindern, daß Jungen und Männer zu Tätern (und Mädchen und Frauen zu Täterinnen) werden. Diesem Ziel dienen letztlich alle hier vorgeschlagenen Maßnahmen.

3. Erarbeitung und Verbreitung von validem Wissen über sexuelle Gewalt sowie Schwächung der Mythenakzeptanz.
Notwendig sind Forschungsprogramme zur Schaffung einer validen Wissensbasis, öffentliche Aufklärungskampagnen, Weiterbildungsarbeit und ähnliches. Hierzu bedarf es einer geregelten und angemessenen staatlichen Finanzierung. Ein auf breiter Basis vorhandenes, valides Wissen über sexuelle Gewalt würde im Sinne aller drei Perspektiven insbesondere positiv auf das Verhältnis von begünstigenden zu hemmenden Repräsentationen sowie

auf die Kosten-Nutzen-Bilanzen einwirken. Es ist zu erwarten, daß die Kosten für Täter steigen, die Motivation zum Erzwingen sexueller Handlungen sinken und das Widerstandspotential der Opfer wachsen würden. Auch parteiliche Unterstützung und die Existenz adäquater Interventionsstrukturen würden wahrscheinlicher. Darüber hinaus kann eine Verringerung der Mythenakzeptanz dazu beitragen, daß zentrale Institutionen und Repräsentationen einer patriarchalen Gesellschaft in Frage gestellt werden und damit leichter einem Wandel anheimfallen. Problematisch ist allerdings, daß die falschen Vorstellungen über sexuelle Gewalt eng mit den traditionellen Geschlechtsrollen verbunden und fest in der patriarchalen Gesellschaft verankert sind. Die Schwächung der Mythenakzeptanz hängt somit in letzter Konsequenz von einem Wandel der Geschlechtsrollen und ihrer strukturellen Korrelate ab.

4. Verstärkung der sozialen Kontrolle.
Es ist darauf hinzuwirken, daß erstens sexuelle Gewalttaten einer als solche wahrgenommen und zweitens eindeutig verurteilt werden, wobei letzteres nicht zwangsläufig mit einer strafrechtlichen Verfolgung gleichzusetzen ist. Zentral ist, daß dem Täter deutlich die volle Verantwortung und Schuld für sein Tun zugeschrieben wird und daß *er* die Konsequenzen dafür zu tragen hat (bei Beziehungstaten sollte z.B. er und nicht die Frau oder das Kind die gemeinsame Wohnung verlassen müssen; er sollte die Kosten übernehmen, die dem Opfer durch die Tat entstehen (Beratung, Therapie, Wohnortwechsel, Disziplinarverfahren, Verlust des Arbeitsplatzes u.ä.). Zur Verstärkung der sozialen Kontrolle ist es insbesondere notwendig, die Mythenakzeptanz zu schwächen, Interventionsstrukturen auszubauen (s.o.) und juristisch die Möglichkeiten zur Sanktionierung der Täter zu verbessern und sie vor allem auch anzuwenden (Richtlinien zum Umgang mit sexueller Belästigung am Arbeitsplatz, Reform des Straf- und Prozeßrechtes, Therapie statt Strafe, Einrichtung von Sonderdezernaten u.ä.). Solange auf breiter Ebene traditionelle Geschlechtsrollenstereotype und Mythen über sexuelle Gewalt bestehen, muß eine entsprechende Subkultur darauf hinwirken, das ganze Ausmaß sexueller Gewalt öffentlich zu machen und Tat und Täter zu verurteilen. Verstärkte soziale Kontrolle würde im Sinne einer verbesserten Sensibilität für das Problem und einer stärkeren Parteilichkeit für die Opfer die Kosten und Folgen sexueller Gewalterfahrungen minimieren. Demgegenüber würden die Kosten der Ausübung sexueller Gewalt steigen. Die Antizipation hoher Kosten könnte bewirken, daß viele das Risiko der Tat nicht (erneut) eingehen würden. Es würde den Tätern erschwert, sich vorzumachen, sie täten nichts Schlimmes, oder aus der Tat eine Bestätigung ihrer Männlichkeit abzuleiten.

5. Stärkung der Position von Kindern.
Speziell zur Eindämmung sexueller Ausbeutung von Kindern ist es in den
entwicklungsbedingten Grenzen notwendig, das Machtgefälle zwischen
Erwachsenen und Kindern zu minimieren und die Ressourcen von Kindern zu vergrößern. Dies beinhaltet auf struktureller Ebene z.B. eine Verbesserung der Hilfsangebote für Kinder (z.B. Einrichtung und Finanzierung von Kindersorgentelefonen und auf sexuelle Gewalt spezialisierte
Einrichtungen wie Wildwasser, Zartbitter oder Notrufe, Verbesserung der
Arbeitsbedingungen von BeratungslehrerInnen) sowie juristische Maßnahmen wie bspw. die Streichung des Züchtigungsrechtes. Notwendig ist eine
Erziehungsarbeit, die Kindern und Jugendlichen den Wert der eigenen Person, das Recht auf Wahrung der eigenen Integrität und die Fähigkeit zur
Kritik vermittelt. Eine umfassende Sexualaufklärung, die auch sexuelle Gewalt thematisiert, sollte eine Selbstverständlichkeit sein. Um einen möglichst großen Teil der Zielpopulation zu erreichen und die Bedeutung der
Erziehungsziele zu unterstreichen, dürfen die erzieherischen Maßnahmen
nicht auf den Privatbereich beschränkt bleiben, sondern müssen in den Alltag der gesellschaftlichen Sozialisationsinstanzen wie Kindergärten, Schulen oder Jugendzentren integriert werden. Zur Stärkung der Position von
Kindern ist außerdem eine Veränderung der Haltung Erwachsener gegenüber Kindern vonnöten. Sie werden Kinder nur dann zur Selbstbestimmung erziehen und notwendige gesellschaftliche Schritte einleiten, wenn
sie selbst entsprechende Werte vertreten. Die Stärkung der Position von
Kindern würde generell ihr Widerstandspotential vergrößern. Machtausübung von Erwachsenen gegenüber Kindern würde als weniger selbstverständlich angesehen und toleriert werden und das Verhältnis von begünstigenden zu hemmenden Repräsentationen würde im Sinne aller drei
Perspektiven positiv beeinflußt.

Die meisten Ideen und Vorschläge, die wir genannt haben, werden sich kaum
durchsetzen lassen oder nur ein »Tropfen auf dem heißen Stein« bleiben, solange sie lediglich am Problem sexueller Gewalt und nicht an dessen Ursache, dem Patriarchat, ansetzen. Deshalb ist es erforderlich, gleichzeitig einen
»Generalangriff« auf das Patriarchat selbst zu führen, vor allem durch das
Aufbrechen traditioneller Geschlechtsrollen und den Abbau geschlechtsspezifischer Ressourcenungleichheit. Nur so kann letztlich der Motivation zur
Ausübung sexueller Gewalt und deren Nutzen entgegengewirkt werden, das
Widerstandspotential der Opfer gestärkt und die Wahrscheinlichkeit adäquater Intervention vergrößert werden. Maßnahmen zur Aufhebung der patriarchalen Rollenmuster und zum Abbau der geschlechtsspezifischen Res-

sourcenungleichheit können und müssen auf sämtlichen gesellschaftlichen Ebenen erfolgen. Besonders wichtige strukturelle Aspekte sind u.E.:

- Aufhebung der geschlechtsspezifischen Arbeitsteilung;
- Forcierung der ökonomischen Unabhängigkeit von Frauen;
- vollständige juristische Gleichberechtigung;
- Schaffung von Strukturen und Objektivationen, die verändertes Geschlechtsrollenverhalten erlauben bzw. ein anderes Rollenverständnis vermitteln.

Konkrete Schritte sind bspw. die Verbesserung der Berufs- und Aufstiegschancen von Mädchen und Frauen durch spezielle Bildungsangebote und Quotierung, die volle Legalisierung des Schwangerschaftsabbruches oder die Einrichtung flächendeckender und kostengünstiger Möglichkeiten außerhäuslicher Kinderbetreuung (Kindergärten und -tagesstätten). Auch Filme, Bücher oder Spiele, die von traditionellen Geschlechtsrollendarstellungen abweichen, können der geschlechtsspezifischen Sozialisation entgegenwirken. Dies darf jedoch nicht dem Zufall oder dem Bewußtsein einer nicht sexistisch denkenden Minderheit überlassen werden, sondern sollte staatlich gefördert und z.T. auch kontrolliert werden (z.B. verschärfte Pornographiegesetze, Prämierung antisexistischer Kinderbücher oder Spiele etc.).

Eine der in diesem Sinne wichtigsten Forderungen geht an die Adresse der Männer: Auf gesellschaftlicher wie privater Ebene sind sie gefordert – jeder einzelne von ihnen – sich kritisch mit sich und ihrer Rolle auseinanderzusetzen und den Lippenbekenntnissen zur Gleichstellung endlich Taten folgen zu lassen. Männer müssen auf die bislang selbstverständlichen und liebgewonnenen Bequemlichkeiten, Privilegien und Machtansprüche verzichten. Sie müssen, wie Alberto Godenzi (1991) es ausdrückt, den »Kopfstand lernen« und »zu Verrätern der eigenen Männerklasse werden« (S. 163) – und das, ohne in dieser Entwicklung bereits wieder von Frauen gestützt zu werden und ohne einen beifallheischenden Blick auf das weibliche Geschlecht zu richten. Männer müssen begreifen, daß sie nicht nur die patriarchale Macht zu verlieren, sondern auch vieles zu gewinnen haben! Da dies momentan nur die wenigsten Männer zu verstehen scheinen und den Kopfstand freiwillig vollführen, müssen »sie durch Gesetze, durch Druck, aber eben auch mittels attraktiver Motive dazu gebracht werden, den Schritt zur Gleichstellung zu vollziehen« (Godenzi 1991, 161).

Und die Frauen? Analog zum Kopfstand der Männer müssen sie den Aufstand proben (Godenzi 1991). Das Patriarchat funktioniert nur so lange, wie Frauen an seiner Aufrechterhaltung mitwirken. So sehr die patriarchale Gesellschaft sie auch einengt und beschneidet, sie haben dennoch Möglichkeiten, das Spiel zu durchbrechen. Und das, so meinen wir, liegt auch in ihrer Verantwortung. Frauen müssen fortfahren, ihre Handlungsspielräume auszuschöpfen und zu erweitern. Sie müssen fortfahren, wie es die Neue Frauenbewegung mit ihren zahlreichen Projekten von Frauenzentren über Frauenbuchläden bis hin zu Frauenferienhäusern begonnen hat, sich selbst Freiräume und nicht-patriarchale Strukturen zu schaffen, die ihnen ein verändertes Rollenverhalten ermöglichen und erleichtern. Frauen sind gefordert, sich mit ihrer Rolle auseinanderzusetzen, ihre Kompetenzen zu erweitern, sich zusammenzuschließen und solidarisch für die Gleichstellung zu streiten. Sie sind gefordert, im Beruf, in ihren Beziehungen, in der Erziehung der Kinder – kurz, wo immer sie sind, *aus der Rolle zu fallen.*

Gegen sexuelle Gewalt anzukämpfen heißt, für eine »Entpatriarchalisierung« der Gesellschaft zu streiten – im Privaten wie im Öffentlichen!

Literatur

Abel, G.G., J.-L. Rouleau (1990), The nature and the extent of sexual assault, in: W.L. Marshall u.a. (Hg.), *Handbook of sexual assault: Issues, theories and treatment of the offender*, New York, S. 9-21.

–, J.-L. Becker, W.D. Murphy, B. Flanagan (1979), Paper presented at 11th Banff International Conference on Behaviour Modification, 21 March.

Abel, Maria Henriette (1988), *Vergewaltigung. Stereotypen in der Rechtsprechung und empirische Befunde*, Weinheim.

Abramson, L.Y., M.E.P. Seligman, J.D. Teasdale (1978), Learned helplessness in humans: Critique and reformulation, *Journal of Abnormal Psychology*, 87, S. 49-74.

Acock, A.C., N.K. Ireland (1983), Attribution of blame in rape cases: The impact of norm violation, gender, and sex role attitude, *Sex Roles*, 9, S. 179-193.

Allen, Charlotte (1980), *Daddy's girl*, New York.

Araji, Sharon, David Finkelhor (1986), Abusers: A Review of research, in: David Finkelhor u.a. (Hg.), *A sourcebook on child sexual absue*, London, S. 89-118.

Armstrong, Louise (1985), *Kiss daddy goodnight*, Frankfurt a.M.

Backman, Carl W. (1985), Identity, self presentation and the resolution of moral dilemmas: Towards a social psychological theory of moral behavior, in: B. Schlesinger (Hg.), *The self and social life*, New York, S. 261-289.

Badgley, Robin F. u.a. (1984), *Sexual offences against children*, Vol. 1, Canada: Canadian Government Publishing Centre.

Bagley, C., R. Ramsay (1985), Disrupted childhood and vulnerability to sexual assault: Long-term sequels with implications for counselling, Paper presented at the Conference on Counselling the sexual Abuse Survivor, Winnipeg (zitiert nach Russell, 1986).

–, Loretta Young (1987), Juvenile prostitution and child sexual abuse: A controlled study, *Canadian Journal of Community Mental Health*, 6, S. 5-26.

Baier, John L., Marianne G. Rosenzweig, Edward G. Whipple (1991), Patterns of sexual behavior, coercion, and victimisation of university students, *Journal of College Student Development*, 32 (July) S. 310-322.

Bandura, Albert (1979), *Sozial-kognitive Lerntheorie*, Stuttgart.

Bange, Dirk (1992), *Die dunkle Seite der Kindheit. Sexueller Mißbrauch an Mädchen und Jungen. Ausmaß – Hintergründe – Folgen*, Köln.

Baron, Larry, Murray A. Straus (1987), Four theories of rape: A macrosociological analysis, *Social Problems,* 34 (5), S. 467-489.

Bart, P.B. (1981), A study of women who both were raped and avoided rape, *Journal of Social Issues,* 37 (4), S. 123-137.

–, P.H. O'Brien (1984), Stopping rape: Effective avoidance strategies, *Journal of Women in culture and Society,* 10 (1), S. 83-101.

Bass, Ellen, Laura Davis (1991), *Trotz allem. Wege zur Selbstheilung für sexuell mißbrauchte Frauen,* Berlin.

Baurmann, Michael C. (1983), *Sexualität. Gewalt und psychische Folgen, BKA-Forschungsreihe,* Bd. 15, Wiesbaden.

– (1985), *Sexualität, Gewalt und die Folgen für das Opfer. Zusammengefaßte Ergebnisse einer Längsschnittuntersuchung bei Opfern von angezeigten Sexualkontakten,* Wiesbaden.

Beitchman, Joseph H., Kenneth J. Zucker, Jane E. Hood, Granville A. DaCosta, Donna Akman (1991), A review of the short-term efects of child sexual abuse, *Child Abuse and Neglect,* 15 (4), S. 537-556.

Bender, Lauretta, Abraham Blau (1937), The reaction of children to sexual relations with adults, *American Journal of Orthopsychiatrie,* 7, S. 500-518.

Berger, Peter L., Thomas Luckmann (1966/1989), *Die gesellschaftliche Konstruktion der Wirklichkeit. Eine Theorie der Wissenssoziologie,* Frankfurt a.M.

Berliner, Lucy, Jon R. Conte (1990), The process of victimization: The victims perspective, *Child Abuse and Neglect,* 14 (1), S. 29-40.

Bornemann, Ernest (1990), Therapie für Pädophile? Kommentar zu »Jungen werden nicht mißbraucht, oder?«, *Psychologie Heute,* 1, S. 59.

Brady, Katherine (1979), *Father's days,* New York.

Braecker, Solveig (1992), Sexuelle Ausbeutung von Kindern – Gedanken zur Rolle der Mutter, *verhaltenstherapie & psychosoziale praxis,* 24 (3), S. 305-313.

Bridges, Judith S. (1991), Perceptions of date and stranger rape: A difference in sex role expectation and rape supportive beliefs, *Sex Roles,* 24 (5/6), S. 291-307.

Briere, John (1988), The long-term clinical correlates of childhood sexual victimization, *Annals of the New York Academy of Sciences,* 528, S. 327-334.

–, Marsha Runtz (1989), University males' sexual interest in children: Predicting potential indices of »pedophilia« in a nonforensic sample, Child Abuse & Neglect, 13, S. 65-75.

–, Neil Malamuth, Joe Ceniti (1981), Self-assessed rape proclivity: Attitudional and sexual correlates, Paper presented at the American Psychological Meetings, Los Angeles, August.

–, Neil Malamuth, James V.P. Check (1985), Sexuality and rape supportive beliefs, *International Journal of women Studies,* 8, S. 398-403.

Brockhaus, Ulrike, Maren Kolshorn (1991), Sexuelle Ausbeutung von Kindern. Erscheinungsbild, Soziale Repräsentationen und gesellschaftliche Mechanismen, Göttingen: Unveröffentlichte Diplomarbeit.

Broverman, Inge K., Susan R. Vogel, Donald M. Broverman, Frank E. Clarkson, Paul S. Rosenkrantz (1972), Sex-Role stereotypes: A current appraisal, *Journal of Social Issues,* 28 (2), S. 59-78.

Browne, Angela, David Finkelhor (1986), Initial and long-term effects: A review of the research, in: David Finkelhor u.a. (Hg.), *A sourcebook on child sexual abuse*, London, S. 143-179.

Brownmiller, Susan (1975/1987), *Gegen unseren Willen. Vergewaltigung und Männerherrschaft*, Frankfurt a.M.

Budin, Lee Eric, Charles Felzen Johnson (1989), Sexual abuse prevention programs: Offenders' attitudes about their efficacy, *Child Abuse & Neglect*, 13, S. 77-87.

Bundeskriminalamt. *Polizeiliche Kriminalstatistik der Jahre 1986, 1989, 1991 und 1992*, Wiesbaden.

Bundesminister für Jugend, Familie und Gesundheit namens der Bundesregierung (1985), Antwort der Bundesregierung auf die Große Anfrage der Fraktion »Die Grünen«, Deutscher Bundestag, Drucksache 10/3845.

Bundesministerium für Jugend, Familie, Frauen und Gesundheit (Hg.) (1989), Zwischenbericht – Auszüge der wissenschaftlichen Begleitung des Modellprojektes Beratungsstelle und Zufluchtswohnung für sexuell mißbrauchte Mädchen von Wildwasser, Bonn.

Burgess, A.W., L.L. Holmstrom, M.P. McCausland (1980), Kindesmißbrauch durch Angehörige, *Sexualmedizin*, 9, S. 367-373.

–, Carol R. Hartman, Maureen P. McCausland, Patricia Powers (1984), Response patterns in children and adolescents exploited through sex rings and pornography, *American Journal of Psychiatry*, 141 (5), S. 656-662.

Burt, Martha R. (1980), Cultural Myths and supports for rape, *Journal of Personality and Social Psychology*, 38 (2), S. 217-230.

–, Rochelle S. Albin (1981), Rape myths, rape definitions, and the probability of conviction, *Journal of Applied Social Psychology*, 11 (11), S. 212-230.

Büscher, Martina, Rita Nienstedt (1987), Das Hamelner Geschlechtsrollenseminar – ein Frauenprojekt? *Streit. Feministische Rechtszeitschrift*, 5 (2), S. 40-41.

Butzmühlen, Rolf (1978), *Vergewaltigung. Die Unterdrückung des Opfers durch Vergewaltiger und Gesellschaft*, Gießen.

Cahill, C., S.P. Llewelyn, C. Pearson (1991), Long-term effects of sexual abuse which occured in childhood: A review, *British Journal of Clinical Psychology*, 30 (2), S. 117-130.

Check, J.V.P., N.M. Malamuth (1983), Sex role stereotyping and reactions to depictions of stranger vs. acquaintance rape, *Journal of Personality and Social psychology*, 45, S. 344-356.

Collings, Steven J. (1991), Childhood sexual abuse in a sample of South African university males: Prevalence and risk factors, *South African Journal of Psychology*, 21 (3), S. 153-158.

Constantine, Larry L. (1981), The sexual rights of children: Implications of a radical perspective, in: L.L. Constantine, F.M. Martinson (Hg.), *Children and sex*, Boston.

Conte, Jon R. (1985), The effects of sexual abuse on children: A critique and suggestions for future research, *Victimology*, 10, S. 110-130.

–, Lucy Berliner (1981), Sexual abuse of children: Implications for practice, *Social Casework*, S. 601-606.

–, Steven Wolf, Tim Smith (1989), What sexual offenders tell us about prevention strategies, *Child Abuse & Neglect*, 13, S. 293-301.

Costin, Frank (1985), Beliefs about rape and women's social roles, *Archives of Sexual Behaviour*, 14 (4), S. 319-325.

–, Norbert Schwarz (1987), Beliefs about rape and women's social roles, *Journal of Interpersonal Violence*, 2 (1), S. 46-56.

Courtois, Christine A. (1982), Studying and counseling women with past incest experience, *Victimology*, 5, S. 322-334.

Crewdson, John (1988), *By silence betrayed: Sexual abuse of children in America*, Boston MA.

Cutler, Susan E., Susan Nolen-Hoeksema (1991), Accounting for sex differences in depression through female victimization: Childhood sexual abuse, *Sex Roles*, 24 (7/8), S. 425-438.

DeJong, Allan R., Arturo Hervada, Gary Emmett (1983), Epidemiologic variations in childhood sexual abuse, *Child Abuse & Neglect*, 7, S. 155-162.

Deutsch, Helene (1959), *Psychologie der Frau*, Bern.

Doek, Jack E. (1982), Sexual abuse of children: An examination of European criminal law, in: Patricia B. Mrazek, C. Henry Kempe (Hg.), *Sexually abused children and their families*, Oxford: Pergamon Press, S. 75-84.

Dolata, Ulla (1987), Das Hamelner Vergewaltiger-Projekt, *Streit. Feministische Rechtszeitschrift*, 5 (2), S. 37-39.

Dostojewskij, Fjodor M. (1968), *Schuld und Sühne* (Rodion Raskolnikow), München.

Draijer, Nel (1988), *Sekseueel misbruik van meisjes door verwanten: een landelik onderzoek naar de omvang, de aard, de gezinsachtergronden, de emotionele betekenis en de psychische en psychosomatiische gevolgen*, Den Haag: Ministerie van sociale Zaken en Werkgelegenheit.

– (1990), Die Rolle von sexuellem Mißbrauch und körperlicher Mißhandlung in der Ätiologie psychischer Störungen bei Frauen, *System Familie*, 3, S. 59-73.

Dreitzel, Hans Peter (1979/1984), Rollentheorie, in: Annelise Heigl-Evers (Hg.), *Sozialpsychologie*, Bd. 1, Weinheim, S. 70-77.

Earls, Christopher M. (1988), Aberant sexual arousal in sexual offenders, *Annals of the New York Academy of Sciences*, 528 (Aug), S. 41-48.

EMMA (3/1992), Seniler Pornemann, S. 9.

Enders, Ursula (1990), *Zart war ich, bitter war's. Sexueller Mißbrauch an Mädchen und Jungen*, Köln.

–, Johanna Stumpf (1991), *Mütter melden sich zu Wort. Sexueller Mißbrauch an Mädchen und Jungen*, Köln.

Ernst, Niels (1986), Psychosexuelle Entwicklung und Inzest, in: L. Backe, N. Leick, J. Merrick, N. Michelsen (Hg.), *Sexueller Mißbrauch von Kindern in Familien*, Köln, S. 26-38.

Eve, Raymond (1985), Empirical and theoretical findings concerning cild and adolescent sexual abuse: Implications for the next generation of studies, *Victimology*, 10, S. 97-109.

Faller, Kathleen (1989a), Why sexual abuse? An exploration of the intergenerational hypothesis, *Child Abuse and Neglect*, 13 (4), S. 543-548.
– (1989b), The role relationship between victim and perpetrator as a predictor of characteristics of intrafamilial sexual abuse, *Child and Adolescent Social Work*, 6 (3), S. 217-229.
Fegert, Jörg Michael (1987), Sexueller Mißbrauch von Mädchen und Jungen, in: Arbeitskreis »Sexuelle Gewalt« beim Komitee für Grundrechte und Demokratie e.V. (Hg.), *Gewaltverhältnisse. Eine Streitschrift für die Kampagne gegen sexuelle Gewalt*, Sensbachtal, S. 43-60.
Feild, Hubert S. (1978), Attitudes toward rape: A comparative analysis of police, rapists, crisis counselors, and citizens, *Journal of Personality and Social Psychology*, 36 (2), S. 156-179.
Feinauer, Leslie L. (1989), Comparison of long-term effects of child abuse by type of abuse and by relationship of the offender to the victim, *American Journal of Family Therapy*, 17 (1), S. 48-56.
Finkelhor, David (1979), *Sexually victimized children*, New York.
– (1984), *Child sexual abuse. New theory and research*, New York.
– (1990), Early long term-effects of childhood sexual abuse: An update, *Professional Psychology: Research and Practice*, 21 (5), S. 325-330.
–, Larry Baron (1986), High-risk children, in: David Finkelhor u.a. (Hg.), *A sourcebook on child sexual abuse*, London, S. 60-88.
–, S. Araji, L. Baron, A. Browne, S.D. Peters, G.E. Wyatt (1986), *A sourcebook on child sexual abuse*, London.
–, Gerald T. Hotaling, I.A. Lewis, Christine Smith (1989), Sexual abuse and its relationship to later sexual satisfaction, marital status, religion, and attitudes, *Journal of Interpersonal Violence*, 4, S. 379-399.
– (1990), Sexual abuse in a national survey of adult men and women: Prevalence, characteristics, and risk factors, *Child Sexual Abuse & Neglect*, 14, S. 19-28.
Fraktion der Grünen im Bundestag (1985), Große Anfrage: Sexueller Mißbrauch von Kindern, Deutscher Bundestag, Drucksache 10/2389.
Fraktion der Grünen im niedersächsischen Landtag (1986), Große Anfrage: Gewalt gegen Frauen und Mädchen, Niedersächsischer Landtag, Drucksache 11/175.
Frankfurter Rundschau (01.06.1989), Erzieher mißbrauchte Knaben.
– (25.06.1989), Mehr Hilfe für die Opfer. Die Sonderdezernate für Sexualstraftaten.
– (11.10.1989), »Gewalt oft Ursache für Drogenabhängigkeit«. Caritas weist auf Zusammenhang zwischen sexuellem Mißbrauch und Suchtverhalten hin.
– (18.07.1990), Mann konnte nicht erkennen ... Gericht: Keine Gegenwehr, also auch keine Vergewaltigung.
– (12.12.1990), Zwangs-Vorführung sexuell mißbrauchten Mädchens angeordnet.
– (16.12.1990), Polizistinnen reagieren auch nicht anders. Studie: Frauen hegen gleiche Vorurteile bei Vernehmung Vergewaltigter wie männliche Kollegen.

- (05.03.1992) Strafvorschrift gegen sexuellen Mißbrauch Jugendlicher umstritten. Bonner Anhörung zu einem Gesetzentwurf Justizminister Kinkels.
- (20.03.1992), Erzieher soll Kinder-Pornofilme in Kindergärten gedreht haben.
- (21.03.1992), Wissenschaftler befürchten Kriminalisierung von Jugendsexualität. Bonn soll Gesetzentwurf des Justizministers für neuen Straftatbestand zurückziehen.
- (26.03.1992), Kinderschändern drohen härtere Strafen. Bundeskabinett billigt Gesetzentwurf.
- (24.06.1992), SPD will spätere Verjährung.
- (10.10.1992), Auch der Besitz von Kinderpornos soll strafbar sein. Bundestag beriet über härtere Strafen und stärkere Kontrollen.

Frauenhandlexikon. Stichworte zur Selbstbestimmung (1983), hg. von: Johanna Beyer, Franziska Lamott, Birgit Meyer, München.

»Frauenhaus e.V.« Göttingen (1987), Frauenhaus Göttingen, Dokumentation, Göttingen.

Friese, Gudrun (1986), Eine Mutter wehrt sich, *EMMA*, (5), S. 16-20.

Fritz, Gregory S., Kim Stoll, Nathaniel N. Wagner (1981), A comparison of males and females who were sexually molested as children, *Journal of Sex and Marital Therapy*, 7, S. 54-59.

Fromuth, Mary Ellen, B.R. Burkhart (in Druck), The nature of childhood sexual abuse and its relationship with family backround, *Victimology* (zitiert nach Long & Jackson, 1991).

- (1983), The long term psychological impact of childhood sexual abuse, Auburn University: Unveröffentlichte Dissertation.

-, Barry R. Burkhart (1987), Childhood sexual victimization among college men: Definitional and methodological issues, *Violence and Victims*, 2 (4), S. 241-253.

-, Barry R. Burkhart, Catherine W. Jones (1991), Hidden child molestation. An investigation of adolescent perpetrators in an nonclinical sample, *Journal of Interpersonal Violence*, 6 (3), S. 367-384.

Galtung, J. (1975), *Strukturelle Gewalt*, Reinbek.

Gardiner, Angelika (1990), Wie kann man den Familien helfen? Ein Interview mit T.R. Layne von den »Parents United«, *Brigitte*, 8, S. 142-143.

Gavey, Nicola (1991), Sexual victimization prevalence among New Zealand University Students, *Journal of Consulting and Clinical Psychology*, 59 (3), S. 464-466.

Gebhard, Paul H., John H. Gagnon, Wardell B. Pomeroy, Cornelia V. Christenson (1965), *Sex offenders: An analysis of types*, New York.

Gecas, Viktor (1982), The self-concept, *Annual Review of Sociology*, 8, S. 1-33.

- (1989), The social psychology of self efficacy, *Annual Review of Sociologys*, 15, S. 291-316.

-, M.L. Schwalbe (1983), Beyond the looking-glass self: social structure and efficacy-based self-esteem, *Social Psychology Quarterly*, 46 (2), S. 77-88.

Gerhard, Ute (1990), Gleichheit ohne Angleichung. Frauen im Recht, München.

Giaretto, Henry (1982a), A comprehensive child sexual abuse treatment program, *Child Abuse and Neglect*, 6, S. 263-278.

– (1982b), A comprehensive child sexual abuse treatment program, in: Patricia B. Mrazek, C. Henry Kempe (Hg.), *Sexually abused children and their families*, Oxford, S. 179-189.

Glatzel, Reinhard (1970), *Zur Viktimologie des Notzuchtverbrechens*, Saarbrücken, Medizinische Dissertation.

Gleichstellungsstelle des Landkreises Göttingen (1991), *Erfahrungen der Frauenbeauftragten – Ein Bericht. März 1991 – September 1991*, Göttingen.

Glöer, Nele, Irmgard Schmiedeskamp-Böhler (1990), *Verlorene Kindheit. Jungen als Opfer sexueller Gewalt*, München.

Godenzi, Alberto (1991), *Bieder, brutal. Frauen und Männer sprechen über sexuelle Gewalt*, Zürich.

Goodrich, Thelma Jean, Cheryl Rampage, Barbara Ellman, Kris Halstead (1991), *Feministische Familientherapie*, Frankfurt a.M.

Gordon, Michael (1990), Males and females as victims of childhood sexual abuse: An examination of the Gender effect, *Journal of Family Violence*, 5 (4), S. 321-332.

Grabitz, Hans-Joachim (1987), Kontrolle und Hilflosigkeit, in: Dieter Frey, Siegfried Greif (Hg.), *Sozialpsychologie. Ein Handbuch in Schlüsselbegriffen*, München, S. 267-320.

Groth, A. Nicholas (1979), Sexual trauma in the life histories of rapists and child molesters, *Victimology*, 4, S. 10-16.

–, Ann W. Burgess, Lynda L. Holmstrom (1977), Rape: Power, anger, and sexuality, *American Journal of Psychiatry*, 134 (11), S. 1239-1243.

Haeberle, Edwin J. (1978), *Children, sex and society*, Hustler.

Hagemann-White, Carol (1992), *Bestandsanalyse des HelferInnensystems im Bereich Gewalt gegen Frauen und Mädchen in Niedersachsen*, Niedersächsisches Frauenministerium, Hannover.

Hamilton, David L. (1979), A cognitive-attributional analysis of stereotyping, *Advances in Experimental Social Psychology*, 12, S. 53-84.

Hamilton, Margaret, Jack Yee (1990), Rape knowledge and propensity to rape, *Journal of Research in Personality*, 24, S. 111-122.

Harborview Medical Center (o.J.), *Child sexual assault – Sexual Assault Center*, Seattle.

Hardy, Cynthia (1985), The nature of unobstrusive power, *Journal of Management Journal*, 22, S. 384-399.

Harvey, John H., Terry L. Orbuch, Kathleen D. Chwalisz, Gail Garwood (1991), Coping with sexual assault: The roles of account-making and confiding, *Journal of Traumatic Stress*, 4 (4), S. 515-531.

Haugaard, Jeffrey J., Robert E. Emery (1989), Methodological issues in child sexual abuse research, *Child Abuse & Neglect*, 13, S. 89-100.

Hauptmann, Walter (1975), *Gewaltlose Unzucht mit Kindern*, München.

Henderson, D. James (1975), Incest, in: A.M. Freedman, H.I. Kaplan, B.J. Saddock (Hg.), *Comprehensive Textbook of Psychiatry*, Baltimore.

Herkner, Werner (1983), *Einführung in die Sozialpsychologie*, Bern.

Herman, Judith L., Lisa Hirschman (1981a), *Father-daughter incest*, Cambridge.

– (1981b), Families at risk for father-daughter incest, *American Journal of Psychiatry*, 138 (7), S. 967-970.

Hess, Lila (1989), Ein Mann, den man seinen Eltern vorstellen kann. Zu einer amerikanischen Studie über »Beziehungsvergewaltigung«, *Frankfurter Rundschau*, 24.06.1989.

Hite, Shere (1982), *Hite Report II. Das sexuelle Erleben des Mannes*, Bd. 1, München

– (1982), *Hite Report II. Die sexuellen Vorlieben und Praktiken des männlichen Geschlechts*, Bd. 2, München.

– (1988), *Hite Report. Das sexuelle Erleben der Frau*, München.

Hoagwood, Kimberly (1990), Blame and adjustment among women sexually abused as children, *Women and Therapy*, 9 (4), S. 89-110.

Holzbecher, Monika, Anne Braszeit, Ursula Müller, Sibylle Plogstedt (1991), *Sexuelle Belästigung am Arbeitsplatz*, Stuttgart.

Horn, Janina (1990), Verantwortungsattribution an das Opfer einer Vergewaltigung, Göttingen: unveröffentlichte Diplomarbeit.

Howells, K., F. Shaw, M. Greasley, J. Robertson, D. Gloster, M. Metcalfe (1984), Perceptions of rape in a british sample: Effects of relationship, victim status, sex, and attitudes to women, *British Journal of Social Psychology*, 23, S. 35-40.

Hull, Debra, Jacqueline Burke (1991), The religious right, attitudes toward women, and tolerance for sexual abuse, *Journal of Offender Rehabilitation*, 17 (1-2), S. 1-12.

Innenministerium des Landes Baden-Württemberg (Hg.) (1987), *Angst lähmt. Aufklärung hilft. Informationen für Eltern und Erzieher über Sexualstraftaten an Kindern*. Mainz.

James, J., W.M. Womack, F. Strauss (1978), Commentary: physician reporting of sexual abuse of children, *Journal of the American Medical Association*, 240, S. 1145.

Johnson, Toni C. (1989), Female child perpetrators: Children who molest other children, *Child Abuse and Neglect*, 13 (4), S. 571-585.

Jones, David, E. Melbourne McGraw (1987), Reliable and fictitious accounts of sexual abuse to children, *Journal of Interpersonal Violence*, 2 (1), S. 27-46.

Justice, Blair, Rita Justice (1979), *The broken taboo. Sex in the family*, New York.

– (1980), *The broken taboo. Sex in the family*, London.

Kaiser, Günther (1977), Child abuse in West Germany, *Victimology*, 2 (2), S. 294-306.

Kalichman, Seth C., Mary E. Craig, Diane R. Follingstad (1990), Professionals' adherence to mandatory child abuse reporting laws: Effects of responsibility attribution, confidence ratings, and situational factors, *Child Abuse and Neglect*, 14 (1), S. 69-77.

Kanin, E.J., C. Kirkpatrick (1957), Male sex aggression on a university campus, *American Sociological Review*, 22, S. 52-58.

Kavemann, Barbara, Ingrid Lohstöter (1984), *Väter als Täter. Sexuelle Gewalt gegen Mädchen*, Reinbek.

– (1985), Plädoyer für das Recht von Mädchen auf sexuelle Selbstbestimmung, in: Sachverständigenkommission Sechster Jugendbericht (Hg.), *Sexualität – Unterdrückung statt Entfaltung*, Opladen, S. 9-94.

Kelley, Susan (1990), Responsibility and management strategies in child sexual abuse: A comparison of child protective workers, nurses, and police officers, *Child Welfare*, 69 (1), S. 43-51.

Kempe, R., C.H. Kempe (1984), *The common secret. Sexual abuse of children and adolescents*, New York.

Kercher, Glen, Marilyn McShane (1984), Characterizing child sexual abuse on the basis of a multi-agency sample, *Victimology*, 9, S. 364-382.

Kinderschutz-Zentrum Kiel (1989), Zusammenfassung wichtiger Zahlen aus dem Arbeitsbereich »Sexuelle Mißhandlung« des Kinderschutz-Zentrums Kiel, unveröffentlichter Bericht, Kiel.

Kinsey, A.C., W.B. Pomeroy, C. Martin, P.H. Gebhard (1967), *Das sexuelle Verhalten der Frau*, Frankfurt a.M.

Kirkpatrick, C., E.J. Kanin (1957), Male sexual aggression on a university campus, *American Sociological Review*, 22, S. 52-58.

Klemmack, Susan H., David L. Klemmack (1976), The social definition of rape, in: M.J. Walker, S.L. Brodsky (Hg.), *Sexual assault*, Lexington, Mass., S. 135-147.

Koss, Mary P., Thomas E. Dinero (1988), Predictors of sexual aggression among a national sample of male college students, *Annals of the New York Academy of Sciences*, 528, S. 133-147.

–, Christine A. Gidycz, Nadine Wisniewski (1987), The scope of rape: Incidence and prevalence of sexual aggression and victimization in a national sample of higher education students, *Journal of Consulting and Clinical Psychology*, 55 (2), S. 162-170.

–, Kenneth E. Leonard, Dana A. Beezley, Cheryl J. Oros (1985), Nonstranger sexual aggression: A discriminant analysis of the psychological charakteristics of undetected offenders, *Sex Roles*, 12, S. 981-992.

Krahé, Barbara (1988), Victim and observer characteristics as determinants of responsibility attributions to victims of rape, *Journal of Applied Social Psychology*, 18, S. 50-58.

Lamond, David A.P. (1989), The impact of mandatory reporting legislation on reporting behavior, *Child Abuse and Neglect*, 13 (4), S. 471-480.

Landesbeauftragte für Frauenfragen bei der Niedersächsischen Landesregierung (1986), Antwort auf eine Große Anfrage der Fraktion der Grünen vom 07.10.1986, Niedersächsischer Landtag, Drucksache 11/234.

– (Hg.) (1989), *Dokumentation der Fachtagung »Sexueller Mißbrauch an Mädchen« am 10.04.1989 in Hannover*, Hannover.

Lang, Reuben, Roy R. Frenzel (1988), How sex offenders lure children, *Annals of Sex Research,* 1 (2), S. 303-317.

Larson, Noel R. (1986), Familientherapie mit Inzestfamilien, in: L. Backe, N. Leick, J. Merrick, N. Michelsen (Hg.), *Sexueller Mißbrauch von Kindern in Familien,* Köln, S. 104-117.

Leick, Nini (1986), Inzestopfer erzählen, in: L. Backe u.a., S. 39-51.

Leonhard, K. (1964), *Instinkte und Urinstinkte in der menschlichen Sexualität,* Stuttgart.

Leopardi, Angelo (Hg.) (1988), *Der Pädosexuelle Komplex. Handbuch für Betroffene und ihre Gegner,* Berlin.

Lerner, Gerda (1991), *Die Entstehung des Patriarchats,* Frankfurt a.M./New York.

Levett, Ann (1989), A Study of childhood sexual abuse among South African university women students, *South African Journal of Psychology,* 19 (3), S. 122-129.

Lisak, David (1991), Sexual aggression, masculinity, and fathers, *Signs,* 16 (2), S. 238-262.

Lohstöter, Ingrid (1985), Die Stellungnahme der Bundesregierung zur sexuellen Gewalt gegen Mädchen – Vom Wert der Familie und der Bedeutungslosigkeit des einzelnen Mädchens, in: Wildwasser e.V. (Hg.), *Sexueller Mißbrauch von Mädchen. Strategien zurBefreiung,* Berlin S. 56-62.

Long, Patricia J., Joan L. Jackson (1991), Children sexually abused by multiple perpetrators, *Journal of Interpersonal Violence,* 6 (2), S. 147-159.

Loredo, Carlos M. (1982), Sibling incest, in: Suzanne M. Sgroi (Hg.), *Handbook of clinical intervention in child sexual abuse,* Lexington, S. 177-189.

Lustig, Noel, John W. Dresser, Seth W. Spellman, Thomas B. Murray (1966), Incest. A family group survival pattern, *Archives of General Psychiatry,* 14 (January), S. 31-40.

Maisch, Herbert (1968), *Inzest,* Reinbek.

Malamuth, Neil M. (1981), Rape proclivity among males, *Journal of Social Issues,* 37, S. 138-157.

– (1985), Unpublished transcript, S. 68-110, Testimony to the Attorney General's Commission on Pornography Hearings, Houston, Texas (Zitiert nach Russell 1988).

– (1988), A multidimensional approach to sexual aggression: Combining measures of past behavior and present likelihood, *Annals of the New York Academy of Sciences,* 528, S. 123-132.

–, James V.P. Check (1983), Sexual arousal to tape depictions: Individual differences, *Journal of Abnormal Psychology,* 92 (1), S. 55-67.

–, S. Haber, S. Feshbach (1980), Testing hypotheses regarding rape: Exposure to sexual violence, sex differences, and the »normality« of rapists, *Journal of Research in Personality,* 14, S. 121-137.

Maltz, Wenda, Beverly Holman (1987), *Incest and sexuality,* Toronto.

McCall, Georges J., J.L. Simmons (1966/1978), *Identität und Interaktion.* Düsseldorf.

Mies, Maria (1984), Methodische Postulate der Frauenforschung, *beiträge zur femi-*

nistischen theorie und praxis, Heft: »Frauenforschung oder feministische For-schung?«, 7 (11), S. 7-25.

Mikula, Gerold (1985), Psychologische Theorien des sozialen Austausches, in: Dieter Frey, Martin Irle (Hg.), *Theorien der Sozialpsychologie,* Band II, Gruppen und Lerntheorien, Bern, S. 273-306.

Mitnick, Mindy (1986), Inzestuös mißbrauchte Kinder, Symptome und Behand-lungsmöglichkeiten, in: L. Backe, N. Leick, J. Merrick, N. Michelsen (Hg.), *Sexu-eller Mißbrauch von Kindern in Familien,* Köln, S. 83-101.

Moscovici, Serge (1981), On social representation, in: Joseph P. Forgas (Hg.), *Social cognition,* London, S. 181-210.

– (1984), The phenomenon of social representations, in: Robert M. Farr, Serge Mos-covici (Hg.), *Social representations,* Cambridge, S. 3-69.

Mrazek, Patricia B., Margaret Lynch, Arnon Bentoyim (1982), Recognition of child sexual abuse in the United Kingdom, in: Patricia B. Mrazek, C. Henry Kempe (Hg.), *Sexually abused children and their families,* Oxford, S. 35-50.

Muehlenhard, Charlene L., M.A. Linton (1987), Date rape and sexual aggression in dating situations: Incidence and risk factors, *Journal of Counseling Psychology,* 34, S. 186-196.

–, Polly L. Falcon (1990), Men's heterosocial skill and attitude toward women as pre-dictors of verbal sexual coercion and forceful rape, *Sex Roles,* 23 (5/6), S. 241-259.

Müller-Münch, Ingrid (1992), Angela und der Tiger. Ein (Gerichts-) Fall von Kindes-mißbrauch, *Frankfurter Rundschau,* 18.1.1992.

Muram, David, Trudy Weatherford (1988), Child sexual abuse in Shelby County, Tennessee: Two years of experience. *Adolescent and Pediatric Gynecology,* 1, S. 114-118.

Nabokov, Vladimir (1955, dt. 1960), *Lolita,* Reinbek.

Neuendorff-Bub, Brigitte (1979), Stereotype und geschlechtsspezifisches Verhalten, in: Roland Eckert (Hg.), Geschlechtsrollen und Arbeitsteilung. Mann und Frau in soziologischer Sicht, München, S. 78-96.

Nielsen, Terryann (1983), Sexual abuse of boys: Current Perspectives, *Personnel and Guidance Journal,* 11, S. 193-242.

Nyhan, D. (1982), For three girls, justice takes a holiday, *Boston Globe,* 11.2.1982.

Olderdissen, Christine (1990), Das Sexualstrafrecht in der DDR: Für Frauen ein paar Lichtblicke, *die tageszeitung,* 13.07.1990.

Osborne, Yvonne H., Lisa D. Hinz, Neil B. Rappaport, Harriet Williams, June M. Tuma (1988), Parent social attractiveness, parent sex, child temperament, and so-cioeconomic status as predictors of tendency to report child abuse, *Journal of Soci-al and Clinical Psychology,* 6 (1), S. 69-76.

Ostendorf, Heribert (1986), Strafrechtliche Sozialkontrolle gegenüber dem sexuellen Mißbrauch von Kindern im sozialen Nahraum in der Bundesrepublik Deutsch-land, in: L. Backe; N. Leick; J. Merrick, N. Michelsen (Hg.), *Sexueller Mißbrauch von Kindern in Familien,* Köln, S. 148-161.

Parker, Hilda, Seymour Parker (1986), Father-daughter sexual abuse: An emerging perspective, *American Journal of Orthopsychiatry*, 56, S. 531-549.

Parker, Seymour, Hilda Parker (1991), Female victims of chid sexual abuse: Adult adjustment, *Journal of Familiy Violence*, 6 (2), S. 183-197.

Peters, S.D. (1984), The relationship between childhood sexual victimization and adult depression among Afro-American and white women, University of California at Los Angeles, Unveröffentlichte Dissertation.

Peters, Stefanie D., Gail E. Wyatt, David Finkelhor (1986), Prevalence, in: David Finkelhor u.a. (Hg.), *A sourcebook on child sexual abuse*, London.

Pierce, Robert, Lois H. Pierce (1985), The sexually abused child: A comparison of male and female victims, *Child Abuse & Neglect*, 9, S. 191-199.

Plogstedt, Sibylle (1987), Sexuelle Belästigung am Arbeitsplatz, in: Arbeitskreis »Sexuelle Gewalt« beim Komitee für Grundrechte und Demokratie e.V. (Hg.), *Gewaltverhältnisse. Eine Streitschrift für die Kampagne gegen sexuelle Gewalt*, Sensbachtal, S. 101-114.

Plummer, K. (1981), Pedophilia, constructing a sociological baseline, in: Mark Cook, Kevin Howells (Hg.), *Adult sexual interest in children*, London.

Plummer, C., (1984), Preventing sexual abuse: What in-school programs teach children, Durham, NH: Paper presented at the Second National Conference for Family Violence Researchers in August 1984.

Pollock, Nathan L., Judith Hashmall (1991), The excuses of child molesters, *Behavioral Sciences and the Law*, 9 (1), S. 53-59.

Pross, Helge (1978/1984), *Die Männer. Eine repräsentative Untersuchung über die Selbstbilder von Männern und ihre Bilder von der Frau*, Reinbek.

Quackenbush, Robert L. (1989), A comparison of androgynous, masculine sextyped, and undifferentiated males of dimensions of attitudes toward rape, *Journal of Research in Personality*, 23, S. 318-342.

Rada, Richard, Robert Kellner, D.R. Laws, Walter Winslow (1978), Drinking, alcoholism, and the mentally disordered sex offender, *Bulletin of the American Academy of Psychiatry and Law*, 6, S. 296-300.

Renvoize, Jean (1982), *Incest. A family pattern*, London.

Rieser, Margaret (1991), Recantation in childhood sexual abuse cases, *Child Welfare League of America*, 70 (6), S. 611-621.

Rijnaarts, Josephine (1988), *Lots Töchter. Über den Vater-Tochter-Inzest*, Düsseldorf.

Rush, Florence (1988), *Das bestgehütete Geheimnis*, Berlin.

Russell, Diana E.H. (1983), The incidence and prevalence of intrafamilial and extrafamilial sexual abuse of female children, *Child Abuse & Neglect*, 7, S. 133-146.

– (1984), *Sexual exploitation: Rape, child sexual abuse and workplace harrassment*, Beverly Hills.

– (1986), *The secret trauma. Incest in the lives of girls and women*, New York.

– (1988), Pornography and rape: A causal model, *Political Psychology*, 9 (1), S. 41-73.

Rutschky, Katharina (1992), *Erregte Aufklärung – Kindesmißbrauch: Fakten und Fiktionen,* Hamburg.

Saller, Helga (1987), Probleme und Voraussetzungen professioneller Hilfen bei sexueller Ausbeutung von Kindern in der Familie, in: Kindernachrichtenagentur (kinag) (Hg.), *Dokumentation zum kinag-Report 1986: Sexueller Mißbrauch von Kindern in der Familie oder deren Umfeld,* Bern.

Sanday, Peggy (1981), The socio-cultural context of rape: A cross-cultural study, *Journal of social issues,* 37 (4), S. 5-27.

Schenk, Herrad (1979), *Geschlechtsrollenwandel und Sexismus. Zur Sozialpsychologie geschlechtsspezifischen Verhaltens,* Weinheim.

Scheu, Ursula (1977/1989), *Wir werden nicht als Mädchen geboren – wir werden dazu gemacht,* Frankfurt a.M.

Schliermann, B., M. Endres, M. Dörsch (1989), Der Vergewaltigungsprozeß. Eine kommentierte Dokumentation. Ergebnisse eines Forschungsprojektes im Auftrag von: »Gegen VerGEWALTigung – Notruf und Beratung für vergewaltigte Frauen und Mädchen e.V.«, Nürnberg.

Schnürschuh-Theater (1988), *Püppchen. Ein Stück über sexuelle Gewalt gegen Mädchen,* Bremen.

Schröder, Hannelore (1983), Das »Recht« der Väter, in: Luise F. Pusch (Hg.), *Feminismus. Inspektion der Herrenkultur,* Frankfurt a.M., S. 477-605.

Schwarz, Norbert (1987), Geschlechtsrollenorientierung und die Einstellung zu Gewalt gegen Frauen: Informationsaktivierung als Alternative zu ex post facto-Versuchplänen, *Psychologische Rundschau,* 38, S. 137-144.

–, J.F. Brand (1983), Effects of salience of rape on sex role attitudes, trust and self-esteem in non-raped women, *European Journal of Social Psychology,* 13, S. 71-76.

–, Bettina Scheuring, Renate Schellenberg, Antje Lammers, Juliane Brand (1985), Geschlechtsrollenorientierung, Gewalt gegen Frauen und »weibliche Passivität«: Untersuchungen zu einer feministischen Hypothese, in: A. Stiksrud, F. Wobit (Hg.), *Adoleszenz und Postadoleszenz,* Frankfurt, S. 211-218.

Scully, D., J. Marolla (1984), Convicted rapists' vocabulary of motive: Excuses and justifications, *Social Problems,* 31, S. 530-544.

Seligman, M.E.P. (1979), *Erlernte Hilflosigkeit,* München.

Sgroi, Suzanne M., Linda C. Blick, Frances S. Porter (1982), A conceptual framework for child sexual abuse, in: Suzanne M. Sgroi (Hg.), *Handbook of clinical intervention in child sexual abuse,* Lexington, S. 9-37.

Shotland, R.L., L. Goodstein (1983), Just because she doesn't want to doesn't mean it's rape: An experimentally based causal model of perception of rape in a dating situation, *Social Psychology Quarterly,* 46 (3), S. 220-232.

Siebel, Wigand, Martin Norbert, Klaus Stumpf, Peter Waldmann, Manfred Werth (1971), *Soziologie der Abtreibung,* Stuttgart.

Simmons, W.J. (1981), Revelations by parents of sexually abused children: The implications for social work practice. Sydney.

Simons, Ronald L., Les B. Whitbeck (1991), Sexual abuse as a precursor to prostitution and victimization among adolescent and adult homeless women, *Journal of Familiy Issues*, 12 (3), S. 361-379.

Sirles, Elizabeth A., Pamela J. Franke (1989), Factors influencing mothers reactions to intrafamily sexual abuse, *Child Abuse & Neglect*, 13, S. 131-139.

Snowdon, Richard (1982), Working with incest offenders, *Aegis*, 35.

Soltau, Heide (1990), Gefühle von Angst, Ekel und Hilflosigkeit. Erwachsene Männer erinnern sich, wie sie als Jungen mißbraucht wurden, *Frankfurter Rundschau*, 6.10.1990.

Steinhage, Rosemarie (1985), Auswirkungen der sexuellen Gewalterlebnisse im Leben der Mädchen und Frauen, in: Wildwasser e.V. (Hg.), *Sexueller Mißbrauch von Mädchen. Strategien zur Befreiung*, Berlin, S. 40-54.

Steinhage, Rosemarie (1987a), Sexueller Mißbrauch an Kindern in der Familie und seine Auswirkungen – gesellschaftliche Aspekte, in: Bevollmächtigte der hessischen Landesregierung für Frauenangelegenheiten (Hg.), *Sexueller Mißbrauch von Mädchen*, Wiesbaden, S. 5-17.

– (1987b). Sexueller Mißbrauch an Mädchen in der Familie – Die Situation der Mütter betroffener Kinder. In: Verein zur Weiterbildung für Frauen e.V. (Hg.), Dokumentation zur Fachtagung Sexueller Mißbrauch von Mädchen und Frauen im November 1987 in Köln, Köln, S. 10-27.

– (1992), *Sexuelle Gewalt – Kinderzeichnungen als Signal*, Reinbek.

Steinmeister, Ingrid (1992), Wenn Er (18) und Sie (15) innig knutschen, kann das bald strafbar sein. Mit der geplanten neuen Jugendschutzvorschrift werden sexuelle Kontakte von Jugendlichen kriminalisiert, *Frankfurter Rundschau*, 13.02.1992.

Stermac, Lana E., Zindel V. Segal (1989), Adult sexual contact with children: An examination of cognitive factors, *Behavior Therapy*, 20, S. 573-584.

Stern (1989), Serie: Das Verbrechen von dem keiner spricht – Pornographie mit Kindern, 42, S. 46-51.

Stryker, Sheldon (1976), Die Theorie des Symbolischen Interaktionismus, in: Manfred Auwärter, Edit Kirsch, Klaus Schröter (Hg.), *Seminar: Kommunikation, Interaktion, Identität*, Frankfurt a.M., S. 257-274.

– (1980), *Symbolic interactionism*, Menlo Park, Cal.

– (1983), Social psychology from the standpoint of a structural symbolic interactionism: Toward an interdisciplinary social psychology, *Advances in Experimental Social Psychology*, 16, S. 181-218.

–, Statham, Anne (1985). Symbolic interaction and role theory. In: G.R. Lindzey, N.E. Aronson (Hg.), The handbook of social psychology (Bd. 1) (311-378). New York.

Stumpf, Johanna (1990), Mit-Täterin oder Mit-Opfer? – Beratung der Mutter, in: Ursula Enders (Hg.), *Zart war ich, bitter war's. Sexueller Mißbrauch an Mädchen und Jungen*, Köln, S. 225-236.

Sury, Kurt von (1974), *Wörterbuch der Psychologie und ihrer Grenzgebiete*, Olten.

tageszeitung, die (05.03.1992), Metamorphosen eines Paragraphen. Bundestags-Anhörung zum Sexualstrafrecht.

– (14.01.1993), »Sie gehorchten ihm aufs Wort.«

Teubner, Ulrike (1987), Die Situation von vergewaltigten Frauen – Welche Maßnahmen sind notwendig?, in: Bevollmächtigte der Hess. Landesregierung für Frauenangelegenheiten (Hg.), *Vergewaltigt*, Wiesbaden, S. 7-14.

Thibaut, J.W., H.H. Kelley (1959), *The social psychology of groups*, New York.

Thommen, Beat, Rolf Ammann, Mario von Cranach (1988), *Handlungsorganisation durch soziale Repräsentationen*, Bern.

Thornton, B., R.M. Ryckman, M.A. Robbins (1982), The relationship of observer characteristics to beliefs in the causal responsibility of victims of sexual assault, *Human Relations*, 35 (4), S. 321-330.

Tieger, Todd (1981), Self-rated likelihood of raping and the social perception of rape, *Journal of Research in Personality*, 15, S. 147-158.

Trube-Becker, Elisabeth (1987), *Gewalt gegen das Kind*, Heidelberg, Kriminalstatistik.

Tsai, Mavis, Shirley Feldman-Summers, Margaret Edgar (1979), Childhood molestation: Variables related to differential impacts on psychosexual functioning in adult women, *Journal of Abnormal Psychology*, 88, S. 407-417.

Tügel, Hanne, Michael Heilemann (Hg.) (1987), *Frauen verändern Vergewaltiger*, Frankfurt a.M.

Tzeng, Oliver C.S., Helmut J. Schwarzin (1990), Gender and race differences in cild sexual abuse correlates, *International Journal of Intercultural Relations*, 14, S. 135-161.

Ullman, Sarah E., Raymond A. Knight (1991), A multivariate model for predicting rape and physical injury outcomes during sexual assaults, *Journal of consulting and Clinical Psychology*, 59 (5), S. 724-731.

Urquiza, A.J., C. Crowley (1986), Sex differences in the survivors of childhood sexual abuse, Paper presented at the Fourth Conference on the Sexual Victimization of Children, New Orleans, L.A. (Zitiert nach Finkelhor 1990).

Wakefield, Hollida, Ralph Underwager (1991), Female child sexual abusers, *American Journal of Forensic Psychology*, 9 (4), S. 43-69.

Warshaw, Robin (1988), »*I never called it rape.*« *The Ms. report on recognizing and surviving date and acquaintance rape*, New York.

Weis, Kurt (1982), *Die Vergewaltigung und ihre Opfer. Eine viktimologische Untersuchung zur gesellschaftlichen Bewertung und individuellen Betroffenheit*, Stuttgart.

Wildwasser (Hg.) (1985), *Sexueller Mißbrauch von Mädchen – Strategien zur Befreiung*, Neue Materialien vorgestellt auf der Fachtagung im Wannseeheim für Jugendarbeit Berlin, 12.-16. Oktober 1985, Berlin.

Wildwasser Marburg e.V. (1988), *Sexueller Mißbrauch*, Marburg.

Wildwasser Wiesbaden e.V. (1990), Informationen für Jungen, Faltblatt des Vereins, Wiesbaden.

– (1991). *Sexueller Mißbrauch an Mädchen ist Gewalt*, Tätigkeitsbericht 1990, Wiesbaden.

Winefield, Helen, Sally N. Castell-McGregor (1986), Experiences and views of general practioners concerning sexually abused children, *Medical Journal of Australia*, 145 (6), S. 311-313.

Wyatt, Gail E. (1985), The sexual abuse of afro-american and white-american women in childhood, *Child Abuse & Neglect*, 9, S. 507-519.

–, S. Peters (1986), Issues in the definition of child sexual abuse in prevalence research. (Zitiert nach Russell, 1986; keine weiteren Angaben.)

Zahlmann-Willenbacher, Barbara (1979), Kritik des funktionalistischen Konzepts geschlechtstypischer Arbeitsteilung, in: Roland Eckert (Hg.), *Geschlechtsrollen und Arbeitsteilung. Mann und Frau in soziologischer Sicht*, München, S. 60-77.

Brigitte Brück, Heike Kahlert, Marianne Krüll, Helga Milz,
Astrid Osterland, Ingeborg Wegehaupt-Schneider
Feministische Soziologie
Eine Einführung
Mit Zeichnungen von Marie Marcks und einem Beitrag von Luise F. Pusch
Reihe Campus Studium Band 1063
1992. 293 Seiten

Diese Einführung schildert lebendig und informativ die Geschichte und
Theorie der feministischen Soziologie. Sie stellt die zentralen Fragen und Ergebnisse der nunmehr fünfzehnjährigen sozialwissenschaftlichen Frauenforschung dar. Marie Marcks' und Luise Puschs Witz und Ironie würzen zudem
die anregende Lektüre auf ihre Art.

Karin Flaake, Vera King (Hg.)
Weibliche Adoleszenz
Zur Sozialstation junger Frauen
1993. 281 Seiten

Die körperlichen Veränderungen in der Adoleszenz markieren den Abschied
von der Kindheit und leiten die Herausbildung einer erwachsenen Ge-
schlechtsidentität, eines weiblichen Lebensentwurfs ein.
Damit eröffnen sich neue Räume, Lustmöglichkeiten und Beziehungsfor-
men. Vorstellungen und Phantasien kreisen in dieser Zeit zentral um Kör-
perlichkeit und Sexualität.
Psychoanalytikerinnen, Soziologinnen und Psychologinnen thematisieren
unterschiedliche Aspekte dieser Entwicklungen in der Phase zwischen Kindheit und Erwachsensein.

Campus Verlag · Frankfurt am Main

Montana Katz, Veronica Vieland
Uni-Knigge für Frauen
Wegweiser durch den patriarchalen Hochschuldschungel
1993. 248 Seiten

»Die Uni gehört auch uns!« Diesen Anspruch haben Frauen in der Vergangenheit gegen alle Widerstände erfolgreich durchgesetzt. Wie aber kommt es, daß noch heute einem euphorischen Studienbeginn häufig Einschüchterung und Frustration folgen? Der Uni-Knigge für Frauen soll Studentinnen zur bestmöglichen Hochschulausbildung verhelfen – und zwar unbeeinträchtigt von Schwierigkeiten, die sie nicht hätten, wenn sie Männer wären. Das Buch zeigt, wie Probleme erkannt werden können, bevor diese bedrohliche Ausmaße annehmen, wie sie anzugehen und in den Griff zu bekommen sind.

Renate Rieger (Hg.)
Der Widerspenstigen Lähmung?
Frauenprojekte zwische Autonomie und Anpassung
1993. 149 Seiten

Viele Frauenprojekte sind in der Krise. Helfen Organisationsberatung und Management den ehemals Widerspenstigen aus Lähmung und festgefahrenen Strukturen? Der Band gibt Auskunft über Anspruch und Wirklichkeit von fast zwanzig Jahren Frauenprojektebewegung, ihren Anfängen, Utopien, ihren Problemen und ihren Erfolgen.

Campus Verlag · Frankfurt am Main